Helm Stierlin:
Von der Psychoanalyse
zur Familientherapie

W0191157

Klett-Cotta
im
Deutschen
Taschenbuch
Verlag

Ungekürzte Ausgabe
Mit einem Vorwort zur Taschenbuchausgabe
Januar 1992
Deutscher Taschenbuch Verlag GmbH & Co. KG, München
© 1975 und 1979 Ernst Klett Verlag für Wissen und Bildung GmbH,
Stuttgart
ISBN 3-12-907481-3
Umschlaggestaltung: Boris Sokolow
Satz: IBV Satz- und Datentechnik GmbH, Berlin
Druck und Bindung: C. H. Beck'sche Buchdruckerei, Nördlingen
Printed in Germany · ISBN 3-423-15097-1

Das Buch

›Von der Psychoanalyse zur Familientherapie‹: Der Titel dieser Essay-sammlung hat Programmcharakter. Der Autor, Helm Stierlin, ist nicht nur bedeutender deutscher Psychoanalytiker, sondern gleichzeitig auch ausgewiesener Kenner und Initiator der Familientherapie in Deutschland. In seinen Augen beschreibt der Titel einen Lern- und Denkweg, dessen einzelne Stationen die Aufsätze dieses Bandes nach-zeichnen. Dieser Weg führte Stierlin zunächst zur Freudschen Psycho-analyse. Hier waren es dann vor allem die Schizophrenieforschung und -behandlung, die entscheidende Impulse zum Vorstoß in die Familien-therapie lieferten. Im Mittelpunkt dieser Therapieform steht nicht mehr allein der Psychotiker als isoliertes Einzelwesen, sondern das – primär – familiäre Beziehungsnetz, in das er eingebettet ist. Soll nun dieses neue Therapiekonzept den klassischen Ansatz der Psychoana-lyse ablösen? Helm Stierlin spricht von einer »Versöhnungsaufgabe«: »Bei einer Versöhnung der beiden Paradigmata kann es sich aber nicht um eine reibungslose Synthetisierung handeln. Vielmehr geht es einmal darum, Psychoanalyse und Familientherapie voneinander abzugrenzen und dabei klar zu erfassen, was die beiden voneinander trennt... Gleichzeitig bleibt aber herauszuarbeiten, was die beiden Ansätze mit-einander verbindet. Hier liegt für mich das Hauptgewicht auf jenen un-sichtbaren und großenteils unbewußten Mechanismen, die uns in der Psychoanalyse vorwiegend als innerpsychische Konflikte und Abwehr, in der Familiendynamik als Familienmythen, als Prozesse der Delega-tion, der unsichtbaren Loyalitätsbindung, der gegenseitigen Scham- und Schuldverstrickung und anderes begegnen.«

Der Autor

Helm Stierlin, geboren am 12. März 1926, studierte Philosophie und Medizin in Heidelberg. Nach seiner Promotion 1951 und seiner Assi-stenzarztzeit in München ging er 1955 in die Vereinigten Staaten. 1963/64 war er Kontrollanalytiker am Bellevue Sanatorium in Kreuz-lingen, von 1965 bis 1974 wieder in den USA in Forschung, Lehre und Therapie tätig. Seit 1974 ist Stierlin Direktor der Abteilung für Psycho-analytische Grundlagenforschung und Familientherapie an der Psy-chosomatischen Klinik der Universität Heidelberg.

Inhalt

Der älteste der in diesem Band enthaltenen Aufsätze erschien 1959, der jüngste 1975. Seither sind nahezu sechzehn Jahre vergangen. Was für Jahre! Unsere Welt wuchs zusammen, bevölkerte und vernetzte sich mehr und mehr, der soziokulturelle Wandel beschleunigte sich. Politische Spannungen und Konflikte, die das Überleben der Menschheit bedrohen, schienen abzuflauen, um an Orten und in Bereichen, wo man dies kaum erwartet hätte, um so intensiver zu erstehen.

Während der sechzehn Jahre, von denen die Rede ist, wandelte sich auch die wissenschaftliche und, damit eng verbunden, die psychotherapeutische Szene. Vor allem zwei Tendenzen lassen sich beobachten. Zum einen die Tendenz zur fortschreitenden und sich noch beschleunigenden Differenzierung und Spezialisierung von Wissenschaftsbereichen und Praxisfeldern: Es differenzierten und spezialisierten sich deren Modelle, Fachsprachen und Erfahrungswelten. Zum anderen die Tendenz – oder eher der Zwang? – zur Integration des sich Differenzierenden und Auseinanderstrebenden, zur Bändigung der Vielfalt. Dementsprechend die Suche nach Gemeinsamkeiten, Regeln, Prinzipien, die, wenn schon nicht Konsens, doch die fällige Koordination des Zusammenhandelns und -lebens begründen und ermöglichen könnten.

Diese Tendenzen zeigen sich auch in den Wissenschafts- und Praxisfeldern, die durch die Begriffe »Familientherapie« und »Psychoanalyse« ausgesteckt sind. Um mit der Familientherapie zu beginnen: In den besagten sechzehn Jahren nahm sie einen enormen Aufschwung. Weltweit erschienen etwa achtzig neue Fachzeitschriften, darunter sechs in deutscher Sprache – unter diesen auch die älteste deutschsprachige, von Josef Duss-von Werdt und mir begründete und herausgegebene Zeitschrift ›Familiendynamik‹, die genau die besagten sechzehn Jahre abdeckt. Entsprechend wuchs die Zahl der Fachorganisationen, Universitätscurricula, Ausbildungsinstitute, Fachkongresse und der familien- und paartherapeutisch orientierten Kliniken und Beratungsstellen. Innerhalb der Familien- und Paartherapie selbst differenzierten sich die einzelnen Schulen und Interessenbereiche. Dies mit dem Resultat, daß ein einzelner Therapeut oder Forscher wohl kaum mehr zu übersehen vermag, was sich in den verschiedenen und sich vermehrenden Bereichen tut, die sich heute der Familienforschung und -therapie zuordnen lassen. Dazu rechnen etwa die kulturvergleichende Familienforschung, Ehe- und Scheidungsberatung, Familienpsychosomatik, die Arbeit mit Unterschichtfamilien sowie sozialen Netzwerken und vieles andere mehr. Gleichzeitig gerieten Praxis- und Forschungsbereiche wie

Pädagogik, Kinder- und Jugendpsychiatrie, Unternehmensberatung und nicht zuletzt die Erwachsenenpsychiatrie, die bislang großenteils individuumorientiert gearbeitet haben, gleichsam in den familientherapeutischen Sog.

Andererseits – und darin bezeugt sich eine Tendenz zur Integration – scheinen sich bestimmte Ideen und Vorgehensweisen, die sich in der familientherapeutischen Praxis bewährt haben, schulen- und interessenübergreifend durchzusetzen. Das heißt: Neben einer Tendenz zur Differenzierung und zum Auseinanderdriften der Modelle, Fachsprachen, Praxis- und Erfahrungsbereiche findet sich auch hier der Trend, das darin Gemeinsame und Konsens Ermöglichende zu sehen, zu erhalten, zu betonen.

Ich meine, dieser Trend spiegelt sich heute vor allem in Begriffen – oder vielleicht auch Schlagworten – wie »systemisches Paradigma«, »radikaler Konstruktivismus«, »Kybernetik zweiter Ordnung«, »Polykontextualismus«. Diese Begriffe stehen für heute vielerorts tonangebende Tendenzen der Ideen- und Wissenschaftsentwicklung. Sie kündigten sich indessen bereits 1963 in dem ersten in diesem Band enthaltenen Aufsatz ›Die Begegnung von Existentialismus und Psychotherapie‹ an. Ich schrieb damals: »Zunehmend werden wir gewahr, daß unsere Normen und Institutionen – die Familienstruktur, religiöse Vorstellungen, die vielen schwer faßbaren Aspekte einer jeweiligen Kultur – menschengeschaffen sind. Gleichzeitig wissen wir, daß der Mensch von den Normen geprägt wird, die auf ihn einwirken. In einem phantastisch komplexen Spiel von Kräften und Gegenkräften formen diese Normen und Institutionen unsere privatesten Weisen zu fühlen, uns auszudrükken, Recht und Unrecht zu verstehen.«

In der Entwicklung der Familientherapie und -theorie während der letzten sechzehn Jahre, so läßt sich nun sagen, differenzierte und verdeutlichte sich dieses phantastisch komplexe Spiel von Kräften und Gegenkräften, verdeutlichte sich insbesondere dessen Bedeutung für die therapeutische Praxis. Und dabei wandelte sich diese Praxis.

Eine Folge solchen Wandels war, daß heute weniger von familientherapeutischer als von systemischer Praxis die Rede ist. Das heißt: Die Familie zeigt sich nicht mehr als das jeweils unter therapeutischen beziehungsweise unter Interventionsgesichtspunkten zentrale System, als das, was man heute gern das »Problemsystem« nennt. Dieses Problemsystem kann – etwa bei einem sich gestört zeigenden Jugendlichen – neben und vielleicht auch anstelle der Familie beziehungsweise einzelner Familienangehöriger die Gruppe der Gleichaltrigen, der peers, der Lehrer, ja der betroffenen psychosozialen Helfer einschließen. Somit ließe sich, gerade mit Blick auf die Praxis, ein Essayband, der sich an diesen Band anschlösse und die von mir während der letzten sechzehn

Jahre zurückgelegte Wegstrecke erfaßte, ›Von der Familientherapie zur systemischen Therapie‹ nennen.

Auch die systemische Praxis hat es mit menschengeschaffenen Problemen, wie eben angedeutet, zu tun. Aber gerade im Lichte dessen, was Familientherapeuten im Laufe der letzten sechzehn Jahre gelernt haben, läßt sich sagen: Viele dieser Probleme – einschließlich der Probleme, die zu schweren neurotischen, psychosomatischen, ja psychotischen Symptomen Anlaß geben – sind nicht schlechthin durch Menschen, sie sind spezifisch durch menschliche Worte, oder – vielleicht noch genauer – sie sind durch menschliche Beschreibungen geschaffen.

Das Wort »Beschreibung« ist hier mit Bedacht gewählt. Wie kaum ein anderes darf es als Schlüsselwort des radikalen Konstruktivismus gelten. Es setzt jeweils einen Beschreiber beziehungsweise Beobachter voraus, der Leitunterscheidungen – etwa zwischen System und Umwelt, gut und böse, krank und gesund, verrückt und normal, beabsichtigt und unbeabsichtigt, wertvoll und wertlos und so weiter – einführt, der Kausalität feststellt – vielleicht richtiger: festschreibt –, der damit Schuld und Verantwortung zuweist oder davon befreit, kurzum das, was wir (Beziehungs-)Realität nennen, konstruiert beziehungsweise mitkonstruiert. Das gilt nicht weniger für Beschreiber und Beschreibungen, die sich mathematischer Konzepte und Formeln bedienen, als für solche, die eher auf bild- und assoziationsgesättigte Metaphern zurückgreifen.

Gerade in der familientherapeutischen – nunmehr korrekter: systemischen – Praxis zeigt sich: Bestimmte Beschreibungen sind dazu angetan, Problemlösungen anzuregen, dritte Wege zu eröffnen, Lebensfreude und Hoffnung zu wecken; bestimmte andere dagegen nicht. Im Gegenteil verstricken uns diese in unauflösbare Dilemmata und tragen damit nicht zuletzt zu dem bei, was wir »Neurose«, »psychosomatische Krankheit« und »Psychose« nennen. Es sind letztere Beschreibungen, die, wie ich es sehe, zunehmend in das Zentrum familientherapeutischen beziehungsweise systemisch-therapeutischen Interesses rückten.

Besonders zwei Arten von Beschreibungen erweisen sich als folgenreich: zum einen die, die sich die Mitglieder eines Problemsystems zu eigen oder auch nicht zu eigen machen. Hier spielt es beispielsweise eine Rolle, ob und wieweit sie bestimmte Beschreibungen teilen oder nicht teilen, diese zum Gegenstand von Machtkämpfen machen, mehr oder weniger verständlich oder unverständlich anbieten und so weiter. Zum anderen geht es um Beschreibungen, mittels derer Therapeuten beziehungsweise Berater sich selbst und ihren Klienten das jeweilige Problemsystem beschreiben. Und ganz besonders geht es hier um die Beschreibungen, die diese Therapeuten/Berater ihren Klienten in therapeutischer Absicht anbieten.

Dabei wurden Therapeuten/Berater zunehmend für die Chancen und Gefahren, die ihren Beschreibungen eignen, sensibilisiert. Das entspricht der Bedeutung dessen, was heute als »Kybernetik zweiter Ordnung« bezeichnet wird. Der Beschreiber erkennt sich hier als Mitkonstrukteur der jeweiligen Wirklichkeit, erkennt sich als Beobachter von Beobachtern und Beobachtungen, als Beschreiber von Beschreibern und Beschreibungen – wobei sich dieser Beschreiber immer wieder zu fragen hat, ob und wieweit er seine Beschreibungen angemessen gewählt hat. Und solange er fragt, muß er mit Unsicherheit leben.

Gerade ein Begriff beziehungsweise eine Beschreibungseinheit wie »Familientherapie« vermag dies zu verdeutlichen. Denn sowohl das darin enthaltene Wort »Familie« als auch das Wort »Therapie« geben heute vermehrt zu Fragen Anlaß.

Um mit »Familie« zu beginnen: Zum einen rüttelt der soziale Wandel immer mehr an der sogenannten »Normal-Familie – der Form beziehungsweise Institution einer Familie, auf die die Familientherapie anfangs zugeschnitten schien. Solche Normalfamilie, bestehend aus zwei offiziell vermählten Eltern, die mit ihren ihnen biologisch zugehörigen Kindern in einem Haushalt wohnen, bildet in westlichen Metropolen bereits nicht mehr den Normalfall. Hier ist derzeit vielmehr davon auszugehen, daß etwa jede zweite neu geschlossene Ehe geschieden wird. Wir finden eine wachsende Zahl von Ein-Eltern-Familien, von nach der Scheidung eines oder beider Partner sich neu formierenden Familien – sogenannten »blended families« –, von Paaren, die ohne Trauschein mit oder ohne Kinder zusammenleben, von getrennt lebenden Paaren, die sich aber dennoch als Familie betrachten, von Wohngemeinschaften, die sich als Großfamilien verstehen, von homosexuellen Paaren und so weiter, und so weiter. Doch weiter: Auch eine wie immer konstituierte Familie fällt, wie bereits angedeutet, nicht notwendigerweise mit dem zusammen, was als Problemsystem zu gelten hat. Verständlich daher, daß auch in der familientherapeutischen Zunft sich immer mehr Stimmen regen, die dafür eintreten, den Begriff »Familientherapie« überhaupt fallenzulassen und durch einen Begriff wie systemische Therapie zu ersetzen.

Aber auch der in der Bezeichnung »Familientherapie« enthaltene Begriff »Therapie« offenbarte – nicht zuletzt in der klinischen Praxis – seine Tücken. Er basiert auf einem medizinischen Modell, worin die Diagnose eines pathologischen Zustandes, etwa einer Krankheit oder erblichen Anomalie, der Therapie vorauszugehen hat. Klienten vermittelt er die Botschaft: »Bei euch ist etwas therapiebedürftig und daher nicht in Ordnung. Ihr macht etwas falsch, versagt beispielsweise als Eltern, einer oder alle haben Schuld an dem Leiden des betroffenen Familienmitgliedes.« Diese Botschaft kann, so zeigt die klinische Erfahrung, schon von Anfang an die notwendige Kooperationsbereitschaft der

Klienten zerstören. Verständlich daher, daß auch aus diesem Grund der Begriff »Familientherapie« bei Therapeuten und Beratern in Mißkredit geriet. Ein Pionier und ein Mann der ersten Stunde, der Familientherapeut Lyman Wynne, schlug daher vor, diesen Begriff überhaupt fallenzulassen und durch den der »Systemberatung« – der »systems consultation« – zu ersetzen.

Aber auch dieser Begriff, so zeigt die nähere Betrachtung, ist nicht problemlos. Er könnte die Vorstellung einer leblosen, von innen oder außen manipulierten Systemmechanik beschwören, einer Vorstellung, die möglicherweise durch frühere Formulierungen von Familientherapeuten und -forschern genährt wurde. Auch hier erwies gerade die Entwicklung der letzten sechzehn Jahre: Es geht in der systemischen Therapie beziehungsweise Beratung um alles andere als solch leblose Mechanik. Es geht darin sowohl um die gleichsam existentiell bedeutsamen Wünsche, Erwartungen und Befürchtungen der Betroffenen, um deren individuelle und kollektive Motivationsdynamik, als auch um die Handlungsmuster, Sequenzen, Rückkopplungsprozesse, die diese Motivationsdynamik auf verschiedensten Ebenen beeinflussen.

Bei all dem zeigt sich: Eine jede Beschreibung bleibt bezogen auf einen Bereich, den sie zu beschreiben versucht. Aber deswegen hat sie ihre Grenzen, bleibt sie frag-würdig. Arthur Schnitzler schrieb einmal: »Worte sind nichts. Worte sind alles. Wir haben nichts anderes.« Ich bin versucht, dies abzuwandeln in: Beschreibungen sind nichts, Beschreibungen sind alles. Wir haben nichts anderes.

Auch in der Psychoanalyse ging und geht es um Beschreibungen. Sie erwuchsen aus dem, was sich in einer Zweierbeziehung – der zwischen Arzt und Patient – beobachten ließ, und sie benutzten Modelle und Termini, die ihnen die Naturwissenschaften, insbesondere Physik und Chemie, wie sie um die Jahrhundertwende existierten, anboten. Daher etwa die Vorstellung einer Art seelischer Energie, »Libido« genannt, die sich an das damalige Energiekonzept der Physik anlehnte, daher die Vorliebe Freuds für Begriffe wie »Reaktionsbildung«, »Sublimierung«, »Besetzung« et cetera, daher sein Modell eines psychischen Apparates mit Elementen wie Ich, Es, Über-Ich und so weiter. Mit solchen Beschreibungen verbanden sich Leitunterscheidungen, die sowohl weiteren Beschreibungen als auch der psychoanalytischen Praxis die Richtung wiesen. Davon war die zweifellos wichtigste die zwischen bewußtem und unbewußtem Erleben.

Als ich die in diesem Band vereinigten Essays schrieb, zeigten sich viele dieser Beschreibungen und der sich damit verbindenden Leitunterscheidungen sicherer etabliert als heute. Sie schienen sich in der – auf die psychoanalytische Zweierbeziehung zugeschnittenen – Praxis zu bewähren. Diese Praxis lieferte wiederum Beobachtungen, die die ursprünglichen Beschreibungen und Leitunterscheidungen im Sinne einer autopoietischen Operation bestätigten. Darüber hinaus erhellten die Beschreibungen der Psychoanalyse von Anfang an Bereiche, die wenig oder kaum Gemeinsames mit der psychoanalytischen Zweierbeziehung aufwiesen, so etwa die der Gesellschaftskunde, der Literatur, der Kunst. Sie beeinflußten das Selbstverständnis westlicher moderner Menschen in einer Weise, die den Dichter W. H. Auden von einer Änderung des psychologischen Klimas unserer Welt sprechen ließ. Und, gerade in Deutschland wichtig: Sie trugen zur gesellschaftlichen Etablierung und Institutionalisierung der Psychoanalyse bei.

Aber trotz und wegen solcher Erfolgsbilanz mußten die Beschreibungen der Psychoanalyse zunehmend mit anderen Beschreibungen konkurrieren, mußten sie sich die Frage gefallen lassen: Wie nützlich, angemessen, erkenntnisstiftend sind sie noch heute? Und auch: Wieweit bezeugen sich darin vor allem bestimmte, unter Macht-, Mitgliedschafts- und Reputationsgesichtspunkten wichtig werdende Glaubenseinstellungen und Zugehörigkeiten?

In dem Maße, in dem sich die psychotherapeutische Szene ausweitete, differenzierte und zugleich unübersichtlicher wurde, stellte und stellt sich gerade letztere Frage vermehrt. Und sie bringt, so meine ich, nach wie vor ein Spannungsfeld in den Blick, das durch die Pole Psychoanalyse und Familientherapie ausgesteckt scheint.

Dieses Spannungsfeld bestand bereits, als ich die in diesem Band vereinten Essays schrieb. Und es gab mir zu Fragen, Überlegungen und eben Beschreibungen Anlaß, die mir großenteils noch heute relevant erscheinen. Ich würde mich freuen, wenn auch heutige Leser die Essays dieses Bandes als Stationen auf einem Lern- und Denkweg sehen könnten, der sich nachzuvollziehen lohnt, obgleich der Weg sich inzwischen fortsetzte und in Richtungen führte, die sich damals nicht voraussehen ließen.

Helm Stierlin, 1991

Mit dem Titel dieser Essaysammlung, ›Von der Psychoanalyse zur Familientherapie‹, verband sich mir die Vorstellung eines Weges – meines Weges –, an dem ich den Leser wenigstens streckenweise teilnehmen lassen wollte. Den Vorrang hatte dabei die letzte, mich zur Familientherapie führende Wegstrecke. In erster Linie handelt es sich hier um einen Lern- und Denkweg, innerhalb dessen die folgenden Kapitel wesentliche Positionen darstellen, einen Weg, der zugleich ein Lebens- und Berufsweg ist. Da auch letzterer mir für das Verständnis der nachfolgenden Arbeiten wichtig zu sein scheint, möchte ich hier wenigstens einige seiner wichtigsten Stationen andeuten.

Eine erste Station war Heidelberg, wo ich von 1946 bis 1953 Philosophie und Medizin studierte. Hier waren Karl Jaspers, Alfred Weber, Alexander Mitscherlich und Viktor von Weizsäcker Lehrer, die mich besonders beeinflußten. Ihre Namen stecken ein intellektuelles Feld ab, das widersprüchlich und spannungsreich war. Während ich mich etwa abends in Mitscherlichs neu gegründeter Psychosomatischer Klinik in die Werke Freuds vertiefte, hörte ich am nächsten Morgen im Jasperschen Seminar, Freud sei neben Marx der böse Genius unserer Zeit. Was Nietzsche und Kierkegaard auf der Höhe der abendländischen Geistesentwicklung konzipiert hätten, habe Freud, Jaspers zufolge, nivelliert und einem sensationshungrigen Massenpublikum zugänglich gemacht.

Zunehmend war es jedoch Freud, dessen Gedanken wissenschaftlicher Ernst und Humanität mich beeinflußten, während ich Jaspers gegenüber kritischer wurde. Die Auseinandersetzung mit Jaspers und anderen existentialistischen Autoren dauerte aber noch lange an und spiegelt sich in dem ersten Kapitel, ›Die Begegnung von Existentialismus und Psychotherapie‹, wider. Schließlich lernte ich in Jaspers – bei Anerkennung seiner mächtigen geistigen Potenz – den Prototyp des »distanzierten Beobachters«, das heißt Psychiater-Philosophen sehen, der wesentlich dazu beitrug, daß sich die deutsche akademische Psychiatrie lange Zeit gegenüber psychoanalytischen und psychodynamischen Ansätzen verschloß.

Eine weitere wichtige Station war München, wo ich mich nach Abschluß meines medizinischen Staatsexamens von 1953 bis 1955 aufhielt. Auch hier fand ich mich, was die medizinische Psychologie anbelangt, in einem Spannungsfeld. An der Medizinischen Universitäts-Poliklinik, wo ich ein Jahr als Pflichtassistent arbeitete, hatten Freuds Ideen bereits Wurzel gefaßt. Ich konnte mich dort mit der Psychodynamik psychosomatischer Störungen beschäftigen und begann eine Lehranalyse. In der Münchner Universitäts-Nervenklinik jedoch, in die ich anschließend als Medizinalassistent eintrat, wurde ich mit einer Psychiatrie vertraut gemacht, der ich wenig Positives abgewinnen konnte: Schizophrene Patienten wurden in großer Zahl mit Elektroschocks, Hysteriker mit schmerzhaften elektrischen Strömen behandelt; junge Psychiater wurden zu bloß distanzierten – anstatt teilnehmenden – Beobachtern erzogen, und eine analytische Betrachtungsweise war unerwünscht.

Aus Literaturstudien wußte ich jedoch, daß es – zumindest in den USA – eine andere Art der Psychiatrie gab, als sie an der Münchner Nervenklinik praktiziert und gelehrt wurde. Vor allem ein amerikanischer Autor hatte mir ein Bild dieser anderen – wie ich glaube dynamischeren und menschlicheren – Psychiatrie vermittelt: Harry Stack Sullivan. Daher griff ich zu, als sich mir die Chance bot, an der psychiatrischen Klinik zu arbeiten, an der Sullivan schon in den zwanziger Jahren die Psychosenbehandlung zu revolutionieren versucht hatte, dem Sheppard Enoch Pratt Hospital in Towson bei Baltimore in den USA.

Towson wurde damit zur nächsten Station, die hier zu erwähnen ist. Ich hatte Glück, hier eine Persönlichkeit zu finden, die mir die Ideen Sullivans nahebrachte, dabei zugleich selbst origineller Lehrer und Therapeut war: Lewis B. Hill, dessen Buch ›Der therapeutische Eingriff in die Schizophrenie‹ ich in der Folge ins Deutsche übersetzt habe. Ich halte es noch heute für einen der wichtigen Einführungstexte für angehende Psychiater und Psychotherapeuten. Am Sheppard Pratt Hospital betreute ein jüngerer Assistenzarzt jeweils etwa zwölf Patienten. Das Schwergewicht der Behandlung lag auf der individuellen Psychotherapie, daneben wurden – in Grenzen – Psychopharmaka verordnet. Elektroschocks und Insulinkuren wurden kaum noch verabreicht. Es war eine andere Welt, als ich sie von der Münchner Nervenklinik her gewohnt war. Am Sheppard Pratt Hospital kam ich mit vielen Angehörigen meiner psychiatrischen Patienten in intensiven Kontakt, und ich begann zu erkennen, wie wichtig die Familie für die Entstehung und den Verlauf psychiatrischer Störungen ist.

Die nächste zu erwähnende Station war Chestnut Lodge, ein kleines, am Rande Washingtons gelegenes Privatsanatorium, das sich auf die psychoanalytisch orientierte Psychotherapie seelisch schwer gestörter Patienten, in der Mehrzahl Schizophrener, spezialisiert hatte. Ich arbeitete dort von 1957 bis 1962. Auch hier war ich auf Sullivans Spuren. Einige seiner inzwischen berühmt gewordenen Seminare und Vorlesungszyklen – die später von seinen Schülern veröffentlicht wurden –, hatten hier stattgefunden. Die leider bereits 1958 verstorbene Frieda Fromm-Reichmann, Otto Will, Edith Weigert, Hilde Bruch, Clarence Schulz und andere, die mich in diesen Jahren beeinflußten, brachten mir Sullivans Konzepte nahe. Ein Therapeut behandelte in Chestnut

Lodge in der Regel nicht mehr als sechs Patienten in mindestens vier wöchentlichen Sitzungen von durchschnittlich einer Stunde Dauer. Während meiner Jahre am Chestnut Lodge entstand die zweite hier abgedruckte Arbeit über die Anpassung an die Realität der stärkeren Persönlichkeit. Sie reflektiert mein damaliges zentrales Bemühen, die Bedeutung der frühen Mutter-Kind-Beziehung für das Verständnis der Schizophrenie, ihrer Genese und Therapie, durchsichtig zu machen. Auch mein 1968 erschienenes Buch ›Conflict and Reconciliation‹ kreist größtenteils noch um dieses Thema. Aber nicht nur die Mutter, die ganze Familie des Schizophrenen begann mir in diesen Jahren zunehmend zum Problem zu werden. Ich erinnere mich etwa, wie schmerzhaft es für mich war, als eine junge schizophrene Patientin, die, wie ich meinte, in der Therapie mit mir gute Fortschritte gemacht hatte, überraschend von ihren Eltern aus dem Spital genommen wurde, und wie Otto Will, mein Supervisor, mich mit dem Diktum Sullivans' tröstete: »Oft ist es bei Schizophrenen das erste Zeichen des Fortschritts, wenn die Angehörigen sie aus der Behandlung nehmen wollen.« In der Folge dachte ich noch oft über diesen Ausspruch nach. Während meiner Jahre in Chestnut Lodge bildete ich mich am Washington Psychoanalytic Institute zum Psychoanalytiker aus. Mein damaliges berufliches Hauptinteresse brachte es mit sich, daß ich psychoanalytische Einsichten und Prinzipien wesentlich für ein Schizophrenieverständnis auszunutzen versuchte. Auch mein zunehmendes Interesse an der hier wichtigen Familiendynamik hielt sich noch lange im Problemkreis der Schizophrenie auf. Dieser Problemfokus spiegelt sich daher auch in verschiedenen Essays dieses Bandes wider. Während ich an Chestnut Lodge arbeitete, nahm die Familientherapie in den USA ihren ersten Aufschwung. Im Unterschied zur Psychoanalyse, die auf einen genialen Stifter zurückgeht, wurde die Familientherapie fast gleichzeitig von einer Reihe von Pionieren initiiert, die eigene Wege gingen, eigene Begriffe schufen, aber engen Kontakt untereinander hielten. Zu diesen Pionieren gehörten Gregory Bateson, Don Jackson – der ebenfalls als Psychotherapeut an Chestnut Lodge gearbeitet hatte –, Theodore Lidz, Murray Bowen, Nathan Ackermann, Lyman Wynne und Ivan Boszormenyi-Nagy mit ihren Mitarbeitern. Die meisten von ihnen lernte ich noch während meiner Chestnut Lodge-Zeit kennen. Auch bei diesen Autoren war es vor allem die Problematik der Schizophrenie, die ihnen den Weg zur Familienbetrachtung und Familientherapie öffnete.

Meine eigentliche Entwicklung zum psychoanalytisch orientierten Familientherapeuten begann jedoch erst, als ich 1965 – nach einer zweijährigen Tätigkeit am Sanatorium Bellevue Kreuzlingen in der Schweiz und nach zwei Aufenthalten in Neuseeland und Australien – in die USA zurückkehrte, um am National Institute of Mental Health, einem größeren Institut zur Erforschung psychiatrischer Probleme, als Forscher und Psychotherapeut zu arbeiten. Ich trat hier in das Team meines Freundes Lyman Wynne ein, der sich dort intensiv mit der Erforschung und Therapie von Familien beschäftigte. Mir stellte sich nun die bis heute nicht abgeschlossene Aufgabe, das Paradigma der Psychoanalyse mit dem der Familientherapie zu versöhnen.

Zu dieser Aufgabe, die sich in vielen Seiten des Buches widerspiegelt, noch einige Worte: Der Wissenschaftshistoriker Thomas Kuhn verstand unter einem Paradigma ein Bezugssystem, das auf signifikante Weise Daten enthüllt und neu ordnet, neue Bedeutungen schafft und wesentliche Perspektiven eröffnet. Paradigmata lassen die Realität neu erkennen und mit einer neuen dazugehörigen Sprache beschreiben. Ich glaube, daß Freud mit seiner Psychoanalyse ein solches Paradigma geschaffen hat, obwohl seine Begriffe in der Physiologie und Neurologie des 19. Jahrhunderts verankert blieben. Fenichels 1945 veröffentlichte Neurosentheorie vermittelt exemplarisch einen Eindruck von der Leistungsfähigkeit dieses Paradigmas. Ich glaube aber auch, daß die Familientheorie und Therapie, die sich nach dem Zweiten Weltkrieg entwickkelte, ein eigenes neues Paradigma darstellt. Jay Haley hat es vielleicht am besten charakterisiert. »Man kann«, schrieb er, »die Familientherapie nicht einfach eine neue Behandlungsmethode nennen; sie zeigt uns vielmehr Ursache und Behandlung psychiatrischer Probleme in neuer Sicht. Es kennzeichnet die Familientherapeuten in erster Linie, daß sie von einer gemeinsamen Grundannahme ausgehen. Soll sich das Individuum ändern, muß sich das Umfeld, in dem es sich bewegt, ändern. Die Behandlungseinheit ist nicht mehr die Einzelperson, auch wenn nur ein Individuum interviewt wird, sondern das Beziehungsnetz, in das dieses Individuum eingebettet ist«.

Bei einer Versöhnung der beiden Paradigmata kann es sich aber nicht um eine reibungslose Synthetisierung handeln. Vielmehr geht es einmal darum, Psychoanalyse und Familientherapie voneinander abzugrenzen und dabei klar zu erfassen, was die beiden voneinander trennt. Hier sind etwa die Bedeutung des Systems gegenüber der des Individuums – oder der Zweierbeziehung –, der beobachtbaren Interaktion gegenüber den zu erschließenden intrapsychischen Prozessen, des therapeutischen Aktivismus gegenüber einer eher abwartend beobachtenden Einstellung zu nennen. Gleichzeitig bleibt aber herauszuarbeiten, was die beiden Ansätze miteinander verbindet. Hier liegt für mich das Hauptgewicht auf jenen unsichtbaren und großenteils unbewußten Mechanismen, die uns in der Psychoanalyse vorwiegend als innerpsychische Konflikte und Abwehr, in der Familiendynamik als Familienmythen, als Prozesse der Delegation, der unsichtbaren Loyalitätsbindung, der gegenseitigen Scham- und Schuldverstrickung und anderes begegnen. Bei dem von mir vertretenen Ansatz, den ich besonders in den letzten Kapiteln dieses Bandes ausführe, wurden für mich vor allem die Untersuchungen von Lyman Wynne und Margaret Singer, Ivan Boszorme-nyi-Nagy, Gregory Bateson und Theodore Lidz wesentlich.

Ob die obige Versöhnungsaufgabe gelingen kann, hängt wesentlich von der Sprache und den Konzepten ab, in denen sich unsere klinischen Erfahrungen vermitteln. Hier sehe ich jedoch eine Menge ungelöster Probleme. Denn weder scheinen mir die Sprache und Konzepte der Psychoanalyse, die teilweise von der Physik und Neurologie des 19. Jahrhunderts geprägt wurden, noch die der meisten gegenwärtigen Familienforscher und -therapeuten, die ihre Anleihen vor allem bei der modernen Informationstheorie machten, auszureichen, um das hier Wesentliche in den Griff zu bekommen. Es bleibt daher noch vieles zu tun.

Um zusammenzufassen: Es kam mir bei der Zusammenstellung dieses Bandes vor allem darauf an, den Leser an einem Denkweg teilnehmen zu lassen, nicht ihm ein abgeschlossenes System zu liefern. Es war daher unvermeidbar, daß sich die Themen der einzelnen Kapitel öfter überschneiden, gelegentlich aber auch in verschiedene – und möglicherweise sogar entgegengesetzte – Richtungen weisen. Wie bei den meisten Vertretern der ersten Generation von Familientherapeuten spiegelt sich auch in meinen hier ausgewählten Arbeiten die Bedeutung der schizophrenen Problematik für die Familienforschung und -therapie wider. Daneben bleibt die Trennungsdynamik der Adoleszenz ein zentrales Anliegen. Der größte Teil der Arbeiten, von denen sechs zum erstenmal in deutscher Sprache erscheinen, entstand in den letzten Jahren.

I Anstoß zur Familientherapie
Das Problem der Schizophrenie

Was ist der Mensch und wie sollte er sein? Der Mensch, zugleich ein Tier und damit an seine vergängliche tierische Natur, ihre Bedürfnisse, Lustmöglichkeiten und Spannungen gekettet; der Mensch, der jedoch auch Einbildungskraft und Innerlichkeit besitzt, die ihn dazu treiben, in seiner Existenz einen Sinn zu suchen und sich selber im Lichte eines so gefundenen Sinnes zu vervollkommnen? Können wir, indem wir diese Frage beantworten, daraus etwas für unsere psychotherapeutischen Bemühungen gewinnen? Kann uns diese Antwort das Leitprinzip für unsere Arbeit mit Patienten geben?

In gewissem Sinne stellen wir diese Frage nicht, weil wir zuwenig, sondern weil wir zuviel wissen. Zunehmend werden wir gewahr, daß unsere Normen und Institutionen – die Familienstruktur, religiöse Vorstellungen, die vielen schwer faßbaren Aspekte einer jeweiligen Kultur – menschengeschaffen sind. Gleichzeitig wissen wir, daß der Mensch von den Normen geprägt wird, die auf ihn einwirken. In einem phantastisch komplexen Spiel von Kräften und Gegenkräften formen diese Normen und Institutionen unsere privatesten Weisen zu fühlen, uns auszudrücken, Recht und Unrecht zu verstehen. Aber Normen und Institutionen, das sehen wir ebenfalls, ändern sich, wenn wir ihrer Relativität gewahr werden und erkennen, daß sie menschengeschaffen sind. Sie verlieren ihre unbefragte Herrschaft über uns und werden ausgehöhlt, brüchig. Der Wandel des Menschen wird zum Problem. Die Matrix dieser Wandlungsorientiertheit ist die moderne Wissenschaft. Die Wissensgebiete der vergleichenden Anthropologie, Soziologie, Kinderpsychologie, das psychoanalytische Studium der Ich-Funktionen und insbesondere der Ich-Entwicklung: Sie alle tragen, von verschiedenen Blickwinkeln, zu unserem Wissen um dieses Spiel der Kräfte und Gegenkräfte bei, durch das die Existenz des Menschen ständig bedroht, aber ständig auch in einem labilen Gleichgewicht gehalten wird. Man kann sagen, die moderne analytische Wissenschaft vom Menschen offenbart und betont zugleich die Labilität der menschlichen Existenz.

Ähnliches läßt sich nun auch vom Existentialismus sagen. Im Existentialismus finden wir charakteristische Ideen über den Menschen. Kierkegaard, Nietzsche und Dostojewskij haben im letzten Jahrhundert diese Ideen entwickelt, die in unserem Jahrhundert von Heidegger, Jaspers, Camus, Sartre und vielen anderen wieder lebendig gemacht, systematisiert und weiterentwickelt wurden. Diese Autoren unterscheiden sich in vieler Hinsicht, zum Beispiel in ihren Denkansätzen, in der Art der Darstellung und so weiter, alle jedoch betonen sie, in der einen oder anderen Form, die Fragwürdigkeit und Gefährdung der menschlichen Existenz angesichts der Erosion aller traditionellen, von außen an den Menschen herangetragenen Werte. Aber indem sie uns so an die Fragwürdigkeit der menschlichen Existenz heranführen, lassen sie, als mögliche Folge solcher Konfrontation, eine neue Würde, eine vertiefte Humanität aufleuchten.

Die Labilität und Gefährdung der menschlichen Existenz, die sich in dem immer fragenden, immer relativierenden Prozeß der modernen Wissenschaft zeigt, ist auch das Thema vieler existentialistischer Autoren. Aber während nun die Naturwissenschaft – und dazu rechne ich auch die psychoanalytische Wissenschaft vom Menschen – diese Tatsache eher indirekt an den Tag bringt, indem sie uns die Unabgeschlossenheit aller unserer Bemühungen vor Augen führt, sind existentialistische Autoren vergleichsweise oft brüsk und rücksichtslos: »Gott ist tot«, schreibt Nietzsche; »Sein ist Sein zum Tode«, sagt Heidegger; »der Mensch hat auf Erden nur seine Existenz und sonst nichts«, hören wir von Camus. Und weiter: Während sich die analytischen Wissenschaftler oft in einer überladenen technischen Sprache ausdrücken, sind viele existentialistische Schriftsteller, insbesondere aber Nietzsche, Dostojewskij, Sartre und Camus, Meister des Stils. Geschickt benutzen sie literarische Medien wie den Roman, die Kurzgeschichte, den Aphorismus und das Theaterstück, ohne sich um eine leicht hölzerne wissenschaftliche Würdigkeit zu scheren.

Die analytische Wissenschaft vom Menschen und die existentialistischen Aussagen lassen sich daher beide als Antwort auf die Bedürfnisse und das geistige Klima unserer Zeit verstehen – einer Zeit, die nun einmal in besonderem Maße aus den Fugen zu geraten scheint. Es ist daher nicht erstaunlich, daß diese beiden Weisen des Theoretisierens über den Menschen, die aus so verschiedenen Denktraditionen kommen – die eine als Psychoanalyse sich aus der Denktradition der Naturwissenschaften des 19. Jahrhunderts entwickelnd, die andere, der Existentialismus, einer weitgehend deutschen philosophischen Tradition entstammend –, in hohem Grad das geistige Gesicht unserer westlichen Welt veränderten und bestimmten.

Fast unmerklich wurden die tragenden Begriffe sowohl der Psychoanalyse wie die des Existentialismus – die letzteren vor allem durch Heidegger vertreten – durch ständige Wiederholung, Erweiterung, Popularisierung und Vereinfachung zu den unbefragten Orientierungspfählen und Klischees im Denken des modernen Menschen über sich selbst gemacht – genau so wie in einem anderen Teil dieser Welt die tragenden Begriffe des Marxismus zu den unbefragten Markierungspunkten menschlichen Selbstverständnisses wurden.[1]

---

[1] Man kann in diesem Zusammenhang weitere Parallelen ziehen. Freud wie Heidegger fanden Gefolgsleute, die ihr Werk systematisierten und, es relativ plausibel machend, einem weiteren

Es mußte indessen Zeit verstreichen, ehe sich diese beiden theoretischen Vorstellungsgebilde auf dem Felde der Psychiatrie und Psychotherapie begegnen konnten. Erst vor relativ kurzer Zeit wurden die existentialistischen Ideen und Gesichtspunkte dazu verwendet, psychiatrische und psychotherapeutische Probleme durchsichtiger zu machen. Das war hauptsächlich das Verdienst solcher, zum Teil selbständig denkender Vermittler wie Ludwig Binswanger (1947, 1953, 1955, 1957), Medard Boss (1957), Erwin Straus (1935), Rollo May (1958, 1961) und einer Reihe anderer.

Jeder dieser Autoren versuchte existentialistische Begriffe, die in erster Linie von Heidegger stammten, psychiatrisch schmackhaft zu machen.

Als Folge dieser Bemühungen hat sich das Feld der Psychotherapie in eine Arena verwandelt, in der diese beiden theoretischen Vorstellungswelten und Denktraditionen angriffslustig und gepanzert einander gegenübertreten, vermeiden und herausfordern. Wir sind heute die Zeugen dieser interessanten Begegnung.

Wie zeigt sich der Existentialismus in dieser Arena? Und indem ich diese Frage zu beantworten versuche, will ich nicht selbst sogleich eine Lanze ergreifen und mich in das Gemenge mischen, sondern einen der hinteren Tribünenplätze einnehmen. Von solch hinterem Tribünenplatz aus zeigt sich der Existentialismus in vielen Gewändern und Verkleidungen. Sie heißen »Daseinsanalyse«, »medizinische Anthropologie«, »medizinische Phänomenologie« und anderes mehr. Oft scheinen diese Gewänder schlecht zueinander zu passen, und die Frage erscheint berechtigt, ob es sich hierbei noch um echte Sprößlinge und Weiterentwicklungen des Existentialismus und der Existenztherapie handelt. Ich weiß es nicht. Heidegger und Jaspers, die beide in der Öffentlichkeit noch am stärksten mit dem Ideengut des Existentialismus identifiziert sind, wollen nicht mehr »Existentialisten« genannt werden. Heidegger bezeichnete seine Philosophie als »Fundamentalontologie«, Jaspers sprach lediglich von »Philosophie«. Faute de mieux werde ich das Etikett »Existentialismus« beibehalten, und ich will im folgenden die Aspekte dieses Ideengebäudes, die ich für meine vorliegende Fragestellung für am wichtigsten betrachte, kurz darzulegen versuchen.

Obwohl Heidegger wie Jaspers als Initiatoren der existentialistischen Richtung in der Psychiatrie angesehen werden können, erscheint im Augenblick Heideggers Einfluß auf das psychiatrische Denken in Europa stärker als der von Jaspers. Das ist etwas eigenartig. Denn im Grunde war Jaspers der ausgebildete Psychiater, ehe er sich in einen

Publikum zuführten. In Amerika spielte etwa Fenichel, was die Verständlichmachung psychoanalytischer Begriffe anbelangt, eine ähnliche Rolle wie Tillich für Heidegger, bei allen Unterschieden zwischen den beiden Persönlichkeiten.

Professor der Philosophie verwandelte. Und es ist ebenfalls Jaspers, der neben zahlreichen psychiatrischen Einzelarbeiten schon 1913 ein umfassendes psychopathologisches Lehrbuch schrieb, eben seine ›Allgemeine Psychopathologie‹. Aber es war dann paradoxerweise gerade Jaspers, der sein psychiatrisches Wissen dazu verwandte, um seine andernorts entwickelten Einsichten daran zu hindern, in der Psychotherapie Einfluß zu gewinnen. Dies erreichte er im wesentlichen dadurch, daß er nachzuweisen versuchte, daß zwischen psychotischen, insbesondere schizophrenen Erlebnisweisen einerseits und neurotischen und normalen Erlebnisreaktionen andererseits ein Spalt der Unverstehbarkeit klaffe, das heißt daß die ersteren nicht einfühlbar seien.

Aber wichtiger noch erscheint die Tatsache, daß Jaspers[2] sich entschieden gegen eine wissenschaftliche Untersuchung der Beziehungen zwischen Arzt und Patient, sei letzterer neurotisch oder psychotisch, wandte. Er wandte sich mit anderen Worten gegen die wissenschaftliche Erhellung dessen, was wir seit Freud gleichsam als Achse der Psychoanalyse zu sehen gewohnt sind, nämlich das charakteristische Spiel von Übertragung und Gegenübertragung. Solch eine wissenschaftliche Untersuchung, so argumentierte Jaspers immer wieder, würde das Vertrauen zerstören, das zwischen Arzt und Patient bestehen müsse, es würde Freiheit und moralische Verantwortlichkeit unterhöhlen. Indem Jaspers aber diese beiden Positionen einnahm – daß einerseits psychotische Erlebnisse nicht einfühlbar seien und daß andererseits die therapeutische Begegnung einer wissenschaftlichen Prüfung nicht unterworfen werden dürfe –, bewirkte er es, daß seine existentiellen Aussagen für eine praktische Psychiatrie ohne wesentliche Bedeutung blieben. Trotz der Rolle, die daher der Begriff der Kommunikation in seinem allgemeinen Philosophieren spielt, begrenzte Jaspers damit die Möglichkeit der Kommunikation mit psychotischen Patienten, und er behinderte weiter das Studium der Kommunikation gerade da, wo es in der Psychotherapie am wichtigsten ist: in der Beziehung zwischen Arzt und Patient.

Es erstaunt daher nicht, daß Jaspers dadurch zur wohl stärksten Gegenkraft im deutschen Raum wurde, die auf dem europäischen Kontinent eine analytische und dynamische Weiterentwicklung der Psychiatrie verhinderte, wie diese inzwischen in Amerika erfolgt ist. Anstatt die Psychiater zu ermutigen, sich zu teilnehmenden Beobachtern aus-

---

[2] Jaspers' viele bittere Angriffe gegen Freud lagen auf der Linie dieser beiden Positionen. Jaspers hielt wenig von Freuds klinischen Beiträgen. Er liebte es, Freud mit Marx zu vergleichen, und sah beide wesentlich als Ideologie-Lieferanten mit großer populärer Zugkraft. Er stellte darüber hinaus Freud als den Popularisierer und Vereinfacher von Einsichten hin, die im wesentlichen schon vorher von Autoren wie Nietzsche und Kierkegaard tiefer ergriffen und bewegender dargestellt worden seien.

zubilden, festigte Jaspers die Position des distanzierten Beobachters mit starker organisch-neurologischer Orientierung.[3]

Heidegger, auf der anderen Seite, litt an keinem derartigen Handikap: Da er selbst nicht als Psychiater ausgebildet war, hatte er nicht dieselbe Möglichkeit, sich wie Jaspers auf dem Felde der Psychotherapie zu disqualifizieren. Aber dies erscheint nicht Grund genug, um Heideggers starken Einfluß zu erklären. Wie kam und kommt dieser Einfluß zustande? Der Gründe sind sicher viele. Eines, glaube ich jedoch, steht im Vordergrund: Heidegger, so scheint es, gibt eine Antwort auf die Frage, die ich zu Anfang dieser Untersuchung stellte: Was ist der Mensch und wie sollte er sein. Und die Antwort, die Heidegger gibt, scheint sich aus einem direkteren, tieferen, unmittelbareren Verständnis der Phänomene zu ergeben, als dies bisher von anderer Seite geboten wurde. Mit anderen Worten, Heideggers Formulierungen erscheinen durchdringender und zugleich offenbarender als konventionelle und geläufigere Formulierungen über das Wesen des Menschen.

Es ist unmöglich, an dieser Stelle etwa einen Abriß oder etwa eine Kritik von Heideggers Denken zu versuchen. Die folgenden Ausführungen sollen lediglich das Thema beleuchten, das ich mir für diese Untersuchung gestellt habe.

Diese Einschränkungen vorausgeschickt, müssen wir fragen: Wie kommt Heidegger zu seinen Aussagen über den Menschen? Die Antwort ist, sehr vereinfacht: auf einem komplizierten Umweg, durch eine unablässige, bohrende Beschäftigung mit dem Sein, das heißt mit dem, was ist.

Diese Seinsfrage, betont nun Heidegger sofort, ist die schwierigste aller möglichen Fragen. Denn von welchem Blickwinkel wir diese Frage auch immer angehen, wir können nicht umhin, uns im Problem der Sprache zu verstricken. Und das ist ein gewaltiges Problem. Denn die Sprache ist das Medium, durch das sich das Sein offenbart, aber sie ist zugleich das Medium, in dem das Sein, im Augenblick seiner Offenbarung, verzerrt und verdunkelt wird. Anders ausgedrückt, jeder anscheinend erfolgreiche Versuch, des Seins mit Hilfe der Sprache Herr zu werden, ist bereits gescheitert: Er hat die Wahrheit des Seins verloren. Man darf, scheint mir, einen Großteil des Heideggerschen Denkens, insbesondere des in ›Sein und Zeit‹ niedergelegten, als einen Dauerkommentar zu dieser Sachlage auffassen, die zugleich so rätselhaft, versagend und herausfordernd ist.

Man kann nun, glaube ich, in dieser nie endenden Seinssuche drei As-

---

[3] Diese Bemerkungen werden der Komplexität von Jaspers' psychiatrischem Denken nicht gerecht. Insbesondere sollen sie nicht seine Fähigkeit schmälern, klinische Phänomene und Probleme unter vielen verschiedenen Blickwinkeln zu beleuchten. Hier ging es lediglich darum, einige zentrale Themen und Positionen von Jaspers aufzuzeigen, die sich fast schicksalhaft auf die deutsche akademische Psychiatrie ausgewirkt haben.

pekte unterscheiden, die alle reichlich in dem 1927 erschienenen ›Sein und Zeit‹ dokumentiert sind. Heidegger greift, erstens, praktisch alle traditionellen Aussagen über das Sein, über das Wesen des Menschen, über menschliche Werte und so weiter im Lichte der Tatsache an, daß das Sein durch die Sprache zugleich offenbart und verborgen wird. Die westliche Philosophie seit Plato, so schließt Heidegger daher, hat im wesentlichen den Zugang zur Wahrheit des Seins verstellt. Die Seinsvergessenheit wurde durch die Beschäftigung mit bloß Seiendem zu betäuben versucht. Einhergehend mit dieser eher negativen Haltung bemüht sich Heidegger, zweitens, in einer Weise aus der Sprache selbst heraus zu denken, die die traditionelle Sprache der Philosophie vergleichsweise dürftig und anämisch erscheinen läßt. Dieses Bemühen führt ihn dazu, die Sprache ständig an ihrem ethymologischen Schwanz anzupacken, indem er originelle Wortbedeutungen und Wortwurzeln transparent zu machen versucht, woraus sich oft ungewöhnliche und erstaunliche Gedankenrichtungen ergeben. Hier sei nur an eine seiner zentralsten, aber auch umstrittensten Thesen erinnert: seine Neudefinition und Neukonzeption der Wahrheit als Unverborgenheit – aletheia –, ein Begriff, der uns dazu führen soll, das Wesen der Wahrheit nicht mehr in einer korrekt repräsentierenden Beziehung zwischen Subjekt und Objekt zu sehen. Solch eine Subjekt-Objekt-Spaltung wird gleichsam mit diesem neuen Wahrheitsbegriff aufgelöst. Gerade diese Auflösung der Subjekt-Objekt-Spaltung ist dann für spätere existentialtherapeutische Denkrichtungen wichtig geworden. Drittens aber, und damit komme ich zum letzten, aber vielleicht wichtigsten Aspekt des Heideggerschen Denkens, handelt es sich bei diesem Denken um eine ständige, immer neu ansetzende Argumentation in Zirkeln.

Dies kann gar nicht anders sein. Denn Heidegger hat sich offensichtlich einer unlösbaren Aufgabe verschworen: das Sein zu offenbaren, zu entbergen, indem er das oben erwähnte Doppelgesicht der Sprache als gleichzeitiger Offenbarerin und Verbergerin des Seins zu versöhnen sucht. Eine stete Herausforderung und Versagung scheint somit in dieser Aufgabe enthalten zu sein. Und dennoch entwickelte Heidegger – und darin besteht, glaube ich, ein wesentlicher Teil seiner Größe – eine fast monomanische Entschlossenheit, sie doch irgendwie zu lösen. Das Resultat solchen Bemühens erscheint nun paradox. So weit Heidegger auch seine Untersuchungen vorangetrieben hat – zu Ende kommen sie ja nie –, scheint das Sein sich ihm doch immer wieder in mysteriöser Weise zu entwinden. Es ist immer gerade um die nächste Ecke. Das scheint Heidegger selbst zuzugeben, wenn ich einige seiner Aussagen richtig verstehe. Aber gleichzeitig scheint er ständig zu versprechen, daß es nun gar nicht mehr so weit sei, daß man nur noch mit einer letzten Anstrengung um die nächste Ecke herumgehen müsse und so weiter. Obgleich also, mit anderen Worten, das Sein sich im entscheidenden Augenblick immer wieder verflüchtigt, erscheint dessen Verfolgung dennoch nicht ergebnislos: Aus dieser Verfolgung erwächst etwas, das man gerechterweise als ein neues Klima im Denken über das Wesen des Menschen bezeichnen kann.

Zusammen mit diesem neuen Denken über den Menschen entwirft Heidegger gleichsam einen Grundriß der menschlichen Existenz, seines In-der-Welt-Seins. Wie ein Phönix aus der Asche der zerschlagenen traditionellen Werte und Begriffe ersteht damit, so scheint es, die Antwort auf die Frage: Was ist der Mensch und wie sollte er sein?

Die menschliche Existenz, wie sie Heidegger in ›Sein und Zeit‹ entwirft, ist bestimmt durch zentrale Kategorien wie Geworfenheit, Verfallensein, Tod, Zeit und Zeitlichkeit und vor allem Sorge; Begriffe, die heute schon fast wieder routinehaft gebraucht werden und denen doch Heidegger eine ganz besondere und eigenwillige Bedeutung gab. Auf der Bühne des Lebens, wie sie durch diese Existentialien ausgesteckt ist, kann der Mensch entweder eigentlich oder uneigentlich leben: uneigentlich – das Schicksal der allermeisten Menschen – im Sinn des »man«, den Selbstverlust in Geschwätz und Zerstreuung bezeichnend, oder eigentlich in der Weise der wenigen, die illusionslos ihrem Tode und ihrer großen Einsamkeit ins Auge sehen können.

Bis heute, das wissen wir ebenfalls, ist Heideggers Denken in Fluß geblieben. Und viele der Schlußfolgerungen, die er in ›Sein und Zeit‹ zu ziehen schien und die insbesondere die Konfrontation des Menschen mit dem Nichts betonen, erscheinen im Lichte neuerer Aussagen überholt beziehungsweise revisionsbedürftig. Ich brauche nur an die ebenfalls bereits fast schlagwortartig gebrauchte Formulierung vom Menschen als »Hirten des Seins« zu erinnern.

Zusammenfassend finden wir Heidegger in einem eigenartigen Zwielicht. Seine Fundamentalontologie – dies scheint als Anspruch aus vielen seiner Schriften hervorzugehen – versucht die Frage zu beantworten: Was ist der Mensch und wie sollte er sein? Die Analyse des menschlichen Geworfenseins, seines Seins als eines Seins zum Tode, seines Begriffes der Zeit und Zeitlichkeit und anderer Vorstellungen, wie sie vor allem in ›Sein und Zeit‹ entwickelt wurden, scheint diesen Anspruch zu begründen. Daher auch seine Unterscheidung einer authentischen von einer unauthentischen Seinsweise – eben Heideggers Antwort auf die Frage: Wie sollte der Mensch sein?

Trotzdem bleibt das Sein ungreifbar. Heideggers Argumentation erscheint in fragwürdiger Weise – wie dies bereits von vielen Kritikern hervorgehoben wurde – an seinen Privatgebrauch der deutschen Sprache gebunden. Außerdem erscheint seine Position im Fluß. All dies spricht gegen seinen Anspruch, die obige Zentralfrage wirklich beantwortet zu haben. Aber gerade deshalb vielleicht übt sein Werk eine fast unverminderte Anziehungskraft aus.

Und es ist gerade dieses Zwielicht, diese herausfordernde Unklarheit, die wir wiederfinden, wenn wir uns nun im folgenden den modernen Schulen und Richtungen der Existenz-Psychotherapie zuwenden, die direkt oder indirekt ihren stärksten Anstoß von Heidegger bezogen.

Jede dieser Schulen, das sehen wir sogleich, hebt bestimmte Aspekte im Heideggerschen Denken hervor und vernachlässigt andere. Heideggers Gedankenwerk kann als eine groß und komplex angelegte Symphonie betrachtet werden. Deren verschiedene Themen und Elemente werden nun mannigfachen Variationen und Interpretationen unterworfen, die alle wiederum mit sehr unterschiedlichem Können und auf ungleichem Niveau ausgeführt werden. Bei näherem Zusehen erkennen wir jedoch, daß die Dissonanzen und Probleme, die, gewollt oder ungewollt, in die ursprüngliche Symphonie hineinkomponiert wurden, sich auch in diesen Variationen offenbaren. In gewissem Sinne scheint die Anwendung von Heideggers Denken auf die Probleme der klinischen Psychiatrie die ursprünglichen Unstimmigkeiten und Zweideutigkeiten noch schärfer herauszustellen.[4]

Im folgenden möchte ich mich mit einigen Themen und Variationen befassen, die bereits in Heideggers Werk angelegt sind, die jedoch von seinen psychiatrischen Nachfolgern entweder betont oder weiterentwickelt wurden.

Lassen Sie mich mit dem Thema beginnen, das in vieler Hinsicht am wichtigsten geworden ist. Ich meine jenen Aspekt des Denkens über den Menschen, der am treffendsten in dem Begriff »Daseinsanalyse« zum Ausdruck zu kommen scheint. In der psychiatrischen Literatur ist heute die Analyse des menschlichen Daseins am stärksten mit Ludwig Binswanger und Medard Boss identifiziert. In gewissem Sinne erscheint diese Daseinsanalyse als die vielleicht direkteste psychiatrische Anwendung und damit Fortsetzung von Heideggers Exposition des Daseins als In-der-Welt-Seins, wie dies in ›Sein und Zeit‹ ausgeführt wurde. Eben in dieser Exposition des Daseins als In-der-Welt-Seins war Heidegger zu dem anfangs erwähnten Grundriß der menschlichen Existenz gelangt.

[4] Im Gefolge Heideggers betonen seine daseinsanalytischen Schüler ständig den Unterschied zwischen dem, was grundlegend, a priori, ursprünglich, und dem, was nur ein abgeleitetes und in gewissem Sinne weniger wichtiges Element eines Phänomens ist. Darin bezeugt sich klar Heideggers zentrale Dichotomie zwischen Sein und Seiendem, Ontischem und Ontologischem, etwas, das schlagwortartig als die ontologische Differenz bekanntgeworden ist. Die mit einer solchen Unterscheidung gegebenen Probleme liegen zutage. Zum Beispiel können definitionsgemäß die empirischen Beobachtungen der klinischen Psychiatrie keine ontische Dimension haben. Daher dann das ständige Bemühen, immer wieder Ebenen der ontischen Relevanz abzugrenzen und damit auf irgendeine Weise das Beobachtungsmaterial der klinischen Praxis mit »der Festigkeit des transzendentalen Gefüges, das allem seelischen Gefüge als die Bedingung seiner Möglichkeit von vornherein und apriorisch zugrunde liegt« (Ludwig Binswanger), zu vereinen beziehungsweise zu versöhnen.

Was offenbart uns ein solcher Grundriß, wenn wir ihn zur Erhellung eines klinischen Falles benutzen? Um diese Frage zu beantworten, lassen Sie mich Binswangers 1957 veröffentlichte Analyse des Falles Ellen West anführen. Die Begriffe »Weltentwurf« und »Daseinsentwurf« stecken den Rahmen ab, in dem eine bestimmte Patientin, Ellen West, verstanden und analysiert wird. Hier, wie auch in anderen daseinsanalytischen Arbeiten, erscheinen mir die Begriffe »Dasein«, »Daseinsentwurf«, »Form des In-der-Welt-Seins« und so weiter nicht klar unterscheidbar. Der Daseinsentwurf von Ellen West wird nun von Binswanger im Lichte einer Reihe von Zentralbegriffen transparent gemacht. Dazu gehören in erster Linie der Begriff der »Welt« – von Binswanger dann weiter in Umwelt, Mitwelt und Eigenwelt unterteilt – sowie die Begriffe »Zeit« und »Tod«. Heideggers Hebammentätigkeit läßt sich leicht erkennen. Doch Binswanger differenziert und gibt Farbe. Er sieht Ellen West zum Beispiel als hin- und hergerissen zwischen der Zeitlichkeit einer ätherischen Welt und der Zeitlichkeit einer Gruftwelt, während sie in der Welt der praktischen Lebensbewältigung scheitert. Binswanger bemüht sich damit, im Leben dieses Mädchens das zu erfassen, was wirklich grundlegend und wesentlich ist. Mögliche psychoanalytische oder anderweitige Interpretationen werden demgegenüber als ephemer, das heißt weniger wesentlich hingestellt. Das nun, was wesentlich und grundlegend ist – das also, was in Heideggers Ausdrucksweise sich als Sein einem bloß Seienden entgegenstellt –, wird mit fast dichterischer Eindringlichkeit beschrieben. Dennoch scheint im letzten ein einfaches Geschehen vorzuliegen. Binswanger schreibt: »Die ganze Lebensgeschichte Ellen Wests ist nichts anderes als die Geschichte der Verwandlung von Leben in Moder und Grab.«

Ähnlich lehrt uns Boss (1943) den Weltentwurf eines koprophilen Patienten als eine dunkle und verengte Weise der Existenz sehen. Er spricht zum Beispiel von der schmutzigen Lochwelt eines Menschen, der in vieler Hinsicht die Merkmale des Wurmes angenommen hat. Auch von Gebsattel (1938, 1954), der Heidegger ebenfalls verpflichtet ist, beschreibt seine Zwangspatienten, wie sie in einer lieblosen Welt von Fäulnis, Schmutz und tiefen Löchern leben.

In diesen und anderen Analysen werden unterschiedliche Aspekte betont und verschiedene deskriptive Begriffe benützt – die Beleuchtung der Welt von Tod und Moder ist dabei nur ein von mir gewähltes Beispiel –, aber der zugrundeliegende methodische Zugang zum Patienten ist ähnlich: Dessen neurotische oder psychotische Symptomatologie wird als Ausdruck und Folge einer Existenz verstanden, deren Entfaltung auf die eine oder andere Weise verhindert wurde. Wir hören nun aber unter diesen Autoren weniger Begriffe wie »authentisch« (eigentlich) oder »unauthentisch« (uneigentlich), wie eine Vertrautheit mit Heidegger dies erwarten lassen würde. Statt dessen lesen wir von einer

»ungelebten«, »unrealisierten«, »unerfüllten« Existenz, von »Formen mißglückten Daseins« und so weiter. Diese Formen einer gescheiterten Existenz werden dann oft eindringlich beschrieben.

Können wir jedoch, indem wir dergestalt über eine bestimmte Existenz urteilen, ohne einen Standard für derartige Urteile auskommen? Was, mit anderen Worten, ist die Norm, der Maßstab, mit dem eine unerfüllte und gescheiterte Existenz bewertet und gemessen wird? Mit dieser Frage, die für das Verständnis vieler existentialistischer Arbeiten so wichtig ist, muß ich noch einmal zu Heidegger zurückkehren. In dem Bemühen, diese Frage zu beantworten, werden sich dann einige weitere Themen erhellen, die im Rahmen der existentiellen Psychotherapie wichtig zu sein scheinen.

Für Heidegger, daran müssen wir uns erinnern, ergab sich die Authentizität oder Nichtauthentizität bestimmter Weisen der Existenz aus seiner Analyse des Daseins als In-der-Welt-Seins. Die Normen für die Beurteilung der Authentizität wuchsen aus dem Prozeß der Analyse selbst hervor. Heideggers psychiatrische Gefolgsleute, insbesondere Boss, machen daher diese Analyse zum Eckpfeiler vieler ihrer klinischen Erwägungen. Jedoch wiederum: Was in Heideggers Fall als ein verwirrend offenes und fragwürdiges Begriffsgewebe erscheint, engt sich in seinen psychiatrischen Schülern leicht auf eine Reihe nahe verwandter Argumente und Behauptungen ein, die dann oft mit großer Vehemenz und Überzeugungskraft vorgetragen werden.

Lassen Sie mich im folgenden das Hauptargument von Boss aufgreifen, durch das er deutlich zu machen und zu legitimieren versucht, warum er eine bestimmte Existenz als erfüllt oder unerfüllt ansieht.

Die Existenz oder das Dasein, so behauptet Boss 1957 in Anlehnung an Heidegger[5], erhellt sich in der Weise, in der sich ein Lichtstrahl selbst belichtet. Durch das Licht, das dieser Strahl aussendet, macht er sich selbst durchscheinend und hebt sich als etwas ab, das von seiner Umgebung unterschieden und doch zugleich auf sie bezogen ist. Mit anderen Worten: Eine Existenz und das Erfassen dieser Existenz in einer gegebenen Welt und Kommunikationssituation kommen gleichsam in einer einzigen Verpackung zu uns – obgleich, muß ich hinzufügen, dies, wie jede mögliche andere, eine sehr schlechte Metapher ist. Immerhin ergibt sich aus dem Lichtstrahlgleichnis der eigenartige Charakter der Erschlossenheit des Daseins, die in Heideggers Exposition des Daseins als In-der-Welt-Seins eine so zentrale Rolle spielt. Wir verfehlen, und das ist die nächste, von Boss gezogene Schlußfolgerung, die so wichtige Qualität der Einstückverpackung der Existenz, wenn wir sie in der Weise eines Subjektes zu analysieren versuchen, das einem Objekt ge-

[5] Heidegger selbst schreibt: »Das Erkennen des Absoluten steht im Strahl des Lichts, gibt ihn zurück, strahlt ihn wider und ist so in seinem Wesen der Strahl selbst, kein bloßes Medium, durch das der Strahl erst hindurchfinden müßte.«

genübersteht. Denn sobald wir uns in dieser Subjekt-Objekt-Spaltung heimisch gemacht haben, haben wir uns bereits in eine analytische und wissenschaftliche Betrachtungsweise verstricken lassen, die für den modernen westlichen Menschen zum Übel geworden ist. Wir haben den Zugang zum ursprünglichen Sein verloren, einen Zugang, worin die Rollen von Beobachter und teilnehmendem und existierendem Menschen noch untrennbar und ununterscheidbar erscheinen. Es ist diese Basis, die zum Beispiel Hora, einen in den Vereinigten Staaten lebenden Daseinsanalytiker, anläßlich eines in Chestnut Lodge gehaltenen Vortrages sagen ließ, die existentielle Psychotherapie sei unkausal, unhistorisch, unteleologisch, undeutend und unzwischenmenschlich. Denn nur in dieser anscheinend absurden Weise läßt sich, meinte Hora, die Ungebrochenheit der Existenz aussagen, wie sie sich in der Psychotherapie mitteilen muß.

Es ist diese unmittelbare Erleuchtung der Existenz durch das Dasein und ihre gleichzeitige Verwurzelung im Dasein, worin sich auch die Frage der Authentizität oder Nichtauthentizität, die Erfüllung oder Nichterfüllung dieser Existenz beziehungsweise dieses Daseins offenbart. Der Lichtstrahl, indem er scheint, offenbart zugleich, ob er ein leuchtender oder nur matter Strahl ist.

Ein weiteres Thema, damit nahe verwandt, wird vielleicht am besten von Erwin Straus repräsentiert. Straus' zentrales Interesse liegt in der Sinnesphysiologie. – Sein maßgebendes Werk ›Vom Sinn der Sinne‹ erschien 1935. – Daher dann seine besondere Färbung dieses Themas. Mehr als Heidegger selbst scheint Straus Husserl, dem Lehrer und Vorgänger Heideggers auf dem philosophischen Lehrstuhl in Freiburg, verpflichtet zu sein.

Um seine eigene Position zu erhellen, setzt Straus gerne bei einer Kritik an Descartes an; denn Descartes war, wenn wir Straus folgen, der wesentliche philosophische Legitimierer der Subjekt-Objekt-Spaltung. Er begründete eine Denktradition, in der der moderne wissenschaftliche Mensch über sich selbst und die Welt nachzudenken lernte. »Die cartesianische Dichotomie«, schreibt Straus, »trennt nicht nur die Seele vom Körper, sie schneidet auch die erlebende Kreatur von der Natur ab, sie trennt das Ich von der Welt, die Sinneserfahrung von der Bewegung.« Demgegenüber versucht Straus, die von Descartes geschaffene Weichenstellung des Theoretisierens wieder herumzuwerfen. Um dieses Ziel zu erreichen, betont er von immer neuen Blickwinkeln die Wichtigkeit dessen, was sich wohl am besten »das ungebrochene Erfahrungskontinuum« nennen läßt. Dies ungebrochene Erfahrungskontinuum oder »Erfahrungsganze« bildet, so behauptet Straus, die Matrix, in der sich all das ereignet, was traditionellerweise den Namen einer Perzeption, einer Sinneswahrnehmung führt. Schon das Wort »Sinneswahrnehmung« ist irreführend, meint Straus, wenn es im Sinne der westlichen analytischen Denkgewohnheiten verwendet wird. »Zunächst hören wir nie und nimmer«, schreibt Heidegger, »Geräusche und Lautkomplexe, sondern den knarrenden Wagen, das Motorrad. Man hört die Kolonne auf dem Marsch, den Nordwind, den klopfenden Specht, das knisternde Feuer.« Wir gehen darum fehl, schließt Straus, wenn wir dieses unmittelbare Erfahrungsganze durch Einführung solcher Begriffseinheiten wie »wahrnehmendes Subjekt«, »Sinneswahrnehmungen« und »wahrgenommene Objekte« aufzubrechen versuchen. Denn wenn wir so handeln, haben wir bereits gestattet, daß unsere Beobachtungs- und Frageposition hoffnungslos verzerrt und pervertiert wird.

Die Erhellung dieses unmittelbaren Erfahrungsganzen, das ohne jedwede Verzerrung oder Vorurteiligkeit aufzunehmen sei, erscheint somit als das Wesen dessen, was in den letzten Jahrzehnten als die »phänomenologische Methode« bekannt wurde.

Dieser phänomenologische Zugang gibt sich nun nicht nur zur Untersuchung der Wahrnehmung im engeren Sinne, das heißt wesentlich des Sehens und Hörens, sondern auch zur Erhellung dessen her, was mehr in den Bereich des Gefühls und der Gestimmtheit fällt. Die Untersuchung der Stimmung beziehungsweise Gestimmtheit fügt gleichsam der Wahrnehmung eine weitere klinische Dimension hinzu. Die Stimmung hat einen besonderen Stellenwert im oben beschriebenen unmittelbaren Erfahrungsganzen. In Heideggers Exposition des Daseins als In-der-Welt-Seins sind Stimmung und Gestimmtheit ontische Phänomene: Indem sie uns in charakteristischer Weise auf die Welt einstimmen, erhellen und konstituieren sie diese Welt zugleich für uns. Um auf das vorgangs erwähnte Bild vom Lichtstrahl zurückzukommen: Gerade die Stimmung erscheint als wesentliche Lichtquelle, durch die unsere eigene Existenz wie die des Lichtstrahls selbst erleuchtet werden.

Aber dieser phänomenologische Zugang – und damit beobachten wir eine weitere Verzweigung der oben erwähnten Themen – kann nun auch klinisch wichtige Gebiete beleuchten, die unmittelbar wenig mit der Sinnesphysiologie zu tun haben. So haben, unter vielen anderen, sich vor allem von Weizsäcker (1947), Christian (1952) und Buytendijk (1956) den Körperbewegungen und -haltungen zugewandt. Gabriel Marcel (1949) und Merleau-Ponty (1945, 1949) haben – jeder wieder von etwas verschiedenen Blickwinkeln aus – versucht, das Erlebnis des eigenen Leibes zu durchleuchten.

Ich will mich im folgenden kurz mit einigen Aspekten des letzterwähnten Problems befassen – der Art der menschlichen Leiberfahrung –, um daran einige weitere Züge und Probleme aufzuzeigen, die sich ergeben, wenn wir diese phänomenologische Methode auf die medizinische Klinik anwenden.

Wenn ich mein Leib-Verständnis voranzutreiben versuche, verfange ich mich bald in einem Gewebe scheinbarer Widersprüche. Was zum Beispiel ist das »Ich«, wenn ich von »mir« und »meinem Körper« spreche? Gabriel Marcel, von Husserl ausgehend, gab darauf die vielleicht treffendste Antwort. Er sagte: »Ich *bin* mein Körper.« Diese Formulierung macht es offenbar unnötig, von mir selbst als etwas anderem als meinem Körper zu denken und dieses »Mir« beziehungsweise »Ich« mit Seele, Bewußtheit, Selbstgefühl und so weiter zu identifizieren. Denn all diese Begriffe würden nur zu weiteren Widersprüchen und Unstimmigkeiten führen. Aber auch die von Gabriel Marcel vorgeschlagene Formulierung kann die Dichotomie »Ich – mein Körper« nicht ganz auflösen. In vielen Zusammenhängen erscheint es weiterhin sinnvoll, dieses »Ich« – in welcher Weise dieses Ich auch immer konzipiert werden mag – und meinen Körper als zwei aufeinander wirkende Einheiten zu sehen. »Ich« kann zum Beispiel das Opfer einer Krankheit sein, »Ich« kann an dieser Krankheit leiden und darüber reflektieren. Diese Krankheit, so kann ich empfinden, spielt sich in tiefen und anscheinend unzugänglichen Bereichen meines Körpers ab, die meiner willensmäßigen Kontrolle nicht mehr unterstehen. Und dennoch – es scheinen Weisen zu existieren, in denen ich diese Krankheit nichtsdestoweniger beeinflussen kann. »Ich« kann zum Beispiel nicht nur beschließen, Medikamente einzunehmen, ich kann mich auch einer Psychoanalyse oder einer anderen tiefgreifenden Gefühlserfahrung aussetzen und kann dadurch lernen, mich selbst weicher und sensitiver auf meinen Körper einzustimmen. »Ich« kann auch den Verlauf einer Krankheit beeinflussen. Änderungen in meiner Einstellung zur Krankheit, die fast unmerklich und allmählich erfolgen, können genauso unmerklich und allmählich die Art und Weise ändern, in der ich durch und über meinen Körper fühle und denke. Und auch dadurch kann der Verlauf der Krankheit geändert werden. Aber in welcher Weise auch immer ich die Wechselwirkung zwischen mir selbst und meinem Körper zu verstehen suche, in der letzten Analyse bleibt meine Beziehung zu meinem Körper unfaßbar.

Genau wie Heidegger in seiner Seinssuche eine ständige Stimulierung, Versagung und Herausforderung gegeben fand, können wir dasselbe für unsere Bemühungen behaupten, unsere Beziehung zu unserem Körper in den Griff zu bekommen.

Auch in diesem Bemühen, wie in der umfassenderen Seinsfrage, verfangen wir uns in dem ungeheuren Problem der Sprache. Hier wie dort erscheint die Sprache gleichzeitig als der große Verdunkler wie der Offenbarer der Wahrheit.

In der Seinsfrage wie in der Frage nach dem Wesen unserer Beziehung zum Körper erscheinen Wörter wie »Erfassen«, »Begreifen« und so weiter inadäquat. Wörter dieser Art legen eine Art der Manipulation nahe. Sie lassen uns unser Leib-Verständnis nach dem Modell des Verständnisses eines mechanischen Werkzeuges begreifen. Ähnlich, wenn ich sage, »ich habe oder besitze meinen Körper« – ein Punkt, der besonders von Gabriel Marcel analysiert wurde –, modelliere ich mein Leib-Verständnis nach dem Besitz von Werkzeugen oder Instrumenten. Wieder zeigt sich meine Formulierung als ungenügend. Und so geht es weiter: Jede Formulierung, die mir einfällt, genügt nicht; denn diese Formulierung erscheint an ihre traditionelle Verwendung gekettet, und das macht sie sofort inadäquat, wenn es darum geht, den einzigartig schwierigen Bereich zu erhellen, um den es sich hier handelt.

Heidegger, daran müssen wir uns jetzt erinnern, versuchte die Kluft zwischen Seinsverborgenheit und den durch die Sprache gesetzten Grenzen dadurch zu überbrücken, daß er neue Wörter und aus diesen neuen Wörtern heraus einen neuen Denkstil entwickelte. Auf diese Weise ließ er das in Frage stehende Problem oft in einem überraschenden und neuen Licht erscheinen. Man kann sagen, daß auf diese Weise ein Umgehungsweg um die oben erwähnte Kluft geschaffen wird. Die am Leib-Problem interessierten Autoren versuchen nun häufig eine ähnliche Umgehung. Auch sie greifen oft auf ungebräuchliche Formulierungen zurück, die das in Frage stehende Problem dann in einem neuen, ungewohnten Licht erscheinen lassen. So spricht Zutt (1957), um nur ein Beispiel zu erwähnen, vom »gelebten, welthaften Leibe«. Das ist eine Formulierung, die bei oberflächlicher Betrachtung die Schwierigkeiten zu umgehen scheint, die, wie wir sahen, unserem Verständnis der Ich-Leib-Beziehung aufgegeben sind. Auch für viele andere Probleme, die irgendwie in den Rahmen der psychosomatischen Medizin fallen, scheint die Prägung neuer, ungewöhnlicher Worte einen neuen Gesichtswinkel zu eröffnen.

Aber derartige Herausforderungen und Versagungen – und damit komme ich noch zu einem weiteren Thema – scheinen nicht nur mit der Seinsfrage und mit der Frage nach dem Wesen unserer Leiblichkeit aufgegeben zu sein, wir begegnen derselben Problematik auch, wenn wir etwa das Wesen der therapeutischen Beziehung zu verstehen suchen. Diese Beziehung kann, von der Perspektive des Psychotherapeuten her, als eine eigenartige Mischung von Detachiertheit und Mitbetroffenheit angesehen werden. Während sich die Beziehung entwickelt, lassen sich beim Patienten bestimmte Übertragungseinstellungen beobachten. Das Instrument zum Erkennen dieser Übertragungseinstellung wird zum Teil, das wissen wir heute durch die Arbeiten von E. Weigert (1954), M. Cohen (1952) und vielen anderen, durch die Gegenübertragungsreaktion des Therapeuten gebildet. Aber die Analyse von Übertragung und Gegenübertragung, dies wird ebenfalls deutlich, erfaßt nur einen unter vielen wesentlichen Aspekten der Beziehung. Es ist, mit anderen Worten, an dieser Beziehung mehr dran als nur Übertragung und Gegenübertragung. In dieser Beziehung muß es zum Beispiel etwas geben, das eine therapeutische Aufeinanderbezogenheit überhaupt erst ermöglicht, etwas, das in diese Beziehung die so wichtigen Elemente des Vertrauens, der Solidarität, des gegenseitigen Reifens hineinträgt. Und es ist gerade wieder dieses »Etwas«, das schwer faßbar erscheint. In der Schwierigkeit, es in den Griff zu bekommen, ähnelt es dem Sein und dem Leib, wie dies oben beschrieben wurde. Und genau so wie in diesen beiden vorerwähnten Beispielen scheint auch in dieser Situation ein neu geprägter Begriff eine Lösung zu versprechen. Ludwig Binswanger versuchte eine solche Lösung, indem er den Begriff »Tragung« prägte. Durch diesen Begriff scheint er gerade das herauszustellen, was eine therapeutische Beziehung im Grunde ermöglicht, eine Beziehung, aus der heraus sich dann erst das dynamische Spiel von Übertragung und Gegenübertragung entwickeln kann.

Dieser kurze Abriß von Themen muß genügen. Durch die daseinsanalytische und phänomenologische Methode wird gleichsam, das ersehen wir daraus, unsere traditionelle Sehweise psychiatrischer Probleme aufgelockert. Alte Denkstrukturen scheinen auf einmal zusammenzuschmelzen. Etwas wahrhaft Neues scheint in unseren Verstehenshorizont einzutreten.

Ein solches Erlebnis aber – und damit komme ich zu einem besonders wichtigen Gesichtspunkt – läßt uns nun an eine Periode in unserem Leben denken, während der wir täglich neue Entdeckungen machen, in der die Welt noch im Glanze unerschöpflicher Neuheiten und eines großen Reichtums erlebt wird. Diese Periode ist die Kindheit.

Während dieser Zeit haben Wörter eine vergleichsweise viel magischere, welterschließendere und weltenthaltendere Bedeutung als im späteren Leben. Sie sind noch nicht zu den ungefragt hingenommenen Münzen unseres täglichen Umgangs geworden, zu Gegenständen, die wir so routinemäßig zu tragen gewohnt sind wie unsere Kleider.

Auch derartig in der Kindheit neu und reich erlebte Wörter scheinen, indem sie eine magische Faszination ausüben, eine unmittelbare Kommunion mit der Welt, eine Ungebrochenheit zu versprechen. Und im Lichte dieser Ungebrochenheit muß die Gebrochenheit und »Heillosigkeit« der vom Erwachsenen erlebten wirklichen Welt besonders schmerzhaft empfunden werden.

Ist darum nicht, müssen wir fragen, der vorgehend beschriebene existentialistische, daseinsanalytische und phänomenologische Weg legitim, ja einzig möglich, um eine neue Ganzheit zu erfahren? Sind nicht das oben beschriebene Verständnis eines »Weltentwurfs«, der Bande, die uns an unseren Körper binden, sowie des Wesens der psychotherapeutischen Beziehung alles Teile eines Versuches, eine neue Unmittelbarkeit in der Erfahrung, eine neue »Ungebrochenheit« zu gewinnen?

Das ist vielleicht so. Aber – und das einzusehen ist wichtig – wie immer diese Ganzheit und Unmittelbarkeit gesucht und erlebt werden mag, sie kann für den Erwachsenen nicht mehr dasselbe sein, was sie einmal für das Kind war. Dem Erwachsenen ist das abstrakte Denken gleichsam eine zweite Haut geworden, er hat eine differenzierte Innerlichkeit entwickelt, er lebt und denkt in der Subjekt-Objekt-Spaltung. Der Versuch, an diesem Tatbestand etwas zu ändern, bleibt problematisch. Und nirgends, scheint mir, läßt sich diese Problematik besser studieren als in den oben skizzierten Bemühungen, das existentialistische Denken auf die Psychotherapie anzuwenden. Es ist daher diese Problematik, mit der ich mich im folgenden zu befassen habe.

Um ihr gerecht zu werden, muß ich mich noch einmal der Sprache zuwenden. Es war eine charakteristische Verwendung der Sprache, daran müssen wir uns erinnern, wodurch Heidegger und die von ihm beeinflußten Autoren die in Frage stehenden Probleme in einem neuen Licht erscheinen lassen konnten. Diese Verwendung der Sprache müssen wir nun sorgfältiger untersuchen. In dieser Sprache lassen sich, scheint mir, drei Elemente unterscheiden: erstens ein evozierendes, beschwörendes Element, zweitens ein verdinglichendes Element, drittens ein entdifferenzierendes Element. Ich möchte auf diese drei Aspekte nacheinander eingehen. Unter evozierenden Elementen verstehe ich jene schwer greifbaren Elemente in einer Sprache, die besonders dazu angetan sind, im Hörer oder Leser oft reiche, aber auch undeutliche Gefühle und Assoziationen auszulösen. Es geht um jene Qualität in der Formulierung und Kommunikationsweise, die eine gefühlsmäßige Unmittelbarkeit bewirkt. Um ein unkonventionelles Gefühl auszulösen, bedarf es oft des Zerbrechens und gleichzeitigen Ersetzens von traditionellen Wortklischees, in denen Gefühle bisher ausgedrückt, aber auch zugleich verkrustet wurden. Charakteristischerweise bedient sich diese Art der Kommunikation oft eines ausschweifenden, suchenden, formlosen Beschreibungsmodus, wofür etwa Faulkners Stil gute Beispiele bietet. Ganz allgemein kann man unter dem evozierenden Element im Stil eines Dichters oder Schriftstellers jenes Etwas seiner individuellen Ausdruckskraft verstehen, das zugleich am wirksamsten, aber auch am privatesten und schwerstfaßbaren erscheint. Weitere Aspekte der evozierenden Sprache habe ich in ›Conflict and Reconciliation‹ (1968) beschrieben.

Die evozierende Macht der Sprache findet in gewisser Weise ihre Parallele in dem persönlichen Charisma oder Stil eines Psychotherapeuten – manchmal auch etwas ausdruckslos als sein nicht-verbaler Kommunikationsmodus beschrieben –, etwas, das sich ebenfalls einer einfachen Beschreibung oder Faktorenanalyse zu entziehen scheint. Aber genau so wie dieses Charisma des Therapeuten kontrolliert und diszipliniert werden muß, um nicht in zwischenmenschliches Demagogentum zu entarten – eine Kontrolle, die unter anderem durch Lehranalyse, Supervision durch andere Therapeuten, überhaupt Entwicklung einer Selbstkritik ausgeübt wird –, so muß auch die evozierende Kraft der Sprache durch das Bemühen um Klarheit in Schach gehalten, diszipliniert werden. Je mehr wir uns mit unseren Gedanken in jenes Grenzgebiet wagen, das normalerweise dem Dichter und spekulativen Philosophen vorbehalten bleibt, wo wir über das anscheinend Unaussagbare Aussagen zu machen versuchen, um so stärker muß unser Bemühen um Klarheit sein – indem wir den Bezugs- und Bedeutungsrahmen klar abzustecken versuchen und indem wir Begriffe verwenden, die eindeutig sind. Die deutsche Sprache scheint sich mehr als etwa die englische zu Vorstößen in dieses Grenzgebiet herzugeben. Gleichzeitig scheint aber auch die deutsche Sprache mehr Möglichkeiten zur Verdunkelung zu bieten, indem sich ihr beispielsweise durch Zufügung von Präfixen eine Unzahl von Bedeutungsschattierungen geben lassen.

Die Verwendung einer leicht mehrdeutigen Sprache für die Erhellung und Beschreibung klinischer Fakten und Beobachtungen führt daher zu Formulierungen, die einer Art Dichtung nahekommen. Dies ist ein Vorgang, für den ebenfalls bereits Heidegger durch seine Art des »dichtenden Denkens« das Vorbild zu liefern scheint. Ich habe aber den Eindruck, daß eine derartige Verwendung einer hochgradig evozierenden und oft mehrdeutigen Sprache in der Psychiatrie uns weder den Reichtum und die Tiefe wirklicher Dichtung noch jene Klarheit beschert, die unser Verstehen wirklich vorantreiben könnten.

Weiterhin habe ich mich mit dem verdinglichenden Element zu befassen, das in dem oben beschriebenen Sprachgebrauch gegeben zu sein scheint. Unter »Verdinglichung« verstehe ich die Tendenz, einen Begriff nicht so aufzufassen, als repräsentiere er ein Objekt, sondern als fließe er mit diesem Objekt zusammen, als sei er es in gewissem Maße selbst. – Wieder zeigt es sich, wie schwer es ist, in der Sprache der Subjekt-Objekt-Spaltung etwas zu beschreiben, das diese Spaltung transzendiert. – Ein Studium der Arbeiten von Boss, beispielsweise, kann deutlicher machen, was ich meine. Die Hauptpolemik von Boss gegen Freud scheint mir auf der Annahme aufzubauen, daß Freud, anstatt mit seinen Theorien wissenschaftliche Verstehensmodelle zu schaffen, welche im Lichte neuer klinischer Erfahrung revidierbar sind, eine Art mechanisch getönter Realität des emotionalen Lebens einzuführen versuchte. Auch diese Polemik erinnert uns an die Weise, in der ein Kind mit Worten umgeht: Das Kind ist sich oft noch nicht klar darüber, daß ein Wort als Symbol oder Metapher nicht mit dem Bezeichneten identisch ist. Denn die Fähigkeit, zwischen Wörtern und den durch sie bezeichneten Dingen unterscheiden zu können, entwickelt sich nur allmählich, als Folge ungewöhnlich komplexer Wachstums- und Differenzierungsvorgänge, die unter anderem eine zunehmende Integrierung körperlicher und psychischer Funktionen ermöglichen. Die enorme Vielschichtigkeit und Komplexität dieser Differenzierungs- und Integrierungsprozesse ist uns erst seit relativ kurzer Zeit vor allem durch die Untersuchungen Piagets, durch das Studium der vergleichenden Entwicklungspsychologie, aber nicht zuletzt auch das der Schizophrenie deutlich geworden.

Für die oft erhellende und in gewissem Sinne realitätserschließende Verwendung der Sprache, wie sie von Heidegger und den ihm folgenden Autoren geübt wird, ist daher der Preis – und damit komme ich zum dritten und wahrscheinlich wichtigsten Element dieses Sprachgebrauchs – eine Entdifferenzierung in der Fähigkeit, verschiedene Bedeutungsebenen zu erkennen und zu unterscheiden. Wir finden eine Art Umkehr des bei Kindern beobachteten Differenzierungs- und Integrationsprozesses. Ein gewisser Reichtum und eine unmittelbare Ausdruckskraft werden mit einem Verlust an Unterscheidungsvermögen bezahlt: Die Unterschiede zwischen Wörtern und Dingen und Wörtern und verwandten Wörtern werden weniger wichtig. Und mit diesem Verlust an Unterscheidungsvermögen und vielleicht auch Unterscheidungswillen geht, so scheint mir, eine egoistische Verengung der eigenen Welterfahrung einher, eine gewisse Aufblähung der eigenen Wichtigkeit, welche ebenfalls der Haltung eines Kindes ähnlich ist, das, noch ohne Sinn für die Kausalgesetze, denen es unterworfen ist, dazu neigt, die Geschehnisse in der Welt in einer hochgradig egozentrischen und anthropozentrischen Weise zu deuten, wie dies auch – nach Untersuchungen von Werner, Piaget und anderen – für viele primitive Völker charakteristisch ist.

Sicher: Die Auflösung der Differenzierung – in einem Wort: Entdifferenzierung –, die von Heidegger und den von ihm beeinflußten Autoren betrieben wird, ist etwas anderes als die primäre Unfähigkeit zur Differenzierung, die wir an Kindern beobachten. Dennoch scheint es mir der vergleichsweise Mangel an Differenzierung von Begriffen und Bedeutungszusammenhängen zu sein, der sich am einschneidendsten auswirkt, wenn wir diese Begriffe dazu verwenden, klinische Phänomene und den Prozeß der Psychotherapie selbst zu erhellen. Ich will im folgenden nur einige wenige Aspekte solcher Entdifferenzierung der Begriffe und Bedeutungszusammenhänge auf psychiatrischem Gebiet behandeln.

Erstens: Ein Weltentwurf, ein Daseinsentwurf oder eine Seinsweise, die man unmittelbar in ihrer Totalität zu erfassen glaubt, machen es nahezu unmöglich, eine Dimension des Unbewußten oder des Latenten anzuerkennen und ernstzunehmen. Denn solch ein Zugang zu den klinischen Phänomenen scheint weder die Bereitwilligkeit noch das technische Instrumentarium mitzuliefern, die notwendig sind, um solche Aspekte im Leben oder in der Beziehung eines Menschen in den Griff zu bekommen, die wir, von analytischen Vorstellungen ausgehend, als dissoziiert, verdrängt oder vom Bewußtsein abgespalten anzusehen gelernt haben. Boss zum Beispiel scheint mir diese Vernachlässigung des Verborgenen in seinem Traum-Buch deutlich zu demonstrieren. Die Träume sind danach, wenn ich ihn richtig verstehe, ein am Tage liegender Modus, eine charakteristische Manifestation der Existenz eines Menschen. Als eine solche, dem Wacherleben gewissermaßen gleichberechtigte Manifestation seiner Existenz scheinen sie einem unmittelbaren intuitiven Verständnis genauso zugänglich zu sein wie die Äußerungen des wachen Erlebens. Damit stellt sich Boss gegen Freuds Annahme, daß der Traum Wünsche zum Ausdruck bringe, die im Medium des Traums zugleich teilweise befriedigt wie auch verschlüsselt werden. Indem uns Freud nun einen Schlüssel zur Traumanalyse in die Hand gab, mit dem er uns in die Sprache der Realität beziehungsweise des Sekundärprozesses zu übersetzen erlaubte, was vor ihm lediglich als irrelevant und irrational erschienen war, erweiterte er in charakteristischer Weise den Raum, worin menschliche Selbstinfragestellung und menschliches Selbstverständnis möglich sind. Er erweiterte, mit anderen Worten, die Bühne, auf der die anscheinend verborgenen und die manifesten menschlichen Motive sich auseinandersetzen, wo sie sich in zunehmend feineren Strategien der Selbstentdeckung und Selbstverbergung begegnen. Die so erschlossene »moralische Dimension« wird, scheint mir, notwendigerweise durch die daseinsanalytischen oder verwandten Einstellungen entweder vernachlässigt oder verdünnt. Denn eine Selbstinfragestellung, die diesen Namen verdient, erfordert die Fähigkeit, sowohl sich selbst gegenüber Distanz herzustellen als auch – von solcher distanzierten Position her – Unterscheidungen machen zu können. Und es ist eben diese Notwendigkeit zur Unterscheidung, welche die Daseinsanalyse und die ihr verwandten Einstellungen in ihrem Hang zur Entdifferenzierung zu vernachlässigen scheinen.[6]

[6] Ich muß an dieser Stelle eine Arbeit erwähnen, die, wenigstens in verschiedener Hinsicht, eine Ausnahme zu dem hier beschriebenen Trend zu bilden scheint. Im Gegensatz zu vielen anderen Arbeiten zeigt diese Schrift eine Aufgeschlossenheit für dieses Drama der Selbstkonfrontation und Selbstverbergung, wie es in der Polarität des Verborgenen, Unbewußten zum Manifesten, Bewußten sich widerspiegelt. Es handelt sich um das Buch ›Psychotherapie in anthropologischer Sicht‹ (1963) von Walter Bräutigam, ein Werk, das im Rahmen der hier beschriebenen Literatur einen besonderen Platz einnimmt.

Bräutigam bezeichnet vor allem Tiefe und Oberfläche als Pole, zwischen denen sich ihm zufolge das Drama der gefährdeten menschlichen Existenz abspielt. Diese Existenz bewegt sich gleichsam ständig zwischen der Selbstentfremdung *von* und der Bedrohung *durch* das, was wir als das Tiefe und Verborgene im Menschen bezeichnen können.

In einer Hinsicht, das macht Bräutigam deutlich, ist diese Polarität zwischen dem Verborgenen und Tiefen einerseits und dem Manifesten oder Oberflächlichen andererseits auf ein Zentrum bezogen, das sich ständig verschiebt. Diese Vorstellungsweise stimmt mit modernen Modellen überein, die wir uns über das Funktionieren des psychischen Apparates machen, wobei besonders Vorgänge der Wahrnehmung, des Sicherinnerns, des begrifflichen Denkens im Mittelpunkt

Zweitens verhindert die Tendenz zur Entdifferenzierung, wie sie in diesen methodischen Einstellungen deutlich wird, eine wirksame Durchleuchtung der zwischen Arzt und Patient bestehenden Beziehung. Dies ist ein wichtiger Punkt: Viele moderne Behandlungssituationen sind durch Auflockerung der traditionellen Rollen von Therapeut und Patient charakterisiert. Damit laden sie zu symbiotischen Verstrickungen und zu unklaren gegenseitigen Bedürfnisbefriedigungen ein. Solche Auflockerung der ärztlichen Beziehung ist oft unvermeidlich, um den Patienten überhaupt ansprechen zu können. Aber je mehr die therapeutische Situation dazu führt, daß sich der Arzt symbiotischen Verstrickungen gegenüber verwundbar macht, um so größer ist auch die Notwendigkeit für ihn, sich in einem dialektischen Prozeß wieder gegen den Patienten abzugrenzen. Übertragungen und Gegenübertragungen müssen daher, sobald sie deutlich werden, begrifflich erfaßt und diskutiert werden. In ›Conflict and Reconciliation‹ (1968) habe ich dieses Wechselspiel von Verstrickung und immer neuer dialektischer Abgrenzung als das Spiel der sensitivierenden und stabilisierenden Faktoren in der therapeutischen Beziehung beschrieben. Die Gefahr der Fusion und Zweideutigkeit in der Beziehung muß gleichsam durch das ständige Bemühen um Klarheit und Differenzierung der Rolle von Arzt und Patient in Schach gehalten werden.

des Interesses stehen. In diesen Theorien ist das psychische und emotionale Funktionieren Folge und Ausdruck eines relativen Kräftegleichgewichts. In diesem Gleichgewicht hat der Begriff der Fokussierung, der Einstellung, eine zentrale Bedeutung. Denn solche Fokussierung schließt die Ausschaltung des Unwesentlichen ein. Auf diese Weise wird das Unwesentliche zum Peripheren und Verborgenen. Die Fähigkeit zum Ausschließen strukturiert somit das Gebiet des Verborgenen und Unbewußten. Diese Fähigkeit zum Ausschluß kann gestört sein und damit ein adäquates psychisches Funktionieren verhindert werden. Psychotische Zustände zum Beispiel, wie wir sie bei einer chronisch verfallenden Schizophrenie oder LSD-Experimenten kennen, zeigen eine Störung dieses Gleichgewichts an. Die psychische Bühne wird sozusagen planlos mit Material überflutet, das eigentlich verborgen und unbewußt hätte bleiben sollen.

Andererseits müssen, damit unser bewußtes psychisches Erleben nicht ausgetrocknet, stereotypisiert und damit letztlich auch ungenügend wird, Kanäle zum Verborgenen und Unbewußten offengehalten werden. Eine Art dialektische Kommunikation muß zwischen der bewußten Persönlichkeit und ihren verborgenen, unbewußten Teilen aufrechterhalten werden. Im Rahmen des psychoanalytischen Denkgebäudes ist diese dialektische Kommunikation mit den normalerweise verborgenen Elementen auf verschiedene Weise vorgestellt worden. Ein Aspekt davon läßt sich zum Beispiel als Regression im Dienste des Ichs verstehen, wie dies vor allem Kris gezeigt hat.

Andererseits betont Bräutigam auch eine mehr hierarchische Beziehung zwischen Oberfläche und Tiefe; in dieser Hinsicht können wir vor allem von der oben erwähnten Arena der Selbstinfragestellung sprechen. Aber es ist gleichzeitig diese hierarchische Beziehung, die schwieriger faßbar erscheint. Dies ist vor allem dann der Fall, wenn die »Tiefe« zunehmend identisch mit Körpergefühlen und -prozessen, das heißt archaischeren Vorgängen wird. Je »tiefer« diese zu liegen scheinen, um so schwieriger, scheint es, lassen sie sich in die Begriffe der rationalen Alltagssprache fassen. Damit entziehen sie sich auch einer landläufigen »wissenschaftlichen« Darstellung. Wenn Bräutigam solche »tieferen« Aspekte zu beschreiben versucht, neigt auch er zur Entdifferenzierung im oben beschriebenen Sinne.

Charakteristischerweise betonen nun viele existentialistische Schriftsteller den Wert der sogenannten »Begegnung«. Aber mit diesem Loblied der Begegnung scheint oft eine Vernachlässigung der gewissenhaften Durchleuchtung des sozialen und zwischenmenschlichen Feldes der Psychotherapie einherzugehen. Insbesondere scheint das dynamische Spiel von Übertragung und Gegenübertragung wenig Interesse zu finden. Dieses mangelnde Interesse scheint mir aus der für diese Betrachtungen charakteristischen Tendenz zur Entdifferenzierung verständlich zu werden: Diese Entdifferenzierung schafft weder das geistige Klima noch den theoretischen Apparat für eine derartige Untersuchung des zwischenmenschlichen Feldes.[7]

Drittens verhindert diese Entdifferenzierung – und das ist vielleicht ihr wichtigster Aspekt – eine Auseinandersetzung der Psychotherapie mit den heutigen Sozialwissenschaften und insbesondere jenen Denkrichtungen, die das Verhalten des Einzelnen zu dessen sozialem und politischem Verhalten in Beziehung setzen. Der Hang zur Entdifferenzierung zwingt diese existentialistischen Psychotherapeuten nicht nur in eine oft blind wirkende Abwehrhaltung der Psychoanalyse und ihrer Weiterentwicklung gegenüber, er zwingt sie auch, wie dies unter anderem Szasz (1961) hervorgehoben hat, die wichtigen Beiträge der modernen Sozialpsychologie – zum Beispiel die von Dewey (1922) und Mead (1936) –, des Empirizismus – Bridgman (1959), Russell (1948) – und der Philosophy of Science Movement – Frank (1955), Rapoport (1954) – zu ignorieren. Alles in allem führt dies dazu, daß sich diese Art der Betrachtung zunehmend von den sozialen, politischen und wissenschaftlichen Strömungen isoliert, die unsere moderne westliche Welt in vieler Hinsicht prägen. Einhergehend mit dieser Isolierung haben sich diese Denkrichtungen oft in einer esoterischen Welt abgekapselt, die sowohl ein verstärktes Gefühl der Eigenbedeutung erlaubt als auch ungefragt mitgenommene Voraussetzungen ununtersucht zu lassen scheint.

Auch für diese Tendenz läßt sich die Heideggersche Philosophie als Beispiel heranziehen: Diese Philosophie zeigte aus sich heraus wenig Antrieb und kaum begriffliche Denkschemata, um einen wirksamen Einfluß auf das soziale und politische Feld auszuüben, in dem sich der Nationalsozialismus entwickelte. Im Gegenteil wurde Heidegger, wie unter anderem aus seiner 1933 in Freiburg gehaltenen Rektoratsrede hervorgeht, zum Anwalt des sich in diesem Regime verkörpernden Ir-

---

[7] Auch in dieser Hinsicht scheint das oben erwähnte Buch von Bräutigam eine Sonderstellung einzunehmen. Bräutigam ist sich des dualen und sehr komplexen Charakters der Arzt-Patient-Beziehung bewußt, worin Verstrickung und Distanz, Teilnahme und Beobachtung und schließlich die Analyse dieser teilnehmenden Beobachtung wichtige Elemente darstellen. Jedoch treffen einige der hier vorgebrachten kritischen Überlegungen auch auf Bräutigams Darstellung der zwischen Therapeut und Patient bestehenden Beziehung zu.

rationalismus.[8] Auch in vielen modernen existentialistischen und daseinsanalytischen Schriften scheint die Kombination von Entdifferenzierung auf der einen Seite und intuitiver Wesensschau menschlicher Werte und Normen auf der anderen Seite die Tür für eine unkritische Inthronisation der eigenen Vorurteile und Interessen weit offenzulassen.

Auf dem Gebiet der modernen Psychiatrie scheinen nun die derart durch den Hang zur Entdifferenzierung gegebenen Probleme besonders auf einem Sektor deutlich zu werden. Das ist der schizophrene Patient, seine Bewertung durch uns und unser Umgang mit ihm. Denn, darauf haben inzwischen bereits viele Autoren aufmerksam gemacht, es scheint eine eigenartige Parallele und Ähnlichkeit zwischen jener menschlichen, »Schizophrenie« genannten Spezialsituation und jener allgemeinen condition humaine zu bestehen, die das Anliegen des Existentialismus ist. Viele Aspekte in den Werken existentialistischer und daseinsanalytischer Autoren scheinen daher unmittelbar wichtige Elemente der »Schizophrenie« genannten, menschlichen Situation zu erhellen. Lassen Sie mich darum die sich aus dem Umgang mit schizophrenen Patienten ergebenden Probleme wählen, um daran – auf therapeutischer wie auf nosologischer Ebene – den möglichen Wert beziehungsweise Unwert existentialistischer Methoden kurz darzulegen. Ich will daher im folgenden kurz einige dieser Parallelen und Probleme aufzeigen, wobei ich mich wiederum auf jene Aspekte begrenzen möchte, die in den allgemeinen Rahmen des Problems der Entdifferenzierung fallen.

Bei vielen schizophrenen Patienten zeigt sich die Entdifferenzierung ihrer psychischen Organisation als der auffallendste Befund. Die psychischen Fähigkeiten dieser Patienten – normalerweise unter der Bezeichnung »Ich-Funktionen« zusammengefaßt –, welche in erster Linie eine wirksame Strukturierung und gerichtete Anpassung der Persönlichkeit ermöglichen, erscheinen großenteils zusammengebrochen. Erfahrungen, die einen Stellenwert vor allem im Sinne der inneren Realität haben, lassen sich nicht weiter gegen Erfahrungen abgrenzen, die normalerweise als von der äußeren Realität herkommend erlebt werden: Halluzinationen und Wahnwahrnehmungen sind die Folge. Die von Eugen Bleuler (1911) klar beschriebenen schizophrenen Denk- und Fühlstörungen – wie etwa die Assoziationsauflockerungen, die Zerstörung der hierarchischen Strukturierung der Vorstellungsinhalte und so weiter – lassen sich, neben anderen Elementen im Verhalten und Denken vieler schizophrener Patienten als Ausdruck einer weitreichenden

---

[8] Und obgleich Heidegger 1935 sich formell von der Philosophie der Nazi-Partei lossagte, besteht kein Hinweis darauf, daß ihn die systematische Unmenschlichkeit der Nazis in Entrüstung versetzt hätte. Vgl. Walter Kaufmann über Heideggers Beziehung zum Nationalsozialismus in ›From Shakespeare to Existentialism‹ (1960), insbesondere S. 339–369.

Entdifferenzierung ansehen. Aber gleichzeitig lassen sich viele andere schizophrene Symptome oder Züge als gleichsam verkrampfte Versuche verstehen, diese Entdifferenzierung wieder unter Kontrolle zu bringen beziehungsweise sie aufzuhalten. Diese Symptome lassen dann eine Zwangsjacke vermuten, deren oft brutale Primitivität dem Ausmaß und dem Charakter der Entdifferenzierung angemessen sein muß und die unter anderem bedingt, daß Ideen zu konkret vorgestellt oder unzulässig verallgemeinert werden. Die Zwangsjacke schnürt möglicherweise das Verhalten in katatone Starre ein. Aber trotz dieser Zwangsjacke, können wir sagen, bleibt das darunterliegende entdifferenzierte Chaos jederzeit zu einem plötzlichen Ausbruch bereit. Dieser Ausbruch kann dann etwa die Form einer akuten Erregung oder die eines hebephrenen Verfalls annehmen – das Chaos der Entdifferenzierung liegt weiter am Tage.

Etwas anders ausgedrückt, läßt sich daher feststellen – und damit kehre ich kurz zu der anfangs erwähnten Polarität zwischen dem Verborgenen und Manifesten zurück –, daß durch das schizophrene Verhalten gleichsam an die menschliche Oberfläche zu drängen scheint, was normalerweise am allertiefsten in einem Menschen verborgen ist. Inzestuöse Tendenzen, vergleichsweise rohe kannibalistische, inkorporative und andere primitive Impulse scheinen darin viel unmittelbarer ausgedrückt und ausgelebt zu sein, als dies beim normalen Menschen möglich ist.

Man kann nun sagen, daß sich gerade in solcher Primitivität und Unmittelbarkeit das Dasein oder die Weise des In-der-Welt-Seins eines bestimmten Patienten besonders überzeugend zur Geltung bringen. Sein Abhängigkeitsbedürfnis zum Beispiel, sein ohnmächtiger Zorn, seine große Einsamkeit scheinen sich damit möglicherweise zwingender zur Geltung zu bringen, als wir dies bei normalen Erwachsenen gewohnt sind. Und weiter: Gerade eine solche Betrachtungsweise könnte am Falle der Schizophrenie nachweisen, daß das normalerweise Verborgene, Latente oder Unbewußte eine nur geringe Rolle im Leben des Menschen spielt.

Ich kann mich solchen Folgerungen jedoch nicht anschließen. Denn gerade wenn wir uns um das Verständnis des schizophrenen Patienten bemühen, scheint die oben beschriebene Dimension des Verborgenen eine besondere Tiefe und Komplexität anzunehmen. Und wenn wir uns dieser Dimension aussetzen, finden wir – in uns selbst wie im Patienten – eine neue Erweiterung jener Bühne der Selbstinfragestellung und Selbstverbergung, die bereits Freud, wie ich anzudeuten versuchte, unserer bewußten Erhellung und verantwortlichen Untersuchung geöffnet hat.

Die Gründe für die zunehmende Bedeutung dieser Dimension des Verborgenen sind denen ähnlich, die die Erfassung des »unmittelbaren

Erfahrungsganzen« für einen erwachsenen Menschen schwierig machen, dessen Denken in der Subjekt-Objekt-Spaltung heimisch geworden ist. Im erwachsenen schizophrenen Patienten besteht nicht einfach ein Mangel an Differenzierung, wie wir ihm bei kleinen Kindern begegnen, sondern es besteht vergleichsweise eine *Ent*-differenzierung, die von der Position einer bereits erreichten Differenzierung her erlebt wird. Diese Entdifferenzierung ist daher ungleich. Differenzierte und funktionierende Aspekte der Persönlichkeit verschachteln sich mit anderen, die entdifferenziert und chaotisch sind. Bestimmte Fähigkeiten und Funktionen können bei schizophrenen Patienten stärker ausgeprägt sein als bei vergleichsweise normalen Menschen. Dazu rechne ich vor allem eine besondere Art der Sensitivität für Motivationen in anderen Menschen, die diesen selbst oft unbewußt sind, das heißt eine größere Fähigkeit zur Durchdringung der allgemeinen Heuchelfassade. Dies scheint mir, wie ich an anderer Stelle darzulegen versucht habe, eine Folge der diesen Patienten schon früh aufgezwungenen Anpassung an die Realität des Stärkeren zu sein. Es ist diese Kombination, dieses Wechselspiel und diese defensive Ausbalancierung von differenzierten und entdifferenzierten, von über- und unterentwickelten Fähigkeiten und Einstellungen, worin ein weites Panorama möglicher menschlicher Konflikte und Weisen der Selbstentfremdung sichtbar wird, die tiefer, intensiver und komplexer erscheinen, als wir ihnen im normalen Leben begegnen.

Um das hier wesentliche intrapsychische Drama verstehen zu können, müssen wir hinter den manifesten Einstellungen des Patienten die dissoziierten Aspekte seines Lebens sehen lernen: sein Bedürfnis nach Zärtlichkeit hinter der äußeren Unbeteiligtheit und Arroganz, die ohnmächtige Wut hinter dem Lächeln, das gefühlte Versagen hinter den nach außen gezeigten Leistungen, das Chaos hinter der äußerlichen Ordnung. Die Dimension des Verborgenen kann gut abgedichtet sein. Dann haben wir im ersten Eindruck ein mehr konventionell normales oder neurotisches Verhalten vor uns. Oder die Dichtung kann sozusagen leck sein: Dann kann sich das Verborgene in einer gewissen Gebrochenheit und Unheimlichkeit offenbaren. Das schmerzvolle, obzwar abgespaltene Gefühl, nicht ganz zu sein, von der Desintegration und dem Durchbruch abgespaltener Impulse bedroht zu sein, färbt dann die Weise, in der sich ein solcher Mensch verhält und anderen Menschen zu erkennen gibt. Aber wie dicht oder leck die Dichtung auch sein mag, in jedem Falle stellt »das Verborgene« an uns die Forderung, uns auf die Komplexität und Vielschichtigkeit des intrapsychischen Feldes einzustimmen.

Das Studium der schizophrenen Patienten hat aber weiter eine Dimension des Verborgenen erschlossen, die über das intrapsychische Gebiet, wie es bisher in erster Linie das Anliegen psychoanalytischen

Denkens war, hinausreicht. Ich denke an den Bereich der Familie und an das soziale Feld, in dem sich die schizophrene Störung entwikkelt.

Die verwirrende und verborgene Komplexität des in der Schizophrenie wichtigen Familienfeldes ist uns erst seit relativ kurzer Zeit deutlich gemacht worden. Die Arbeiten von Theodore Lidz et al. (1965), Murray Bowen (1959, 1960), Lyman Wynne et al. (1958, 1959) und vielen anderen haben uns auf die tiefgreifenden und schicksalhaften zwischenmenschlichen Verstrickungen aufmerksam gemacht, die hinter den konventionellen Fassaden liegen, mit denen sich derartige Familien oft präsentieren.

Die Dichtung – um den oben gebrauchten Vergleich weiterzuführen –, durch die diese Familien das Verborgene abzudämmen versuchen, kann in besonderen Weisen der Wechselbeziehung gesehen werden, für deren Beschreibung Lyman Wynne Bezeichnungen wie »Gummizaun« oder »Pseudo-Gegenseitigkeit« verwendet hat. Wenn wir uns eine solche Familie gleichsam jenseits des Gummizauns anschauen, finden wir eine eigenartige und oft gefährlich explosive Beziehungsdynamik der einzelnen Partner, die »die ungleiche Differenzierung«, die wir beim einzelnen Patienten beobachten konnten, sowohl unterhält wie widerspiegelt, eine Beziehungsdynamik, die uns in späteren Kapiteln noch beschäftigen wird.

Wenden wir uns schließlich der allgemeinen sozialen Szene zu, können wir eine ähnliche Dichtung beobachten. Auch diese Dichtung verhindert oder beschränkt normalerweise ein Gewahrwerden des Verborgenen. Diese Dichtung kann in unserer unbezweifelten Hinnahme von sozial sanktionierten, aber oft in sich widersprüchlichen Wertmaßstäben und Weisen gesehen werden, unsere Gefühle und Beziehungen zu definieren. Es sind dann oft Dichter und Schriftsteller, die am ehesten der Seichtheit, inneren Widersprüchlichkeit oder Inhumanität dieser Standards und Definitionsweisen gewahrwerden. Sie öffnen dann gleichsam unsere Augen für die Dimension des Verborgenen in dieser Erlebnissphäre. – Tschechows Novelle ›Krankenstation No. 7‹ bietet ein ausgezeichnetes Beispiel für eine Sehweise, die die Dichtung der gesellschaftlich sanktionierten Widersprüche und Inhumanität, gerade was die Behandlung und Beurteilung von Geisteskranken anbelangt, undicht macht. –

Die Therapie schizophrener Patienten lädt mehr als andere Behandlungssituationen, das habe ich bereits angedeutet, zu symbiotischen Verstrickungen und damit zur Entdifferenzierung der Rollen von Therapeut und Patient ein. Diese Beziehung legt es daher nahe, durch solche existentialistischen Begriffe beschrieben zu werden, in denen sich der oben beschriebene Hang zur Entdifferenzierung besonders stark ausdrückt. Im Zusammenhang damit wird oft die Bedeutung der »Begegnung« betont, während eine eingehende Untersuchung dieser Beziehung vernachlässigt wird. Aber gerade bei der Behandlung schizophrener Patienten, meine ich, müssen wir uns darum bemühen, die therapeutische Beziehung zu untersuchen und die Rollen von Arzt und Patient immer wieder voneinander abzugrenzen. In der Therapie schizophrener Patienten ist solche Abgrenzung ein wichtiger Teil jenes strukturierenden Prozesses, der eine wirkliche Erweiterung der Bühne der Selbstinfragestellung und Selbstverbergung, wie sie oben beschrieben wurde, möglich macht.

Schließlich, und damit komme ich zum letzten Punkt, verleiten uns viele schizophrene Patienten gerade wegen ihrer ungleichen Entdifferenzierung und der relativen Unbestimmtheit ihrer Situation dazu, unsere Lieblingstheorien über das Wesen des Menschen und des Lebens in sie hineinzuprojizieren und in ihnen bestätigt zu finden. Es besteht daher eine Ähnlichkeit zu der Weise, in der auch die sich in Heideggers Seinsfrage zeigende Unbestimmtheit und Entdifferenzierung eine weite Spielbreite von Weltanschauungen, Glaubenshaltungen und Daseinsentwürfen zuzulassen scheint. In ähnlicher Weise, kann man schließlich sagen, erlaubte es auch die Unbestimmbarkeit der Nazibewegung den verschiedensten Menschen, darin zu finden, was sie wollten.

Es ist daher kein Wunder, daß in einem derartigen Klima von Vagheit und mangelnder Erkenntniskritik alle möglichen Theorien gedeihen können, die in ihrem Wesen gerade dem Postulat der Begegnung zu widersprechen scheinen. Dabei denke ich etwa an die von Karl Jaspers und anderen existentialistischen Psychiatern vertretene Annahme, daß es sich bei der Schizophrenie letztlich doch um einen organisch bedingten Prozeß handeln müsse, der einer Psychotherapie trotze.[9]

Diese Überlegungen deuten somit auf eine anscheinende Affinität und Komplementarität der schizophrenen Situation zur existentialistischen Denk- und Erlebnisweise. Aber sie weisen auch auf die Schwierigkeiten hin, denen wir begegnen, wenn wir diese menschliche Situation im Lichte jener Gesichtspunkte erhellen wollen, welche existentialistische Autoren bis heute entwickelt haben.

Diese Schwierigkeiten scheinen typisch für alle existentialistischen Bemühungen zu sein, die uns helfen wollen, wichtige Gebiete der Psychotherapie und des menschlichen Lebens zu durchleuchten. Sie werfen den Schatten des Zweifels auf manche von existentialistischen Autoren gemachte Aussagen. Die Aufgabe – sowohl in der Schizophrenie wie auch in anderen menschlichen Situationen –, genauer zu erfassen,

---

[9] Dies ist nicht der Ort, um auf das vielschichtige Problem der möglichen Beziehung zwischen Körperbefund und psychotischer Symptomatologie einzugehen. Eine zusammenfassende Darstellung dieser Problematik findet sich in meinem Beitrag ›Psychoses‹ der ›Encyclopedia of Mental Health‹, 1963.

was wesentlich ist, und dieses Wissen sinnvoll mit anderem Wissen und unseren Handlungen in Beziehung zu bringen, diese Aufgabe besteht weiter.

Ein wissenschaftliches Konzept, das diesen Namen verdient, soll das Wesentliche erfassen. Es soll Einzelerkenntnisse zum Gesamt des verfügbaren Wissens in Beziehung setzen und damit zur Differenzierung und Integration dieses Wissens beitragen. Dabei soll es eine Dynamik entfalten, die neue Perspektiven und neue Fragen eröffnet.

Ein derart wesentliches und dynamisches Konzept ist Eugen Bleulers Begriff der Schizophrenie, ein Begriff, der bis heute das Denken zahlloser Psychiater bestimmte, jedoch auch, wie ich zu zeigen beabsichtige, bis heute Unklarheit und Verwirrung stiftete. Letzteres lag nicht nur daran, daß Bleulers Schizophreniebegriff, wie jeder andere Begriff auch, gleich einem Teleskop bestimmte Aspekte der Realität ins Blickfeld brachte, während er andere verbarg; es lag vor allem daran, daß Bleulers Konzept wesentliche Widersprüche enthält, die lange Zeit verborgen oder unbeachtet blieben. Warum dies der Fall war, läßt sich schwer sagen. Es trug jedoch zur Verdeckung der Widersprüche bei, daß deutsch- und englischsprachige Leser im ganzen verschiedene Aspekte von Bleulers Konzept rezipierten. Der größte Teil des amerikanischen und englischen psychiatrischen Publikums lernte lediglich Bleulers Monographie ›Dementia praecox oder die Gruppe der Schizophrenen‹ kennen. Ursprünglich 1911 als ein Band in Aschaffenburgs Handbuch veröffentlicht, erschien die 1950 von J. Zinkin besorgte englische Übersetzung in rascher Folge in fünf Auflagen. In Deutschland dagegen wurde die Monographie niemals neu aufgelegt. Bleulers Ideen zum Schizophrenenproblem vermitteln sich deutschen Studenten und Psychiatern wesentlich durch sein Lehrbuch der Psychiatrie, von dem noch zu Lebzeiten Bleulers sechs Auflagen erschienen. Im Vergleich zu dem, was wir in der Monographie lesen, erscheint jedoch der Lehrbuchteil über die Schizophrenie nicht nur verkürzt und kondensiert, sondern auch anders akzentuiert. Daher stellt sich uns die Frage: Was waren Bleulers wirkliche Ansichten zur Schizophrenie?

Die Frage ist schwer zu beantworten. Bleulers Werk zur Schizophrenie zeigt sich uns vielschichtig und komplex. Einerseits bekundet sich darin ein Hang zur Synthese, andererseits ein Schwanken zwischen zweideutig gehaltenen Aussagen. Nicht zu Unrecht wies Freud darauf hin, daß Bleuler, der Schöpfer des Begriffes »Ambivalenz«, in seinen Äußerungen selbst oft ambivalent erschien. Und das gilt besonders für seine Ansichten zur Schizophrenie, die sich von 1911 bis 1939, dem Jahr seines Todes, wiederholt wandelten – oder zu wandeln schienen. Diese Wandlungen spiegeln sich in Bleulers diversen Zeitschriftenaufsätzen und Lehrbuchpassagen wider, auf die sich der folgende Überblick stützt.

Bleulers Grundposition

In Bleulers Werken begegnen uns die zwei psychiatrisch wohl wichtigsten Strömungen seiner Zeit, von denen die eine anerkannt war, die andere noch um Anerkennung rang. Kraepelin war der prominente Vertreter der ersten, Freud der der zweiten Strömung. In Bleulers Begriff der Schizophrenie fließen diese Strömungen zusammen. Diesen Tatbestand erkennt Bleuler 1911 in seinem Vorwort zu seiner Monographie an, worin er Kraepelin und Freud gleichen Tribut zollt. Es schien daher Bleuler bestimmt zu sein, die Denk- und Forschungsansätze dieser beiden Autoren in seinem Schizophreniebegriff zu versöhnen. Mit den meisten anderen europäischen Psychiatern sah er in Kraepelins Klassifizierung der Psychosen den entscheidenden Beitrag zu einer wissenschaftlichen Psychiatrie. Aber – im Gegensatz zu diesen Psychiatern – erkannte er auch den Genius Freuds an. Ab 1906 hatte er Freud in seinen Veröffentlichungen erwähnt und zwei Anhängern Freuds – Jung und Abraham – am Burghölzli zu arbeiten gestattet.

Im ganzen übernahm Bleuler Kraepelins Bezugsrahmen für die Abgrenzung und Unterteilung des klinischen Syndroms »Dementia praecox«. Er übernahm etwa die Einteilung in die Untergruppe der Katatonie, Hebephrenie, Paraphrenie et cetera – die Kraepelin seinerseits von Kahlbaum und anderen übernommen hatte – und registrierte in großem Detail die bei Schizophrenen auftretenden Halluzinationen, Wahnwahrnehmungen und -ideen, Stereotypien, den katatonen Stupor, die katatone Erregung, die Demenz und anderes. Weiter schien er mit Kraepelin anzunehmen, daß dieser Symptomatologie wahrscheinlich ein hirnorganischer Prozeß – etwa ähnlich dem der progressiven Paralyse oder der Alzheimerschen Krankheit – zugrunde lag, und er stimmte Kraepelin schließlich darin bei, daß der Krankheitsverlauf in der Regel ungünstig war.

Während ihm Kraepelin das nosologische Gerüst lieferte, bezog er von Freud wesentlich die Ideen, die seine psychologische Theorie der Schizophrenie bestimmten. In seiner Traumdeutung hatte Freud die Mechanismen der Verschiebung, Kondensierung, Verkehrung ins Gegenteil und so weiter beschrieben, wodurch der Träumer bestimmte Wünsche und Konflikte sowohl verbirgt als auch – dem psychoanalytisch geschulten Beobachter – entbirgt. Diese Wünsche und Konflikte verwiesen auf mächtige affektive Konstellationen oder »Komplexe«, von denen der sexuelle Komplex der wichtigste war.

Bleuler sah nun dieselben Mechanismen und Komplexe auch der

schizophrenen Symptomatologie zugrunde liegen. Denn die bislang unverständlichen Wahnwahrnehmungen, Halluzinationen, Stereotypien, Manieriertheiten seiner Patienten erschienen plausibel, sobald er sie mit Freudschen Augen betrachtete. Um seine Theorie zwingend von der klinischen Anschauung herzuleiten, führte Bleuler Beispiel über Beispiel an. Auf diese Weise vermittelte er eine noch heute lesenswerte, reiche klinische Phänomenologie der schizophrenen Störung. Dabei legte er besonderes Gewicht auf die Weise, wie pathogene Komplexe die ausgleichende und versöhnende Funktion der Sprache überwältigten und pervertierten. Anstatt daß diese Sprache dem einzelnen die Kommunikation mit einem Kosmos konventioneller Bedeutungen, Verpflichtungen und Erwartungen erlaubte, stellte sie gleichsam einen Kurzschluß zu primitiven Wunscherfüllungen her und flocht ein Gewebe privater Phantasien. Bleulers Begriff des »autistischen Denkens«, der Freuds Begriff des »Primärprozesses« verwandt ist, versuchte diesen Sachverhalt zum Ausdruck zu bringen.

Indem Bleuler diese Ideen entwickelte, betonte er die Ähnlichkeiten, die zwischen der von Freud beschriebenen Dynamik der Träume und schizophrenen Symptomen bestehen. In beiden Fällen erscheinen jene Gesetze außer Kraft gesetzt, die die menschliche Sprache und ihre Symbole in der Alltagswelt verankern, jedoch mit diesem Unterschied: In Träumen besteht eine Art Sanktuarium für solchen Mißbrauch der Sprache – der Träumer kehrt schließlich in das wache Leben zurück. Der Schizophrene dagegen erleidet die Konsequenzen solchen Mißbrauchs: Durch seine verquere Sprache und anderes idiosynkratisches Ausdrucksverhalten läuft er Gefahr, sich im symbolischen Dschungel zu verirren. Sein Alptraum wird zur täglichen Realität.

Dieser psychoanalytische Ansatz im Schizophrenieverständnis machte verständlich, was bis dahin als Potpourri eigenartiger oder bizarrer Entgleisungen erschienen war. Es bot sich hier eine zugleich umfassende und einfache Theorie an. Jedoch blieb ein zentrales Problem bestehen: Wie ließ sich dieser Ansatz mit der oben erwähnten Position Kraepelins vereinen? Eine rein psychologisch konzipierte analytische Theorie eröffnet keine Brücken zur Anatomie und Biochemie des Hirnes. Freud erkannte dies, sah darin aber kein Problem, das eine sofortige Bearbeitung verlangte. Er konnte warten. Nicht so jedoch Bleuler, der offenbar unter dem Zwang stand, Kraepelins Grundannahmen Rechnung zu tragen. Daher schaute Bleuler nach einer ergänzenden Theorie aus, die eine Brücke zwischen Psychologie und Hirnpathologie wenn nicht schlagen, so doch zumindest möglich erscheinen lassen sollte. Das mußte nun eine Theorie sein, die sich mit der analytischen Theorie versöhnen ließ, zugleich aber eine hirnphysiologische Ausrichtung hatte.

Engramm-Theorie

Diese Theorie glaubte Bleuler in Semons Theorie der psychischen Engramme und ihrer assoziativen Verbindungen gefunden zu haben. Denn Semons Assoziationspsychologie schien Bleuler umfassender und überzeugender als die damit konkurrierende Theorie Wundts und seiner Schüler zu sein, um so mehr, als sie sich für ein Schizophrenieverständnis nutzbar machen ließ. Daher müssen wir Semon zusammen mit Kraepelin und Freud als geistigen Vater von Bleulers Schizophreniekonzept erwähnen. Im Anschluß an Semon unterschied Bleuler in der menschlichen Psyche zwei Hauptelemente: die Engramme und ihre assoziativen Verbindungen. Die ersteren erschienen unveränderlich, die letzteren veränderlich; daher eigneten sich nur die letzteren zur Erklärung von sich ändernden Symptomen.

Die Assoziationen formen sich dieser Ansicht zufolge im Zuge unserer Erfahrungen aus. Sie zentrieren sich um bestimmte Themenbündel beziehungsweise Komplexe, die sich unter bestimmten Bedingungen evozieren lassen und dann zu anderen Themenbündeln in Beziehung treten. Wollen wir uns in der Realität zurechtfinden, müssen die Assoziationen sowohl »locker« sein als auch sich in eine gewisse Ordnung und hierarchische Organisation bringen lassen und dann zweckgerichtet in den Dienst bestimmter Ziele treten. Je nach Individuum und Umständen variieren Ausmaß und Art und Weise, in der die nötige Versöhnung von Lockerheit und Zweckgerichtetheit zustande kommt. Normalerweise sind die Assoziationen in Träumen, bei Zuständen der Erschöpfung, der verminderten Aufmerksamkeit und unter ähnlichen Umständen vermehrt gelockert, so daß dann eine Realitätswahrnehmung beziehungsweise -anpassung mehr oder weniger mißlingt.

Die verschiedenen assoziativen Trends, so wird weiter angenommen, konkurrieren ständig um den Zugang zum Bewußtsein. Dabei gewinnen die, die am stärksten affektiv besetzt beziehungsweise energiegeladen sind, die Oberhand. Unter Umständen können sie unvermittelt ins Bewußtsein einbrechen – vor allem dann, wenn eine Schwäche oder ein Defekt in den Schaltungen beziehungsweise deren Energie vorliegt, die die Assoziationen normalerweise zügeln und koordinieren. Hier spricht Bleuler von einer Schwächung der Schaltspannung oder Assoziationsspannung, die eine Assoziationsauflockerung, das heißt eine Auflockerung der hierarchischen Struktur und Zielstrebigkeit unserer Denkprozesse mit sich bringt. Ist die Assoziationsauflockerung erheblich, fragmentieren sich die Affekte, und die innere Einheit der Persönlichkeit geht verloren, das heißt, es kommt zum Bilde einer Schizophrenie, deren Wesen er nun 1911 wie folgt beschrieb: »Aus den zahllosen aktuellen und latenten Vorstellungen, deren resultierende Wirkungen beim normalen Ideengang jede einzelne Assoziation bestimmen, können bei der Schizophrenie in scheinbar regelloser Weise einzelne oder ganze Kombinationen wirkungslos bleiben. Dafür können Vorstellungen zur Wirkung kommen, die keinen oder einen ganz ungenügenden Zusammenhang mit der Hauptidee haben und somit vom Gedankengang ausgeschlossen sein sollten. Dadurch wird das Denken zerfahren, bizarr, unrichtig, abrupt. Manchmal versagen alle Fäden, der Gedankengang wird ganz unterbrochen; nach dieser Sperrung können Ideen auftauchen, die keinen erkennbaren Zusammenhang mit den früheren haben« (S. 17). Diese Theorie der Schwäche der assoziativen Verbindungen und der verminderten Schaltspannung schien nun, auf die Schizophrenie angewandt, zwischen den Positionen Kraepelins und Freuds zu vermitteln. Der Weg war freigelegt, um die organische Genese der Störung, die Kraepelin und seinesgleichen postulierten, anzuerkennen. »Bei der Schizophrenie«, schrieb Bleuler (1913), »dürfen wir eine Verminderung der Schaltspannung annehmen, aber, der Natur der Krankheit entsprechend, nicht eine funktionelle, sondern eine, die die direkte Folge irgendeiner chemischen oder anatomischen oder molekularen Hirnveränderung ist« (S. 13). Aber auch die analytische Theorie, glaubte Bleuler, konnte in diesem Konzept einen Platz finden: Die auf Hirnveränderungen zurückgehenden Assoziationsauflockerungen ermöglichten ein abruptes Durchbrechen der Komplexe und damit eine schizophrene Symptomatologie, wie sie oben beschrieben wurde. Diese Symptomatologie ließ sich nun entweder als Ausdruck der Assoziationsauflockerung oder als deren Restitutions- beziehungsweise Bewältigungsversuch verstehen.

Diese Synthese der Theorien hatte indessen eine unerwartete Folge: Sie implizierte sowohl eine Veränderung als auch eine Ausweitung des Begriffes der Schizophrenie. Damit aber ergaben sich neue Perspektiven und Probleme.

Denn indem er seine Schizophrenietheorie entwickelte, sah sich Bleuler gezwungen, die schizophrene Symptomatologie neu zu erfassen und zu ordnen. Er sah sich etwa gezwungen, in einer Weise zwischen Primär- und Sekundärsymptomen zu unterscheiden, die bestehenden Erwartungen und Denkgewohnheiten zuwiderlief. Denn als primär sah Bleuler nun die Assoziationsauflockerung und als sekundär alle jene Symptome an, die bisher bei der Beschreibung der Dementia praecox den Vorrang gehabt hatten: die Wahnwahrnehmungen und -ideen, Halluzinationen, groben Stereotypien, und so weiter.[1] Diese Neueinteilung und Neubewertung der Symptome hatte wiederum zur Folge, daß die Schizophrenie weitgehend ihre Unheimlichkeit und Un-

[1] Es gab natürlich etwas, das noch primärer als die Assoziationsauflockerung war: die Hirnveränderungen, die ihnen zugrunde lagen. Daher unterschied Bleuler gelegentlich zwischen »organischen« und »psychischen« Primärsymptomen, wobei die ersteren in gewissem Sinne primärer als die letzteren waren.

verständlichkeit verlor, die sie in den Augen von Laien wie Psychiatern bislang besessen hatte.

Bleulers analytischer Ansatz wirkte sich ähnlich auf das allgemeine Schizophrenieverständnis aus. Denn auch hier war die Folge, daß die Barriere der Fremdheit und Unverständlichkeit, die bisher den Schizophrenen von sogenannten »Normalen« getrennt hatte, abgebaut wurde. Indem er an einem klinischen Beispiel nach dem anderen zeigte, wie seine Patienten, von ihren Komplexen beherrscht, notwendigerweise schizophren reagierten, machte er diese Patienten menschlich verständlich. Damit widerlegte er die Behauptung Jaspers und der ihm beipflichtenden Mehrheit der deutschen Psychiater, derzufolge das schizophrene Erleben durch einen Abgrund der Unverstehbarkeit von nachvollziehbarem neurotischem oder normalem Erleben getrennt war.

Vielmehr siedelte Bleuler nun die schizophrene Störung des Denkens und der Affektivität im Panorama des gewöhnlichen menschlichen Erlebens an und legte es seinen Lesern nahe, diese Störung als quantitativ, nicht qualitativ vom normalen menschlichen Erleben verschieden zu sehen. »Wir sehen wirklich«, schrieb Bleuler (1911), »daß normaliter bei affektiver Präokkupation, bei großem Mangel an Aufmerksamkeit oder auch neben starker Inanspruchnahme eine Anzahl schizophrener Symptome vorkommen: sonderbare Assoziationen, unvollständige Begriffe und Ideen, Verschiebungen, logische Schnitzer, Stereotypien« (S. 310). Er erwähnte in diesem Zusammenhang einen Wissenschaftler, der ihm stets kataton vorkam, wenn er angestrengt nachdachte. Und an anderer Stelle desselben Werkes schrieb Bleuler: »Wichtig ist... weniger das einzelne Symptom für sich genommen als seine Intensität und Extensität und vor allem sein Verhältnis zur psychologischen Umgebung« (S. 240). Ähnliche Aussagen finden sich in seinem Lehrbuch.

Die Ausweitung des Begriffes

Bleuler humanisierte nicht nur den Begriff der Schizophrenie, indem er ihn mit dem Kosmos der natürlichen menschlichen Erfahrung verband, sondern weitete ihn auch aus. Im Rahmen dieser Ausweitung des Begriffes beobachtete er die Häufigkeit der sogenannten »latenten Schizophrenie«. »Es gibt«, schrieb er 1911, »eine latente Schizophrenie, und ich glaube geradezu, daß diese Form die häufigste ist, wenn sie auch am seltensten als solche in Behandlung kommt« (S. 196). Kurzum, er sah die Schizophrenie in milden und embryonalen Formen als allgegenwärtig. An einer Stelle erwähnt er, daß zehn seiner Schulkameraden später eine Schizophrenie entwickelten.

Diese Ausweitung implizierte schließlich eine Relativierung des Begriffes: Die Grenze zwischen Schizophrenie und anderen abnormen wie normalen psychischen Zuständen begann zu verschwimmen. Indem er zu dem Schluß kam, daß schizophrene Symptome Übertreibungen normaler Erfahrungen darstellten, daß das psychologische Setting entscheidend war und daß viele abortive und latente Formen der Schizophrenie existierten, bedrohte Bleuler nun das Gebäude der Kraepelinschen Nosologie und Theorie, das er, Bleuler, zu begründen und auszubauen unternommen hatte. Vielmehr schien sich die Schizophrenie, die Bleuler klarer und gleichsam mikroskopischer als jeder andere vor ihm zu bestimmen und auszuloten versucht hatte, als Krankheitseinheit aufzulösen. Das war das paradoxe Resultat seiner Bemühungen.

Hätte Bleuler diese Paradoxie reflektiert, hätten sich ihm neue und erregende Perspektiven eröffnet. Aber das war nicht der Fall. Der Hauptgrund dafür ist wohl in Bleulers Persönlichkeit zu suchen.

Denn war sich, müssen wir fragen, Bleuler des paradoxen Resultates seiner begrifflichen Bemühungen bewußt und ließ er dadurch sein weiteres Denken bestimmen? Ich glaube, er tat es nicht. So kam es aber zustande, daß Bleuler immer weniger in der Lage war, die Widersprüche und Komplexitäten, die er selbst bloßgelegt hatte, kreativ zu bewältigen. Zunehmend bietet uns daher Bleuler, was sein Schizophreniekonzept anbelangt, ein Bild der Gespaltenheit, wenn nicht der Lähmung und Verwirrung. Dabei müssen wir uns erinnern, daß Bleuler ja die Spaltung als das Phänomen bestimmt hatte, das der von ihm beschriebenen Störung ihren besonderen, unverkennbaren Stempel aufdrückte. War es möglich, daß er in sich selbst hinsichtlich dessen gespalten war, was er über die Störung wußte und was er darüber veröffentlichte? Um hier etwas klarer zu sehen, müssen wir uns erinnern, wie seine Theorie der Schizophrenie von seinen Zeitgenossen aufgenommen wurde. Seine Kollegen erinnerten Bleuler bald daran, daß er sich auf ein gefährliches Gebiet hinausgewagt hatte. In das Lob, das ihm gezollt wurde, mischte sich mehr und mehr Kritik. Diese Kritik richtete sich überwiegend gegen die psychoanalytischen Anleihen seiner Theorie. Gruhle, Bumke, Hoche und fast alle anderen Vertreter des deutschen psychiatrischen Establishments lehnten sich dagegen auf. Dies war verständlich, denn damit hatte Bleuler die Psychoanalyse gleichsam durch eine Hintertür in die deutsche akademische Psychiatrie eingelassen und implizite wesentliche Annahmen dieser Psychiatrie infrage gestellt. Wir finden daher in der gegen ihn gerichteten Kritik bittere emotionale Untertöne, die nur der seiner wissenschaftlichen Statur gezollte Respekt dämpfte.

In dieser Situation hätte Bleuler sich auf die Seite Freuds und seiner Anhänger schlagen können, die ihn umwarben und baten, sich entschiedener zu ihnen zu bekennen. Aber Bleuler hielt sich hier zurück, was zur Folge hatte, daß er schließlich – mehr oder weniger verdeckt – von den beiden Seiten angegriffen wurde, die er ursprünglich zu versöhnen unternommen hatte. Denn beide Seiten sahen ihn nun als lauwarm und als ihrer jeweiligen Sache gegenüber ambivalent.

Bleulers Rückzug

Unweigerlich entzündeten sich daher an Bleuler Kontroversen. Im Gegensatz zu Freud jedoch, der seine Kritiker zu ignorieren vermochte und in kreativer Einsamkeit seine Theorien entwickelte, ließ sich Bleuler in Polemiken verstricken. Hier würde es zu weit führen, die Kontroversen im einzelnen nachzuzeichnen. Es läßt sich jedoch feststellen, daß Bleuler, was die psychoanalytischen Aspekte seiner Theorie anbelangte, zunehmend unsicherer zu werden schien. Häufig schien er zu widerrufen oder abzuschwächen, was er einmal gesagt hatte. Schon von etwa 1913 an begann er, sich von Freud abzusetzen und sich der akademischen Psychiatrie zu nähern, was ihn zwang, sich stärker gegen den Verdacht, der Analyse verfallen zu sein, zu verteidigen. In Beantwortung kritischer Stimmen etwa, die bald nach Veröffentlichung seiner Theorie laut wurden, schrieb er 1913: »Die Krankheit (Schizophrenie) ist also meiner Ansicht nach nicht psychogen, aber ein großer Teil ihrer Symptome ist es, und von diesen entstehen manche auf den von Freud und Jung nachgewiesenen Bahnen« (S. 703). Diese übervorsichtige Formulierung scheint im Tone weit entfernt von dem, was wir der 1911 erschienenen Monographie entnehmen. Oder wir lesen in derselben Arbeit: »Es mag für die Kritik gut sein, festzustellen, daß man an meiner Theorie viel zuviel als Freudsche angesehen hat« (S. 707). Viele weitere derartige Beispiele ließen sich anführen.

Während sich Bleuler von Freuds Beitrag distanzierte, betonte er zunehmend seine Übereinstimmung mit Kraepelin. Mehr und mehr verwies er auf die bei der Krankheit zu erwartenden oder beobachtbaren organischen Ursachen. Obschon wir in der vierten Auflage seines Lehrbuches lesen, daß noch nicht bekannt sei, worauf der pathologische Prozeß beruhe, zählt er nur wenig später verschiedenste Veränderungen an Hirnstrukturen auf, die, wie er demnach glaubte, bei Schizophrenen zu finden seien. Trotz seiner dazu gebrachten Vorbehalte läßt er beim Leser kaum einen Zweifel darüber aufkommen, wo die Ätiologie der Schizophrenie zu suchen sei.

Noch später rückte Bleuler die erbliche Basis der Krankheit – die er ebenfalls organisch determiniert sah – vermehrt in den Vordergrund. In der sechsten, 1937 erschienenen Auflage seines Lehrbuches, der letzten, die er selbst redigierte, lesen wir: »Die wesentliche Ursache, die sehr wahrscheinlich für die Schizophrenie notwendig ist, liegt in einer hereditären Disposition.«

Im älteren Bleuler trug damit eine organische, an Kraepelin orientierte Schizophrenieauffassung vor der psychoanalytischen den Sieg davon. Bleuler zeigt dies am deutlichsten in seinen Empfehlungen zur Therapie, Empfehlungen, die noch in der 1960 erschienenen und von seinem Sohn Manfred umgearbeiteten zehnten Auflage des Lehrbuches wiederkehren. Wir lesen hier etwa: »Die wichtigsten und faßbarsten Mittel zur Herstellung einer Gemeinschaft mit dem Kranken und zur Aktivierung seiner gesunden Kräfte bilden Arbeitstherapie und Freizeitgestaltung... Zu warnen ist vor allen Kuren und Erholungsaufenthalten, während denen die Kranken nicht regelmäßig, zäh und sachgemäß zur Arbeit angehalten werden. Mit ›Ferien‹ und ›Erholung‹, mit Mast-, Bade- und Hormonkuren an Orten, die nicht für die Arbeitstherapie eingerichtet sind, werden auch heute noch oft die ökonomischen und moralischen Interessen der gesunden Familienmitglieder einer aussichtslosen Therapie nutzlos geopfert« (S. 402/403).

In dieser Auflage des Lehrbuches weist Manfred Bleuler, wenn auch mit Skepsis, auf die Möglichkeit einer psychoanalytischen Psychotherapie Schizophrener hin. Bei den noch von Eugen Bleuler selbst redigierten Auflagen blieb diese Möglichkeit unerwähnt, ebenso wie jeder Hinweis auf die Familiendynamik bei Schizophrenen, die uns in den folgenden Kapiteln dieses Bandes noch beschäftigen wird.

Trotz Bleulers zunehmender Distanzierung von Freud erwähnte er von Zeit zu Zeit, was er diesem verdankte. Er betonte Freuds Verdienst in der fünften Auflage seines Lehrbuchs – hingegen nicht im Vorwort zur sechsten Auflage. So scheint es, daß er die Aufgabe, die beide psychiatrischen Traditionen zu versöhnen, niemals ganz aufgab.

3 Die Anpassung an die Realität der »stärkeren Persönlichkeit«
Einige Aspekte der symbiotischen Beziehung des Schizophrenen

»Unabhängigkeit ist ein bürgerliches Vorurteil«, sagte George Bernhard Shaw, »denn wir sind alle voneinander abhängig.« Allerdings sind wir auf verschiedene Weise voneinander abhängig, in verschiedenen Graden und uns dessen nicht gleichmäßig bewußt. Auf den folgenden Seiten will ich mich mit einigen der Probleme und Schicksale beschäftigen, die mit der menschlichen Interdependenz zusammenhängen; dabei hoffe ich, etwas Licht auf den Zustand zu werfen, in dem diese Interdependenz ihre tragischste und destruktivste Form anzunehmen scheint: die Schizophrenie.

Die gegenseitige Abhängigkeit zweier Organismen wird oft »Symbiose« genannt. Dieser Ausdruck stammt aus der Biologie, wo er in der Regel drei Eigenschaften deckt: Kommensalismus (Nahrungsgemeinschaft), Mutualismus und Parasitismus. Für uns wird vor allem die zweite dieser Eigenschaften wichtig. Sie kennzeichnet eine Beziehung gegenseitiger Abhängigkeit, die für jeden Partner nützlich ist. Im folgenden will ich den Begriff »Symbiose« in einer erweiterten Bedeutung verwenden: Er soll hier eine Beziehung enger wechselseitiger Abhängigkeit zwischen zwei Menschen bedeuten und die Möglichkeit enthalten, sich für beide nützlich, schädlich oder beides zugleich auszuwirken, und zwar auf einem breiten Band von Variationen und Graden. Dies entspricht nicht der Art und Weise, wie der Terminus im psychiatrischen Denken häufig gebraucht wird, wo er nur wechselseitige Schädlichkeit bedeutet – eine Verwendung, die so allgemein akzeptiert ist, daß es fraglich erscheint, ob man den Begriff wieder auf seine alte, weitere und wertfreie Bedeutung zurückführen kann. Ich glaube jedoch, daß die Einengung der Bedeutung allein auf das Schädliche zu Unklarheiten geführt hat und der Kompliziertheit dieser Beziehung nicht Rechnung trägt.

Als Beispiel einer menschlichen Symbiose, die vorwiegend nützlich ist, bietet sich die Beziehung zwischen Mutter und Kind an. Beide Partner dieser Beziehung sind einander zur Befriedigung vieler lebenswichtiger Bedürfnisse unentbehrlich; das Kind erfüllt das Bedürfnis der Mutter, es zu bemuttern, und die Mutter das des Kindes, bemuttert zu werden.

Eine solche Beziehung ist eher ein in Bewegung befindlicher dialektischer Prozeß als ein statischer Austausch. So sagte Therese Benedek (1959): »Gleichlaufend mit den Entwicklungsvorgängen, die beim Kinde zu Vertrauen führen, festigt auch die Mutter, durch Introjektion des Befriedigungserlebnisses der Bemutterung, ihr eigenes Selbstvertrauen, ihr Vertrauen in ihre Mütterlichkeit. Das sind wechselseitige Ich-Entwicklungen…« Eine solche gesunde, wandlungsfähige Symbiose fördert das Wachstum beider Partner. Sie führt zu tiefverankerter beidseitiger Selbstbestätigung mit zunehmender gegenseitiger Achtung und Liebe. Sie dient letztlich der Individuation und relativen Autonomie beider Partner.

Eine statische, pathologische Symbiose dagegen kann als gegenseitige Versklavung bezeichnet werden. Sie läßt keinen Raum für Änderung durch Entwicklung. Die Partner bilden ein geschlossenes symbiotisches System, das sich selbst perpetuiert und verfestigt. Die wechselseitige Loslösung wird immer schwieriger, je mehr Zeit vergeht.

Wie kommt es zu geschlossenen symbiotischen Systemen? Was verhindert deren weiteres Wachstum? In jedem lebenden System beziehungsweise Organismus findet sich zweifellos die Tendenz, bei einem erreichten Gleichgewicht geglückter Bedürfnisbefriedigungen stehenzubleiben. So gibt es noch heute einige von der übrigen Menschheit abgeschlossene Kulturen, die auf einer steinzeitlichen Entwicklungsstufe stehengeblieben sind. Ähnlich scheint auch jedes einzelne Menschenleben ständig in der Gefahr steckenzubleiben. Und diese Gefahr scheint mir immer dann am größten zu sein, wenn sich bei einem Menschen oder einer Menschengruppe eine drückende, kulturell sanktionierte Machtfülle und Ausbeutermentalität gebildet hat. Denn dies benimmt dem »Privilegierten«, dem Machthaber, sehr oft den Anreiz, sich selbst zu ändern und seine Handlungen mit den Bedürfnissen seiner unterlegenen Partner in Einklang zu bringen. Das ist wohl der Kern des berühmten Wortes von Lord Acton, daß Macht korrumpiert und absolute Macht absolut korrumpiert; denn die Macht enthebt ihren Inhaber der Notwendigkeit, die Bedürfnisse anderer zu respektieren und zur Kenntnis zu nehmen. Die Nutznießung seiner Macht liefert ihm soviel sekundären Gewinn, daß es ihm unnötig erscheint, sich zu wandeln. Entsprechend dem Grade seiner eigenen Unbeweglichkeit wird der Machtausüber vielmehr dazu neigen, die Abhängigen durch massive, angsteinflößende Drohungen zu zwingen, sich dem zwischenmenschlichen status quo – also der »Realität des Stärkeren« anzupassen. Dadurch verfestigt sich die Stase der Beziehung.

Es gibt viele solcher zwischenmenschlichen Beziehungen, die durch Unbeweglichkeit und kontrollierender Macht des einen und die Anpassungsmanöver des anderen Partners charakterisiert sind. Beispielsweise finden sie sich im Verhältnis zwischen Untertan und Führer in einem totalitären System, zwischen Mann und Frau in einer patriarchalischen Ehe und zwischen Herrn und Sklaven, wie es sich noch heute in gewissen Aspekten in der Beziehung zwischen Weißen und

Negern in den amerikanischen Südstaaten widerspiegelt. Und je größer die Abhängigkeit des unterprivilegierten Partners vom stärkeren ist, um so umfassender ist die Anpassung, die gefordert wird.

Eigenartigerweise enthält diese Anpassung oft ein Element der psychischen Überlistung des Stärkeren. Vom Negersklaven ist zum Beispiel oft beschrieben worden, wie er hinter der Fassade eines kindlich-untertänigen Dummkopfes ein besser beobachtender Kenner der menschlichen Psyche ist als sein weißer Herr. Die äußerlich unter der Herrschaft des Mannes stehende Frau der Südstaaten benutzt bekanntlich gerade die Attribute ihrer Schwäche – ihre Zerbrechlichkeit, ihren puppenhaften, spielerischen Charme und so weiter – als Waffen, um ihren umschmeichelten Beschützer zu manipulieren. Auch der abhängige Kommunist, in Atem gehalten durch die Notwendigkeit, sich unablässig an die sich dauernd ändernde Parteilinie anzupassen, hat Milosz (1955) und anderen Beobachtern zufolge eine besondere Denkweise – das Zwiedenken – eine Mischung opportunistischer Manipulation und ideologischen Selbstbetruges entwickelt, um überleben zu können. Diese Manöver können alle als Versuche des schwächeren Partners betrachtet werden, sich dem stärkeren ebenso unentbehrlich zu machen, wie dieser für ihn ist. Es sind Versuche, die Beziehung zu symbiotisieren.

Wenn diese Überlistungsmanöver auch häufig von Erfolg gekrönt sind, bleibt der dafür zu zahlende Preis hoch. Sie führen nicht zu wachsendem Respekt füreinander, zu gegenseitiger Bestätigung und Dankbarkeit, sondern nähren sich von Ressentiment und bitterem Haß. Und wenn auch der Schwächere oft scharfe Beobachtungsgabe, manipulierende Geschicklichkeit und daher psychologische Macht über den Stärkeren entwickelt, muß er doch oft alle seine schöpferischen Fähigkeiten dafür verwenden, »auf einem Vulkan zu leben«. – Mit beinahe denselben Worten beschrieb Chruschtschow in seiner berühmten Rede vor dem Zwanzigsten Parteikongreß das Leben unter dem alternden Stalin. – Daher impliziert die sekundäre Manipulation des Stärkeren durch den Unterprivilegierten keine wechselseitig befreiende Beziehung, sondern eine wechselseitig schädigende Versklavung, das heißt eine statische, ungesunde Symbiose.

Die Symbiotisierung in der Schizophrenie

Betrachten wir nun eine andere Konstellation, die uns einen wichtigen Aspekt der Anpassung an die Realität des Stärkeren vor Augen führt und fast ein Experiment der Natur innerhalb der menschlichen Psychopathologie darstellt: jene besondere Form früher zwischenmenschlicher Abhängigkeit, in der viele Psychiater – auf Grund der Untersuchungen von Sullivan (1953), Hill (1955), Fromm-Reichmann (1950), Lidz et al. (1957) und vielen anderen – heute einen wichtigen Faktor der späteren Entwicklung einer schizophrenen Lebensform erkennen. Lidz (1957) beispielsweise betrachtet die Schizophrenie »... als extreme Form asozialen Rückzugs, besonders gekennzeichnet durch Versuche, die Realität erträglicher zu machen, indem die verinnerlichten Symbole der Wirklichkeit entstellt werden. Diese Entstellung der Symbole trennt den Kranken von seiner übrigen Kultur, da seine Wahrnehmungen und Kommunikationsweisen idiosynkratisch sind« (S. 330).

In der typischen Situation, die den Boden für einen späteren »asozialen Rückzug« bereitet, wird die Realität für das kleine Kind von einem Elternteil, gewöhnlich der Mutter oder einer Mutterersatzperson, repräsentiert. Später trägt das gesamte soziale Kraftfeld des Familienclans zur Ausbildung der »Minoritäts-Realität« des Schizophrenen bei, wie besonders Lidz dargestellt hat. Dieses Feld kann etwa bewirken, daß sich die Mutter vermehrt an das Kind anklammert, oder es kann eine Situation schaffen, in welcher die Krankheit des Kindes eine Funktion für das psychologische Überleben der Familie erfüllt. In unserem Kontext wollen wir uns vor allem für die Mutter interessieren. Sie braucht das Kind oft auf Grund ihrer eigenen Pathologie als Mittel der Selbstrechtfertigung und Selbstbestätigung. Daher setzt sie das Kind unter Druck, die Realität so zu erleben und zu interpretieren, wie sie, die Mutter, sie haben will. Das gilt in besonderem Maße für die Wahrnehmung und Deutung der inneren psychosozialen Realität, also der Handlungen, Gefühle und Motive, die das Wesen der Mutter-Kind-Beziehung ausmachen. Hinsichtlich dieser Wahrnehmung und Deutung kann man vielleicht folgende allgemeine Regel aufstellen: Wie sehr auch die Mutter in ihrem verzweifelten Streben nach Selbstbestätigung das Kind zum Gegenstand ihrer angstvollen tyrannischen Fürsorglichkeit macht, wie sehr sie es auch als Werkzeug für ihre eigenen erotischen, Prestige- und Bemutterungsbedürfnisse benutzt: Das Kind muß unbedingt glauben und durch seine Reaktionen bestätigen, daß das Verhalten allein auf Liebe beruht. Damit wird das Kind in jenes Dilemma gezwungen, das für das zwischenmenschliche Klima in einer totalitären Umwelt typisch ist. Es steht vor der Alternative, entweder die verkrüppelte Definition der Realität anzunehmen, die die Mutter ihm aufzwingt, oder ihren Schutz zu verlieren. Dieses Dilemma ist 1956 von Bateson et al. als »double bind«, als Beziehungsfalle, beschrieben und als zentrales Element der schizophrenen Lebensform bezeichnet worden.

Wenn man diese Anpassungsdynamik, die durch klinische Beobachtung ermittelt wurde, mit den anfangs erwähnten Situationen von Untertan Herrscher, Ehemann Ehefrau, Herr Sklave und so weiter vergleicht, zeigen sich mehrere Besonderheiten.

Erstens war die Realität, der sich der schwächere Partner in diesen Fällen anzupassen hatte, nicht so sehr psychologisch als vielmehr kulturell bestimmt. Die jeweilige erzwungene Anpassung ergab sich also weitgehend aus den allgemeinen soziologischen Faktoren der gegebenen politischen und ideologischen Verhältnisse und der kulturell definierten Rollen der Beteiligten. Im Falle des Schizophrenen jedoch ist die Realität wesentlich durch den individuellen Charakter und die Bedürfnisse der Mutter oder der Mutterersatzpersonen bestimmt. Die Bedürfnisse der Mutter sind ihrerseits, wie erwähnt, durch das soziologische Feld bestimmt, in welchem sie lebt.

Das bedeutet, daß ihre eigenen zwischenmenschlichen Beziehungen, ihre Familiensituation und die Möglichkeiten für Wachstum und Befriedigung, die ihr im Rahmen ihrer Kultur offenstehen, einen Einfluß auf diese Bedürfnisse haben. Dennoch bleibt es letzten Endes ihre eigene individuelle, starre und im Verhältnis zu ihrem Kind machtvolle Persönlichkeit, die in einem nicht zu überschätzenden Sinne für das Kind die menschliche Realität repräsentiert. Eben diese Tatsache führt in unserer heutigen Welt eines Tages unvermeidlich zur Kollision zwischen dieser von der Mutter oder der Familie gesteuerten Realität und der anderen »konventionellen« beziehungsweise »normalen« Realität, die in der betreffenden Kultur herrscht. Mit anderen Worten: Das Kind wird eines Tages der belastenden Tatsache gegenüberstehen, daß es, nur mit der von der Mutter gelieferten Realität ausgestattet, in einer Welt leben muß, in der die meisten anderen Menschen anders handeln, fühlen und urteilen als die Mutter und ihre Familie.

Man weiß aus klinischer Erfahrung, daß die meisten schizophrenen Zusammenbrüche – die Verwandlung eines prekären schizoiden Gleichgewichts in einen Zustand psychotischer Unangepaßtheit – in der späten Adoleszenz erfolgen. Dies ist in einer Hinsicht eine Periode biologischer Umwälzungen und neuer Einstellungen. Es ist aber auch eine Zeit, in der der Mensch sich einer Erwachsenenrealität zwischenmenschlicher Beziehungen und beruflicher Verantwortungen anzupassen hat. Er muß neue Formen intimer Begegnungen lernen und praktische Probleme der Lebensführung lösen, das heißt Aufgaben bestehen, die ganz andere zwischenmenschliche Techniken als die vordem erlernten erfordern. Die Adoleszenz ist, mit anderen Worten, die Zeit, in welcher der Mensch die Kollision zwischen der von seiner Mutter geschaffenen Minderheitsrealität mit der konventionellen Mehrheitsrealität nicht länger aufschieben kann. Ein seit langem an Schizophrenie leidender Patient sagte mir: »Ich hätte ohne weiteres in der Welt leben können, wenn sie so gewesen wäre, wie meine Mutter sie mir dargestellt hatte. Als ich aber heranwuchs, merkte ich, daß die Welt anders war, und da brach ich zusammen.«

Diese Unvermeidbarkeit des Konflikts zwischen zwei Realitätsorientierungen existiert im Falle des Negersklaven, der Frau in der patriarchalen Familie und des Untertans im totalitären System nicht; zwar werden auch sie oft zu einer schwierigen schizoiden Lebensform gezwungen, entgehen aber der Belastung einer unvermeidlichen, radikalen Reorientierung. Das »double bind« wird gleichsam etwas neutralisiert, indem es von vielen erlebt und kulturell akzeptiert wird. Mangels Vergleichsmöglichkeiten und dementsprechenden Versuchungssituationen erlebt der einzelne seine Anpassung an das »Leben auf einem Vulkan« als kulturell definierte Normalität. Denn kein Mensch hat die Freiheit oder ist versucht, etwas zu wollen, von dem er nichts weiß und ahnt. Erst wenn er mit anderen Lebensformen in Berührung kommt oder sie ersehnt, kommt es zu persönlichen Umwälzungen und Krisenzuständen, die in mancher Hinsicht an psychotische Zusammenbrüche erinnern.[1]

Eine zweite Abweichung tritt hervor, wenn man die kulturell bestimmte Anpassung an die Realität des Stärkeren mit der Anpassung der Schizophrenen in der Frühsituation vergleicht. In letzterem Falle trifft der Druck, die von der Mutter verkörperte »Minderheitenrealität« anzunehmen, das Kind in einer kritischen Phase seiner Entwicklung. In dieser Phase werden emotionale und intellektuelle Grundlagen für die innere Stabilität und Einheitlichkeit gelegt, die das Wesen der Ich-Stärke ausmachen. Die Ich-Stärke ist ein zentraler Bestandteil der Charakterstruktur: Sie ermöglicht es, Belastungen zu ertragen, zu wachsen und sich produktiv mit der Welt in Beziehung zu setzen, auch wenn sich Lebenssituation und Persönlichkeit etwa durch Älterwerden ändern. Hier ist noch vieles zu klären. Unter den vielen Faktoren, die für die Entwicklung einer solchen Ich-Stärke notwendig sind, erscheint jedoch die Fähigkeit zur Realitätsprüfung, zum Verstehen komplexer zwischenmenschlicher Zusammenhänge und zur Unterscheidung zwischen eigenen und fremden Handlungen, Gefühlen und Motiven zentral wichtig. Und gerade in dieser Phase der beginnenden Differenzierung und Entwicklung der Instrumente seiner Realitätsprüfung, einer Phase besonderer Empfindlichkeit und Prägbarkeit, wird das Kind Objekt der mütterlichen Indoktrination. Das impliziert einen weiteren Unterschied zur kulturell bedingten Ausbeutungssituation, denn der Druck, der beim Kind eine schizoide Angleichung erzwingt und wichtige Aspekte der äußeren und inneren Realität ausblendet, wirkt sich zu einer Zeit aus, in der der Mensch dafür unvergleichlich empfindlicher und zugleich viel hilfloser als später ist.

Aus diesen Gründen erscheinen die Chancen gering, daß das Kind seine Beziehung zur Mutter auf die Dauer symbiotisieren kann, ohne

---

[1] Richard Wright (1942, 1950) beschrieb beispielsweise die emotionale Krise, die seinen Bruch mit dem Kommunismus und seine Emanzipation von manchen der Rassenschranken, mit denen er aufwuchs, begleitete.

Schaden an seiner Persönlichkeit zu nehmen. Denn es fehlen ihm ja noch viele der kognitiven Fähigkeiten, mittels welcher der differenzierte Erwachsene seine Beobachtungen gewinnt und ordnet. Bei den genannten kulturellen Beispielen waren diese Fähigkeiten ein Teil der Selbstschutzausrüstung des schwächeren Partners. Das kleine Kind, das auf eine schizophrene Entwicklung hinsteuert, hat diese Ausrüstung noch nicht.

So sind es vor allem zwei Faktoren – die Unvermeidbarkeit des Konflikts zwischen der familiengeprägten Minderheitenrealität und der kulturgeprägten Mehrheitsrealität und der hier viel früher und massiver einsetzende Druck zur Anpassung an die Realität des Stärkeren –, die uns beim später Schizophrenen dessen Dekompensation und Ich-Zerfall verstehen lassen können, im Gegensatz zu der nicht kompensierten, wenn auch mühsamen und verkrüppelten Anpassung, die sich uns bei den erstgenannten Beispielen zeigte.

Dennoch reichen diese beiden Faktoren nicht aus, um eine spezifisch schizophrene Entwicklung zu erklären. Man muß außerdem eine konstitutionelle oder hereditäre Disposition annehmen, wie sie in den fünfziger und sechziger Jahren etwa durch die Arbeiten von Heston (1966), Rosenthal (1970), Pollin und Stabenau (1968) und vielen anderen nahegelegt und auch von Psychoanalytikern wie Sandor Rado (1956) und Melanie Klein (1957) anerkannt wurde. Melanie Klein beispielsweise beschreibt diese Disposition als eine Unfähigkeit oder Schwäche des Kindes, die Brust der Mutter gerne und dankbar anzunehmen. In dieser Fähigkeit des Kindes sieht sie gleichsam den Prototyp der spezifisch menschlichen Fähigkeit, Gutes im weitesten Sinne des Wortes von anderen Menschen empfangen zu können. Dies wiederum ist ihr zufolge die Voraussetzung für alle spätere Fähigkeit, Liebe empfangen und dabei Freude empfinden zu können. Bleibt diese Fähigkeit jedoch unterentwickelt, gewinnen zerstörende, neidische und feindliche Impulse die Oberhand, und das Kind gerät in das zunehmend unerträgliche Dilemma, zerstören zu müssen, was es in Wirklichkeit braucht. Es ist dann unfähig, die Liebe und Güte in sich aufzunehmen, die es so dringend benötigt, um ein starkes Gefühl des Selbstwertes aufzubauen. Zwangsläufig wird es die ihm von der Mutter in Gestalt der Brust angebotene Urliebe wie auch alle spätere Liebe, die es finden mag, entwerten, bekämpfen und in paranoider Weise entstellen.

Auch diese Annahme scheint jedoch nur einem Teil der beobachteten Phänomene Rechnung zu tragen. Ich selbst halte es für plausibel, daß das hier wesentliche hereditäre oder konstitutionelle Element in einer Bereitschaft des Kindes zu suchen ist, auf den von der Mutter ausgeübten Druck zur Symbiotisierung besonders willig zu reagieren: Das einer schizophrenen Entwicklung zusteuernde Kind zeigt sich für die Bedürfnisse und Wünsche der Mutter in ungewöhnlichem Maße sensibel und empfänglich; sie nehmen für das Kind tiefgreifende, beinahe lebensentscheidende Bedeutung an, und es reagiert darauf stärker als andere Kinder. Es ist in höherem Maße auf einen zwischenmenschlichen emotionalen Austausch eingestellt und daher vergleichsweise abhängiger davon. Dies erklärt wenigstens zum Teil die oft erstaunliche Intensität, die die Übertragungsbeziehungen mancher Schizophrenen kennzeichnet. Diese Intensität wird nun vom Schizophrenen als eine solche Bedrohung erlebt, daß er sich gegen sie mittels Mechanismen, die große Distanz, Gleichgültigkeit und Rückzug zu besagen scheinen, das heißt durch das scheinbare Gegenteil einer engen Beziehung, wehren muß. Etwas Ähnliches scheint auch Frieda Fromm-Reichmann gemeint zu haben, als sie kurz vor ihrem Tode in einer persönlichen Mitteilung die Schizophrenen als Menschen bezeichnete, die ihrer Anlage nach mehr Liebe geben könnten und brauchten als andere.

Das frühe Einsetzen und die Macht des von der Mutter ausgeübten Druckes zur Symbiotisierung zusammen mit der Bereitschaft des Kindes, darauf mit besonderer Intensität zu reagieren, bieten somit eine gewisse Erklärung für die häufig unvermeidbar erscheinende schizophrene Katastrophe. Aber dieser symbiotische Prozeß hat noch eine andere Seite, die einige Wesenszüge der schizophrenen Lebensform sowie die daraus folgenden therapeutischen Probleme verstehen lassen kann.

Das Kind, das zur Schizophrenie prädisponiert ist und unter dem Druck der mütterlichen Indoktrinierung steht, hat zwar, wie oben angezeigt, weniger Chancen, komplexe Daten bewußt zu integrieren, als dem differenzierten Erwachsenen zur Verfügung stehen; es ist darin, könnte man sagen, schwächer als der Erwachsene. Man kann jedoch annehmen – und dies ist ein wichtiger Punkt –, daß das undifferenzierte Kind auch Fähigkeiten zur Gewinnung und Ordnung von Daten besitzt, die den meisten Erwachsenen verlorengegangen sind, darunter etwa die Fähigkeit, auf besonders unmittelbare, treffsichere Weise Gefühle und Stimmungen anderer wahrzunehmen, von denen diese möglicherweise selbst nichts wissen. Diese Fähigkeit scheint dem zu entsprechen, was Sullivan unter »Empathie« verstand. Man hat Grund zu glauben, daß diese Fähigkeit einem präverbalen und prälogischen Entwicklungsstadium entspricht und mit den angeborenen Instinkten des Tieres verwandt ist. Schachtel beschrieb 1947 überzeugend, wie im Zuge der Kristallisation und Entwicklung des begrifflichen Denkens die Fähigkeiten des Spürens, Wahrnehmens und Erlebens der Realität zunehmend stereotyp und stumpf werden. So erlebt der Erwachsene das Unmittelbare, Intensive, Farbige, Strahlende der Natur und des Lebens nicht mehr so wie einst das Kind, sondern nur noch assoziativ und nur so, wie es ihm seine schon gebildeten und mehr oder weniger festliegenden Wahrnehmungs- und Denkformen aufdrängen. Nur gelegentlich – zum Beispiel anläßlich einer Traumanalyse – kann er etwas von der verlorengegangenen Dichte der Stimmungen und des Erlebens wiederfinden, wenn sich die Kruste der Begriffe und Strukturen, die in wachsendem Maße sein Erleben überlagert und denaturiert hat, einmal lockert.

Diese Fähigkeit des Kindes – zusammen mit dem schon beschriebenen mütterlichen Druck zur Symbiotisierung und der speziellen Empfänglichkeit des Kindes dafür – kann auch einen auffälligen Wesenszug des Schizophrenen beleuchten, der von Autoren wie Sullivan (1953), Hill (1955), Fromm-Reichmann (1950) und Searles (1958) beschrieben worden ist. Es ist die oft erstaunliche Fähigkeit dieser Patienten, das Unbewußte des anderen zu erspüren. Es kommt vor, daß der Therapeut bei seinem Patienten eine fast seismographische Sensibilität für seine eigene Angst und die dagegen eingesetzten Abwehrmechanismen antrifft, die er selbst nicht wahrgenommen hat. Hier scheint die Introjektion eine besondere Rolle zu spielen – das heißt die unbewußte Einverleibung der Einstellungen und Ängste des Therapeuten durch den Patienten. Der Patient kann dann seinerseits diese introjizierten Einstellungen und Ängste seines Therapeuten in seinem Verhalten oder sogar in Halluzinationen ausdrücken und sie damit erst dem Therapeuten zum Bewußtsein bringen.[2] So können wir annehmen, daß sich beim Schizophrenen – vielleicht als Überlebensnotwendigkeit – die Fähigkeit zur Kommunikation mit dem Unbewußten anderer Menschen in der Frühkindheit übermäßig entwickelt und länger erhalten hat als bei »normalen« Erwachsenen. Seine charakteristische Sensibilität für unbewußte Prozesse ist eine Art hochempfindlichen emotionalen Radarsystems, das sich unter den spezifischen Bedingungen seiner frühen Abhängigkeit entwickelte und damals die Aufgabe hatte, Gefahrsignale von der Mutter oder anderen signifikanten Personen aufzufangen. Dieses Warnsystem ermöglichte es dem Kind, auf die in der Mutter verkörperten Bedrohungen mit Anpassungsmaßnahmen zu reagieren, die zur bestmöglichen Symbiotisierung der Beziehungen führen sollten.

Ich habe anfangs die drei kulturspezifischen Anpassungsweisen an die Realität des Stärkeren als »Leben auf einem Vulkan« bezeichnet. Für manchen Schizophrenen trifft dieses Bild noch ausgeprägter zu. Er ist Superspezialist im Verstehen unbewußter Kommunikationen geworden. Gleichzeitig sind jedoch seine intellektuellen Mittel für Verstehen und Benutzen der komplexen konventionellen Realität, einer Realität, die so unvermeidlich ist wie der Tod, schwach und schief geblieben; das war der Preis, den er für seine allzu frühe und allumfassende Anpassung zahlen mußte. Wie vor allem Hill (1955) darstellte, ergibt sich daraus für den Schizophrenen eine tragisch-ausweglose Lage. Der Autor beschreibt etwa, wie der Schizophrene das tief Unbe-

---

[2] Es war Harold F. Searles, der als erster diese Beobachtung klar dargestellt hat. Ich bin ihm auch für andere wertvolle Kommentare im Zusammenhang mit dem Thema dieser Arbeit zu Dank verpflichtet.

wußte seines Arztes spürt, die konventionelle, bewußte Absicht jedoch nicht wahrnimmt. Das erzeugt für den Schizophrenen eine groteske, verwirrende und bedrohliche Situation. Da er nicht über die Fähigkeit verfügt, das durch die unbewußte Kommunikation erworbene Wissen mit den Fakten der konventionellen Realität zu vereinigen – da er also unfähig ist, diese Einblicke in ihrer Bedeutung, Perspektive und ihrem Gewicht im Rahmen des Alltagslebens zu bewerten –, stürzt er in einen Abgrund von Verwirrung und Angst. Er kann beispielsweise nicht erkennen, daß der Ehrgeiz und die kindliche Neugier, die er an seinem Arzt spürt, durch die konventionellen Verhaltensweisen des Alltags gesteuert werden; sie nehmen für ihn vielmehr eine furchtbar zerstörende und verschlingende Dimension an, die ihn sich in Panik zurückziehen läßt. Darauf wird der Arzt verständlicherweise zunächst negativ reagieren und das Dilemma des Schizophrenen damit noch vertiefen. Der Patient kann die Gründe für die Reaktionen des Arztes weder begreifen noch auch mit ihm darüber sprechen, und so wird er immer stärker überzeugt, daß seine eigenen Gefühle und Verhaltensweisen, besonders aber das ihm durch die empathische Kommunikation zugänglich gewordene Wissen, verkehrt, nichtssagend oder zerstörend sind, und mehr und mehr verstrickt er sich in einen hoffnungslosen circulus vitiosus. Er verbarrikadiert sich zunehmend in seine eigene Welt, bis schließlich früher oder später auch seine empathischen Fähigkeiten mangels Reizung verkümmern. Dieses klinische Bild der chronischen, deteriorierenden Schizophrenie zeigt sich somit als Endprodukt der Unfähigkeit gegen unübersteigbare Hindernisse mit der Anpassungsaufgabe fertig zu werden.

Folgen für die Therapie

Wenn die vorstehenden Annahmen richtig sind, ergeben sich für die Psychotherapie der Schizophrenie mehrere wichtige Konsequenzen. In mancher Hinsicht wird vom Psychotherapeuten des Schizophrenen verlangt, das Unmögliche möglich zu machen. So wird von ihm erwartet, daß er die ungewöhnlichen, zugleich subtilen und intensiven Ausstrahlungen der Angst des Patienten wahrnimmt, dabei aber diese Angst tolerieren kann. Es wird von ihm erwartet, daß er weiß, wann die Erfordernisse der konventionellen Realität praktischerweise Priorität haben müssen. Er soll stark und unabhängig sein, aber auch jene geschärfte Sensibilität besitzen, die oft nur dem schwächeren Partner gleichsam als Nebenprodukt beim Versuch der Bewältigung der Symbiotisierung zuwächst. Er soll tiefes, sympathisierendes Verständnis dafür aufbringen, was es bedeutet, einer Minoritätsrealität angepaßt zu sein, soll jedoch zugleich die gängige, umfassendere Mehrheitsrealität vertreten.

Daraus folgt, daß der Patient, mit dem Arzt als Modell, erleben sollte, daß das Unmögliche in gewissen Grenzen doch möglich werden kann. Dieses Erlebnis kann ihm, wie es scheint, auf zweierlei Weise vermittelt werden. Erstens kann er in der Persönlichkeit seines Therapeuten einen plastischen, lebenden Beweis dafür bekommen, daß Probleme, die den ihm auferlegten ähnlich sind, immerhin in einer konkreten menschlichen Existenz zu lösen waren – nämlich in der seines Arztes. Zweitens kann der therapeutische Prozeß selbst ihm demonstrieren, wie eine Sensibilität, die ursprünglich ein Attribut der Schwäche war, schließlich zu einem Element echter Stärke werden kann.

Hinsichtlich des ersten Punktes muß daran erinnert werden, daß der Therapeut hauptsächlich dadurch zu psychologischem Verständnis gelangt, daß er über seine eigenen Gefühle und Motive nachdenkt und diese wiederum als typisch bei anderen Menschen vorfindet. So kann er zum Beispiel die subtilen Dynamismen in der Angst des Schizophrenen insoweit verstehen, als er sie zu seiner eigenen Erfahrung, sei sie aktuell oder potentiell, in Beziehung setzen kann. Dennoch muß diese Erfahrung sich von derjenigen des Schizophrenen unterscheiden, wenigstens hinsichtlich des Grades, in dem sie jetzt agiert wird. Damit dieser entscheidende Unterschied zustande kommen kann, mußte etwas Bedeutsames stattgefunden haben: Mindestens in einem gewissen Ausmaß müssen dem Therapeuten seine eigene Angst und die dagegen eingesetzten Abwehrmechanismen bewußt geworden sein, so daß er die Angst in seine Persönlichkeit integrieren und dadurch erträglich und beherrschbar machen konnte.

Eben dieser Vorgang der Bewußtmachung der Angst bedeutet jedoch zugleich die Auflösung der pathologischen, statischen Symbiose und ihre Verwandlung in eine dynamische Symbiose, innerhalb welcher dann allmählich die Abgrenzung des Ichs von der stärkeren Persönlichkeit stattfinden kann. In diesem Prozeß kristallisieren sich die Ich-Grenzen. Er vermittelt sich in der therapeutischen Beziehung als einer »dynamischen Symbiose«, ist also nicht die Wiederholung der alten pathologischen, statischen Symbiose, sondern ist Grundlage für den notwendig werdenden Verzicht auf regressive, von der Mutter zu erwartende Befriedigungen, für die Auseinandersetzung mit seiner eigenen Lebenswirklichkeit – ein Prozeß, den er durchstehen muß, um zu weiterem Wachstum und echter Produktivität zu gelangen. Zugleich ist er Grundlage für die Entdeckung und Erprobung neuer, dauerhafter Befriedigungen und Sublimierungen, die ihm bislang durch das emotionale Verhaftetsein an die statische symbiotische Beziehung verschlossen waren. Dies ermöglicht ihm wiederum die Entwicklung von Selbstachtung, von innerer Freiheit, erlaubt ihm, die gebrochene Persönlichkeit aufzugeben, die für den schwächeren Partner charakteristisch ist, während er sich, wenigstens zum Teil, jene Sensibilität erhält, die er im Kampf um die Symbiotisierung erworben hatte. Dieser Prozeß wird in der Regel durch eine persönliche Analyse des Therapeuten gefördert. Ein Therapeut, der dieses Erleben in seiner eigenen Persönlichkeit reflektiert hat, hat – wenigstens in gewissen Grenzen – bewiesen, daß die ursprüngliche Schwäche des unterprivilegierten Symbiose-Partners zu einer wirklichen Stärke werden kann. Er hat bewiesen, daß man aus seiner eigenen Neurose Nutzen zu ziehen vermag.

Nun zu dem zweiten Punkt: Dieser Prozeß führt nicht nur zu größerer innerer Freiheit und Stärke, er erhöht auch die Fähigkeit des Therapeuten, sich seine eigene Angst ins Bewußtsein zu rufen. Dies schließlich ermöglicht es ihm, dem Patienten auf noch bedeutsamere Weise zu zeigen, daß das scheinbar Unmögliche doch möglich werden kann. Denn seine Stärke und innere Freiheit erlauben dem Therapeuten nun, sich der Welt der Ängste und Konflikte des Patienten unvergleichlich freier zu stellen, als es sonst möglich wäre. Jetzt introjiziert er die Ängste und Konflikte des Patienten, und indem er sie in seinem eigenen starken Ich ertragen kann, gibt er dem Patienten das lebende Beispiel dafür, wie seine scheinbar unlösbaren Probleme eine Lösung finden können. Eben diese Sensibilität, die der Therapeut unter den Bedingungen seines eigenen Lebenskampfes entwickelt, aber zu einem Instrument der Behandlung und Diagnose anderer geschmiedet hat, macht ihn therapeutisch reaktionsfähig auf die spezifischen Dynamismen der Angst des Schizophrenen.

Sensibilisierung und Stabilisierung

Dabei tritt noch ein weiterer wichtiger Tatbestand ans Licht: Im Therapeuten, der Schizophrene behandelt, müssen zwei entgegengesetzte Kräfte fast gleichzeitig zum Zuge kommen. Die erste können wir die »Tendenz zur Sensibilisierung« nennen. Zu ihr tragen vor allem jene Faktoren bei, die ihm eine zugleich subtile und intensive Symbiotisierung der Beziehung mit dem Schizophrenen ermöglichen. Dazu rechnet auch die Fähigkeit, sich wie der schwächere Partner in den oben beschriebenen Beziehungen überlistend in den stärkeren Partner einfühlen zu können, eine Fähigkeit, die therapeutisch jedoch nutzlos und sogar gefährlich wird, wenn sie in einem Kampf um Macht beziehungsweise psychologisches Überleben zum Einsatz kommt. Um eine Sensibilisierung beziehungsweise Symbiotisierung der Beziehung therapeutisch nutzbar zu machen, muß daher eine starke Gegenkraft vorhanden sein, die ich die »Tendenz zur Stabilisierung« nennen möchte. Zu ihr tragen all jene Faktoren bei, die zur Ablösung und Distanzierung verhelfen – die sozusagen die oben erwähnte Sensibilität und Fähigkeit zur Überlistung vom jeweiligen Objekt trennen. Somit strebt die Tendenz zur Stabilisierung nach Desymbiotisierung und erlaubt dadurch, die in der Symbiose entwickelte und benötigte Sensibilität für therapeutische und Sublimierungszwecke, für Wachstum und Individuation einzusetzen.

Das ist nichts absolut Neues. Aus psychoanalytischen Studien kennen wir das Konzept der »freischwebenden Aufmerksamkeit«, einen Zustand, in welchem der Analytiker besonders gut auf seinen Patienten eingestellt sein soll. Er ist mehrfach, zum Beispiel 1954 von Edith Weigert, als ein Oszillieren zwischen empathisch-intuitiver Beteiligung und reflektierendem Bewußtsein beschrieben worden, oder, in Anlehnung an Freud, als ein ständiges Alternieren zwischen Primär- und Sekundärvorgängen. Dies entspricht gewissermaßen dem soeben beschriebenen Wechselspiel zwischen den Tendenzen zur Sensibilisierung und zur Stabilisierung. Um aber den schizophrenen Patienten zu erreichen, scheint dieses Wechselspiel mit einer Intensität und Ausdauer stattfinden zu müssen, die in der Psychoanalyse nicht üblich sind. Es müssen also Kräfte eingesetzt werden, die eine besonders starke, ununterbrochene emotionale Investierung ermöglichen, eine erhöhte Motivation, die im Therapeuten immer wieder eine geschärfte Sensibilität und ein Verständnis für die spezifischen Ängste und Abwehrmanöver des Patienten erzeugen. Gleichzeitig aber muß eine Gegenkraft da sein, die mit derselben Stärke wirkt und diese Intensität sozusagen immer wieder vom Patienten ablöst, sie objektiviert und in bewußter Reflektion durchleuchtet.

Demnach läßt sich erwarten, daß die Ermöglichung solchen intensiven Wechselspieles der beiden Tendenzen bei denjenigen Therapeuten, die sich mit Erfolg der Schizophrenen annehmen, eine besondere Gabe voraussetzt. Es erhebt sich jedoch die weitere Frage, ob solche Kräfte nur im einzelnen Psychotherapeuten oder auch in einer Klinik zum Zuge kommen können, wo eine intensive Langzeittherapie für Schizophrene durchgeführt und somit eine zusätzliche, sozusagen institutionalisierte Motivation für den Arzt vorliegt. Eine solche Voraussetzung scheint in besonderem Maße in wenigstens einer Klinik gegeben zu sein, in welcher der Verfasser zur Zeit der Niederschrift der vorliegenden Arbeit tätig war, nämlich Chestnut Lodge in Rockville, Maryland, USA. Auf der Klinikebene tragen hier zur Sensibilisierung alle die Faktoren bei, die den Therapeuten veranlassen, sich intensivst auf einen bestimmten psychotischen Patienten zu konzentrieren und auf seine Wellenlänge einzustimmen. Ich spreche von jenen Faktoren, die die Bereitschaft des Arztes vermehren, die Ängste und Konflikte dieses Patienten in sich aufzunehmen, sie also zu seinen eigenen Ängsten und konflikthaften Strebungen zu machen. Die Stabilisierung hingegen resultiert aus jenen Faktoren, die umgekehrt eine Neutralisierung dieser forcierten Intensität, also Distanzierung, Objektivität, Selbstkontrolle herbeiführen. Das Wechselspiel dieser Tendenzen auf institutioneller Ebene tritt in einer Klinik wie Chestnut Lodge besonders deutlich zutage; es ist ganz bewußt auf die intensive Psychotherapie schizophrener Patienten eingestellt.

Die relativ kleine Zahl von Patienten, die von einem Therapeuten behandelt werden, machen eine unvergleichlich stärkere Investierung therapeutischer Energien möglich, als dies selbst in einer selektiven psychoanalytischen Praxis der Fall sein kann. Das wirkt sich auf die Sensibilisierung aus. Ferner beruft diese Klinik nur Therapeuten, die sich besonders für die Behandlung sehr kranker Patienten interessieren – ein Faktum, das natürlich mit der besonderen Lebensgeschichte dieser Therapeuten, ihren speziellen Bedürfnissen und Motivationen zusammenhängt. Beides jedoch, die kleine Patientenzahl und die spezielle Auswahl der Therapeuten, erzeugen unvermeidlich ein Klima, in welchem das Selbstwertgefühl des Therapeuten sehr erschüttert wird, wenn sich in der Therapie »nichts rührt«. So steht der Therapeut unter einem starken Druck, seine Beziehung zum Patienten zu symbiotisieren; aber gerade dieser Druck zur Symbiotisierung vermehrt seine Sensibilität für die besonderen Probleme des Partners, in diesem Falle des Patienten. Mit anderen Worten: Der Therapeut wird zu einer Überinvestierung in den Patienten gedrängt, ganz ähnlich derjenigen der »schizophrenogenen Mutter« in das Kind. Nur unter derartigen Bedingungen kann etwa, scheint es mir, eine sowohl den Arzt wie den Patienten enorm belastende Situation »therapeutischer Verzweiflung« entstehen, wie Leslie Farber sie 1958 beschrieben hat.

Dennoch sind gerade in dieser therapeutischen Umgebung auch stabilisierende Faktoren am Werk, die nicht weniger stark auf Desymbiotisierung hinwirken und damit die intensive Beziehung entspannen und objektivieren. Einer dieser Faktoren ist die ausgedehnte Supervision, die jeder Therapeut in dieser Klinik erhält. Sie findet gewöhnlich auf drei Ebenen statt. Erstens erhalten jüngere Therapeuten individuelle Supervision durch erfahrene Therapeuten der Klinik. Zweitens erfolgt Supervision durch Gesprächsgruppen, die aus etwa fünf Ärzten bestehen und zweimal wöchentlich zusammenkommen. Drittens unterzieht sich jeder Therapeut an einem nahegelegenen psychoanalytischen Institut einer persönlichen Lehranalyse, was für ihn wohl die wichtigste Supervision darstellt. Aber das ist nicht alles. Der Streß, den diese intensiven Beziehungen zum Schizophrenen mit sich bringen, scheint auch dadurch erträglicher zu werden, daß diese Beziehungen sozusagen in eine Matrix ständiger Bestätigung eingebettet sind, die der einzelne Therapeut durch die anderen Mitglieder der Klinikgemeinschaft erfährt. Das drückt sich zum Beispiel in der häufig gehörten Beruhigung aus: »Nimm es nicht zu schwer – wir haben alle ähnliche Erfahrungen gemacht.« Darüber hinaus kann auch die wissenschaftliche Forschung in Form einer reflektierenden Klärung der in einer zwischenmenschlichen Beziehung sich abspielenden Vorgänge als mächtiger Stabilisierungsfaktor wirken. Denn diese Forschung verlangt immer wieder Distanzierung, selbstkritische Bewußtmachung und Objektivität sich selbst und dem Patienten gegenüber. Auch dieser Faktor der Stabilisierung ist in der Klinik institutionalisiert.

Es ergibt sich also die Schlußfolgerung, daß bei der Begegnung mit dem schizophrenen Patienten dauernd zwei Kräfte zum Zuge kommen müssen, die gleichzeitig auf der individuellen wie auch institutionellen Ebene wirken sollten, das was ich die »Tendenz zur Sensibilisierung« und die »Tendenz zur Stabilisierung« nannte. Sullivan brachte diesen Tatbestand in einer einleuchtenden, einfachen Formel zum Ausdruck, indem er von der Haltung des »teilnehmenden Beobachters« als Vorbedingung jedes wirklichen psychotherapeutischen Umgangs mit dem Patienten sprach, denn darin ist das scheinbar paradoxe Wechselspiel der beiden von mir genannten Kräfte angedeutet. Die Analyse dieser Haltung und der ihr zugehörigen menschlichen Situation liefert daher möglicherweise einen Schlüssel für das Verständnis von Problemen, die weit über die bei als schizophren diagnostizierten Patienten hinausgehen.

> Wer war es, der zuerst
> Die Liebesbande verderbt
> Und Stricke von ihnen gemacht hat?
> *Hölderlin, Der Rhein*

I

Im Jahre 1770 – von dem uns jetzt über zweihundert Jahre trennen – wurden drei große Deutsche geboren: Hegel, Beethoven und Hölderlin. Von den dreien war es Hölderlin, der am längsten auf eine breite Anerkennung warten mußte. Solche Anerkennung hat sich heute als Folge einer Hölderlin-Renaissance oder richtiger: Hölderlin-Entdeckung eingestellt. Diese »Entdeckung« ist zum Teil der intensiven Forschungsarbeit zahlreicher Philologen zu verdanken. Es ist zugleich Folge und Ausdruck solcher Entdeckung, daß Hölderlin viele literarische Persönlichkeiten wie Bertolt Brecht, Paul Celan, Karl Jaspers, Theodor W. Adorno, Walter Benjamin, Martin Heidegger und neuerdings Peter Weiß, um nur einige zu nennen, angeregt hat, sich mit ihm zu beschäftigen beziehungsweise auseinanderzusetzen.

Es gibt zweifellos viele Gründe für das ständig wachsende Interesse an Hölderlin. In diesem Interesse spiegelt sich eine Art »zeitloser Modernität« des Dichters wider. Es sind vor allem die Dichtungen seiner späten schöpferischen Phase – die etwa die Jahre von 1800 bis 1806 umfaßt –, die von dieser »zeitlosen Modernität« zeugen. Dies sind auch die Dichtungen, die am längsten – mehr als einhundertfünfzig Jahre – warten mußten, ehe ihre außerordentliche Qualität gewürdigt werden konnte.

Der Begriff »Spätwerk« läßt sich allerdings nur bedingt auf Hölderlin anwenden. Denn Hölderlin, der dreiundsiebzig Jahre alt wurde, war erst Mitte dreißig, als er dieses »Spätwerk« schrieb. Wir sprechen hier von »Spätwerk«, weil Hölderlin während dieser letzten, unglaublich schöpferischen Phase wahnsinnig wurde und bis zu seinem sechsunddreißig Jahre später erfolgenden Tod wahnsinnig blieb.

Nach einem etwa einjährigen Aufenthalt in der Autenriethschen Klinik in Tübingen siedelte er 1807 in den dortigen sogenannten »Hölderlin-Turm« über, wo er bis 1843 unter Aufsicht des Zimmermanns Zimmer lebte. Aus den letzten sechsunddreißig Jahren seines Lebens sind nur wenige und relativ kurze Gedichte auf uns überkommen. Sie machen den Eindruck einer unbeholfenen Kindlichkeit, und der Uneingeweihte wäre nicht in der Lage, sie einem der größten Dichter Deutschlands zuzuordnen.

Hölderlins Wahnsinn wurde einhellig als eine Spielart der Schizophrenie diagnostiziert. Als diagnostischer Terminus ist der Begriff »Schizophrenie« – Spaltungsirresein – bis heute kontrovers. Kein Zweifel besteht jedoch daran, daß Hölderlin seelisch und geistig zutiefst gestört war und daß die Bezeichnung »Schizophrenie« seiner Störung am ehesten gerecht wird. Etwa von 1802 an scheint er zunehmend reizbarer geworden zu sein. Wir hören, daß er bei mehreren Gelegenheiten wie ein Rasender getobt habe. Später scheint er weniger erregt als verschlossen und zurückgezogen gewesen zu sein. Er schien die Fähigkeit verloren zu haben, seine Aufmerksamkeit für längere Zeit auf eine bestimmte Person oder einen bestimmten Gegenstand einzustellen. Er verhielt sich oft maniriert und in einer zugleich übertriebenen und herausfordernden Weise servil. Er gab sich ungewöhnliche Namen wie Scardanelli oder Scaliger Rosa. Es ist jedoch zweifelhaft, ob er systematisierte Wahnideen hatte. Es ist auch nicht sicher überliefert, daß er halluzinierte.

Im folgenden möchte ich einigen Zusammenhängen zwischen seiner seelischen Störung und seinem dichterischen Schaffen nachgehen. Ich tue dies jedoch nur zögernd. Denn wenn wir das, was uns als Psychopathologie entgegentritt, mit schöpferischem Schaffen in Verbindung bringen, setzen wir uns stets zwei Gefahren aus: einmal der Gefahr, daß wir zu erklären versuchen, was sich psychiatrischer Einsicht entzieht. Das sind jene Qualitäten, die ein Kunstwerk einmalig und bedeutend machen. Wenn wir uns einem Künstler und seinem Werk mit psychiatrischen Kategorien nähern, werden wir leicht zum Opfer dessen, was Whitehead »the fallacy of misplaced concreteness« nannte. Wir verfallen dann einem schalen und ehrfurchtslosen Reduktionismus. Auf der anderen Seite besteht die Gefahr, daß wir durch den Genius des schöpferischen Menschen und alles, was sich auf seine Person bezieht, eingeschüchtert werden. Das kann uns dann dazu verleiten, viele Aspekte seines Werkes und seines Lebens zu verklären. In seiner biographischen Studie über Leonardo da Vinci hat Freud (1910) ein Beispiel gegeben, wie sich diese Zwillingsgefahren vermeiden lassen. Indem er wichtige Momente in da Vincis Leben und Werk durch seine psychoanalytische Interpretation erhellte, legte Freud zugleich Wert darauf, den Gültigkeitsbereich seiner Interpretation einzuschränken.[1]

Was die beiden eben angedeuteten Gefahren anbelangt, scheint Hölderlin bisher wenig Glück mit seinen psychologisch interessierten Biographen gehabt zu haben. Während die psychiatrischen Autoren von

---

[1] Die Problematik von Freuds Leonardo-Interpretation behandelt unter anderem P. Ricoeur (1965), S. 172–186 und S. 549–556.

Hölderlin-Pathographien – zum Beispiel Lange (1909), Treichler (1936) und Jaspers (1951) – obsolete, wissenschaftlich nicht länger begründbare Modelle von Psychopathie und Schizophrenie an Hölderlin herantrugen, neigten seine nichtpsychiatrischen Biographen dazu, seine Persönlichkeit und die wesentlichen Beziehungen seines Lebens in einer idealisierenden und heroisierenden Weise zu sehen. Diese Biographien stilisierten Hölderlins Psychologie in einer Weise, die wenig Raum für negative Züge läßt. Wir werden daher nicht Zeuge jenes intrapsychischen und zwischenmenschlichen Dramas von Haß, Eifersucht, Ambivalenz und Destruktivität, mit dem uns Hölderlin, nicht weniger als andere geniale Persönlichkeiten, konfrontiert. Im folgenden will ich versuchen, den »positiven« wie auch den »negativen« Zügen im Leben und Werk des Dichters gerecht zu werden, soweit es dieser kurze Essay zuläßt. Aber zuvor muß ich kurz auf einige Aspekte der modernen Schizophrenieforschung beziehungsweise -diskussion eingehen, die für mein Thema wichtig sind.

Dies ist nicht der Ort, um auf die vielen komplexen und zum Teil noch ungelösten Fragen einzugehen, die sich mit dem Begriff der Schizophrenie verbinden. Ich muß mich damit begnügen festzustellen, daß wir heute gute Gründe haben, die schizophrenen Störungen als Ausdruck und Resultat eines Lebensprozesses anzusehen, der sich – im Gegensatz zu den Ansichten von Jaspers und vielen anderen europäischen Psychiatern – *verstehen* läßt. Es kennzeichnet diesen Prozeß, daß in ihm vom Augenblick der Geburt an und sogar schon vorher eine individuelle Disposition und eine menschliche Umgebung ständig aufeinander einwirken. Dieser Lebensprozeß ist zirkulär und expansiv in dem Sinne, als sich darin Disposition und Umwelt auf immer neuen Ebenen gegenseitig beeinflussen und modifizieren und dadurch ständig neue transaktionelle Konstellationen schaffen. Aus diesen Konstellationen erwachsen wiederum sich wandelnde Dispositionen und Welten und so fort.

Obgleich es von diesem theoretischen Ansatz her problematisch erscheint, die Begriffe »Disposition« und »Umwelt« in einem statischen, unqualifizierten – das heißt undialektischen – Sinne zu verwenden, möchte ich doch im folgenden für einen Augenblick diese beiden Momente einer jeden menschlichen und damit auch schizophrenen Entwicklung gesondert betrachten.

Was zunächst die Disposition für eine Schizophrenie anbelangt, so legen die meisten heute verfügbaren Forschungsergebnisse nahe, daß diese relativ schwach und unspezifisch ist. Wir müssen sie uns heute als eine recht verbreitete Anfälligkeit für eine weite Spielbreite von Belastungen vorstellen, wobei sich wiederum eine weite Spielbreite von Störungen entwickeln kann. Für diese Störungen haben etwa Rosenthal, Kety, Wender und deren Mitarbeiter (1968, 1972) den Terminus »schizophrene Spektrumstörungen« (schizophrenic spectrum disorders)

74

vorgeschlagen. Die letzteren schließen nicht nur klar verbürgte Fälle von Schizophrenie, sondern auch Charakterstörungen, sogenannte »inadäquate Persönlichkeiten«, schizoide Zustände und anderes ein. Wo wir bei monozygoten Zwillingspaaren einen schizophrenen Zwilling finden, ist die Wahrscheinlichkeit nur fünfundzwanzig bis fünfundvierzig Prozent, daß auch der andere Zwilling, der offensichtlich dieselbe erbliche Anlage hat, eines Tages ebenfalls als schizophren diagnostiziert wird.[2] Doch weiter: Sorgfältige Untersuchungen an den biologischen und adoptiven Verwandten von Schizophrenen, die in den Vereinigten Staaten von Amerika und in Europa durchgeführt wurden, legen darüber hinaus nahe, daß dieselbe Disposition, die zu einer »schizophrenen Spektrumstörung« führt, gegebenenfalls auch – und dies erscheint in diesem Zusammenhang wichtig – einer schöpferischen Produktivität zugrunde liegen kann. Heston, ein amerikanischer Forscher, verglich 1966 zum Beispiel zwei Gruppen von etwa fünfzig adoptierten Kindern, die das Erwachsenenalter erreicht hatten. Eine Gruppe hatte biologische Eltern, von denen zumindest ein Elternteil als schizophren diagnostiziert worden war. Die andere Gruppe von adoptierten Kindern stammte von biologischen Eltern, bei denen kein Fall von Schizophrenie diagnostiziert worden war. Unter den Kindern mit einem schizophrenen Elternteil fand Heston fünf Fälle von Schizophrenie und in der Kontrollgruppe keinen; in der Gruppe, die von schizophrenen Eltern abstammten, fand er jedoch auch eine beachtliche Anzahl von Individuen mit einer künstlerischen, unkonventionellen Veranlagung und einem musischen Lebensstil, während er in der Kontrollgruppe nur Individuen fand, die ohne Inspiration konventionell dahinlebten.

Beobachtungen dieser Art lassen uns fragen: Können wir auch in Hölderlin eine Disposition erkennen, die in sich das Potential für schöpferisches Schaffen *und* eine schizophrene Entwicklung birgt? Vermittelt er uns Hinweise darauf, wie die Elemente, die in einem schöpferischen Genius und einer Schizophrenie zum Durchbruch kommen, sich miteinander verschränken? Ich glaube, dies ist der Fall, obgleich zugegebenerweise die Hinweise grob und die verfügbare Evidenz indirekt ist. Wenden wir uns daher, von dieser Frage geleitet, der Persönlichkeit des Dichters zu und sehen wir, wie diese Persönlichkeit von ihm selbst und seinen Zeitgenossen beschrieben wurde.

Als eine erste Quelle bietet sich ein Brief an, den Hölderlin seiner Mutter schrieb, nachdem er sein Verlöbnis mit Louise Nast, der Cousine eines Freundes, gelöst hatte. In diesem Brief sucht Hölderlin seiner Mutter darzulegen, daß er nicht, wie es ihrem Wunsch entspräche, hei-

---

[2] Der nichtschizophrene andere Zwilling kann eine Spektrumstörung im eben beschriebenen Sinne haben oder nicht haben.

raten und sich als protestantischer Pfarrer niederlassen könne. »Seit Jahr und Tagen«, schreibt hier Hölderlin, habe er fest im Sinne gehabt, »nie zu *freien*«. Er ergänzt seine Erklärung mit diesen Worten: »Mein sonderbarer Charakter, meine Launen, mein Hang zu Projekten und (um nur recht die Wahrheit zu sagen) mein Ehrgeiz – alles Züge, die sich ohne Gefahr nie ganz ausrotten lassen – lassen mich nicht hoffen, daß ich im ruhigen Ehestande, auf einer friedlichen Pfarre glücklich sein werde« (Mitte Juni 1791). An anderer Stelle nennt er sich einen »Klotz« (18. Februar 1787 an I. Nast) und schreibt: »Bin dann ich nur allein so? der ewige, ewige Grillenfänger!« – »Im ganzen Kloster wurd ich als gefährlich melancholisch ausgesagt« (an I. Nast, November 1787). Diese Äußerungen vermitteln den Eindruck eines eigenbrötlerischen, mißtrauischen jungen Mannes, der an Gemütsverstimmungen litt, die an die melancholischen Zustände Kierkegaards erinnern. Aber dieselben Jugendfreunde und Studenten, die Hölderlin den störrischen und schwerfälligen Namen »Klotz« oder »Holz« gaben, vermitteln uns auch ein fast diametral entgegengesetztes Bild: »Seine regelmäßige Gesichtsbildung, der sanfte Ausdruck seines Gesichts, sein schöner Wuchs, sein sorgfältiger, reinlicher Anzug und jener unverkennbare Ausdruck des Höheren in seinem Wesen sind mir immer gegenwärtig geblieben« – so wird erzählt. Und Christoph Theodor Schwab überliefert uns: »Die Freundschaft mit Hölderlin gewann schon durch seine körperliche Schönheit etwas Idealisches: Seine Studiengenossen haben erzählt, wenn er vor Tische auf und ab gegangen, sei es gewesen, als schritte Apollo durch den Saal…« Besonders zu erwähnen ist schließlich ein Zug, der sich in fast allen Zeugnissen aus seiner Hand bestätigt: der fast zwanghafte Drang, seine inneren Erfahrungen in all ihrer Komplexität auszudrücken, zu objektivieren und darüber nachzudenken. Man lese unter diesem Gesichtspunkt etwa den folgenden Satz, den er mit Anfang zwanzig schrieb: »…so sitz' ich zwischen meinen dunklen Wänden und berechne, wie bettelarm ich bin an Herzensfreude, und bewundre meine Resignation.«

Aus all diesen Zeugnissen erschließt sich uns eine ungewöhnlich komplexe Persönlichkeit. Und post festum ist es natürlich nicht schwer, diese Komplexität mit einer Schizophrenie in Verbindung zu bringen. Aber um unsere oben gestellte Frage weiter zu verfolgen, müssen wir uns nun dem zweiten Moment in jenem expansiven Kreisprozeß zuwenden, den ich oben skizziert habe: der menschlichen Umwelt, mit der Hölderlin während der formativen und schicksalshaften Perioden seines Lebens in Wechselbeziehung stand. Diese menschliche Umwelt bestand erstens aus seiner Familie und zweitens aus jenen wichtigen Menschen außerhalb seiner Familie, mit denen er während der Schlüsselperioden seiner künstlerischen und psychologischen Entwicklung Umgang hatte. Ich wende mich nun dieser menschlichen Umwelt zu und beginne mit der Familie.

Hölderlin, der in dem Kleinstadtmilieu der schwäbischen Mittel-klasse aufwuchs, verlor seinen Vater mit zwei Jahren. Zwei Jahre spä-ter verheiratete sich seine Mutter von neuem. Ihr zweiter Ehemann, der Stiefvater des Dichters, starb an einer Lungenentzündung, als Hölderlin neun Jahre alt war. Während seiner Adoleszenz hat Höl-derlin später eindringlich dargestellt, wie ihn dieser Tod erschüttert und bedrückt hat. Er hatte eine Schwester, die zwei, und einen Halb-bruder, der sechs Jahre jünger war als er. Bis zum Einbruch seines Wahnsinns korrespondierte er mit beiden Geschwistern relativ häufig, wenn auch unregelmäßig. Ohne Zweifel bildete seine Mutter den wichtigsten und zentralsten Beziehungspol in seiner Familie. Viermal während seines Erwachsenenlebens kehrte er zu ihr zurück – davon zweimal abrupt –, nachdem er aus dem einen oder anderen Grunde in seiner beruflichen Existenz gescheitert war. Nach seiner letzten Rück-kehr in das elterliche Haus war es die Mutter, die seine Einweisung und Versorgung als psychiatrischer Patient bewerkstelligte. Leider wissen wir kaum Faktisches über diese Mutter als Menschen. Nur we-nige Dokumente von ihrer Hand – zum Beispiel ein Brief, den sie dem Dichter schrieb, und ihr Testament – sind erhalten geblieben. Wir wis-sen mehr darüber, wie der Dichter sie empfand und auf sie reagierte, da von den zahlreichen Briefen, die Hölderlin an sie schrieb, eine be-trächtliche Anzahl erhalten sind. Im folgenden gebe ich den Text des einzigen erhalten gebliebenen Briefes der Mutter an Hölderlin wieder. In diesem Brief heißt es:

»Allerliebster Sohn!
ob ich schon nicht so glücklich bin, auf mein wiederholtes Bitten auch einige Linien von Dir, mein Lieber, zu erhalten, so kan ich es doch nicht unterlassen, Dich manchmal von unserer vordauerenden Liebe und Andencken zu versichern. wie sehr würde es mich freuen und er-heitern, wan Du mir nur auch wieder einmahl schreiben woltest, daß Du die 1. Deinige noch liebst und an uns denckst. Vieleicht habe ich Dir ohne mein Wisen und Willen Veranlasung gegeben, daß Du emp-findlich gegen mich bist und so bitter entgelten läsest, seye nur so gut und melde es mir, ich will es zu verbesern suchen…
Besonders aber bitte ich Dich herzlich, daß Du die Pflichten gegen un-ser 1. Gott und Vater im Himmel nicht versäumest. wir können auf dieser Erde keine grösere Glückseligkeit erlangen, als wan wir bey un-serem 1. Gott in gnaden stehen. nach diesem wollen wir mit allem ernst streben, daß wir dort einander wieder finden wo keine Trennung mehr sein wird.
ich sende Dir anbey ein Wämsele und 4 Paar strümpf und 1 paar

Handschu als einen Beweis meiner Liebe und Andencken. ich bitte Dich aber, daß Du die Wollene Strümpfe auch trägst...

Nebst unserm allerseitigen herzlichen Gruß und Bitte daß Du mich auch wieder mit etwas erfreust und bald schreibst, schliese ich mit der Versicherung, daß ich unverändert verharre

Nürtingen d. 29. Octobr. 1805,   Deine getreue M. Gockin«

Dieser Brief hat viele Leser wegen seiner Mischung von mütterlicher Fürsorglichkeit und Einfalt berührt. Wollen wir jedoch verstehen, welche psychologische Wirkung dieser Brief wahrscheinlich auf Hölderlin gehabt hat, dürfen wir es nicht bei solcher Rührung bewenden lassen. Wir müssen uns daran erinnern, daß dieser Brief geschrieben wurde, als der Dichter bereits fünfunddreißig Jahre alt war und tiefen seelischen Erschütterungen und geistigen Störungen ausgesetzt war – es war nur kurze Zeit später, daß er für immer vom Wahnsinn gezeichnet wurde und praktisch institutionalisiert blieb. Nach diesem Brief zu urteilen, scheint es der Mutter unmöglich gewesen zu sein, die Erschütterungen ihres Sohnes anzuerkennen und sich in seine seelische Störung einzufühlen. Statt dessen bewertet sie in egozentrischer Weise ihres Sohnes Schweigen als Beweis dafür, daß er sie verletzen und seine Rache an ihr nehmen möchte. Von sich selbst projiziert sie das Bild einer Märtyrerin, die ungerechterweise angegriffen wurde, aber bereit ist, zu lieben und zu vergeben. Ihr Verhalten muß Schuldgefühle in ihrem Korrespondenten erzeugen. Gleichzeitig ermahnt sie ihn, an Gott im Sinne ihrer eigenen engen Vorstellungen zu glauben. Die Belohnung für solchen Glauben wird, so lesen wir, die Vereinigung von Mutter und Sohn im Himmel sein. Sicher besteht die Gefahr, daß wir diesem einen erhalten gebliebenen Brief von Hölderlins Mutter an ihren Sohn zuviel Gewicht beilegen. Für den jedoch, der sich in die Situation des Dichters zur Zeit, als dieser Brief geschrieben wurde, einzufühlen versucht, kann es kaum einen Zweifel daran geben, daß hier in einer sehr bindenden, possessiven und nicht einfühlenden Weise mit Schuldgefühlen manipuliert wird.

Das Bild der Beziehung zur Mutter muß jedoch vervollständigt werden. Im Lichte der erhaltenen Briefe, die Hölderlin an seine Mutter schrieb, und aufgrund anderen Materials dürfen wir annehmen, daß diese Mutter-Sohn-Beziehung auch viele positive Elemente enthielt. Hier bleibt noch vieles besser zu verstehen. In meinem Buch ›Conflict and Reconciliation‹ habe ich einige jener Elemente einer frühen Mutter-Kind-Beziehung darzulegen versucht, die vielleicht einer »schöpferischen« Spielart der Schizophrenie zugrunde liegen können. Ich habe dort über jene eigenartige Mischung von zarter Antwortbereitschaft und Unfähigkeit zur Einfühlung, von jenem Reichtum im mütterlichen Geben und von der tyrannischen, Schuldgefühle einflößenden Versklavung gesprochen, die – manchmal! – einer mit künstlerischer Verwirklichung gepaarten Schizophrenie zugrundezuliegen scheint. Die von dieser Perspektive her gesehene wichtigste Phase in der Beziehung zwischen Mutter und Kind liegt in dem Zeitraum, den ich das »Stadium der wissenden Individuation« genannt habe: ein Terminus, der sich auf die drei ersten Lebensjahre des Kindes bezieht – jene Zeit, in der es noch am stärksten mit seiner Mutter symbiotisch verbunden und daher am stärksten abhängig, formbar und am empfänglichsten für alles Gute und Schlechte ist, das von der Mutter auf es zukommt. Ich habe später mehr darüber zu sagen, wie Hölderlin schließlich, als er zu seiner – verinnerlichten – Mutter zurückzukehren versuchte, sich überforderte und schizophren wurde.

Der Verlust von zwei Ehemännern in kurzer Folge scheint weiter dazu beigetragen zu haben, daß die Mutter ihre bindende Liebe auf ihren ältesten Sohn konzentrierte und so ihre Bedeutung für den letzteren verstärkte. Während sich demgemäß das Bild der Mutter – in all seiner widersprüchlichen Intensität – im Dichter stark verhaftete, blieb das des Vaters – oder der Väter – eher schattenhaft. Als Vorbilder für eine Identifikation müssen diese Väter ungenügend oder schemenhaft geblieben sein. Als ödipale Rivalen waren sie wegen ihrer Schwäche und Verwundbarkeit problematisch: Sie erlaubten dem Sohn einen von Schuldgefühlen unterhöhlten ödipalen Scheinsieg. Verglichen mit solcher prekären und schwierigen Beziehung zu den Eltern scheint die Beziehung zu den beiden jüngeren Geschwistern relativ unambivalent und beständig gewesen zu sein. Dies mag ein Grund dafür gewesen sein, warum Hölderlins Beziehungen zu den mehr oder weniger gleichaltrigen Freunden die am wenigsten konfliktbesetzten seines Lebens gewesen zu sein scheinen. Zu diesen Freunden gehörten etwa Hegel und Schelling – aus der Zeit des Tübinger Stifts – und Neuffer, Magenau und Sinclair. Die Beziehung zu der Vaterfigur Schiller während der Jenaer Zeit war vergleichsweise verkrampft. Die Beziehung zu Susette Gontard, seiner schicksalhaften »Liebe«, wird uns später beschäftigen.

Soweit der Abriß jener beiden Momente in dem fortschreitenden Beziehungs- und Entwicklungsprozeß, der im Falle Hölderlins sowohl zu einer Schizophrenie als auch zu einer ungewöhnlichen Kreativität geführt hat. Es ist vor allem Hölderlins letzte, unglaublich schöpferische Periode vor dem Einbruch des Wahnsinns, die die Interaktion dieser beiden Momente – der individuellen Disposition einerseits, der zwischenmenschlichen Umwelt andererseits – ins Blickfeld bringt. Leider erlaubt es das Format dieses Kapitels nicht, den Geschehnissen dieser Zeit im Leben des Dichters gerecht zu werden. Ich enge daher im folgenden meinen Fokus ein und beschränke mich auf ein Thema, das einen Aspekt des eben beschriebenen transaktionellen Prozesses widerspiegelt: Das ist die anscheinend unauflösliche Verschlingung von selbstdestruktiven und selbstheilenden Prozessen in bestimmten schöpferischen Menschen, deren Prototyp Hölderlin darstellt. Diese These impliziert natürlich nicht, daß alle schöpferischen Menschen auch von einer Schizophrenie bedroht sind. Dies ist sicher nicht der Fall. Im Falle Hölderlins jedoch scheint gerade die schizophrene Störung deutlich zu machen, wie das, was uns zu zerstören droht, uns auch retten kann, und wie mit dem Rettenden auch zugleich die Gefahr wächst.

II

Mehr noch als bei anderen Künstlern zeigt sich im Schicksal lyrischer Dichter ein derartiges tragisches Dilemma. Denn sie scheinen den lebenden Beweis dafür zu erbringen, daß dieselbe innerpsychische oder zwischenmenschliche Konstellation, die ihr Schöpfertum erblühen läßt, auch ihre schließliche Zerstörung herbeiführt. Ein derartiger Tatbestand scheint beispielsweise durch Dylan Thoms exemplifiziert, dessen überschwengliche, anscheinend unerschöpfliche, oral gefärbte Produktivität seiner Jugend mit jenem Alkoholismus verschmolzen schien, der ihn später ums Leben brachte.

Wenn wir über die Art der Konstellation reflektieren, die in spezifischer Weise dem schöpferischen Schaffen eines Lyrikers zugrunde liegt, dann springt eine gewisse adoleszente Sensitivität und Konflikthaftigkeit in die Augen. Bei lyrischen Dichtern, die, wie etwa Goethe, ihr ganzes erwachsenes Leben hindurch schöpferisch geblieben sind, ließ sich oft eine wiederholte Renaissance ihrer Adoleszenz beobachten. Aber viele, und vielleicht die meisten großen Dichter, stellen wir sofort fest, waren nicht so glücklich und erfolgreich wie Goethe, der – unter häufigen Krisen – eine sich immer wieder erneuernde Adoleszenz mit einem entfalteten, reifenden Leben zu versöhnen vermochte. Denn die meisten dieser Dichter starben entweder in jugendlichem Alter oder die inneren Quellen ihrer dichterischen Inspiration vertrockneten, nachdem sie ein bestimmtes Alter erreicht hatten. Keats, Shelley, Novalis, Trakl, Puschkin gehören zu denen, die jung starben, um nur einige wenige zu nennen. Ihre Biographen haben häufig Hinweise geliefert, die uns vermuten lassen, daß eine selbstdestruktive Neigung in ihrem Leben zu solch frühem Tod beitrug. Rimbaud hörte noch vor seinem zwanzigsten Geburtstag auf, Gedichte zu schreiben, um im Dschungel zu verschwinden, und Wordsworth, der Zeitgenosse Hölderlins, schien seine lyrische Inspiration zu etwa derselben Zeit zu verlieren, zu der Hölderlin wahnsinnig wurde.

Das Schaffen des lyrischen Dichters bezeugt indessen – und das erscheint hier wichtig – häufig nicht nur eine Tendenz zur *Selbstdestruk-*

tion, sondern auch eine zur *Selbstheilung*. Und während längerer oder kürzerer Phasen im Leben des Dichters bleibt unbestimmt, ob die selbstheilenden oder die selbstzerstörerischen Kräfte den Sieg davontragen. Die Idee, daß schöpferisches Tun der psychologischen Selbstheilung dient, ist natürlich nicht neu. Diese Idee impliziert, daß solch schöpferisches Tun – und lyrisches Schaffen im besonderen – für das Genie oft der einzige Weg zur Bewältigung unlösbarer persönlicher Konflikte und Dilemmata darstellt. Dessen einmaliger und spezifischer Versuch der Konfliktbewältigung bringt dann gleichsam als Nebenprodukt hervor, daß neue Bedeutungen und Gestalten, möglicherweise ein neues Bewußtsein und eine neue Sensibilität und vielleicht eine neue Version der inneren und äußeren Welt des Menschen geschaffen werden. Betrachten wir nun etwas näher einige jener Elemente im lyrischen Schaffensprozeß, worin sich in paradoxer Weise selbstheilende und selbstzerstörerische Tendenzen durchdringen.

III

Damit die Selbstheilung durch schöpferische Tätigkeit gelingt, muß die ästhetische Produktion oft so total und allabsorbierend sein, daß daneben für keine anderen Tätigkeiten oder Lebensinhalte Raum bleibt. Nietzsche sagte einmal, daß jedes große Talent zu einem Vampir zu werden droht: Es nährt sich gierig von allem, was dem jeweiligen Leben Inhalt und Struktur gibt – den Freunden, der Familie und des Künstlers körperlicher und seelischer Gesundheit. Aus diesem Grunde wird der Lebensraum, in dem sich schöpferische Menschen bewegen, oft zu einem psychologischen Katastrophengebiet. Es ist übersät mit den Wracks ruinierter Hoffnungen und Existenzen. Von dieser Perspektive her läßt es sich mit Recht sagen – und wurde unter anderem von Philip Weissman (1967) gesagt –, daß schöpferisches Tun, in einem konventionellen Sinne verstanden, weder konstruktiv noch adaptiv ist. Die Kreativität tritt hier nicht in den Dienst eines Ichs, das einem sogenannten »Realitätsprinzip« gehorcht. Der schöpferische Mensch scheint vielmehr einem ungewöhnlich fordernden und idiosynkratischen Über-Ich hörig zu sein, welches blind sowohl für die Gebote physischen und seelischen Überlebens als auch für die Gesetze elementaren menschlichen Anstands zu sein scheint.

Zweitens scheint eine derartige Selbstheilung durch schöpferisches Tun oft von prekär balancierten Lebenssituationen und menschlichen Beziehungen abzuhängen, die der Künstler weder selbst gesucht hat noch zu kontrollieren imstande ist. Bertolt Brecht läßt sich hier als Beispiel heranziehen. Immer wieder hat dieser Autor – der sich sowohl als lyrischer Dichter als auch als Dramatiker hervortat – das kalte, ausbeuterische Milieu des kapitalistischen Amerika angeprangert und beklagt. Er bezeichnete es als eines der größten Mißgeschicke seines Lebens, daß er in den Vereinigten Staaten von Amerika zu leben gezwungen war, als ihm das Vordringen des Nazismus und der Ausbruch des Zweiten Weltkrieges keine andere Wahl ließen. Es war jedoch die erdrückende Einsamkeit seiner Emigrantenzeit in Skandinavien und den USA, in der er seine bedeutendsten Theaterstücke, den ›Galilei‹, ›Mutter Courage und ihre Kinder‹ und den ›Kaukasischen Kreidekreis‹, schrieb. Im kommunistischen Ostdeutschland dagegen, in dem er mit einem ausgezeichneten Theater experimentieren durfte und – zumindest öffentlich – als hervorragendster Autor des Landes gepriesen wurde, vermochte er kein wesentliches Theaterstück mehr zu schreiben.

Drittens muß der Dichter, um seine schöpferische Inspiration nicht eintrocknen zu lassen, sich immer wieder dem ungebundenen spontanen Leben innerhalb und außerhalb seiner selbst aussetzen – einem Leben, das seiner Natur nach voller Gefahren und Konflikte ist. Diese Notwendigkeit, sich dem ungetünchten inneren und äußeren Leben auszusetzen, scheint mit der oben erwähnten notwendigen Renaissance der Adoleszenz in Verbindung zu stehen. Indem der Künstler sich jedoch derart dem Leben aussetzt, kann sein Ich überwältigt werden.

Ist der Künstler schließlich erfolgreich in seinem schöpferischen Tun – und damit komme ich zu einem vierten Punkt –, kann er möglicherweise in seinen Zeitgenossen einen unmittelbaren und mächtigen Widerhall auslösen, der ihn bestätigt. Aber oft bleibt dieser Widerhall lange aus. Häufig bleiben diese Zeitgenossen stumpf gegenüber der Wahrheit und Kraft seiner Schöpfung oder fühlen sich davon abgestoßen. Erst spätere Generationen können dann seinem Werk gerecht werden, wenn er das Glück hat, in seinem Werk zu überleben. Der derart von seinen Zeitgenossen verkannte Künstler kennt kein Echo, das seine Selbstachtung stärken, seine Einsamkeit erleichtern und seine Vision aufrechterhalten könnte. Ohne solches feedback wird jedoch das im schöpferischen Wirken beschlossene Potential zur Selbstheilung vermindert oder negiert.

IV

Ich möchte nun auf diese vier Punkte im Hinblick auf Hölderlin zurückkommen. Zum ersten Punkt: Hölderlins totale Absorption in seinem schöpferischen Schaffen schien immer schärfer mit den Notwendigkeiten der Anpassung an seine menschliche Umwelt und des täglichen Überlebens in Konflikt zu geraten. Dieser Konflikt erreichte sein Crescendo und seinen Höhepunkt in den letzten fünf produktiven Jahren seines Lebens. Die meisten der Elegien und Hymnen, auf denen

Hölderlins Ruhm als zeitlos moderner Dichter beruht, wurden in den Jahren zwischen 1800 und 1806 geschrieben. Dies war im ganzen die ungeborgenste und rastloseste Periode seines Lebens, in der er zunehmend Zeichen einer schizophrenen Störung zeigte. Immer weniger schien er in der Lage, als Hauslehrer in bürgerlichen Haushalten zu arbeiten, nachdem sein Plan, ein literarisches Journal herauszugeben, gescheitert war. Die Gründe für sein Scheitern in diesen verschiedenen beruflichen Unternehmungen sind im einzelnen unklar. Man kann aber annehmen, daß er zunehmend von seinen Schöpfungen in einer Weise besessen war, die ihm weniger und weniger Energie für das tägliche Leben übrig ließ. Das einzig Wesentliche schien für ihn zu sein, ein immer höheres Niveau künstlerischer Präzision und Perfektion zu erreichen. Alles andere schien demgegenüber als unwesentlich zu verblassen. Man lese unter diesem Gesichtspunkt etwa die Notizen, die er sich zu dem Gesang ›Der Rhein‹, einem seiner letzten vollendeten Gedichte, machte. »Das Gesetz dieses Gesanges ist, daß die zwei ersten Partien der Form nach durch Progreß und Regreß entgegengesetzt, aber dem Stoff nach gleich, die zwei folgenden der Form nach gleich, dem Stoff nach entgegengesetzt sind, die letzte aber mit durchgängiger Metapher alles ausgleicht.«

Fieberhaft scheint er eine Version nach der anderen von diesen letzten Gedichten geschrieben zu haben, ohne jemals wirklich mit dem Endresultat zufrieden gewesen zu sein. Während er so getrieben schien, sich als Dichter immer komplexer und wesentlicher auszudrücken, schienen die inneren und äußeren Fundamente seines Lebens zu wanken. Man glaubt beinahe, anschaulich gegenwärtig zu haben, wie sein Ich unter dem immer stärker werdenden Druck, jeweils höhere Grade künstlerischer Versöhnung zu erreichen, zusammenbricht. Wir vernehmen, wie er seinen Gott anruft: »Du in der dunklen Wolke, du Gott der Zeit!... Zu wild, zu bang ist's ringsum, und es trümmert und wankt ja wohin ich blicke...« Er scheint jedoch unfähig gewesen zu sein, seine Rettung in irgendeiner anderen Weise als durch sein schöpferisches Schaffen suchen zu können.

Es ist nicht schwierig, in Hölderlins später Dichtung eine schizophrene Qualität zu entdecken. Denn diese Dichtung legt oft eine »Auflockerung der Assoziationen« und einen Zusammenbruch der hierarchischen Organisation der Denkprozesse nahe – Züge, durch die Eugen Bleuler das Wesen der schizophrenen Störung bestimmt sah. Hölderlin neigte mehr und mehr dazu – dies wurde unter anderem von Beißner (1946) vermerkt –, verschiedene historische Perioden, verschiedene assoziative Kontexte und räumlich getrennte Dinge und Personen durcheinanderzuschütteln. Dies ist einer der Gründe für die Abruptheit und Dissonanz, die viele seiner späteren Gedichte auszuzeichnen scheinen. Das Bezugssystem unseres normalen Selbstverständnisses scheint hier aus den Angeln gehoben, wir werden mit einer vielschichtigen Komplexität konfrontiert. Aber dies sind zugleich auch die Züge, die seine Dichtung oft so zeitnah erscheinen lassen. Wenn wir Hölderlins späte Gedichte lesen oder hören, dann fühlen wir uns häufig – trotz der Anspielungen auf antike Götter und Mythologien und des oft erhabenen Stils – eher in die Welt eines Schönberg, Anton von Webern oder James Joyce versetzt als in die eines Goethe, Schiller oder selbst Beethoven, die Hölderlins Zeitgenossen waren.

Während Hölderlin uns mit einer dissonanten, vielschichtigen Komplexität konfrontiert, öffnet er unsere Augen auch für neue Harmonien, neue lyrische Muster und neue Weisen der Versöhnung, die angesichts solcher Komplexität möglich und notwendig erscheinen. Er setzt uns nicht nur dem assoziativen Chaos in uns aus, sondern weist auch auf Wege, in denen sich dieses Chaos – in der totalen Hingabe an den schöpferischen Prozeß – in unorthodoxer Weise harmonisieren läßt, ohne daß es unterdrückt würde.

Wir müssen uns zweitens mit jenen prekären und instabilen menschlichen Beziehungen befassen, die den Kontext für Hölderlins späte schöpferische Bemühungen darstellen. Wir können hier auch von einem Zustand »bezogener Beziehungslosigkeit« sprechen. Hölderlin, so stellen wir fest, wurde zu der intensivsten schöpferischen Leistung seines Lebens angetrieben, nachdem er die wohl wichtigste Beziehung dieses Lebens abgebrochen hatte, jedoch noch – und das ist wichtig – innerlich zutiefst mit dieser Beziehung beschäftigt war.

Ich spreche hier von Hölderlins schicksalhafter Liebesbeziehung zu Susette Gontard, der Frau des Frankfurter Bankiers, deren Kinder er als Hauslehrer zu betreuen hatte. Hölderlin lebte von 1795 bis 1797 im Hause Gontard, aber unterhielt noch zwei weitere Jahre eine heimliche Korrespondenz mit Susette. Hölderlin hatte Susette als Diotima (die Priesterin der Liebe in Platons ›Symposion‹) in seinem Roman ›Hyperion‹ unsterblich gemacht. Soweit wir wissen, hatten Hölderlin und Susette keine sexuellen Beziehungen miteinander. Dennoch – oder vielleicht deswegen – war ihre Beziehung von einer unerhörten emotionalen Intensität. Die schließliche Trennung der Liebenden im Jahre 1797 wird daher von vielen Hölderlin-Forschern als das Ereignis angesehen, das entscheidend zu Hölderlins späterem Verfall und Wahnsinn beigetragen hat. Dies mag der Fall sein. Wir dürfen jedoch, wenn wir uns diesen Standpunkt zu eigen machen, nicht das unerhörte Befreiungsgefühl übersehen, das Hölderlin erlebt zu haben scheint, nachdem ihn die Lebensumstände schließlich gezwungen hatten, seine große »Liebe« aufzugeben – ein Gefühl von Befreiung, das die getriebene Produktivität seiner letzten Periode ermöglichte und in sie eingeschlossen ist. Man lese etwa die folgenden Zeilen aus ›Menons Klagen um Diotima‹ (1800), die ein eigenartiges Glücksgefühl inmitten tiefsten Leidens verraten:

Festzeit hab ich nicht, doch möcht ich die Locke bekränzen;
Bin ich allein denn nicht? aber ein Freundliches muß
Fernher nahe mir sein, und lächeln muß ich und staunen,
Wie so selig doch auch mitten im Leide mir ist.

So wenig wir daran zweifeln können, daß Hölderlin zutiefst um den
Verlust Diotimas getrauert hat, so sehr müssen wir uns daran erinnern,
daß Hölderlin als Künstler auf mindestens dreifache Weise von diesem
Verlust profitiert hat: Erstens durchlebte er eine emotionale Grenzer-
fahrung von der Art, die es ihm erlaubte, seine Elegien mit der Stimme
eigenen erlittenen Leidens sprechen zu lassen; zweitens erlaubte es ihm
der Abbruch dieser erdrückenden und verstrickenden Beziehung, daß
er sich, wie oben angedeutet, bis zur Mißachtung der Notwendigkeiten
seines täglichen Überlebens völlig an sein Werk hingeben konnte; und
drittens scheint dieser Verlust Hölderlin jene Art von Ich-Reifung und
Ich-Stärkung ermöglicht zu haben, an die Freud (1917) gedacht haben
muß, als er das Ich als den Niederschlag aufgegebener Objektbesetzungen beschrieb. Nach dieser Ansicht Freuds kann ein Ich dadurch reicher und stärker werden, daß es wesentliche Attribute der verlorenen
Person als Teile seiner selbst aufrichtet oder assimiliert. Das Schicksal
Hölderlins scheint zu bestätigen, daß das Ich in einer Weise stärker und
reicher werden kann, die einer erhöhten schöpferischen Produktivität
zugute kommt. Sein Beispiel scheint aber ebenfalls zu erweisen, daß es
sich hier im besten Fall um eine ungleiche beziehungsweise einseitige
Ich-Reifung oder Ich-Stärkung handelt, die nicht unbedingt die Chancen für ein glückliches Leben oder für ein Überleben in der Alltagswelt
erhöht.

Nun zu meinem dritten, an Hölderlin zu exemplifizierenden Punkt:
daß der Dichter sich den inneren und äußeren Strömungen des Lebens
mit gleichsam suspendierten Abwehrmechanismen aussetzen muß und
dabei riskiert, von diesen Strömungen überwältigt zu werden. Hölderlin scheint sich dieses Dilemmas bewußt gewesen zu sein. Er schreibt
zum Beispiel: »Denn das ist das Tragische bei uns, daß wir ganz stille, in
irgendeinem Behälter eingepackt, vom Reiche der Lebendigen hinweg-
gehn, nicht daß wir in Flammen verzehrt die Flamme büßen, die wir
nicht zu bändigen vermochten« (aus einem Brief an Böhlendorf, 4. 12.
1801).

Und am 12. November 1798 schreibt er in einem Brief an seinen
Freund Neuffer: »Ich fürchte, das warme Leben in mir zu erkälten an
der eiskalten Geschichte des Tags, und diese Furcht kommt daher, weil
ich alles, was von Jugend auf Zerstörendes mich traf, empfindlicher als
andre aufnahm, und diese Empfindlichkeit scheint darin ihren Grund
zu haben, daß ich im Verhältnis mit den Erfahrungen, die ich machen
mußte, nicht fest und unzerstörbar genug organisiert war. Das sehe ich.

Kann es mir helfen, daß ich es sehe? Ich glaube, so viel. Weil ich zerstörbarer bin als mancher andre, so muß ich um so mehr den Dingen, die auf mich zerstörend wirken, einen Vorteil abzugewinnen suchen...«

Was aber waren die Dinge, die auf ihn zerstörend wirkten und denen er sich nichtsdestoweniger aussetzen mußte, um sich als Dichter verwirklichen zu können? In dem angeführten Brief läßt uns Hölderlin über den spezifischen Charakter dieser Dinge im unklaren. Ich glaube, aufgrund der uns heute zugänglichen psychologischen Erkenntnisse sind wir berechtigt, diese »zerstörerischen Dinge« im Bereiche der inneren, subjektiven Erfahrungen zu suchen, wie diese durch vergangene menschliche Beziehungen geprägt und gegenwärtige Beziehungen reaktiviert wurden. Und weil hier nun einmal die Familienbeziehungen so zentral wichtig sind, sind es auch in erster Linie diese Beziehungen, denen wir uns zuwenden müssen, wollen wir verstehen, was in den inneren Erlebnissen des Dichters sowohl zerstörend als auch für seine schöpferische Tätigkeit förderlich gewesen sein kann.

Wir können, selbst wenn unsere Eltern uns verlassen haben oder gestorben sind, unsere Familienbeziehungen – und unter diesen ganz besonders die Beziehung zur Mutter – nicht einfach hinter uns lassen. Was immer wir auch tun, wir tragen diese Beziehungen unser ganzes Leben lang in und mit uns herum. Und wenn wir uns auf neue Beziehungen einlassen, so kann dies nur mittels jenes verinnerlichten Selektionssystems von Konflikten und Erwartungen geschehen, das unsere Eltern uns hinterlassen haben. Ich bin an anderer Stelle – in meinem Buch ›Conflict and Reconciliation‹ (1968) – auf jene komplexen dynamischen Faktoren eingegangen, die hier ins Spiel kommen. Hier kann ich nur einige der mir am wesentlichsten erscheinenden dynamischen Faktoren in Hölderlins innerer Erfahrung berühren.

Ich denke hier an Hölderlins vielleicht tiefsten Konflikt, der in seiner frühen Beziehung zur Mutter begründet ist und der zum Teil in späteren Beziehungen wieder aufgelebt ist. Dieser Konflikt in seiner steten Wiederbelebung scheint zu jenen Erlebnissen zu gehören, die Hölderlin auf sich zu nehmen hatte, obwohl er in Sorge darüber war, ob er »fest und unzerstörbar genug organisiert« sei, um diese Erlebnisse durchstehen zu können.

Dieser zentrale Konflikt gibt sich in dem Verlangen Hölderlins zu erkennen, zur »Mutter Erde« zurückzukehren – einer Mutter Erde, die ihm völlige Befriedigung und völligen Schutz verspricht und ihn gleichzeitig fürchten läßt, solche Rückkehr könne ihn zerstören. Dies aber, so wissen wir heute, ist der Kernkonflikt vieler Schizophrener. In seinem Spätwerk bringt Hölderlin beide Seiten dieses Konfliktes reichlich zum Ausdruck. Es gibt kaum einen Dichter, der so eindringlich wie er das Bild der nährenden, friedenstiftenden und belebenden Erde beschworen hat – der Erde, die er ausdrücklich mit der Vorstellung der Mutter verband. Der Ausdruck »Mutter Erde« kommt Pierre Bertaux zufolge nach dem März 1799 mehr als hundertmal in Hölderlins späten Arbeiten vor. Zeilenfolgen wie die nachstehenden, die beide dem Tod des ›Empedokles‹ (3. Fassung) entnommen sind, scheinen hier typisch:

> Und wenn die Woge wächst und ihren Arm
> Die Mutter um mich breitet, o was möcht
> Ich auch, was möcht ich fürchten... (47-49)

> Und wagtest dich ins Heiligtum des Abgrunds,
> Wo duldend vor dem Tage sich das Herz
> Der Erde birgt und ihre Schmerzen dir
> Die dunkle Mutter sagt... (239-242)

Die Wahl des Empedokles als Helden seines einzigen Bühnenstücks scheint hier aufschlußreich, jenes Empedokles, der die Menschheit und sich selbst zu retten versuchte, indem er sich in den Vulkan Ätna stürzte. Aber auch im ›Thalia‹-Fragment, im ›Hyperion‹ und in einer großen Zahl seiner Gedichte finden wir Zeilenfolgen, in denen sich eindrücklich sein Wunsch nach Tod als einem Mittel zur Wiedervereinigung mit der Mutter ausdrückt. – Wir erfuhren in dem oben zitierten Brief, wie stark seine wirkliche Mutter auf eine Wiedervereinigung mit ihrem Sohn im Himmel hoffte. – Wie sehr muß es Hölderlin zugleich gelockt und geängstigt haben, als die Frau, die in ihm die tiefsten Schichten der Leidenschaft und des Konfliktes bewegte, nämlich Susette Gontard Diotima, von ihrer Seite ein Verlangen nach Wiedervereinigung durch den beiderseitigen Tod ausdrückte. Wir lesen in einem der letzten Briefe Susettes an Hölderlin, den sie Ende Dezember 1798 schrieb: »Ich mußte gestern noch viel über Leidenschaft nachdenken. *Die Leidenschaft der höchsten Liebe* findet wohl auf Erden ihre Befriedigung nie!... fühle es mit mir! *diese* suchen wäre Torheit... Mit einander sterben!... doch still, es klingt wie Schwärmerei und ist doch so wahr... *ist* die Befriedigung.« Und wie sehr muß es Hölderlin erschüttert und in ihm unbewußte Schuldgefühle ausgelöst haben, als Susette 1802 nach einem Siechtum starb, das sich dem Beobachter als eine Folge ihrer frustrierten Leidenschaft darstellte.

Aber – und dies bringt die andere Seite von Hölderlins vielleicht tiefster Ambivalenz ins Blickfeld – während er durch den Tod und seine Rückkehr zur Mutter Erde wiedergeboren zu werden hoffte, scheint er mehr und mehr inne geworden zu sein, daß solcher Tod nicht notwendigerweise zu glückseliger Wiedervereinigung und Wiedergeburt, sondern in den Wahnsinn, ins Nichts oder zu beidem führt. Es gibt wohl in der Weltliteratur kein lyrisches Werk, das dieses Thema so überzeugend entwickelt wie seine Hymne ›Mnemosyne‹ – die letzte fertiggestellte Hymne überhaupt –, deren letzter Vers (3. Fassung, 35-51) sich wie folgt liest:

> Am Feigenbaum ist mein
> Achilles mir gestorben,
> Und Ajax liegt
> An den Grotten der See,
> An Bächen, benachbart dem Skamandros.
> An Schläfen Sausen einst, nach
> Der unbewegten Salamis steter
> Gewohnheit, in der Fremd, ist groß
> Ajax gestorben,
> Patroklos aber in des Königs Harnisch. Und es starben
> Noch andere viel. Am Kithäron aber lag
> Eleutherä, der Mnemosyne Stadt. Der auch, als
> Ablegte den Mantel Gott, das Abendliche nachher löste
> Die Locken. Himmlische nämlich sind
> Unwillig, wenn einer nicht die Seele schonend sich
> Zusammengenommen, aber er muß doch; dem
> Gleich fehlet die Trauer.

Vor allem Beißner verdanken wir Hinweise, die uns verstehen lassen, wie dieses erstaunliche Gedicht, durch seine verschiedenen Fassungen mit ihren reichen und überdeterminierten Bildern hindurch eine Verzweiflung jenseits aller Verzweiflung ausdrückt – das heißt, jenen Seelenzustand, der, wie es scheint, nur noch den Selbstmord oder die massive schizophrene Desintegration und den schizophrenen Rückzug erlaubt.

Hölderlin beschwört hier, neben vielem anderen, die Fruchtlosigkeit heroischer Taten und des heroischen Todes, die Verzweiflung, den Irrsinn und Selbstmord des Ajax, das Ende aller Freundschaft, das Ende der Versöhnung von Gott und Sterblichen, die Nichtigkeit künstlerischen Schaffens und, vielleicht am erschreckendsten, das Ende aller Erinnerung. Auf diese letzte Hymne folgten nur noch Fragmente. Wenig später brachte ihn sein Wahnsinn fast ganz zum Schweigen.

Der letzte Punkt läßt sich kurz behandeln: Hölderlin wurde zu seinen Lebzeiten verkannt wie kaum ein anderes schöpferisches Genie. Aber das Schicksal, das er, nach den letzten Zeilen der ›Mnemosyne‹ zu schließen, am meisten gefürchtet zu haben scheint – daß sein Werk völlig ausgelöscht und vergessen werden würde –, hat sich bisher nicht erfüllt. Vielmehr hat er mit seinem Werk den Wahrheitsbeweis für das geliefert, was er in einer seiner bekanntesten Zeilen aussagte: »Was bleibt aber stiften die Dichter.«

Eineiige Zwillinge und andere Mehrlingsgeburten haben Schizophrenieforscher seit langem interessiert. Die Beobachtung dieser homozygoten Geschwister verspricht neue Einsichten in das Wechselspiel von Vererbungs- und Umwelteinflüssen, die bei der Entwicklung einer schizophrenen Störung zum Zuge kommen. Und obschon Zwillingsstudien bis heute wichtige Fragen unbeantwortet gelassen haben, haben sie doch manche Daten geliefert, neue Perspektiven eröffnet und neue Fragen laut werden lassen.

Dieses Kapitel befaßt sich mit einer dieser Fragen. Es greift einen Befund auf, der von der Fachliteratur bisher immer wieder bestätigt wurde: Wenn eineiige Zwillinge in bezug auf Schizophrenie diskordant sind, das heißt wenn bei einem dieser Zwillinge eine schizophrene Störung vorliegt, während sie beim anderen Zwilling fehlt, stellt sich gewöhnlich heraus, daß der nicht-schizophrene Zwilling eine Führerrolle spielte, das heißt eine Art a-Tier war. Er war in der Regel der Erstgeborene, war bei der Geburt schwerer als der andere Zwilling und erwies sich als energischer, initiativereicher und von Anfang an als der Führende. Auch wenn bei beiden Zwillingen eines Paares eine Schizophrenie diagnostiziert wird, findet sich gewöhnlich beim erstgeborenen und energischeren Zwilling eine weniger schwere schizophrene Störung als beim Mitzwilling.[1] Jede Ausnahme von der obigen Regel muß unser Interesse erwecken, da sie mögliche schizophrenogene Faktoren in der Umwelt und Lebensgeschichte ins Blickfeld bringt. Die Patientin, von der im folgenden die Rede sein soll, stellt eine solche Ausnahme dar. Sie ist einer der Genain-Vierlinge, der in der psychiatrischen Literatur bisher zweifellos am gründlichsten untersuchten Mehrlingsgeburt, deren Geschichte 1963 in einem von Rosenthal herausgegebenen Buch veröffentlicht wurde. Unsere Patientin ist Nora, die Erstgeborene der Vierlinge, und die uns gestellte Frage lautet: Warum war und blieb Noras schizophrene Störung schwerer als die ihrer Schwester Myra?

Nora wurde vor einiger Zeit erneut hospitalisiert und etwa eineinhalb Jahre lang im Clinical Center der National Institutes of Health behandelt.[2] Während dieser Zeit war ich ihr Psychotherapeut und ver-

---

[1] W. Pollin und J. R. Stabenau (1969) haben sich kürzlich im Lichte der zugänglichen Literatur kritisch über diesen Sachverhalt geäußert. Siehe auch Gifford et al. (1966); Kringlen (1964); Y. Lu (1961); Pollin et al. (1966); Stabenau et al. (1965, 1967); Sydow und Rinne (1963); Tienari (1963); Bruch (1969) und Bruch und Palombo (1961).

[2] Leser, die Einzelheiten über Nora und ihre Familie bis zur Zeit nach Noras erster Entlassung aus dem Clinical Center nachlesen möchten, seien auf ›The Genain Quadruplets‹, 1963 von D. Rosenthal herausgegeben, verwiesen.

mochte nach und nach ihre Versuche, erwachsen zu werden und sich von ihrer Familie zu trennen, in einer Längsperspektive zu erkennen. Es ist vornehmlich diese Längsperspektive, die es ermöglicht, die oben gestellte Frage in einem neuen Licht zu sehen. Ich werde meine Psychotherapie mit Nora nur insoweit beschreiben, als sie für diese Frage wesentlich ist.

Der unterschiedliche Verlauf von Noras und Myras Leben

Indem wir uns die oben gestellte Frage vor Augen halten, wollen wir zunächst kurz den unterschiedlichen Verlauf von Noras und Myras Leben nachzeichnen. Dabei werde ich die Mädchen als Zwillinge innerhalb eines Vierlings-Systems betrachten. Dieser Gesichtspunkt mag problematisch erscheinen, doch bei näherer Betrachtung erweist er sich als sinnvoll: Nora und Myra verstanden sich selbst als Zwillingspaar und wurden auch von ihren Eltern und Schwestern so gesehen. Die vielen – positiven wie auch negativen – Aspekte dieser Paarbildung wurden zu einem Hauptthema in Noras und Myras Psychotherapie.

Nora wurde als Älteste der Vierlinge geboren, es folgten Iris, Myra und zuletzt Hester. Nora wog bei ihrer Geburt vier Pfund und zweihundertsiebenundzwanzig Gramm. Myra neigte dazu, von Nora als der »Stärksten«, »Erstgeborenen« und »Ältesten« zu sprechen. Sie beschrieb ihre Beziehung zu Nora mit den folgenden, von Dr. S. Perlin (1969) aufgezeichneten Worten: »Ich glaube, Nora war die Anführerin. Ich will damit sagen, daß sie immer die erste war, die redete und die, wie ich annahm, auch meinte, die erste zu sein und es ja auch war. Irgendwie wartete ich immer darauf, daß sie als die erste auftrat, obwohl ich selbst schrecklich gern reden wollte (Lachen), aber ich wartete nun einmal – irgendwie ließ ich ihr den Vortritt. Sie war eben die Erstgeborene, die Erste..., und ich war die Zweite, und ich umwarb Nora. Wir gewannen uns richtig lieb, verstehen Sie. Es ergab sich dann so, daß die Erste und die Dritte immer zusammenhielten.«

In der Schule arbeitete Nora angestrengt und kam auf die Ehrenliste. Ihre Intelligenz war durchschnittlich; ihr IQ und ihre Schulleistungen wurden jedoch besser als die ihrer Schwestern bewertet. Doch trotz ihrer Vorzüge, ihrer relativ guten Leistungen und früh bewiesenen Führungsqualitäten verlief Noras spätere schizophrene Entwicklung gefährlicher und destruktiver als die Myras.

Die ersten Anzeichen dieser Entwicklung zeigte Nora im Alter von zwanzig Jahren, als sie über Schmerzen in Schulter und Brust klagte, denen eine organische Basis fehlte. Sie machte einen bedrückten, unruhigen Eindruck und war unfähig, sich zu konzentrieren. Mit einundzwanzig Jahren mußte sie ihre Arbeit aufgeben. Im darauffolgenden Jahr blieb sie zu Hause, tat wenig und schwankte zwischen hoffnungsloser Apathie und ängstlicher Erregung hin und her. Sie entwickelte eine Reihe somatisch getönter Wahnvorstellungen und redete von Leuten, die sie verfolgten und hinter ihrem Rücken über sie sprächen. Sie dachte wiederholt an Selbstmord und machte einen echten Suizidversuch.

Im Alter von zweiundzwanzig bis vierundzwanzig Jahren wurde sie mehrmals in ein psychiatrisches Krankenhaus eingewiesen, wo sie verschiedentlich mit Elektroschocks behandelt wurde. Mit der Zeit zog sie sich stärker von der Umwelt zurück und schien von Wahnvorstellungen und Halluzinationen geplagt. Im Clinical Center der National Institutes of Health (NIH), wo sie zusammen mit ihren Schwestern etwa drei Jahre lang lebte – von ihrem fünfundzwanzigsten bis zu ihrem achtundzwanzigsten Lebensjahr – war der Behandlungserfolg im ganzen nicht befriedigend. »Nach einem halbjährigen Aufenthalt im NIH«, so lesen wir, »verstärkten sich ihre Symptome; sie hatte Wahnvorstellungen, Halluzinationen, zeigte ausgeprägte Mattigkeit und Mangel an Energie, war unfähig, irgendeine Tätigkeit aufzunehmen, und wollte nicht essen« (Rosenthal, 1963, S. 153).

Nach Verlassen des Clinical Center wurde Nora in ein staatliches psychiatrisches Krankenhaus überwiesen, wo sie mehr als eineinhalb Jahre blieb. Hier besserte sich ihr Zustand allmählich. Nach ihrer Entlassung besuchte sie zur Auffrischung ihrer Ausbildung einen Handelskurs und legte in der Folge ein staatliches Examen ab. Dies befähigte sie, beim Steueramt ihrer Heimatstadt zu arbeiten. Während der ersten Jahre arbeitete sie recht ordentlich, hatte jedoch Schwierigkeiten mit Vorgesetzten und Kollegen und wurde nur schwer mit verwickelten und bedrängenden Situationen fertig. Nach und nach wurde ihr Benehmen stereotyper und gehemmter. Sie stand zum Beispiel in einer Ecke und sagte: »Denk mal, denk mal«, offensichtlich unfähig, sich hinzusetzen und ihre Arbeit zu erledigen. Ihre Leistungen verschlechterten sich so sehr, daß sie schließlich – nach Erstellung eines psychiatrischen Gutachtens – entlassen werden mußte. Sie stand nun viele Stunden lang im Hause ihrer Mutter herum, rief »Küche, Küche!« und riß sich die Haare aus. So vermittelte sie zunehmend den Eindruck einer chronisch schizophrenen Patientin. Während dieser Jahre besuchte sie alle zwei Wochen ambulant ein Psychiater, der ihr unterschiedliche Mengen von Thorazin und Trifalon verschrieb.

Nora wurde erneut ins Clinical Center eingewiesen, nachdem Dr. Rosenthal bei einem seiner regelmäßigen Besuche im Hause Genain die Möglichkeit einer erneuten klinischen Behandlung erwähnt hatte.

Nach ihrer neuerlichen Aufnahme im NIH sah man Nora oft allein herumstehen und in stereotyper Art rufen: »Ich muß glücklich sein, ich muß glücklich sein«, oder: »Mach dir nichts draus, mach dir nichts draus, mach dir nichts draus!« Während sie leise zu sich selbst sprach, kam es vor, daß sie sich Haare ausriß und rhythmische Bewegungen machte, so als niese sie. – Ihr ständiges Haarausreißen hatte zur Folge, daß sie mit der Zeit teilweise kahl wurde. – Oft stand sie mit dem Rücken gegen die Wand ihres Zimmers gelehnt da und schien vom Leben und Treiben um sie her unbeeindruckt und in Halluzinationen versunken.

Myra, Noras drittgeborene Schwester und »Paar-Partnerin«, wog bei ihrer Geburt vier Pfund und einhundertdreizehn Gramm. Als Kind wirkte Myra weniger aggressiv, weniger dominierend und weniger eifersüchtig konkurrierend als Nora. Auch schien Myra eine »sanftere Disposition« zu haben und galt im allgemeinen als die Extravertiertere und Beliebtere der beiden Mädchen. Zwar wurde auch Myra – wie die anderen Vierlinge – zunächst einmal als schizophren diagnostiziert, doch erschien sie stets weniger schwer gestört und »ansprechbarer« als die anderen Mädchen. Myra war dreieinhalb Jahre lang in psychotherapeutischer Behandlung bei Dr. Seymour Perlin im Clinical Center, zunächst als stationäre, später als ambulante Patientin.[3] Nach Beendigung der Therapie heiratete Myra und gebar ein Kind. Ihr Mann, labil und zu übermäßigem Trinken neigend, meldete sich freiwillig zum Militärdienst. Wiederholt dachte Myra daran, sich von ihm scheiden zu lassen, aber im Augenblick hält die Ehe noch. Im ganzen gesehen, hat sie ihren Haushalt zufriedenstellend bewältigt und scheint mit ihren Nachbarn in der militärischen Siedlung, in der sie gegenwärtig wohnt, gut zurechtzukommen. Trotz ihrer ungelösten Probleme hat also Myra – bis jetzt – ihr Leben weit erfolgreicher gemeistert als Nora.

Unterschiedliche Strategien zwischenmenschlichen Überlebens

Wie konnte Nora, die Erstgeborene, die »Führerin« und der offenbar stärkste Vierling, schizophren werden und im Leben soviel stärker versagen als Myra? Den Schlüssel zu einer Antwort finden wir in der Wirkungsweise sogenannter »Teufels«- oder »Tugendkreise«, wo eine kleine Abweichung vom ursprünglichen – mehr oder weniger – homöostatischen Zustand zu einer vergleichsweise starken Abweichung führen kann. Unter anderem haben Hilde Bruch (1969) und Paul Wender (1968) den Wirkungsmodus solcher Teufels- oder Tugendkreise in der menschlichen Entwicklung beleuchtet.[4] Im Falle der Genain-Vier-

---

[3] Ein gekürzter Bericht über diese Behandlung ist in ›The Genain Quadruplets‹ enthalten. Das Original kann von Dr. Perlin angefordert werden.

[4] P. Wender benutzt den aus der Kybernetik abgeleiteten Begriff »abweichungsverstärkende Rückkoppelung« (deviation amplifying feedback), um diesen bekannten Mechanismus zu illustrieren. Er führt folgendes der nichtmenschlichen Sphäre entnommene Beispiel an, das zuerst von Maruyama erwähnt wurde: Ein Felsblock in einem gemäßigten Klima wird mit großer Wahrscheinlichkeit durch Kies zersetzt, wenn erst einmal eine kleine Abweichung vom Aus-

linge fanden wir bei der Geburt geringfügige Abweichungen, etwas unterschiedliche Geburtsgewichte, Unterschiede der Geburtslage, der Sensibilität und des Energieniveaus, die für ihre Entwicklungs- und Beziehungsbasis von Bedeutung sein mochten, und wir dürfen annehmen, daß diese Unterschiede – durch den soeben erwähnten Mechanismus – größere Unterschiede hervorzurufen imstande waren, welche sich dann in der späteren Persönlichkeitsentwicklung und Beziehungssituation eines jeden Vierlings widerspiegelten. Wodurch bewirkten nun einige dieser mutmaßlich kleineren frühen Abweichungen im Laufe der Zeit bei Nora eine schwerwiegende und bei Myra eine weniger ernste schizophrene Entwicklung?

Mit dieser Frage vor Augen wenden wir uns jetzt jenen Besonderheiten im interaktionalen oder zwischenmenschlichen System der Genains zu, die in den Fällen Noras und Myras möglicherweise bestimmte Abweichungen verstärken und andere abschwächen beziehungsweise ausmerzen konnten und dabei eine schizophrene Entwicklung zu fördern oder ihr entgegenzuwirken vermochten. Dieses interaktionale System ist kompliziert und umfaßt die Beziehungen der beiden Elternteile zueinander, die eines jeden Elternteils zu den beiden Mädchen sowie die Beziehung der beiden zueinander und zu den anderen Vierlingen. Ich habe hier nicht die Absicht, dieser komplexen Beziehungsvielfalt gerecht zu werden, und werde mich in erster Linie auf die Beziehungen der beiden Schwestern zu ihren Eltern und im besonderen zur Mutter konzentrieren. Ich habe an anderer Stelle (1969) ausführlich dargelegt, weshalb ich die Mutter-Kind-Beziehung als schicksalhaft prägend ansehe.

Leider entzieht sich vieles in der frühen Beziehung der beiden Schwestern zu ihrer Mutter einer klaren Rekonstruktion; wesentliche Berichte und Daten fehlen entweder, sind nicht zu bestätigen oder widersprüchlich – trotz der ungemein gründlichen Untersuchungen Dr. Rosenthals und seiner Mitarbeiter. Immerhin lassen sich die folgenden Hauptpunkte herausstellen: Die Mutter zog Nora und Myra den Schwestern Iris und Hester vor, und Myra zog sie Nora vor. Indem sie Myra und Nora vorzog, betonte und bestätigte sie in jedem der beiden Mädchen Charakterzüge, die sie an sich selbst schätzte. Bei Nora handelte es sich dabei hauptsächlich um eine leicht dominierende Zwanghaftigkeit, einen wetteifernden Perfektionismus; in Myra hingegen

gangszustand – in Form eines durch zufällige Perturbation verursachten Risses – erfolgt ist. Im Laufe der Jahreszeiten werden Regen und Frost den Riß nun zu einem Spalt erweitern. Da sich der Spalt seinerseits verbreitert und sich zudem neue Risse bilden, werden organische Stoffe oder Pflanzensamen in die Zwischenräume eindringen, werden wachsen, die Risse erweitern, die Bildung neuer Risse verursachen und so weiter. In ähnlicher Weise läßt sich vorstellen, wie in einem zwischenmenschlichen Feld relativ geringfügige Abweichungen von einer Basiskonstellation schließlich weitreichende Konsequenzen für die Entwicklung eines Individuums oder eines Beziehungsgefüges haben können.

schien sie sanftere und liebenswürdigere Charakterzüge bestätigt zu finden. Auch schien sie bei Myra eine Fähigkeit zu unabhängigem und flexiblem Handeln zu schätzen. In den Augen der Mutter war Myra eine Persönlichkeit, die »expansiv sein und ihren Willen durchsetzen könnte«. – Iris und Hester wurden dagegen im großen und ganzen negativ abgestempelt: Die Mutter fand in diesen Mädchen hauptsächlich jene negativen Charakterzüge – wie etwa eine »schmutzige« Sexualität – bestätigt, die sie in sich selbst verleugnete, während sie sie bei ihrem Mann mißbilligte und bekämpfte. –

Es hat den Anschein, daß die obige Abstempelung[5] Noras und Myras durch die Mutter eine gewisse Basis in der tatsächlichen frühkindlichen Erscheinung und Veranlagung der beiden Mädchen hatte. Wir dürfen annehmen, daß diese Abstempelung in kleinen Differenzen – wie Noras mutmaßlich stärkerer Behauptungsfähigkeit und Myras »sanfterer« emotioneller Ansprechbarkeit – ihr Realitätsäquivalent hatte. Es scheint aber auch, daß diese Abstempelung durch die Mutter bald ein Projektionsklischee darstellte, dem sich die Mädchen anpassen mußten, wollten sie nicht Gefahr laufen, die mütterliche Zuwendung und Anerkennung zu verlieren. Dadurch wurde für jedes Mädchen eine charakteristische »Strategie des zwischenmenschlichen Überlebens« abgesteckt, die gewisse Seiten ihrer ursprünglichen Veranlagung verstärkte, während sie andere abschwächte.

Noras Überlebensstrategie verlangte, daß sie ihre Persönlichkeit im Sinne eines weitgehend symbiotischen Beziehungsmodus formte, worin sie sich auf ihre Mutter in einem präambivalenten, idealisierenden Gehorsam einstellte, während sie, gleichsam als Delegierte der Mutter, ihre Tatkraft und ihre »Führungsqualitäten« dazu benutzte, die anderen Vierlinge – vor allem Hester – zu beaufsichtigen und ihnen ein Vorbild perfektionistischer Lebensbewältigung zu liefern. Myras Überlebensstrategie verlangte dagegen vor allem, daß sie sich geschickt auf die Stimmungen und Interessen der Mutter einstellte und daß sie – was besonders wichtig erscheint – die Erwartung der Mutter realisierte, »expansiv zu sein und ihren Willen durchzusetzen«. So schien Myra von Anfang an in ihre Beziehung zur Mutter ein der symbiotischen Verstrickung entgegenwirkendes Element einzubauen. Diese unterschiedlichen Überlebensstrategien hatten für das Trennungsdrama, das die Mädchen in ihrer Adoleszenz und im frühen Erwachsenenalter erwartete, unterschiedliche Konsequenzen.

[5] Der Begriff der »Abstempelung« (delineation) wurde in dem hier gemeinten Sinne von Shapiro (1968) eingeführt.

Schicksale des Trennungsdramas

Wenn wir uns nunmehr diesem Trennungsdrama zuwenden, erkennen wir, daß einige von Noras anscheinenden »Überlebensaktiva« – wie etwa ihr Perfektionismus und ihre Führungsposition *innerhalb* der Familie – sich in Passiva verwandelten. Während sie als Anführerin und Sprecherin der Vierlinge auftrat, machte sie sich gleichzeitig bei ihren Schwestern unbeliebt. »Sie duldeten sie mehr, als daß sie sie schätzten«, schreibt Dr. Rosenthal. »Andererseits war das Leben zu viert für Nora lebenswichtig. Ohne das Viergespann hatte sie nichts, war sie nichts. Sie wurde von der Viergruppe abhängig und mußte deren Vollständigkeit und öffentliches Image ständig aufrechterhalten. Jedoch war die Abhängigkeit der Mädchen voneinander nicht gleich stark. Noras soziale Stellung blieb daher prekär. Im Unterschied zu Myra war ihr mehr daran gelegen, ihre Führungsposition bei den Vierlingen aufrechtzuerhalten, als persönliche Kontakte zur Außenwelt zu entwikkeln« (S. 554). Mit anderen Worten: Noras Fähigkeiten halfen ihr nicht oder wenig, wenn es darum ging, sich außerhalb der Familie vorhandene Hilfsquellen und Lernchancen zu erschließen, während es Myra verstand, sich solche Hilfsquellen und Lernchancen mehr und mehr zunutze zu machen.

Noch schicksalhafter für ihre Bemühungen um Trennung und Individuation wurden die Beziehungen Noras zu ihren Eltern, die zur Zeit ihrer Adoleszenz bestanden. Besonders Noras Beziehung zu ihrem Vater erscheint hier wichtig. Schon immer war Nora die »Favoritin« ihres Vaters gewesen; diese Favoritinnenposition verstärkte sich nun noch. »Der Vater wollte«, in Myras Worten, »ihre ganze Aufmerksamkeit, eben die Art von Aufmerksamkeit, die ihm nur eine Frau entgegenbringen konnte, natürlich nichts Sexuelles, aber doch Zeit, Lob, Ergebenheit, eben die häuslichen Dinge« (S.103). Auf verschleierte Weise, müssen wir hinzufügen, begehrte er Nora auch sexuell. – Bis in ihre frühen Zwanzigerjahre pflegte er sie, wie auch die anderen Mädchen, zu beobachten, wenn sie sich anzog und ihre Binden wechselte. Gelegentlich streichelte er auch ihre Brüste oder erlaubte sich ähnliche sexuell gefärbte Handlungen. Er selbst stellte jegliches sexuelle Interesse in Abrede und gab zu verstehen, daß er aus Vaterpflicht die Unschuld der Mädchen habe prüfen müssen. – Während er Nora ständig besondere Aufmerksamkeit zukommen ließ, verbot er ihr gleichzeitig, andere Männer zu beachten. Seine Ermahnungen hinsichtlich der Gefahren eines Kontakts mit jungen Männern waren allerdings widersprüchlich. Oft erzählte er Nora von den Schrecken einer Vergewaltigung; als sie aber einmal wirklich Opfer eines Vergewaltigungsversuches wurde, tat er diese Episode als unbedeutendes Hirngespinst ab. Als Nora nach Beendigung der höheren Schule als Stenotypistin arbeitete, achtete er darauf, daß sie nie mit einem jungen Mann essen ging. Statt dessen aß er meist selbst mit ihr zu Mittag.

Myra hingegen, die von Anfang an mehr Abstand zum Vater gehabt hatte, brachte es fertig, solche Befehle zu mißachten. Sie verabredete sich hinter seinem Rücken, lernte dabei, sich für andere Männer attraktiv zu machen und schuf so die Grundlage für die Gewinnung eines dezidierten – männlichen – Therapeuten und später eines Ehemannes. Dies ist ein weiteres Beispiel dafür, wie im Drama der Ablösung ein anscheinend kleiner Anfangsvorteil sich zu einem möglicherweise lebensentscheidenden Vorteil ausweiten kann.

Um Noras und Myras unterschiedliche Beziehungen zum Vater noch besser verstehen zu können, müssen wir noch einmal auf die Mutter zurückkommen. Als die Mädchen elf Jahre alt waren, litt die Mutter an einer Angina. Nach Dr. Rosenthal wurde dieses Ereignis insofern wichtig, als die Mutter Myra nun noch mehr bevorzugte. Myra übernahm die Haushaltspflichten, die sonst Frau Genain selbst wahrzunehmen pflegte. Sie erklärte Myra zum »lieben, zuverlässigen Dienstmädchen« und ernannte sie zur Schiedsrichterin bei Familienstreitigkeiten. Auch machte sie Myra zu ihrer geschätzten Vertrauten, ohne ihr die Möglichkeit zu eigener Initiative allzu stark einzuschränken. Somit war für Myra ein Weg vorgezeichnet, der eine positive Identifizierung mit der Mutter erlaubte, das heißt eine Identifizierung, die eine eventuelle Selbstbestimmung begünstigte und zugleich Myras Abhängigkeit vom Vater verringerte. Zwar blieben noch viele ernste Probleme für Myra bestehen, doch ihre Aussichten, später lohnende und reifungsfördernde Beziehungen außerhalb der Familie zu entwickeln, hatten sich weiter verbessert. Noras Schicksal war dem entgegengesetzt: Während sie an Prestige bei ihrer Mutter verlor, gewann sie die Gunst des Vaters.

Dies aber hatte für Nora Folgen, die weit über das hinausgingen, was gewöhnlich eine »Vaterfixierung« impliziert: Der Vater war als Mann ein Schwächling, ein Trinker, Faulenzer und Schürzenjäger. Von der Mutter wurde er sehr unterschiedlich behandelt – je nachdem, ob er zugegen war oder nicht. War er zugegen, so bemutterte ihn Frau Genain liebevoll, verwöhnte und beschwichtigte ihn und zeigte ihm nur wohlwollende Güte. »Wenn sie dagegen mit anderen zusammen war«, heißt es in der Beschreibung von B. Basamania (1969), »stellte sie ihren Mann als einen grausamen und feindseligen Wüterich hin, der unmoralisch, sexuell pervers und impotent sei«.[6] So stand Nora vor einem Ablösungsdilemma besonderer Art. Während sie von ihrer Mutter Herrn Genain »überlassen« wurde, untergrub diese gleichzeitig jeglichen Respekt oder jede Liebe, die Nora für ihren Vater empfinden mochte. –

[6] B. Basamania hat beschrieben, wie sich diese widersprüchlichen Verhaltensweisen und Abstempelungen von Frau Genains Kindheitserfahrungen mit ihren eigenen Eltern herleiteten.

Die Mutter »überließ« Nora – und in geringerem Maße auch die anderen Vierlinge – dem Vater auch in dem Sinne, daß sie Herrn Genains verschleiertes sexuelles Interesse an Nora heimlich tolerierte und sogar ermutigte. – Daher fand sich Nora an einen Vater gefesselt, den ihre Mutter als der stärkere Elternteil, dem sie symbiotisch verhaftet blieb, wie ein kleines Kind behandelte und zugleich als ein Ungeheuer verschrie. Es war, meine ich, diese Beziehungskonstellation, die für viele Charakteristika von Noras späterem Zusammenbruch und ihrer Entwicklung verantwortlich gemacht werden kann und die gleichzeitig verständlich macht, warum Nora versagte, wo Myra Erfolg zu haben schien.

Die Konsequenzen von Noras Ablösungsdilemma

Gehen wir nun einigen Konsequenzen von Noras Ablösungsdilemma für ihre späteren Erfahrungen mit Männern, darunter besonders männlichen Therapeuten, nach.

Beginnen wir mit der Psychotherapie, die sie während ihres ersten Aufenthaltes im Clinical Center des National Institute of Mental Health (NIMH) erhielt. Ihr erster Psychotherapeut behandelte sie dort siebzehn Monate. Dies war die Zeit, da der ungewöhnliche Fall einer Vierlingseinweisung die psychotherapeutische Situation im Spital außerordentlich komplex und oft konkurrenzmäßig zu gestalten drohte. Ihr erster Therapeut bestand darauf, in seinem Büro auf Nora zu warten und alles zu vermeiden, was nach einer Verfolgung seiner Patientin aussehen könnte. Zu Anfang schien Nora erpicht darauf zu sein, diesen Therapeuten aufzusuchen, doch das änderte sich bald, und zum Schluß sah sie ihn nur noch selten. Rückschauend hat es den Anschein, als habe Nora die – bewußt und strategisch angewandte – Passivität dieses Therapeuten als schroffe Abweisung und als Zeichen mangelnden Interesses empfunden. Dies war für sie offensichtlich der zweite Schlag dieser Art, denn sie hatte bereits mit Myra und den beiden anderen Vierlingen um Dr. Perlin[7], der den ersten Hausbesuch bei der Familie Genain gemacht hatte, konkurriert und damals aus den oben angedeuteten Gründen verloren.

Die folgenden neun Monate war Nora bei einem zweiten Therapeuten in Behandlung, auf den sie anfangs positiv reagierte. Nach sechs

[7] Dr. Perlin wählte schon früh, als er – als Vertreter des NIMH – mit der Familie Genain Verbindung aufnahm, Myra als seine Patientin aus. Er kommentiert diese Wahl wie folgt: »Myras Zuweisung an ihren Therapeuten war nur scheinbar zufällig. In Wirklichkeit wählte der Therapeut Myra schon früher aus, wobei er ihre soziale Anpassung, ihren beruflichen Werdegang und ihren klinischen Zustand berücksichtigte. Hester, am stärksten regrediert, schien jeder Form einer Therapie am wenigsten zugänglich; Iris, schwer kataton, erschien als mögliche Kandidatin für eine Elektroschocktherapie. Nora ließ die stärksten Ängste erkennen, löste jedoch auch beim – prospektiven – Therapeuten die meisten Ängste aus.«

Monaten stellte er Noras konstante idealisierende Gefügigkeit zur Diskussion, worauf Nora – in ähnlicher Weise, wie dies während ihrer späteren Therapie mit mir geschah – mit Verwirrtheit und Halluzinationen reagierte. Ihr Therapeut ließ sich dadurch nicht entmutigen. Der Fortschritt kam jedoch zum Stillstand, als – im Frühjahr desselben Jahres – Noras Entlassung aus dem Clinical Center für das Jahresende festgesetzt wurde. Von diesem Augenblick an zeigte Nora an ihrer Psychotherapie kein Interesse mehr.

An dieser Stelle ist zu vermerken, daß Nora, während sie ohne nennenswerten Erfolg von männlichen Therapeuten behandelt wurde, mit ihrem Vater eng verbunden blieb. In ›The Genain Quadruplets‹ lesen wir, daß von allen Vierlingen Nora am meisten an den Besuchen ihres Vaters interessiert war und oft zutiefst mit ihm beschäftigt zu sein schien. Gegen Ende ihres Aufenthaltes im NIMH starb ihr Vater. Wir lesen, daß sie die Nachricht von seinem Tod mit steinernem und depressivem Schweigen zur Kenntnis nahm. Nach der Beerdigung lächelte sie nicht mehr soviel und machte einen weniger geziert liebenswürdigen Eindruck; sie wurde zunehmend finsterer, bedrückter und – zumindest temporär – erregter.

Verfolgen wir nun als nächstes, wie es Nora – augenscheinlich durch den Tod von ihrem Vater befreit und doch innerlich weiterhin mit ihm verbunden – mit ihren »Freunden« erging.

Nora und Fred

Der erste dieser Freunde war ein alteingesessener Mitpatient, mit dem Nora oftmals verschwand, während sie – nach ihrer Entlassung aus dem Clinical Center – in einer staatlichen psychiatrischen Anstalt untergebracht war. Diese Beziehung ging zu Ende, noch bevor sie Fred kennenlernte. In der Folge war es Fred, der eine zentrale Rolle in ihrem Leben spielte und der das meiste Licht auf ihre Versuche wirft, sich vom toten Vater *und* der lebenden Mutter zu befreien.

Fred war ein Mann gegen Ende fünfzig und ein Freund der Mutter, die ihm finanziell verpflichtet war. Er unterhielt ein Tanzstudio und war Besitzer einer Werkstatt in ihrer Heimatstadt. Eine Zeitlang arbeitete Nora bei ihm als Tanzlehrerin. Nach einiger Zeit fing sie an, unregelmäßig sexuelle Beziehungen mit ihm zu pflegen. Dabei war Fred der aktive, drängende Partner, während sie, ohne Vergnügen dabei zu empfinden, in diese Beziehungen nur zögernd einwilligte. Mehr und mehr schien sie von Fred bedrängt und beunruhigt zu sein. Es besteht wenig Zweifel daran, daß diese Beziehung wesentlich zu Noras letzter psychotischer Regression beitrug oder diese sogar auslöste.

Wir vermerken hier eine Ähnlichkeit mit jener Beziehungskonstellation, die zur Zeit von Noras erstem psychotischen Zusammenbruch bestanden hatte. Nur hatte jetzt Fred die Rolle ihres Vaters übernommen:[8]

Wie damals, als sie Anfang zwanzig war, vermochte Nora auch jetzt nicht dem Bereich der Familie zu entfliehen. In mancher Hinsicht war sie noch abhängiger von der Mutter, deren Zustimmung sie für die Fortsetzung ihrer Beziehung zu Fred benötigte. Je stärker diese Abhängigkeit wurde und je mehr sie eine servile, hilflos idealisierende Position der Mutter gegenüber einnahm, um so mehr hatte sie auch gegen die untergründige, abgespaltene und nicht zum Ausdruck kommende Wut anzukämpfen, die zur Entladung gegen die Mutter drängte. Wieder hatte es den Anschein, als könnte sie diese archaische Wut nur dadurch abwehren, daß sie noch hilfloser, weinerlicher, konfuser und unfähiger wurde, das heißt immer mehr das Bild einer chronisch schizophrenen Patientin bot.

Noch eine andere wichtige Familienerfahrung scheint Nora wiederholt zu haben: Freds Tochter, eine Tanzlehrerin, wurde Noras Lehrerin und Rivalin. Zu ihr entwickelte Nora eine ähnlich ambivalente – das heißt teils bewundernde, teils eifersüchtige – Beziehung wie zu ihrer Schwester Myra.

Neben diesen Ähnlichkeiten in der zwischenmenschlichen Konstellation lassen sich auch wichtige Unterschiede feststellen. Wohl schien Fred, ein Mann Ende fünfzig, ihrem Vater in vieler Hinsicht ähnlich zu sein: Er war fast so alt wie letzterer, und nach Noras Bericht war er ähnlich zudringlich und ausbeuterisch. Doch schien sich Fred von ihrem Vater insofern zu *unterscheiden*, als er, Fred, großzügiger, weniger eifersüchtig und weniger paranoid als ihr Vater auftrat. Außerdem wurde Fred von Noras Mutter stärker als der Vater akzeptiert. Früher mußte Nora sich jahrelang die Tiraden ihrer Mutter über die Gemeinheit und Dummheit des Vaters mitanhören. Nun hörte sie, wie ihre Mutter Fred

[8] Außer der Ähnlichkeit mit der damaligen zwischenmenschlichen Konstellation erkennen wir hier Ähnlichkeiten mit Noras ehemaliger Arbeitssituation: Nach ihrer Entlassung aus dem staatlichen Krankenhaus – im Anschluß an ihren ersten Aufenthalt im NIMH – zeigte Nora an ihrer Arbeitsstätte den gleichen Wunsch, allen Leuten zu gefallen, das gleiche relativ hohe Energieniveau und den gleichen Perfektionismus, die sie bereits im jungen Erwachsenenalter an den Tag gelegt hatte. Damals hatten sie dieser Perfektionismus und der Wunsch zu gefallen zu einer vielversprechenden Sekretärin gemacht, hatten aber auch zu ihrem psychotischen Zusammenbruch beigetragen: Je größere Mühe sie sich bei ihrer Arbeit gab, um so ängstlicher und unfähiger wurde sie, ruhig zu überlegen und mit sich selbst ins reine zu kommen. Schließlich mußte sie ihre Stelle aufgeben und ins staatliche Krankenhaus der Stadt eingewiesen werden. Sie war damals Anfang zwanzig. Als Nora, nunmehr im Alter von neunundzwanzig Jahren, nach ihrer letzten Entlassung aus einem psychiatrischen Krankenhaus einen Neubeginn versuchte, arbeitete sie wiederum hart und perfektionistisch in ihrer Stelle beim Steueramt und wurde wiederum zunehmend ängstlicher, unruhiger und unempfindlicher gegenüber den Anforderungen anderer Personen und ihrer Arbeitssituation – nur setzte ihr psychotischer Zerfall diesmal weniger akut ein. Nora schien einfach in eine immer stärker werdende zwanghafte Verwirrung getrieben zu werden, die sie lähmte und arbeitsunfähig machte.

als einen hilfsbereiten und großzügigen Gentleman pries. Nie schien die Mutter Fred in Noras Gegenwart zu tadeln, obgleich sie wissen mußte, daß er sexuelle Beziehungen zu ihrer Tochter unterhielt. Auf diese Weise wurde Nora ein Ersatzvater beschert, der zwar ihrem wirklichen Vater ähnlich war, aber in mancher Hinsicht besser als dieser zu sein schien. Und dieser Ersatzvater wurde von ihrer Mutter nicht abgewertet.

Obschon somit diese zwischenmenschliche Konstellation Nora einige Reifungschancen eröffnet zu haben scheint, brachte sie paradoxerweise zugleich eine Akzentuierung ihres Ablösungsdilemmas mit sich. Während der Tod des Vaters es Nora einerseits leichter gemacht zu haben scheint, sich mit einem Mann wie Fred einzulassen, konnte Frau Genain andererseits unverfrorener, als das früher möglich schien, eine inzestuöse Beziehung zwischen ihrer Tochter und ihrem eigenen neuen »Quasi-Ehemann« fördern. – Es gibt Anzeichen dafür, daß Fred, ebenfalls mit der verschleierten Ermunterung durch die Mutter, versuchte, auch mit den anderen Vierlingen sexuelle Beziehungen anzuknüpfen und daß ihm dies möglicherweise auch gelang. – So fand sich Nora erneut in einer familiären Zwickmühle – das heißt einer Situation, in der die inzestuösen Elemente in ihrer Beziehung zu einer Vaterfigur und die reaktivierte intensive Abhängigkeit von der Mutter wiederum jenen Konflikt konstellierten, der ihren ersten schizophrenen Zusammenbruch ausgelöst zu haben schien.

Das Ablösungsdilemma im Spiegel von Noras Psychotherapie

Erörtern wir schließlich noch, wie Noras Ablösungsdilemma in ihrer Psychotherapie bei mir zum Ausdruck kam. Zu diesem Zweck möchte ich zunächst einen kurzen Überblick über diese Therapie geben, die anderthalb Jahre dauerte und einhundertdreiundneunzig Sitzungen von etwa je fünfzig Minuten umfaßte.

Während vieler therapeutischer Sitzungen gab mir Nora in einer gleichbleibend stereotypen, trockenen und langweiligen Weise einen Bericht über das, was ihr in der Beziehung zu Mitpatienten oder zum Pflegepersonal zugestoßen war. Sie wiederholte sich Hunderte von Malen und versuchte kaum oder gar nicht, sich auf meine Wellenlänge abzustimmen, gleiche Interessen zu entwickeln und das, was sie betraf, lebendig, bildhaft und interessant zu machen.[9] Ich kam mir vor wie ein austauschbarer Resonanzboden und hätte oft gern die Sitzungen vorzeitig beendet. Häufig war ich nahe daran, die sich bleiern dahinschleppenden Sitzungen aufzugeben. Zog ich mich aber emotional von Nora

---

[9] Auf diese Weise veranschaulichte sie viele wesentliche Merkmale schizophrener Kommunikation, wie sie von M. T. Singer und L. C. Wynne (1966) beschrieben wurden.

zurück oder ließ ich mir meine Verstimmung anmerken, schien sich sogleich ein Realitätsverlust bei ihr einzustellen. Sie sprach dann mit zunehmend weinerlicher, kläglicher Stimme über ihr sich trübendes Sehvermögen, über sonderbare »Lichtlinien«, die in ihrem Kopf aufstiegen, über eine »komische Einsamkeit«, die sich ihrer bemächtigte, und ähnliche Themen. Oft erwähnte sie auch irgendwelche somatische Beschwerden wie etwa Schmerzen in der Brust oder im Arm, Kopfschmerzen oder Juckreiz. – Wir wissen aus ihrer früheren Geschichte, daß sie versuchte, ihren eigenartigen und unheimlichen Erfahrungen einen Sinn zu geben, indem sie sie in einen somatischen Kontext brachte. –

Nora konnte während einer einzigen Sitzung – nicht selten mehrere Male – von einem koartierten in einen amorphen Zustand hinüberwechseln, worin sie über verschwimmende Gedanken und Eindrücke sprach. Später ließ sich ein derartiger Wechsel ihres Zustandes von einer therapeutischen Sitzung zur nächsten beinahe voraussagen.

Immer wenn Nora sich in einem komplexen zwischenmenschlichen Feld zurechtzufinden hatte, das Ambivalenz und Konflikte heraufbeschwor und psychologisches Einfühlungsvermögen verlangte, fühlte sie sich rasch verloren. Dies wurde zum Beispiel deutlich, als sie sich zum Vater einer ebenfalls schizophrenen Zimmergenossin hingezogen fühlte und nicht begreifen konnte, warum letztere darauf negativ reagierte. Sie vermochte einfach nicht zu begreifen, daß ihre Zimmergenossin eifersüchtig sein könnte.

In Situationen, in denen das Krankenhauspersonal Noras Rückzug auf sich selbst gelegentlich als Starrsinn und Widerstand ansah und sie entsprechend behandelte, neigte sie dazu, wie ein gehetztes, verwirrtes Tier zu reagieren. Dann benutzte sie viele ihrer Therapiestunden dazu, ihrer Bestürzung und ihrem Ärger über die ihr auf der Station zuteil gewordene Behandlung Ausdruck zu geben, wobei sie mich wiederum als Resonanzboden für ihre endlos wiederholten Klagen benutzte. Wenn ich dann etwa bemerkte, vielleicht hätten die Schwestern auch ihre Vorzüge und könnten ihr etwas bieten, »schrumpfte« sie sichtlich zusammen.

Mein Dilemma war also, daß ich Nora entweder als zwischenmenschlicher Anker für einen einigermaßen »betriebsfähigen«, wenn auch sehr beschränkten Realitätsbezug diente oder daß ich, indem ich »normaler« reagierte, Anlaß für ihren Rückzug in eine schattenhafte, mehr oder weniger psychotische Existenz wurde. Wenn ich dem, was sie jeweils berichtete, aufmerksam zuhörte, konnte ich einigermaßen sicher sein, daß sie relativ geordnet blieb; brachte ich indessen Unaufmerksamkeit, Gereiztheit oder gar Ratlosigkeit zum Ausdruck, schien sie »zusammenzuschrumpfen«, sich »aufzulösen« und unerreichbar zu werden.

Das aber war nicht das ganze Bild. Mit fortschreitender therapeutischer Arbeit stellte sich während zunehmend längerer Zeitspannen ein etwas abwechslungsreicherer Austausch ein. Jedoch blieben auch diese abwechslungsreicheren, lebhafteren und »teilnehmenden« Interaktionen weiterhin in eine Beziehung eingebettet, in der Nora mich entweder zum Gefangenen ihrer Beschränkung machte oder ich beim Versuch, aus solcher Gefangenschaft zu entfliehen, ihren Realitätsbezug zu unterhöhlen drohte.

Ein ähnliches Dilemma, wie es in ihren Therapiestunden zum Ausdruck kam, zeigte sich auch in ihren Beziehungen zu den Mitpatienten und zum Pflegepersonal. Oft näherte sich Nora diesen Personen in der Art eines kleinen, unterwürfigen Mädchens. Reagierten diese darauf mit Rat oder Kritik, wurde es ihr rasch zuviel. Dann gab sie sich unruhig und gehetzt, zog sich in ihr Zimmer zurück und stand dort wie gelähmt herum oder preßte, offenbar in Halluzinationen versunken, den Kopf gegen die Wand.

Oft floh Nora von ihrer Station in die strukturierte Friedlichkeit des Schreibbüros, oder sie lief ganz einfach aus dem Gebäude, ging spazieren und vermied soweit wie irgend möglich, anderen Leuten zu begegnen.

Etwa zehn Monate nach ihrer Aufnahme im Clinical Center legte Nora eine Prüfung für den Verwaltungsdienst ab und begann daraufhin voller Eifer mit der Stellensuche. Leider blieb diese Suche trotz ihrer unermüdlichen Bemühungen erfolglos. Nachdem Dutzende von potentiellen Arbeitgebern sie abgewiesen hatten, begann ihr Eifer zu erlahmen. Sie fühlte sich nun noch mehr von den Krankenschwestern bedrängt, deren Rat und Hilfe sie früher gesucht und geschätzt hatte. Auch fühlte sie sich zunehmend einsamer. Es ergab sich, daß zu jener Zeit alle Patienten ihrer Altersgruppe die Station verließen, um einer jüngeren und weniger gestörten Patientengruppe Platz zu machen. Ich hörte immer häufiger von Noras Wunsch, in ihre Heimatstadt zurückzukehren, um ihrer Mutter, ihren Schwestern und ihren alten Freunden nahe sein zu können. Zu den Enttäuschungen, die sie bei der Arbeitssuche erlebt hatte, kam hinzu, daß sie mit mehreren Trennungen fertig werden mußte: Fast alle Mitpatienten, mit denen sie über längere Zeit zusammengelebt hatte, verließen das Krankenhaus, und ich selbst konnte eine lange geplante, zwei Monate dauernde Reise nach Europa nicht aufschieben. Während meiner Abwesenheit wurde sie von Dr. Rosenthal betreut. Nach der Rückkehr von meiner Reise wurde ich krank und mußte vier Wochen das Bett hüten. Als ich Nora schließlich wiedersah, machte sie einen ängstlichen, ruhelosen Eindruck und war durch eine am Vortage erfolgte Zurückweisung durch einen Arbeitsvermittler, auf den sie ihre letzten Hoffnungen gesetzt hatte, zutiefst entmutigt. Sie konnte sich nicht mehr vorstellen, in Washington als ambulante Patientin zu leben und in voraussehbarer Zukunft eine Sekretärinnenstelle finden zu können.

Es war somit keine Überraschung, als Nora sich entschloß, in ihre Heimatstadt zurückzukehren, wo sie das Leben bei ihrer Mutter wieder aufnehmen wollte und eine Stelle in der Nähe zu finden hoffte. Seit geraumer Zeit hatte die Mutter – in mehr oder weniger verschleierter Form – Nora gebeten, nach Hause zurückzukehren. Schließlich ging Nora auf den Wunsch der Mutter ein. Als sie mir ihren Entschluß mitteilte, schien sie erleichtert zu sein. Ihre späteren Briefe an mich zeigten allerdings, daß sie mit dem Verlassen des NIMH und ihres Therapeuten einen großen Verlust erlitten hatte.

Übertragungsaspekte des Ablösungsdilemmas

In obigem Überblick habe ich Noras koartierte und koartierende Haltung als zentralen Aspekt ihrer Psychotherapie herausgestellt. Diese Haltung, meine ich, leitete sich von der vorhergehend erwähnten frühen zwischenmenschlichen Überlebensstrategie Noras her, worin eine präambivalente, idealisierende Gefügigkeit der Mutter gegenüber zum Hauptelement wurde. Auf diese Weise hatte Nora mit dem zudringlichen Mutter-Moloch fertigzuwerden versucht. Sie hatte sich in die Rolle des kleinen, gehorsamen Mädchens hineingefunden, das sich stets bemüht, gut zu sein, hart zu arbeiten, und das niemals wagt, die idealisierte Mutterimago in Frage zu stellen. Die Verschanzung hinter dieser Abwehrhaltung hatte sich während ihrer ersten Psychotherapie im NIMH als größtes Hindernis für einen Fortschritt erwiesen. Ähnlich hartnäckig erwies sie sich bei dem zweiten hier dargestellten Versuch einer Psychotherapie. Wieder und wieder beeindruckte mich die Unerschütterlichkeit, mit der Nora ihre Mutter und – auf dem Wege der Übertragung – mich idealisierte. Einmal fragte ich sie, ob sie sich wohl eine Situation vorstellen könnte, in der ihre Mutter nicht recht habe. Mit einem Ausdruck massiven Schreckens und Unglaubens schloß sie diese Möglichkeit sofort aus. Als die Mutter ein anderes Mal erklärte, ihre Schwester Myra sei das kränkere der beiden Mädchen, akzeptierte Nora dies buchstäblich und ohne Zögern. Es paßte zu dieser Idealisierung der Mutter, daß Nora sie als die unerschütterliche Säule der Familie empfand. Auch betrachtete sie sie als Märtyrerin, die in ihrer heroischen Aufopferung für die Vierlinge mit einem bösartigen, trinkenden und dummen Vater fertig werden mußte.

Vieles von dem, was ich während der Psychotherapie als Noras Koartiertheit empfand, war ohne Zweifel eine Folge der Tatsache, daß sie mich in die Rolle ihrer idealisierten Mutter hineinzwang. Sie tat dies von Anfang an. Und indem sie mich fast vollkommen machte, koartierte sie auch mich und brachte mich an jenen toten Punkt, den ich vorher angedeutet habe. Erst nach und nach konnte dieser tote Punkt überwunden werden.

In dem Maße, wie dies geschah, wurde unser Austausch vielseitiger. Es konnte dann sogar eine humorvolle und liebenswürdige Note mitschwingen. Ich sah in Noras Verhalten jetzt öfter ein kindliches Liebeswerben, das nicht selten erotisch gefärbt zu sein schien. Nora gab sich auch zunehmend Mühe, attraktiver zu erscheinen.

Ich hörte nun auch mehr über ihren Vater. Gewöhnlich sprach sie von ihm mit erbarmungsloser Abschätzigkeit: Er war ein Trunkenbold, der, besitzgierig wie er war, sie von allen Freuden des Lebens ausgeschlossen – er hatte ihr nicht ein einziges Mal erlaubt, ein Kino zu besuchen – und ihre Mutter unglücklich gemacht hatte. Während sie so ihren Vater entlarvte – wobei sie offensichtlich ihrer Mutter nachplapperte –, sprach sie sehnsüchtig von dem bereits erwähnten Fred und vom Vater ihrer Zimmergenossin, den sie wiederholt zu Hause besucht hatte. Sie hatte Tränen in den Augen, wenn sie von diesen Vaterersatzfiguren sprach. Sie betonte deren Wärme und Großzügigkeit im Vergleich zur Härte und Kälte ihres eigenen Vaters. Auch äußerte sie sich immer häufiger über mich als einen Typ von Vater, den sie selbst gern gehabt hätte. Mehrere Male griff sie in meinem Konsultationszimmer nach dem Bild meiner kleinen Tochter und deutete an, daß sie gern an deren Stelle sein würde. »Oh, Ihre Tochter ist ein so reizendes Kind, sie sieht so glücklich aus; sie hat ja solches Glück, einen Vater wie Sie zu haben.«

An dieser Stelle der Therapie hatte es den Anschein, als könnte Nora, während sie das obige düstere Bild von ihrem Vater zeichnete, auch einige positive Aspekte ihrer Vaterbeziehung in die Übertragung bringen. Zum Teil scheint hier ein Wunsch bestimmend gewesen zu sein – in dem Sinne, daß sie zu mir und den oben erwähnten Vaterersatzfiguren eine Beziehung suchte, wie sie sie gern mit ihrem eigenen Vater gehabt hätte; und zum Teil scheint sie fähig gewesen zu sein, früher erlebte Elemente einer guten Vater-Tochter-Beziehung wieder aufleben zu lassen. Diese gute Beziehung konnte jedoch offenbar wegen der destruktiven Desavouierung des Vaters durch die Mutter nie wirklich genossen und realisiert werden.

Gleichzeitig mit der Aktivierung der Vaterübertragung kam einige Bewegung in die therapeutische Beziehung, die nun vielfältiger wurde. Es gelang Nora auch nach und nach, mir gegenüber etwas Kritik zu äußern und sich eines gewissen Widerstandes bewußt zu werden. Während dieser Zeit kam sie mehrere Male zu spät zur Stunde und blieb einmal der Sitzung ganz fern. Sie vermochte zuzugeben, daß etwas an den Sitzungen sie am Kommen gehindert haben könnte. – Während Noras Koartiertheit sich etwas lockerte, sprach sie auch mehr über ihre

Schwester Myra. Sie habe vor, sagte sie, in Myras Fußstapfen zu treten, aus dem NIMH in ein sogenanntes »halfway house« zu ziehen und sich wie Myra einen Mann in der Lutheranischen Kirche im Zentrum Washingtons zu suchen. Indem Nora derart ihre Schwester Myra zur Sprache brachte, enthüllte sie auch stärker ihre Ambivalenz dieser Schwester gegenüber. –

Abschluß der Therapie

Keines dieser Themen und Übertragungsgefühle konnte sich indessen tiefer entwickeln, da Nora nach etwa anderthalb Jahren das Clinical Center verließ. Wie ich bereits anführte, hatte Nora Gründe, mit Washington, mit dem Clinical Center und mit ihrer Psychotherapie unzufrieden zu sein. Der Hauptgrund jedoch, warum sie die Psychotherapie abbrach und das Clinical Center verließ, war, glaube ich, ihre Mutter.

Es gab untrügliche Anzeichen dafür, daß die Mutter begann, Noras Therapie ihre Unterstützung zu entziehen, als sich ihr klinischer Zustand nach etwa neunmonatigem Aufenthalt im NIMH wesentlich gebessert hatte. Während ich in der ersten Zeit mehrere dankbare und recht unterwürfige Briefe von der Mutter erhalten hatte, blieben solche Briefe später aus. Statt dessen erfuhr ich von Nora, daß ihr die Mutter in Briefen und Telefongesprächen andeutete, sie brauche sie zu Hause. Die Mutter fühlte sich besonders einsam, nachdem Myra, die längere Zeit im Elternhaus verbracht hatte, zu ihrem Mann ins Ausland gereist war. Auch fühlte sich die Mutter zunehmend durch die Ansprüche belastet, die Iris und Hester an ihre Zeit und Kräfte stellten: Beide Mädchen, die in einer in der Nähe gelegenen psychiatrischen Anstalt untergebracht waren, durften die Mutter nun häufiger besuchen oder baten um deren Besuch. Nora erschien ihr in dieser Situation als die geeignete Helferin. Nora gab dem Ruf ihrer Mutter um so leichter nach, als ihr die Aussicht, sich selbst in Washington auf eigene Füße stellen zu können, immer unrealistischer erschien.

Es hatte im Rückblick den Anschein, daß Nora nur solange in der Obhut eines männlichen Therapeuten bleiben konnte, als die Mutter dazu ihre Einwilligung gab. Als die Mutter sich anschickte, diese Einwilligung zurückzuziehen, blieb Nora die Gefangene ihrer wirklichen Mutter, wie sie auch eine Gefangene der verinnerlichten, von der Mutter herrührenden Imagines und Verbote geblieben war. Obschon somit Nora im Verlauf ihres letzten hier dargestellten Krankenhausaufenthaltes Fortschritte erkennen ließ – sie machte beim Verlassen des Clinical Center einen energischeren und viel geordneteren Eindruck als zur Zeit ihrer Einlieferung –, müssen diese Fortschritte doch mit Vorsicht bewertet werden.

Zusammenfassung

Ich habe versucht, einen Überblick über Noras Objektbeziehungen zu geben, aus dem ersichtlich wird, warum Nora, die Erstgeborene der Genain-Vierlinge, schwerer schizophren gestört war und blieb als ihre Schwester Myra – ungeachtet der Tatsache, daß Nora früher einmal weniger Ansatzpunkte für eine solche Entwicklung geboten zu haben schien. Anhand dieses Überblicks habe ich verschiedene Strategien des zwischenmenschlichen Überlebens bei Nora und Myra aufgezeigt. Diese Überlebensstrategien scheinen den Mädchen durch die Art und Weise, in der ihre Eltern mit ihnen umgingen, aufgezwungen worden zu sein. Noras Überlebensstrategie manifestierte sich in charakteristischen Konflikten und Beziehungsstrukturen, die dann zu einem spezifischen Ablösungsdilemma Anlaß gaben. Dieses Dilemma konstellierte sich zunächst in der Beziehung zu ihren Eltern und Schwestern und wurde später in anderen wichtigen Beziehungen, die den früheren nachgebildet waren, wiederholt. In ihrer Gesamtheit machen es die hier im Längsschnitt nachgezeichneten Objektbeziehungen verständlicher, warum Nora eine schwerere schizophrene Störung als Myra entwickelte.

Das folgende Kapitel beschreibt die Funktionen innerer Objekte. Diese Funktionen lassen sich den Ich-Funktionen vergleichen, sind aber nicht – oder nur zum Teil – mit ihnen identisch. Der Begriff »Funktion innerer Objekte« verspricht, einige Aspekte der analytischen Theorie der Objektbeziehung zu erhellen, die bisher unklar und kontrovers waren.

Die »inneren Objekte« der Psychoanalyse, die im folgenden darzustellen sind, erfüllen drei Hauptfunktionen. Sie dienen erstens als ein inneres Bezugssystem. In diesem Sinne verstanden, lassen sie sich am besten als »Objektrepräsentanzen« beschreiben: Sie repräsentieren, mehr oder weniger abbildhaft, äußere Objekte innerhalb der Psyche. Wie dies im einzelnen möglich wird, ist unklar. Fest steht jedoch, daß wir uns ohne eine derartige Fähigkeit zur Objektrepräsentanz nicht in der äußeren Welt zurechtfinden könnten. Diese Fähigkeit setzt Gedächtnis und Symbolisierungsvermögen voraus. Die hier beschriebenen Objektrepräsentanzen ähneln den Semonschen Engrammen in dem Sinne, daß sie eine neue Wahrnehmung auf ein vertrautes Bild oder einen vertrauten Begriff beziehen. In ihrer Gesamtheit bilden sie gleichsam eine Kartei, die auf Abruf bereitsteht und unsere Intelligenz alert und anpassungsfähig macht. Diese Intelligenz ist um so anpassungsfähiger, je differenzierter das Gefüge der inneren Strukturen – sprich Objektrepräsentanzen – ist.

Innere Objekte dienen zweitens als Wegweiser für unsere gegenwärtigen und zukünftigen zwischenmenschlichen Beziehungen. In diesem zweiten Sinne verstanden, läßt sich ein inneres Objekt am besten als »Imago« beschreiben. Eine derartige Imago kann als Leitbild dienen, das die mögliche Wahl äußerer Objekte einengt. Dies gilt vor allem für die potentiellen Partner unserer zwischenmenschlichen Beziehungen. Derartige, als Leitschemata verstandene innere Objekte lassen sich dem vergleichen, was Boszormenyi-Nagy (1965) unter anderem »Bedürfnistemplate« (need templates) genannt hat. Auch Novey, der 1961 von Objektrepräsentanzen als »Dynamismen« sprach, nimmt eine solche Funktion an. Haben wir diese Funktion im Auge, dann denken wir etwa an das junge Mädchen, das auf der Suche nach einem Ehepartner unbewußt durch ein inneres Objekt geleitet wird, das die Züge ihres Vaters trägt. In einem ähnlichen Sinne sucht und findet der Masochist seinen komplementären Sadisten – den er als inneres Objekt mit sich herumträgt, und so weiter. Die so verstandenen inneren Objekte bestimmen unseren Beziehungskurs wie ein Gyroskop, eine Apparatur, die das Schiff auf Kurs hält und der abtreibenden Wirkung der Elemente entgegenwirkt. Ich möchte hier daher von einer »gyroskopischen Funktion« sprechen, wobei ich das Gleichnis in einem ähnlichen Sinne verstehe wie seinerzeit David Riesman (1950), der damit die innengesteuerte Persönlichkeit charakterisieren wollte. Neben der dem Gyroskop innewohnenden stabilisierenden Funktion möchte ich das dynamische, dirigierende Moment betonen, das inneren Objekten zukommt.[1]

Ein in diesem Sinne verstandenes inneres Objekt läßt sich einem Konzept vergleichen. Auch ein Konzept dient, wie T. Lidz 1964 gezeigt hat, als ein Behälter für Erwartungen. Es erfüllt damit ebenfalls eine dynamische Steuerfunktion. Zum Beispiel werden durch die Konzepte »infektiöse Mononukleose« und »Leukämie« – die sich beide auf Blutkrankheiten beziehen – verschiedene Erwartungen, Haltungen und Aktionskurse im Hinblick auf Behandlung und das schließliche Krankheitsresultat strukturiert.

Schließlich – und das ist ihre dritte Funktion – tragen innere Objekte zur relativen Autonomie des einzelnen bei. Sie ermöglichen ihm größere Unabhängigkeit, indem sie ihm erlauben, sich mit einem Teil seiner selbst in Beziehung zu setzen. Sie konstituieren daher innere Reserven und schaffen die Voraussetzungen für einen inneren Dialog. Ich spreche daher von ihrer »autonomiefördernden Funktion«. Wenn wir diese dritte Funktion ins Auge fassen, geht es in erster Linie um innerpsychische Ereignisse, während sich die Bedeutung äußerer Objekte verringert.

Diese drei Funktionen erscheinen interdependent und spiegeln verschiedene Aspekte einer Gesamtsituation wider. Innerhalb gewisser Grenzen deuten sie auf gemeinsame psychische Korrelate und Strukturen hin. Der letztere Gesichtspunkt legt die Frage nahe, ob und inwieweit sich die hier definierten inneren Objekte auf bekannte Ich-Funktionen beziehen lassen. Es liegt nicht in der Absicht dieses Kapitels, diese Frage im Detail zu verfolgen, aber einige orientierende und klärende Bemerkungen scheinen in der Ordnung.

[1] R. Schafer (1968) scheint der hier beschriebenen Position nahezukommen, doch legt er nicht denselben Nachdruck auf die dynamische, dirigierende Funktion innerer Objekte. Er schreibt: »Objektrepräsentanzen sind in sich selbst keine motivierenden oder regulierenden psychischen Strukturen, sie dienen jedoch als Wegweiser menschlichen Verhaltens, und das Subjekt bedarf einiger Klarheit, Stimmigkeit und Organisation in seiner Repräsentanz anderer Personen« (S. 29). Schafer kommt aber der hier beschriebenen Position nahe, wenn er sich über die Funktion seiner inneren Präsenzen (inner presences) ausläßt. In der Beschreibung eines bestimmten Patienten stellt Schafer zum Beispiel fest: »Die... Präsenz dient als ein Netz, mit dem sich geeignete anfallende Objekte fangen lassen, die sich dann – wie im vorliegenden Falle der Analytiker – für Zwecke der Externalisierung oder Aktualisierung verwenden lassen« (S. 133).

Innere Objektfunktionen und Ich-Funktionen

Die hier beschriebenen Funktionen innerer Objekte setzen zum großen Teil bekannte Ich-Funktionen voraus oder überdecken sich mit ihnen. Dies wird besonders deutlich, wenn wir die zuerst beschriebene, referierende Funktion innerer Objekte betrachten. Die erkennende Meisterung der Realität – die unter anderem die Fähigkeit für scharfe und schnelle Unterscheidung, für die Differenzierung von Erinnerungen und Wahrnehmungen, für selektives Verhalten und für eine aufgabengerechte Dissoziation voraussetzt – läßt sich als eine Manifestation sowohl von Ich- als auch von inneren Objekt-Funktionen verstehen. Dasselbe läßt sich in einem hohen Maße von der gyroskopischen und autonomiefördernden Funktion innerer Objekte sagen: Auch hier beobachten wir die Ähnlichkeit beziehungsweise Identität[2] mit bekannten Ich-Funktionen, zum Beispiel Vorausschau, zielgerechtem Denken und der Integration und Organisation vieler intrapsychischer und zwischenmenschlicher Prozesse. Dennoch erscheinen die Begriffe »innere Objekt-Funktionen« und »Ich-Funktionen« nicht austauschbar. Denn jede dieser Begriffsbildungen impliziert eine verschiedene Position unseres Teleskops, die notwendigerweise verschiedene Perspektiven und Grenzsetzungen in unser Gesichtsfeld bringt. So erscheint zum Beispiel die gyroskopische – oder steuernde – Funktion der meisten Objekte mehr den Über-Ich-Phänomenen – zum Beispiel in der frühen Verinnerlichung elterlicher ganzer oder partieller Objekte zum Ausdruck kommend – als den Ich-Phänomenen verwandt zu sein, zumindest in dem Sinne, wie diese Ich-Phänomene gegenwärtig verstanden werden. Eine derartige Auffassung ließe sich mit Hartmanns und Loewensteins Konzept der »richtunggebenden« Über-Ich-Funktionen in Einklang bringen.

Wir erleben eine ähnliche verschiedene Perspektive, wenn wir uns der Genese der Ich- und der inneren Objekt-Funktionen zuwenden. Seit Hartmanns wegweisenden Arbeiten unterscheiden wir zwischen Ich-Funktionen, die sich aus einer konfliktfreien Sphäre[3] entwickeln, und solchen, die aus intrapsychischen Konflikten hervorgehen. In ähnlicher Weise können wir zwischen inneren Objektfunktionen – wie zum Beispiel der referierenden Funktion – unterscheiden, die sich relativ unabhängig von den Wechselfällen der frühen Identifikationen und Introjektionen installieren – wie zum Beispiel von Freud (1923), Fenichel (1945), Sandler (1960) und E. Jacobson (1964) beschrieben –, und

---

[2] Diese Ähnlichkeit mit Ich-Funktionen scheint noch ausgeprägter, wenn wir uns R. Schafers Formulierung vom Ich als einem hierarchischen System regulierender Ziele und Motive zu eigen machen (R. Schafer, 1968).

[3] Obwohl die Funktionen ersterer Art später auch durch Konflikte beeinflußt werden können. Ebenso können diese Funktionen Konflikte beeinflussen.

Funktionen wie der gyroskopischen Funktion, die im wesentlichen durch derartige Wechselfälle geformt und gefärbt worden sind. Unter diesen Wechselfällen spielen natürlicherweise die der ödipalen Phase eine zentrale Rolle.

Überlegungen dieser Art lassen offenbar werden, daß die beiden hier verglichenen Bezugsrahmen – einer, der sich an Ich-Funktionen und ein anderer, der sich an Objekt-Funktionen orientiert – verschiedenartige begriffliche Entwicklungen und Klärungen ermöglichen. Ein kurzer Blick auf Hartmanns theoretisches Grundkonzept macht dies verständlich.

Wir können Hartmanns Ich-Psychologie als einen Versuch verstehen, das in Freuds Strukturtheorie liegende Begriffspotential vor allem im Hinblick auf die Ausarbeitung eines Triebkontrollsystems zu verwerten. Unter diesem Hauptgesichtspunkt entwickelte Hartmann seine detaillierte Analyse der Ich-Apparate, Ich-Strukturen und Ich-Funktionen, aus der dann, unter anderem, die Begriffe der sekundären Autonomie des Ichs, der Neutralisierung und des konfliktfreien Bereichs erwuchsen.

Hartmann entschied sich demnach dafür, vor allem jene Aspekte der Freudschen Strukturtheorie weiterzuentwickeln, die sich am leichtesten mit den Voraussetzungen von Freuds Triebtheorie versöhnen ließen. Da Hartmann jedoch von demselben theoretischen Bezugsrahmen – Freuds Strukturtheorie – ausging, wie ihn die hier vorgeschlagene Objektbeziehungskonzeption darstellt, ist es nicht verwunderlich, daß seine Ich-Psychologie sich mit ähnlichen Funktionen und Phänomenen befaßt, wie sie durch den Begriff der Objektfunktionen erschlossen werden. Trotz alledem bleibt der Unterschied zwischen diesen beiden theoretischen Positionen erheblich. Er wird in der folgenden Darstellung noch klarer werden.

Störungen in den Funktionen innerer Objekte

Im organischen wie im psychologischen Bereich ist es in der Regel die Störung einer Funktion, die uns deren Wesen verständlich macht. Damit wir uns im folgenden die Störungen der Funktionen innerer Objekte klarmachen können, müssen wir uns daran erinnern, daß sich menschliche Beziehungen dialektisch entfalten. Dabei kommt es zu einem Wechselspiel zwischen inneren und äußeren Objekten. Indem die äußeren Objekte auf die inneren Objekte einwirken, werden die letzteren ständig verwandelt und umstrukturiert.[4] Das gilt im umgekehrten

---

[4] Freud (1917) vertiefte unser Verständnis für diese Dialektik, indem er darauf hinwies, daß unter bestimmten Bedingungen der Wandel innerer Objekte intensiviert oder beschleunigt werden kann. Als vielleicht wichtigste Bedingung dieser Art beschrieb er den Verlust eines äußeren

Sinne auch für die äußeren Objekte: Auch sie werden durch das sich aktiv adaptierende und in Beziehung setzende Subjekt beeinflußt. Wir können hier von einer sich ständig vorantreibenden Beziehungsgegenseitigkeit sprechen. In meinem Buch ›Conflict and Reconciliation‹ habe ich diese Gegenseitigkeit im einzelnen dargestellt. Eine Störung in den Funktionen innerer Objekte hat nun zur Folge, daß diese dialektische, expansive Gegenseitigkeit auf der einen oder anderen Ebene behindert wird. Es ist in erster Linie die Psychotherapie schizophrener Patienten, die uns die Störungen der Funktionen innerer Objekte im Lichte solcher Beziehungsdialektik deutlich macht.

Viele anscheinend undifferenzierte schizophrene Patienten liefern extreme Beispiele einer Störung der referierenden Funktion innerer Objekte. Diese Patienten scheinen außerstande, mit ihrem inneren Bezugsrahmen das zu erfassen und zu ordnen, was ihnen durch die äußere Erfahrung entgegenkommt. Nichts scheint in diese Patienten einzusinken; innen und außen, Gegenwart und Zukunft, sie selbst und ihre Therapeuten scheinen ineinander zu verschwimmen. Ihr Register innerer Wahrnehmungen erscheint amorph und durchlöchert. Solange die referierende Funktion ihrer inneren Objekte in dieser Weise chaotisch gestört ist, können sie ihre Therapeuten nicht anders denn verschwommen, diskontinuierlich und fragmentiert erleben. Diese wiederum fühlen sich nutzlos und gelähmt.

In diesen extremen Fällen erscheint die sich dialektisch vorwärtsbewegende Gegenseitigkeit der therapeutischen Beziehung von Anfang an blockiert: Es scheint der Ansatz zu fehlen, von dem aus ein therapeutischer Dialog sich fortspinnen könnte. Wenn Patient und Therapeut zu kommunizieren versuchen, ist es, als ob sie im Dünensand wateten. Eine Störung der gyroskopischen Funktion innerer Objekte kann sich auf zweierlei Weise manifestieren. In beiden Fällen werden die gegenwärtigen und zukünftigen Beziehungen des Individuums negativ beeinflußt.

Im ersten Fall erscheinen die inneren Objekte – oder Objekt-Imagines – zu starr eingelötet. Dies läßt dann für die oben erwähnte positive Beziehungsgegenseitigkeit zu wenig Spielraum. Das Individuum hat wenig Chancen, von Erfahrungen mit äußeren Objekten zu lernen, das heißt seine inneren Objekte im Lichte dieser Erfahrungen umzustruk-

---

Objektes. Damit führte Freud eine bedeutsame These ein. Danach verändert das Individuum seine inneren Objekte, wenn es besetzte äußere Objekte verliert. Äußerer Objektverlust und innerer Objektwandel gehen danach oft zusammen. Freud erhellte diesen Tatbestand in seiner Arbeit über Trauer und Melancholie. Die Trauerarbeit dient unter anderem dazu, das verlorene äußere Objekt – das heißt die Werte und Prädikate einer verlorenen Person – innerhalb des Ichs aufzurichten. Das Ich, das sich wesentliche Züge des verlorenen äußeren Objektes einverleibt, wird dadurch verändert und in der Regel gestärkt. Ich-Stärkung und Ich-Wachstum vollziehen sich damit in der Aufgabe äußerer Objekte. Daher auch Freuds Formulierung vom Ich als dem »Niederschlag aufgegebener Objektbesetzungen« (›Das Ich und das Es‹, S. 25).

turieren und zu wandeln. Statt dessen fühlt sich das Individuum getrieben, seine relativ unwandelbaren inneren Objekte mit äußeren Objekten in Einklang zu bringen, die in gleicher Weise als unwandelbar erlebt werden. Der Kranke ist daher dazu verurteilt, einen schmalen, steilen Beziehungspfad zu wandeln, auf dem sich sein Ziel – die erfüllende Partnerbeziehung – schwerlich erreichen läßt. Denn so viele Menschen er auch trifft, er wird immer nur eine sehr begrenzte Objektwahl zur Verfügung haben. Ihm scheint bestimmt zu sein, einem unwandelbaren und unerreichbaren Ideal nachzujagen: Das innere Gyroskop hat den Beziehungskurs zu starr eingestellt.

Dies ist der Fall bei vielen sogenannten »Vater«- oder »Mutterfixierungen«, wo die internalisierte Eltern-Imago wenig oder keinen Spielraum für mögliche Korrekturen durch zwischenmenschliche Erfahrung läßt. Das Resultat ist, daß viele dieser Menschen in ihrer endlosen Suche nach dem Idealpartner niemals zum Ziel gelangen. Diese »Verklemmung« des inneren Gyroskops ist bekanntlich die Folge eines unbewältigten ödipalen Konflikts: Die Idealisierung des gegengeschlechtlichen Elternteils ist hier Ausdruck einer ungelösten Bindung und Ambivalenz. Diese Bindung und Idealisierung führen dann dazu, daß jeder realistisch verfügbare Partner mangelhaft erscheint.

Bei der anderen kontrastierenden Variante der Störung der gyroskopischen Funktion sind die Objekt-Imagines – statt zu starr verinnerlicht – zu lose und auswechselbar. Sie haben dann eine zu geringe gyroskopische Leitkraft und sind als Beziehungswegweiser zu unspezifisch. Die inneren Objekte erlauben in diesem Falle den mühelosen Zugang zu einer weiten Spielbreite äußerer Objekte. Sie versagen aber, wenn es darauf ankommt, das Subjekt wirksam auf einen Bereich möglicher geeigneter Partner festzulegen. Ein solcher Mensch scheint in seiner Beziehungssuche gleichsam steuerlos. Er ähnelt einem Dachshund, der – nach Konrad Lorenz – jedem Herrn zuläuft, der ihm winkt. Dies gilt etwa für bestimmte, relativ undifferenzierte, hysterische Patienten, die ständig unter Druck stehen, die Macht und magnetische Kraft sogenannter »starker« Persönlichkeiten in sich aufzunehmen. Sie verlieben sich daher schnell in immer wieder andere Menschen. Auch in diesen Fällen erscheint der ödipale Konflikt in der Regel unbewältigt. Wir können hier von einem ständigen Hin- und Herschlingern des inneren Gyroskops sprechen. Dabei wird die reaktivierte Ambivalenz gegenüber dem ödipalen Elternteil dadurch zu bewältigen versucht, daß eine Bindung an andere Menschen immer wieder aufgegeben und neu gesucht wird. Ob nun das innere Gyroskop zu starr oder zu lose eingestellt ist – es kommt in jedem Falle zu einer Störung der anfangs erwähnten positiven Gegenseitigkeit.

Während Störungen in der referierenden und gyroskopischen Funktion innerer Objekte vor allem die prekäre intrapsychische Basis des Individuums für eine Beziehung zu äußeren Objekten an den Tag bringen, weisen Störungen in der dritten, autonomiefördernden Funktion innerer Objekte vor allem auf die Bedeutung dessen hin, was wir das »innerpsychische Drama« nennen können. Klinisch sind diese Störungen besonders wichtig, gleichzeitig sind sie besonders schwierig zu verstehen und zu beschreiben. Freud weckte das Verständnis für diese Funktionen durch die Einführung des Narzißmus-Konzepts. Es ist vor allem der sekundäre Narzißmus, der die Störungen in der Autonomie fördernden Funktion der inneren Objekte erhellt.

Sekundärer Narzißmus liegt vor, wenn dem Individuum aus irgendeinem Grunde äußere Objekte entweder unerwünscht oder unerreichbar erscheinen. Die Besetzung wird dann innerhalb des Individuums umkanalisiert und ermöglicht nun ein typisches intrapsychisches Drama: Das Ich – nach Freud der Hauptakteur in diesem Drama – spielt die Rolle eines frustrierten Liebhabers und bietet sich dem Es als Liebesobjekt an. Nur ein schon entwickeltes und differenziertes Ich ist dazu in der Lage. Daher kann der sekundäre Narzißmus nur dann zur Realität werden, wenn das Ich gereift ist. Das innere Beziehungsdrama braucht eine relativ komplizierte und differenzierte psychische Arena.

Wenn es dieses innere Drama ausspielt, kann das Subjekt relative Unabhängigkeit und Autonomie dadurch finden, daß es sich auf eine integrierte innere Welt zurückzieht, die reich und bedeutungsvoll ist. Es kann Reserven benutzen, die es in sich selbst aufbaut oder vorfindet, und es kann, ebenfalls mit sich selbst, einen Dialog unterhalten. Es kann – in Grenzen – ohne Partner, das heißt ohne äußere Objekte auskommen.

Doch, wie gesagt, nur in Grenzen! Werden diese Grenzen überschritten, wird das innere Drama in gefährlicher Weise überbesetzt. Und dies ist um so wahrscheinlicher, je weniger die inneren Objekte in einem echten Selbst (Winnicott) verankert und je weniger sie assimiliert sind. Wenn dies der Fall ist, erwachsen dem Individuum aus der bloßen Beziehung zu seinen inneren Objekten Angst und Qualen, Hochgefühle und Frustrationen. Es ist der Punkt, wo sich die relative Autonomie in Entfremdung verwandelt, wo der sekundäre Narzißmus pathologisch wird: Das Individuum wird nun gleichsam der Gefangene seiner inneren Objekte. Diesen Tatbestand können wir vor allem bei bestimmten schizophrenen Patienten beobachten. Diese Patienten ringen in Liebe und Haß mit inneren Stimmen[5] und »Dingen«, die konkret, unassimiliert und abgespalten erlebt werden. Je mehr ein derartiger Patient von seinen inneren Objekten absorbiert wird, um so

---

[5] Solche Stimmen, schrieb A. Modell (1968), können »all jene Funktionen erfüllen, die Objekten in der Umgebung zugeschrieben werden…«, die Stimmen können Freunde, Kritiker, Berater sein, sie können zur Quelle direkter sexueller Befriedigung werden, die in vielen Fällen zum Orgasmus führt« (S. 138).

eher zieht er sich von der Welt wirklicher Menschen in schizoider Distanzierung zurück.

Denn vom Standpunkt der wirklichen Welt gesehen, ist dieses innere Drama ein bloßes Schattenboxen. Das Individuum ist sich selbst in die Falle gegangen. Es wird egozentrisch wie ein kleines Kind. Indem es sich seinem inneren Drama ausliefert, verliert es das Interesse an den äußeren Objekten. Indem es sich in sich selbst wie in eine Festung zurückzieht, verschanzt es sich gegen den möglichen Verlust dieser Objekte. Es macht sich immun gegenüber menschlichem Leiden, Kummer und Trauer, aber optiert sich damit auch aus dem gelebten Leben heraus. Und indem es sich auf solche Weise vom Leben zurückzieht, büßt sein Ich auch die Chance ein, sich durch Objektverlust zu wandeln und zu wachsen. – Freud hat solches Ich-Wachstum durch Identifizierung des Ichs mit dem verlorenen Objekt beschrieben. – Auch hier – im Falle einer Störung der dritten Funktion innerer Objekte – finden wir daher, daß die anfangs skizzierte, dynamisch sich entfaltende Beziehungsdialektik gestört ist.

Einen pathologischen Narzißmus der hier beschriebenen Art entdeckte Freud in der Melancholie und in anderen schweren narzißtischen Syndromen, wie zum Beispiel der Schizophrenie und Hypochondrie. Freud beobachtete ferner eine wichtige Folge solchen libidinösen Rückzuges von der Welt äußerer Objekte, nämlich die Unfähigkeit, wesentliche und dauernde Übertragungsbeziehungen herzustellen und aufrechtzuerhalten: Hochgradig narzißtische Patienten eigneten sich Freud zufolge nicht für eine Psychoanalyse.[6]

Die Funktionen innerer Objekte im Lichte der klassischen psychoanalytischen Theorie

Die hier beschriebenen Funktionen innerer Objekte erscheinen bereits in den Formulierungen impliziert, mit welchen Freud das Wesen der Objektbeziehungen zu beschreiben versuchte.

[6] Freud war sich bewußt, daß der sekundäre Narzißmus des Hysterikers und Zwangsneurotikers eine ständige komplexe Beziehungsdialektik mit äußeren Dingen und Personen impliziert. Ein solcher Patient wendet sich von der Realität ab, bemerkte Freud, »die Analyse zeigt aber, daß er die erotische Beziehung zu Personen und Dingen keineswegs aufgegeben hat. Er hält sie noch in der Phantasie fest, das heißt, er hat einerseits die realen Objekte durch imaginäre seiner Erinnerung ersetzt oder sie mit ihnen vermengt, andererseits darauf verzichtet, die motorischen Aktionen zur Erreichung seiner Ziele an diesen Objekten einzuleiten… Anders der Paraphreniker. Dieser scheint seine Libido von den Personen und Dingen der Außenwelt wirklich zurückgezogen zu haben, ohne diese durch andere in seiner Phantasie zu ersetzen (S. Freud: Zur Einführung des Narzißmus, GW X, S. 139). Aber selbst der letztere, scheint mir, hat, obwohl in seinem intrapsychischen Beziehungsdrama verfangen, seine Libido noch nicht vollständig von den Dingen und Personen in der äußeren Welt zurückgezogen. Solch ein Rückzug – das legen viele an Schizophrenen gemachte Beobachtungen nahe – scheint immer eine Sache des Grades zu sein. Siehe dazu auch Stierlin (1969).

Freuds Interesse an den Begriffen »Objekt« und »Objektbeziehung« erwuchs aus seiner Triebtheorie. Dieser Theorie zufolge haben unsere Triebe Quellen, Ziele und *Objekte*. In dem Maße, in dem Freud im Lauf der Jahre seine Triebtheorie entwickelte und abwandelte, entwikkelte und änderte er auch den Objektbegriff. Dieser Objektbegriff umfaßte schließlich Teilobjekte und ganze Objekte, innere und äußere, wirkliche und halluzinierte Objekte.

Freud ließ das Wesen der Triebe in einem neuen Lichte erscheinen, als er 1923 sein strukturelles Modell einführte. Die Neufassung der Triebtheorie implizierte auch eine Neufassung der Objekttheorie. Seine Arbeit über ›Das Ich und das Es‹ stellte hier den wichtigsten Einschnitt dar. An diesem Punkt in der Entwicklung Freuds erreichte die psychoanalytische Theorie nicht nur einen neuen Komplexitätsgrad; auch der Fokus der Erkenntnis änderte sich zum Teil. Durch diese Fokusänderung wurden neue klinische Einsichten – besonders die Dynamik der Depression betreffend – faßbar.

Als Teil dieser neuen Perspektiven zeichnete sich ein struktureller, psychoanalytischer Objektbegriff ab. Das schon vorher benutzte deutsche Wort »Besetzung« – das im Englischen mit »cathexis« wiedergegeben wird – erschien besonders geeignet, dieser strukturellen Dimension des Objektbegriffs Rechnung zu tragen. Während die Begriffe »Trieb« und »Triebentladung« – so wie sie in einem vorstrukturellen Kontext verwendet wurden – die freie Verschieblichkeit der libidinösen Objektbesetzung nahelegten, erschloß nun der strukturelle Gesichtspunkt die dauernde Beziehung beziehungsweise Besitzergreifung des Objektes durch das Subjekt.[7]

Freuds Strukturmodell lieferte mit anderen Worten das Begriffsfundament, durch das sich das Objekt in seiner dauerhaften Bindung an das Subjekt erfassen ließ. Eine strukturierte Beziehung zwischen Objekt und Subjekt impliziert, daß das Individuum nicht nur lediglich seine Triebe entladen kann oder muß, sondern daß es für diese Triebentladung Objekte braucht. Und der Bedarf an Objekten muß verläßlich befriedigt werden. Daher müssen die Objekte in dauerhafter und voraussagbarer Weise an das Subjekt gebunden werden. Dies wiederum bedingt eine Änderung in der Qualität der Triebentladungen. In ihrer Objektgerichtetheit müssen diese Entladungen nun modulierter, disziplinierter und möglicherweise schwächer werden.

[7] René Spitz beschrieb das »libidinöse« Objekt der Psychoanalyse. Dabei hatte er offensichtlich den prä-strukturellen Objektbegriff im Sinne. Spitz kontrastierte dieses libidinöse Objekt mit dem permanenten Objekt Piagets, welches in der Zeit konstant und mit sich selbst identisch bleibt, wohingegen – nach Spitz – das libidinöse Objekt der Psychoanalyse dies nicht tut. Denn dieses libidinöse Objekt ändert sich mit dem affektiven und libidinösen Status des Subjekts. Es erweist sich damit als an eine Triebtheorie gebunden, worin die Phänomene der Triebabfuhr und Spannungsreduktion, des Ansteigens und Fallens der libidinösen und affektiven Investierungen zentral wichtig waren.

Aber Freuds Strukturmodell, das eine Orientierung des Subjektes auf strukturierte und voraussagbare Objekte umfaßt, sollte auch – und dies scheint wesentlich – jene inneren psychischen Schemata in den Griff bekommen, die dauerhafte und strukturierte Objektbeziehungen ermöglichen. Indem Freud sein Interesse auf diese psychischen Korrelate oder Schemata richtete, legte er den Weg frei für die Schaffung der Konzepte »inneres Objekt«, »Objekt-Imago« und »Objekt-Repräsentanz«. Alle drei Begriffe sind inzwischen in der psychoanalytischen Theorie heimisch geworden.

Diese begriffliche Entwicklung zeigt einen erneuten Wechsel im Erkenntnisfokus an: Während der strukturelle Gesichtspunkt offenbar anfänglich einsichtig zu machen versuchte, wie die inneren Schemata äußere Objekte repräsentieren und wie die ersten die Permanenz der letzteren innerhalb der Psyche ermöglichen, erregten diese Schemata – oder inneren Objekte – immer mehr Interesse, unabhängig von den äußeren Objekten. Daher konzentrierte sich nunmehr das Interesse auf die Wechselfälle und Beziehungen der inneren Objekte innerhalb der Psyche, während deren Beziehung zu äußeren Objekten zeitweilig weniger wichtig erschien. So verstanden, erlaubte es Freuds strukturelles Modell, die inneren Objekte als zentrale Momente in einem komplexen inneren Drama zu verstehen.

Das Nebeneinanderbestehen dieser beiden begrifflichen Dimensionen innerer Objekte – ihre Verkettung mit äußeren Objekten, welche sie repräsentieren sollen, und ihre Bedeutung als intrapsychische Vektoren – hat in der Folge Verwirrung im Gebrauch der Konzepte »inneres Objekt«, »Objekt-Imago« und »Objekt-Repräsentanz« angerichtet. Autoren wie Sandler (1963), Hartmann (1950) und E. Jacobson (1964) haben den wahllosen Gebrauch des Begriffes »inneres Objekt« an solchen Stellen kritisiert, wo der Begriff »Objekt-Repräsentanz« angemessener gewesen wäre. Sie wiesen darauf hin, daß solche unkritische und anscheinend metaphorische Verwendung des Begriffes anthropomorphisierend und verdinglichend sei. Aber sie konnten öfter ihren eigenen kritischen Ermahnungen nicht gerecht werden – wie zum Beispiel E. Jacobson (1964, S. 6, Fußnote) zuzugeben bereit ist. Dies ist verständlich, denn um der Macht und Komplexität des hier zur Diskussion stehenden intrapsychischen Dramas gerecht zu werden, bedurfte es offenbar der Anthropomorphisierung und der Metaphern als Ausdrucksmittel.

Kein anderer als Freud war auch hier beispielgebend. Nachdem er sein strukturelles Modell entwickelt hatte, beschrieb er die Beziehung zwischen den Elementen Es, Ich und Über-Ich – die sich alle unter der hier behandelten Perspektive als analog zu oder als Prototypen von inneren Objekten verstehen lassen – in einer dramatisierenden, anthropomorphisierenden Weise.

Wir lesen zum Beispiel (in ›Trauer und Melancholie‹, 1917) vom Ich, das sich dem Es als Liebesobjekt anbietet, von der erotischen Bindung des Ichs an ein sadistisches Über-Ich (in ›Das Unbehagen an der Kultur‹, 1930) oder vom Ich, das dem Über-Ich gehorcht (in ›Hemmung, Symptom und Angst‹, 1926). Es, Ich und Über-Ich erscheinen als Hauptakteure in einem lebendigen und anschaulich gemachten innerpsychischen Drama. Das Gefühl, es mit einem inneren Drama zu tun zu haben, wurde noch erhöht, als diese seelischen Apparate mit einer eigenen psychischen Organisation, mit eigenen Interessen und – obgleich dies noch ein umstrittener Punkt ist – mit eigenen Energiequellen ausgestattet gedacht wurden und als – unter dem dynamischen Gesichtspunkt – Konflikte und Versöhnungen zwischen ihnen als ständiges und notwendiges Geschehen erkannt wurden.

Es folgt daher, daß sich innere Objekte auf zweifache Weise definieren lassen: einmal im Hinblick auf die äußeren Objekte, die sie repräsentieren sollen, und zum anderen im Hinblick auf das innerpsychische Drama, in dem sie als wirksame Faktoren zur Geltung kommen. – Es ist dieser letztere Gesichtspunkt, von dem her sich die Apparate Es, Ich und Über-Ich als die zugegebenermaßen oft hypostasierten Prototypen innerer Objekte verstehen lassen. Das läßt es ratsam erscheinen, den Begriff des inneren Objekts als allgemeines Erklärungsprinzip beizubehalten. Denn in dem allgemeinen, hier gemeinten Sinne kann ein inneres Objekt sowohl eine Objektrepräsentanz – etwas, das im Hinblick auf ein äußeres Objekt definiert wird – als auch eine innere Kraft, einen Akteur oder Vektor darstellen, deren wesentliche Bedeutung von ihrer Rolle im innerpsychischen Drama herrührt.

Damit jedoch diese Ausweitung des Begriffs »inneres Objekt« nicht zu einem Verlust an Aussagekraft führt, muß sie mit einer gleichzeitigen Differenzierung und schärferen Fassung des Begriffs einhergehen. Das Bemühen um die Verfeinerung der Begriffssprache führt uns dann zu den Funktionen innerer Objekte – Funktionen, die sowohl mit der Beziehung der inneren zu äußeren Objekten als auch der Rolle der inneren Objekte im innerpsychischen Drama zu tun haben können. Diese Funktionen habe ich im vorhergehenden zu beschreiben versucht.

Indem wir solcherart die Funktionen innerer Objekte ins Blickfeld rücken, lassen wir bewußt viele jener Probleme unberücksichtigt, die sich auf Genesis und Modus der Verinnerlichungs- und Identifikationsprozesse beziehen, die von E. Jacobson, J. Sandler, R. Schafer, A. Modell, H. Loewald, S. Novey und vielen anderen beschrieben wurden. Zugleich versuchen wir es jedoch, diese Probleme unter einer etwas anderen Perspektive zu betrachten und damit einer umfassenden psychoanalytischen Theorie menschlicher Beziehungen den Boden zu bereiten.

Die Funktionen innerer Objekte und die Objektbegriffe von Melanie Klein und Fairbairn

Ich möchte einige Aspekte des vorhergehend dargestellten Begriffs der Funktion innerer Objekte stärker hervorheben, indem ich sie mit den Positionen Melanie Kleins und Fairbairns vergleiche. Melanie Klein soll dabei nur am Rande behandelt und das Hauptinteresse Fairbairn gewidmet werden. Dies einerseits deshalb, weil Fairbairns Ideen systematischer entwickelt sind als diejenigen von Melanie Klein, zum anderen deshalb, weil Fairbairn mehr als Melanie Klein zum Exponenten einer psychoanalytischen Theorie der Objektbeziehungen wurde, die sich von Freuds Theorie unterscheidet. Darüber hinaus hat Fairbairn grundlegende Ideen Melanie Kleins in sein eigenes Denken übernommen.

Melanie Klein rückte die Begriffe »inneres Objekt«, und »innere Welt« in den Mittelpunkt ihres Denkens. Im Gegensatz zu Freud, der den Begriff des inneren Objektes gelegentlich verwendet hatte, machte Melanie Klein diesen zu einem Schlüsselbegriff, neben dem alle anderen psychoanalytischen Begriffe zu verblassen schienen. Das führte dazu, daß die innere Welt des Individuums, seine Phantasien, sein inneres Drama von Haß, Neid und Verfolgung in vieler Beziehung wichtiger wurden als seine Beziehungen zu äußeren Objekten. Melanie Klein glaubte (1957), daß sich dieses innere Beziehungsdrama schon in einer sehr frühen Lebensphase entfaltet. Sie kam zu diesen Schlußfolgerungen vor allem aufgrund ihrer Einsichten in das Phantasieleben der Kinder, die sie in der analytischen Spieltherapie beobachtete. Sie nahm an, daß komplexe intrapsychische Prozesse bereits in den ersten Lebensmonaten einsetzen. Die Prozesse der Spaltung (splitting) und der projektiven Identifikation erschienen ihr dabei die wichtigsten.[8]

Fairbairn übernahm wesentliche Positionen Melanie Kleins. Wie sie glaubt er an den Primat der inneren Objekte und der inneren Welt, und wie sie ist er überzeugt, daß das innere Beziehungsdrama in einer sehr frühen Lebensphase einsetzt.

Fairbairn scheint – wie andere Theoretiker der Psychoanalyse – Freuds 1923 publiziertes strukturelles Modell der Psyche als wichtigste Ausgangsbasis für seine Theorie zu nehmen. In seinem Falle wurde es die Ausgangsbasis für eine Theorie der Objektbeziehungen. Es wurde bereits erwähnt, daß Freuds Strukturmodell Probleme der begrifflichen Integration der erreichten Komplexität aufwarf und einen neuen Fokus einführte: Vor allem Arlow und Brenner haben deutlich gemacht

---

[8] Melanie Kleins Ideen leiden manchmal darunter, daß sie in einer globalen und oft metaphorischen Sprache dargestellt werden. Darüber hinaus stehen viele ihrer grundlegenden Annahmen und theoretischen Konstruktionen – obzwar häufig zur klinischen Intervention anregend – mit vielen gegenwärtigen Auffassungen und Beobachtungen bezüglich der Natur und dem Tempo der menschlichen Entwicklung in Widerspruch.

(1964), wie schwer sich Freuds Triebtheorie und sein topographisches Modell der Psyche mit seiner neuen Theorie psychischer Strukturen und Objekte versöhnen und integrieren lassen. Angesichts dieser notwendigen, noch zu leistenden Versöhnungs- und Integrierungsarbeit schien es Freud schwerzufallen, bestimmte Perspektiven, die sich aus seinem Strukturmodell ergaben, zu explizieren und zu formulieren.

Fairbairn entschloß sich nach einer Periode inneren Zweifels 1952, die eben erwähnte begriffliche Versöhnungsarbeit außer acht zu lassen und eine davon unbelastete Theorie der Objektbeziehungen zu entwikkeln. Dadurch glaubte er die analytische Theorie vereinfachen zu können. Er gab Freuds Triebtheorie im wesentlichen auf und verfolgte damit einen theoretischen Kurs, der sich radikal von demjenigen Hartmanns unterscheidet. Fairbairn vertrat wie Freud die Auffassung, daß das Individuum Objekte libidinös zu besetzen versucht. Aber diese Besetzungen dienen nun nicht mehr dem Lustgewinn; sie dienen gleichsam dem Objektgewinn. Die lustsuchende Libido scheint von der objektsuchenden Libido abgelöst. Fairbairn verwarf daher Freuds Begriff des Es. Impulse erschienen ihm stets an Objekte gekoppelt: »Impulses become bad if they are directed toward bad objects. If such bad objects are internalized, then the impulses directed toward them are internalized« (1952, S. 63). Bei näherer Betrachtung finden wir verinnerlichte und hierarchisch organisierte Beziehungssysteme und Subsysteme.

Indem Fairbairn auf diese Weise die psychoanalytische Theorie modifizierte, konnte er leichter jenes innere Beziehungsdrama in den Griff bekommen, das Freud in seinem strukturellen Modell erschlossen hatte. Es waren vor allem schizoide und hysterische Patienten, die Fairbairn Einsichten in die Natur dieses Dramas lieferten. Fairbairn legte überzeugend dar, wie diese Patienten, die wirkliche Beziehungen fürchten, bei ihren inneren Objekten Zuflucht und Tröstung finden beziehungsweise zu finden suchen. Er bevölkerte die Bühne seines inneren Dramas mit Akteuren – oder inneren Objekten –, die zahlreicher und lebendiger erschienen als Freuds drei Hauptagenturen Es, Ich und Über-Ich. Fairbairn unterschied schließlich zwischen drei Paaren solcher inneren Akteure: dem zentralen Ich und dem idealen Objekt, dem antilibidinösen Ich und dem zurückweisenden Objekt, dem libidinösen Ich und dem erregenden Objekt. Fairbairn beschrieb diese Paarbildungen, ihre Wechselfälle und Antagonismen in verschiedenen psychischen Störungen und machte damit deutlich, wie das innere Drama zu den verschiedensten Formen von Psychopathologie Anlaß geben kann.[9]

[9] Dieser Abriß ist noch unvollständig. So wird zum Beispiel der Begriff »Akteur« nicht den wichtigen systematischen Eigenschaften von Fairbairns inneren Objekten gerecht. Und wenn wir das Gleichnis von der innerpsychischen Bühne gebrauchen, müssen wir uns daran erinnern, daß es eine Bühne in der Bühne gibt – die verdrängten, aber weiterhin mächtigen inneren Objekt-

Wie Freud befaßte sich auch Fairbairn mit der Frage, wie innere Objekte entstehen und wie sie sich wandeln, und wie Freud und andere erkannte er auch die zentrale Rolle früher Verinnerlichungsprozesse.

Dabei ergab sich jedoch ein wesentlicher Unterschied: Während Freud die Identifizierung mit dem guten Objekt – über deren Abwehrfunktion hinaus – als einen notwendigen Aspekt der normalen Entwicklung unterstrich – eine Auffassung, die von Autoren wie Winnicott (1958), Fenichel (1945), Balint (1958) und R. Schafer (1968) übernommen und erweitert wurde –, betrachtete Fairbairn die frühe Verinnerlichung von Objekten lediglich als einen Abwehrprozeß. Guntrip hat im einzelnen die hier vorliegenden Unterschiede beschrieben. Nach Fairbairn geben gute Objektbeziehungen keinen Anlaß für eine Verinnerlichung. Denn gute Objekte beeinflussen und fördern nur eine gute Ich-Entwicklung. Indem sie Baumaterial für ein gesundes Selbst werden, löschen sie sich als innere Objekte gleichsam aus. Das unbefriedigende, schlechte Objekt indessen wird verinnerlicht, damit es gemeistert werden kann. Insofern ein »gutes Objekt« im inneren Drama eine Rolle zu spielen vermag, dient es zur Abwehr eines verinnerlichten schlechten Objektes. Fairbairn hat diese Position später modifiziert. Danach kommt es zunächst nicht zur Verinnerlichung des schlechten, sondern des präambivalenten Objektes. Die Spaltung zwischen guten und schlechten Objekten erfolgt dann später. Aber auch dieses präambivalente Objekt wird nur deshalb verinnerlicht, weil es nicht befriedigt.

Zusammenfassend läßt sich daher sagen, daß die Verinnerlichung von Objekten nach Fairbairn wesentlich eine Abwehrfunktion erfüllt und daß sie als solche zu einer frühen Ich-Spaltung Anlaß gibt, die dann wieder anhaltend auf die psychische Entwicklung einwirkt.

Die von Fairbairn erfaßten inneren Objekte sind daher im allgemeinen schlechte Objekte. Schlecht in diesem Sinne ist zum Beispiel das »zurückweisende Objekt«, das das paranoide Individuum externalisiert, und schlecht ist das erregende Objekt, das den hysterischen Patienten rastlos macht. Diese Auffassung – nach der das Ich im wesentlichen nur mit schlechten Objekten im Kampfe liegt – führt zu einer weiteren Vereinfachung der Fairbairnschen Position.

Wenn wir nun fragen, wie Fairbairns Theorie der Objektbeziehungen sich im Lichte der vorher beschriebenen drei Hauptfunktionen innerer Objekte zeigt – der referierenden Funktion, der gyroskopischen Funktion und der Autonomie fördernden Funktion, dann ergibt sich die folgende Antwort: Was die referierende Funktion anlangt, so finden wir, daß diese weitgehend außerhalb von Fairbairns Interessen und Bezugssystem bleibt.

---

untersysteme –, die das Beziehungsschicksal eines Menschen bestimmen. Guntrip (1961) und Sutherland (1963) haben diese letzteren Aspekte in der Theory Fairbairns betont.

Fairbairn wird der zweiten – das heißt gyroskopischen – Funktion eher gerecht, läßt jedoch zentrale Aspekte unbeachtet. Dies ergibt sich aus Fairbairns fast ausschließlicher Beschäftigung mit schlechten inneren Objekten. Ihm fehlt daher das Begriffswerkzeug, um das gyroskopische Potential guter innerer Objekte[10] zu erfassen, das heißt, er macht nicht verständlich, wie gute innere Objekte einen Menschen dazu veranlassen können, jene äußeren Objekte des wirklichen Lebens zu suchen, deren guten Prototyp er verinnerlicht hat. Fairbairns Objekttheorie läßt uns, kurz gesagt, wenig Spielraum, um innere Objekte als positive Leitbilder zu verstehen. Damit einhergehend ist es ihm nicht möglich, die Störung der gyroskopischen Funktion in den Griff zu bekommen.[11]

Fairbairns Beitrag befaßt sich wesentlich mit der dritten Funktion innerer Objekte, die ich die »autonomiefördernde Funktion« nannte. Hier, in der Klärung dieser dritten Funktion, liegt meines Erachtens sein großer Verdienst. Er beschreibt einsichtsvoll, wie das innere Beziehungsdrama zur Selbstzerstörung führen kann. Er lehrt uns auf diese Weise vor allem schizophrene, hysterische und phobische Patienten besser verstehen, in denen – jedesmal in anderer Weise – innere Objekte mit Schatten zu kämpfen scheinen, während die äußeren Objekte verblassen und lediglich auswechselbare Komplemente für die jeweils benötigten Externalisierungen abgeben.

Auf diese Weise hat Fairbairn unser Verständnis des von Freud beschriebenen pathologischen (sekundären) Narzißmus bereichert und erweitert. Aber indem er wesentlich auf diesen Aspekt der menschlichen Beziehungspathologie fixiert blieb, verlor er größere Zusammenhänge und die Notwendigkeit weiterer begrifflicher Integrationen aus dem Gesichtsfeld.

Wir können zusammenfassend Freuds, Melanie Kleins und Fairbairns Theorie der Objektbeziehung wie folgt bewerten: Freuds Theorie erscheint weiter angelegt als die Fairbairns. Sie weist, zumindest implicite, allen drei oben beschriebenen Funktionen innerer Objekte einen Platz zu. Sie eröffnet eine weite Perspektive für das Verständnis menschlicher Entwicklung und legt eine komplexe Dialektik zwischen inneren und äußeren Objekten nahe. In diesem Sinne bereitet sie den Boden für eine umfassende Theorie menschlicher Beziehungen. Fairbairn und Melanie Klein haben vor allem einen Aspekt dieser Dialektik ins Blickfeld gebracht. Sie legten in erster Linie Störungen in der Auto-

---

[10] Freud (1905) lieferte das grundlegende Argument für die Postulierung des guten inneren Objektes, als er schrieb: »Es gibt daher gute Gründe dafür, warum ein an der Mutterbrust saugendes Kind zum Prototyp jeder Liebesbeziehung geworden ist. Das Finden eines Objekts ist in der Tat ein Wiederfinden desselben« (S. 222).

[11] Es fehlt ihm ferner das Begriffswerkzeug, um wichtige Aspekte des von mir in späteren Kapiteln – vor allem dem 10., 11. und 12. Kapitel – darzustellenden Delegationsprozesses zu erfassen.

nomie fördernden Funktion innerer Objekte zutage. Dies wurde möglich, weil sie ein Begriffspotential, das in Freuds strukturellem Modell beschlossen lag, voll ausnutzten. Aber indem sie, paradoxerweise, einige Ideen Freuds solcher Art erweiterten und sogar transzendierten, begrenzten sie das Potential anderer Ideen Freuds. Sie zahlten den Preis einer begrifflichen Einengung und damit einer Einengung möglicher Beobachtungen in mehreren wichtigen Gebieten. Vor allem wurden sie den beiden anderen oben erwähnten Funktionen innerer Objekte nicht gerecht und begrenzten dadurch ihre Perspektive.

II Familiendynamik und Trennungsprozesse

Wahn und Kulturgebundenheit

Als »Wahn« bezeichnen wir Vorstellungen und Ideen, die ein einzelner zu Unrecht für wahr hält.

Diese Definition des Wahns schließt ein Problem ein. Sie scheint vorauszusetzen, daß es in der Welt der Vorstellungen und Ideen eine allgemein gültige und verbindliche Wahrheit gibt. Dies ist jedoch nur in Grenzen der Fall. Unsere Kultur gestaltet und limitiert den Bezugsrahmen, worin sich Wahn und Nichtwahn voneinander abheben. Was etwa innerhalb einer Kultur beziehungsweise Subkultur von einer maßgebenden Majorität als wahr und unbezweifelbar angesehen wird – zum Beispiel daß es Hexen gibt, die verbrannt werden müssen, daß die Juden der Welt eine böswillige Verschwörung planen oder daß Jesus von einer Jungfrau geboren wurde – kann von außerhalb dieser Majorität und Kultur als Wahn erscheinen.

Bestimmte Individuen können sich vielleicht quer zur gegebenen Zeit und Epoche stellen – und verschiedene Denker können dafür als Beispiel dienen –, ohne als wahnhaft oder wahnkrank zu gelten. Aber dann müssen sie gleichsam noch mit einem Fuß in ihrer Zeit und Kultur stehen: Sie müssen an deren Bedeutungskosmos teilhaben. Sie müssen die »Realität«, ehe sie sie in Frage stellen, mit den Augen der kulturgebundenen anderen gesehen haben.

Die Familie als Subkultur

Der Familie fällt in hohem Maße die Aufgabe zu, dem heranwachsenden Kind die Realitätsdefinition der gegebenen Kultur zu übermitteln. Sie muß das Kind dementsprechend erziehen und sozialisieren. Sie muß es in der Sprach- und Wertwelt heimisch machen, die durch die Kultur geprägt und ausgesteckt sind. Versagt die Familie in dieser Aufgabe, wird sich das Kind in seiner Kultur schwer oder nicht zurechtfinden. Es übersieht oder mißdeutet dann die Symbole und Zeichen, die eine Partizipation am Bedeutungskosmos der anderen ermöglichen. Seine Kultur wird ihm dann zum Dschungel und seine Definition der Realität – in den Augen der kulturorientierten anderen – zum Wahn.

Das Verhältnis der Familie zur umgebenden Kultur ist in der Regel nicht einfach: Einerseits läßt sich die Familie als eine Subkultur innerhalb der Gesellschaft verstehen. In diesem Sinne sind die in der Familie und umgebenden Kultur gültige Sprache, Wertwelt und Realitätsdefinition identisch. Nur auf der Basis solcher Gemeinsamkeit kann die Familie ihre Sozialisierungsfunktion, wie eben angedeutet, erfüllen. Andrerseits stellt aber die Familie einen privaten Bereich dar, in dem unter Umständen ein großer Spielraum für idiosynkratische Werte und Praktiken der Erziehung und Kommunikation besteht. Wird dieser private Bereich übermächtig, dann kann, was innerhalb der Familie als verständliche Realität erscheint, außerhalb der Familie zur Irrealität werden – und umgekehrt. In diesem Fall erscheint die Familie als Erzieherin zum Wahn.

Es waren bisher in erster Linie die Familien schizophrener Patienten, die uns Einblicke in die Gestaltung und Übermittlung des Wahns verschafft haben. Der private Bereich dieser Familien wurde durch zahllose Interviews mit Familienangehörigen, durch die teilnehmende Beobachtung einer oft Jahre dauernden Familientherapie – während der die ganze Familie meist zweimal wöchentlich eine Stunde mit ihren Psychotherapeuten zusammentrifft – und durch die Auswertung vieler Filme und Tonbandtranskripte solcher Familiensitzungen der wissenschaftlichen Forschung eröffnet. Diese Forschung wurde am National Institute of Mental Health etwa seit 1950 durchgeführt. Hier wurden auch erstmals ganze Familien hospitalisiert und systematisch therapiert und studiert. Mehr als ein Dutzend anderer Institute in den USA haben bisher in den verschiedensten Abwandlungen die Familienforschung und -therapie aufgenommen. Die Arbeiten von M. Bowen (1959), L. Wynne (1958, 1963, 1965), T. Lidz, I. Boszormenyi-Nagy (1965), G. Bateson (1956) und deren Mitarbeiter, um nur einige zu nennen, orientieren über diese Entwicklung.

Erscheinungsformen des Wahns

Um im einzelnen die Bedeutung der Familie für die Gestaltung des Wahns zu verstehen, müssen wir einige Aspekte des Wahns näher betrachten.

Wahn im hier gemeinten Sinne tritt nicht nur als Symptom beziehungsweise Begleiterscheinung einer schizophrenen Störung auf. Auch in anscheinend gesunden Menschen kann er etwa unter dem Einfluß von fieberhaften Krankheiten, Rauschgiften, außergewöhnlichen Belastungen zum Beispiel durch Sinnesentzug, sensory deprivation – entstehen. Wir begegnen ihm – in meist milderen Formen – in vielen Persönlichkeiten, die psychiatrisch nicht auffallen.

Der Wahn Schizophrener kann jedoch als Prototyp gelten, an dem sich wesentliche Erscheinungsweisen und Mechanismen des Wahns studieren lassen. Wir können hier zwei modellhafte Spielarten unterscheiden, die, obwohl ineinander übergehend, jeweils etwas für den Wahn Typisches zum Ausdruck bringen.

In der ersten Spielart gibt sich die schizophrene Störung meist relativ früh – zur Zeit der Adoleszenz oder Spätadoleszenz – zu erkennen. Hier scheinen die Wahnvorstellungen und -ideen nicht selten ein dramatisches Moment zu haben. Sie sind plötzlich da. Das Individuum scheint von ihnen besessen beziehungsweise ihnen ausgeliefert. Inge, ein siebzehnjähriges Mädchen, glaubt zum Beispiel, die Jungfrau Maria – die Wächterin über weibliche Reinheit – habe ihr eine Spezialerlaubnis zum Geschlechtsverkehr gegeben. Sie ist deswegen voller Angst und Erregung. In dieser Erregung wird ihr Denken verwirrt und fragmentiert, ihr Wahn läßt ihre innere Spannung, Zerrissenheit und überstimulierte Einbildungskraft erkennen. In der Familie wirkt sie wie Dynamit. Sie klagt den Vater an, er wolle sie vergewaltigen und sucht unter Tränen Schutz in den Armen der Mutter. Aber nur wenige Augenblicke später bezeichnet sie letztere als eine Hexe, die von ihrem – der Tochter – Blut leben wolle.

In der zweiten Spielart stellt sich der Wahn meist später – nicht selten erst im mittleren Alter – und unter weniger dramatischen Zeichen ein. Er scheint sich in einer Persönlichkeit einzunisten, die oft wenig auffällig und intellektuell gut organisiert erscheint. Eine hospitalisierte fünfunddreißigjährige Patientin zum Beispiel, Neuankömmling in einer Gruppentherapie, lieferte der Gruppe in geordneter und klar formulierter Weise eine Reihe von Argumenten, die das Spital – es handelt sich um ein kleines Privatsanatorium – als Musterbeispiel eines kapitalistischen Ausbeutungsunternehmens erscheinen lassen. Die anderen Gruppenmitglieder werden erst stutzig beziehungsweise irritiert, als sie von der vergifteten Spitalskost zu reden beginnt. Daraufhin bleibt Sabine – so wollen wir die Patientin nennen – den Gruppensitzungen fern. Mit den anderen Patienten verkehrt sie höflich, aber in einer mißtrauischen, entfremdeten Weise. Dieselbe höfliche Distanz bewahrte sie zunächst gegenüber ihrem Arzt, der sie während mehrerer Jahre viermal wöchentlich in psychotherapeutischen Sitzungen sah. Nur allmählich vertraute sie letzterem ihre vielschichtigen Wahn- und Beziehungsideen an.

Den beiden hier skizzierten Spielarten des Wahns – einmal als Ausdruck einer fragmentierten, überstimulierten Einbildung, zum anderen als Fehlsteuerung einer sensitiven Intelligenz erscheinend – begegnen wir in milderen Formen häufig im Leben; zum Beispiel der ersten Spielart in vielen passageren Adoleszenzkrisen, der zweiten in vielen Menschen, in denen sich ein waches Mißtrauen mit einem sogenannten »one-track-mind«, einer intellektuellen Starre und Eingleisigkeit, verbindet.

Bei aller Verschiedenheit menschlicher Wahnbildung lassen sich jedoch einige typische und immer wiederkehrende psychologische Momente festhalten. Zwei dieser Momente halte ich für besonders wichtig: erstens eine Art der *Selbstentfremdung*, die die zum Wahn neigende Persönlichkeit von vielen wichtigen Daten abschneidet, die für eine adäquate Kommunikation und Realitätsorientierung unerläßlich sind; und zweitens, damit einhergehend, eine Störung in dem, was ich die *»Dialektik von Eigen- und Fremdsteuerung«* nennen möchte.

Die *Selbstentfremdung*, das erste Moment, betrifft vor allem das Verständnis der eigenen Gefühle, Bedürfnisse und Motive. Wenn ein Individuum diese Gefühle, Bedürfnisse und Motive mißversteht beziehungsweise nicht wahrnimmt, fehlen sie ihm als Daten, durch die sich die Gefühle, Bedürfnisse und Motive anderer empathisch orten, vergleichen und abgrenzen lassen. Der Wahn dient dann zum Ausfüllen dieser Datenleere. Er ist eine Art Lückenfüller. Die Projektion der eigenen Gefühle und Absichten in den anderen, von Freud (1911) als ein zentraler Mechanismus der Wahnbildung beschrieben, erscheint als ein Spezialfall solchen Lückenfüllens. Bei aller Blindheit den eigenen Bedürfnissen und Absichten gegenüber – wie zum Beispiel den eigenen homosexuellen Bedürfnissen im Falle des von Freud beschriebenen Schrebers – werden solche Bedürfnisse bei der einfachen Projektion noch weitgehend richtig verstanden. Sie werden jedoch falsch plaziert – nämlich im anderen und nicht im eigenen Subjekt – und bekommen dadurch im Rahmen der gesamten Realitätsorientierung einen falschen Stellenwert. In den meisten Wahnbildungen finden wir neben und an Stelle der Projektion noch andere lückenfüllende und entstellende Faktoren. Dazu rechnet etwa eine Art der überwachen, aber zugleich starren Selektivität, die bestimmte, zum Wahn neigende Persönlichkeiten überall das Körnchen Wahrheit oder Evidenz aufspüren läßt, das sie zur Unterbauung ihrer vorgefaßten Meinung benötigen. Das war bei der eingangs beschriebenen Patientin Sabine der Fall. Sie konnte auf ein Pilzgericht hinweisen, das möglicherweise nicht ganz gar gekocht war, überging aber die Tatsache, daß das Spitalessen normalerweise sorgfältig und geschmackvoll zubereitet wurde. In solcher Konzentration auf das, was in das vorgefaßte Bild paßt, wird der systematisierte Wahn vieler Paranoiker praktisch unangreifbar.

Die *Störung der Dialektik von Eigen- und Fremdsteuerung*, das zweite Moment in der Wahnbildung, offenbart sich in einer gleichzeitigen Unter- und Überschätzung des eigenen Einflusses und der eigenen Bedeutung. Ein gesundes Selbstwertgefühl schließt in der Regel ein abgewogenes Wissen um die Macht und die Grenzen eigenen Einflusses ein. Auf der Basis solchen Selbstwertgefühls weiß der einzelne, daß er ein Zentrum eigener Verantwortung und eigener Initiative ist. Aber zugleich weiß er, daß es eine objektive Kausalität gibt, die sich unabhängig von den eigenen Wünschen, Handlungen und Entscheidungen vollzieht. Damit einhergehend ist er sich bewußt, daß die anderen Menschen ihr eigenes Leben zu leben haben, in dem er selbst mehr oder weniger nur Randfigur ist.

Das hier angedeutete ausgewogene Wissen ist bei den zum Wahn neigenden Menschen gestört: Sie halten sich zugleich für machtlos und übermächtig. Sie sehen sich als hilfloses Opfer aller möglichen Machenschaften, Kliquen und Verschwörungen von manchmal kosmischen Ausmaßen: daher die vielen Spielarten von Verfolgungswahn und Beziehungserlebnissen. Aber zugleich erleben sie ihre eigene Bedeutung als einzigartig. Ihre Gedanken allein können über die Zukunft der Menschheit, über Krieg und Frieden entscheiden. Jedes Wort, das sie sagen, ist ein Juwel. – Eine meiner paranoiden Patientinnen, die Zahlungsschwierigkeiten hatte, zweifelte keinen Augenblick daran, daß ein kurzes Manuskript, in dem sie sich in wahnhafter Weise über den Erdmagnetismus ausgelassen hatte, Millionen wert sei. – Daher die verschiedenen Spielarten des Größenwahns.

Die Störung in der Dialektik von Eigen- und Fremdsteuerung, die uns in den Wahnbildungen dieser Menschen als übersteigertes Extrem gegenübertritt, zeigt in vielen Lebenshaltungen und -äußerungen. Dazu rechne ich etwa die Tendenz, jeglicher Eigenverantwortung auszuweichen und ständig andere, fremdgesteuerte Einflüsse zu vermuten. Das zeigt sich bereits in den Rorschachdeutungen vieler dieser Menschen. Hinter jeder der Testtafeln sehen sie einen bestimmten Einfluß oder eine Absicht, der sie ausgeliefert sind. Daher dann auch die Neigung, überall Schuld zu suchen und Schuld auszuteilen. Es ist immer der andere, der etwas getan oder ausgebrockt hat. Und doch wird alles, was dieser andere tut, egozentrisch gewertet und gesehen.

Die Entstehung der Wahnbereitschaft

Die Wahnbildung läßt sich als ein zweistufiger Prozeß verstehen. In der ersten Stufe entwickelt sich die Disposition zum Wahn. Wir können hier auch von einem »latenten Wahn« sprechen. In der zweiten Stufe wird der Wahn manifest. Er bringt den einzelnen in Konflikt mit seiner kulturgebundenen Umwelt und bedingt möglicherweise die Unterbringung in einer psychiatrischen Anstalt.

Die Familie erscheint an beiden Stufen der Wahnbildung beteiligt. Im Rahmen der ersten Stufe fördert sie die Entwicklung jener Momente, die wir als charakteristisch für alle Spielarten der Wahnbildung kennengelernt haben: die Selbstentfremdung und die Störung der Dialektik der Eigen- und Fremdsteuerung. Im Rahmen der zweiten Stufe scheint sie einen Einfluß darauf zu nehmen, wann und auf welche Weise der disponierte einzelne sich im Bedeutungskosmos seiner Kultur verirrt. Betrachten wir zunächst die erste Stufe.

Hier ist noch vieles im Dunkel. Immerhin erlaubt uns die auf mehreren Forschungsgebieten zum Teil voneinander unabhängig geleistete Arbeit, uns ein Bild der Faktoren zu entwerfen, die bei der Entstehung der Wahndisposition eine Rolle spielen. Besonders die Arbeiten Piagets und der psychoanalytischen Ich- und Kinderpsychologie sind hierfür wichtig geworden.

Piaget (1954) verdanken wir die Einsicht, daß die Realität – beziehungsweise das, was wir »Realität« nennen – für das Kind nicht eine Art vorgegebener Schablone ist, in die es gleichsam von selbst hineinwächst. Vielmehr ist diese Realität das Ergebnis vieler einander bedingender Entwicklungsschritte und -leistungen. In einer an Hegel erinnernden Weise muß sich das Kind die Kategorien des Raumes und der Zeit selbst schaffen, es muß lernen, seine ursprünglich groben und tappigen Bewegungen und Handlungen so zu formalisieren und zu verdichten, daß daraus die mit Symbolen und kleinsten Energiemengen operierenden Handlungen der Intelligenz werden. Diese »Erarbeitung der Realität« erstreckt sich bis in die Zeit der Adoleszenz. Bis dahin kann es auf jeder Stufe der Entwicklung zu Störungen der psychischen Differenzierung und Integration kommen, die die Realitätsorientierung entweder erschweren oder »schief« werden lassen.

Die psychoanalytische Ich- und Kinderpsychologie hat uns die Augen dafür geöffnet, daß die Qualität der menschlichen Beziehungen, in die das Kind während der Erarbeitung seiner Realität eingebettet ist, für die Gestaltung der letzteren wichtig ist. – Sie hat uns allerdings bisher nicht das Begriffsinstrumentarium einer Beziehungslehre liefern können, in der sich die verschiedenen Weisen einer gestörten Beziehung systematisch erforschen und miteinander vergleichen ließen. –

Dies ist nicht der Ort, einen Abriß der psychischen Entwicklung zu geben, an Hand dessen wir die dem Kind aufgegebene Erarbeitung der Realität nachvollziehen könnten. Ich muß mich darauf beschränken, drei Aspekte dieser Entwicklung zu beleuchten, die für die Entstehung einer Wahndisposition relevant sind. Diese Aspekte werfen Licht auf die Frage, warum es bei bestimmten Menschen zu einer Selbstentfremdung und Störung in der Dialektik von Eigen- und Fremdsteuerung im oben angedeuteten Sinne kommt.

Diese drei Aspekte sind interdependent. Ich will sie im folgenden unter den Stichworten »Selbst-Definition«, »frühe Autonomie« und »frühe Sprachentwicklung« behandeln.

Selbst-Definition

Wir können sagen: Eine der größten und wichtigsten Leistungen des Kindes besteht darin, in seiner Beziehung zur Innen- und Außenwelt eine verläßliche und stabile Ordnung herzustellen. Für die Ordnung der ersten Art habe ich den Ausdruck »Selbst-Polarisation«, für die der zweiten Art »Selbst-Demarkation« vorgeschlagen. Bei der Selbst-Polarisation geht es vor allem darum, daß das Kind eine verläßliche Verdrängungs- beziehungsweise Dissoziationsschranke errichten kann, die eine gewisse Durchlässigkeit besitzt. Auf diese Weise kommt es zur Strukturierung eines bewußten und unbewußten Teiles unserer Persönlichkeit. Zu große Durchlässigkeit dieser Schranke kann nun genauso zur Selbstentfremdung – das heißt zu einer Datenleere im anfangs beschriebenen Sinne – führen wie eine zu große Undurchlässigkeit. Bei zu großer Durchlässigkeit sieht sich der einzelne einem zu großen, überflutenden Wirrwarr von Daten – wie Gefühlen, Erinnerungsfetzen, Assoziationen und so weiter – ausgesetzt, bei denen er nicht mehr bestimmen kann, ob sie nur Wünsche oder Wirklichkeit, Erinnerungen oder Wahrnehmungen, eigenes oder fremdes psychisches Gut sind. Dieser Wirrwarr bei zu großer Durchlässigkeit der Verdrängungsschranke scheint vor allem für eine fragmentierte Spielart der Wahnbildung – wie sie für die Patientin Inge charakteristisch war – den Boden zu bereiten. Eine zu große Undurchlässigkeit der Verdrängungsschranke scheint dagegen vor allem jene Art der Wahnbildung zu begünstigen, die wir bei der Erwähnung der einfachen Projektion kennengelernt haben. In beiden Fällen sind die eigenen Gefühle, Antriebe, Erinnerungen und so weiter nicht als verläßliche Daten verfügbar. Der einzelne bleibt ihnen entfremdet. Die Selbst-Demarkation, das zweite für die Selbst-Definition wichtige Moment, zielt darauf ab, den Körper von der Außenwelt abzugrenzen und sich damit eine Basis der Selbst-Definition zu verschaffen, auf die man sich unbefragt verlassen kann. Die ersten Spiele des Kindes scheinen weitgehend im Dienste solcher Selbst-Demarkation zu stehen. – Eines der ersten sozialen Spiele meines einjährigen Töchterleins bestand zum Beispiel darin, immer wieder den Finger aus seinem eigenen Mund in meinen Mund oder den seiner Mutter zu stecken. – Die später erfolgende klare und affektiv betonte Distanzierung von den eigenen Ausscheidungsprodukten erscheint als ein weiterer wichtiger Schritt in der Selbstdemarkation.

In meiner Erfahrung zeigen alle Wahnkranken die Folgen einer mißlungenen Selbst-Demarkation. Sie sind nicht unbefragt und verläßlich in ihrem Körper beheimatet beziehungsweise »verkörpert«. Viele Wahnbildungen beziehen sich bekanntlich auf Körpersensationen, die als fremd oder »gemacht« erlebt werden.

Frühe Autonomie

Jedes Kind muß die Erfahrung machen, daß es Lokus einer von ihm selbst ausgehenden Kausalität, daß es Zentrum einer eigenen Initiative und Verantwortung ist, daß seine eigenen Wünsche und Handlungen Gewicht haben und »zählen«. Erst wenn ihm dieses Gefühl der Eigenbedeutung zu einer unbefragten Selbstverständlichkeit geworden ist, können wir von ihm erwarten, daß es sich mit den Beschränkungen abfindet, die eine Folge einer akzeptierten Außenkausalität – einschließlich der Tatsache, daß wir sterben müssen – sind. Dieser Drang zur Autonomie läßt sich bei aller Abhängigkeit des Kindes schon früh beobachten. In der psychoanalytischen Literatur gilt vor allem die anale Periode als Experimentierphase der Autonomie im hier beschriebenen Sinne. Das ist jedoch nur bedingt richtig. Schon vorher wird ein gesund heranwachsendes Kind seinen eigenen Willen – wie zum Beispiel bei der Akzeptierung oder Ablehnung seiner Nahrung – energisch zu erkennen geben.

Frühe Störungen in der Entwicklung zur Autonomie scheinen dann den Boden für jene schweren Störungen in der Dialektik von Eigen- und Fremdsteuerung zu bereiten, die wir als Moment der Wahnbildung kennengelernt haben. Das Gefühl der Ohnmacht und geringen Eigenbedeutung ist dabei primär. Der Größenwahn und die offen oder versteckt zum Ausdruck gebrachte Egozentrizität und übersteigerte Eigenbedeutung paranoider Menschen sind sekundäre, kompensatorische Entwicklungen.

Frühe Sprachentwicklung

»Ohne Sprache«, sagte Hegel, »wäre nur die bewußtlose Nacht, die nicht zur Unterscheidung in ihr noch zur Klarheit des Selbstwissens kommt.« Dabei ist die Sprache im weitesten Sinne des Wortes zu verstehen als die gesprochene und ungesprochene Sprache, als die Sprache der Wörter, Begriffe, Symbole und Gesten. Diese Sprache dient uns zur Festigung und Vertiefung von Selbst-Definition und Autonomie wie oben beschrieben. Sie liefert uns die Kategorien, durch die wir das Innen und Außen, das Gefühl von der Wahrnehmung, den Sprechenden vom Gesprochenen, das Vergangene vom Zukünftigen unterscheiden können. Durch die Sprache können wir mit den kulturgebundenen anderen kommunizieren, von ihnen lernen und dadurch jene Mißverständnisse und starren Einstellungen korrigieren, die uns zu Fremdlingen innerhalb unserer Kultur zu machen drohen.

Es gibt heute eine ausgedehnte Literatur über Sprachphänomene bei Wahnkranken. Daraus geht hervor, daß deren Sprache in nahezu all den angedeuteten Aspekten limitiert oder idiosynkratisch abgewandelt ist. Derartige Begrenzungen oder Idiosynkrasien fallen bei der klinischen Beobachtung oft erst nach längerer Zeit – manchmal erst nach einer jahrelangen psychotherapeutischen Beziehung – auf. Nicht wenige Paranoiker machen bei oberflächlicher Bekanntschaft sogar den Eindruck von Wortgewandtheit und Brillanz. Ich denke etwa an einen Philosophiestudenten, dessen messerscharfe, präzis vorgetragenen logischen Deduktionen bei Ärzten und Mitpatienten Staunen hervorriefen. Bei näherer Vertrautheit mit diesem Patienten zeigte sich jedoch, daß gerade diese anscheinend glasklare logische Sprache in den Dienst der Selbstentfremdung und Distanzierung getreten war. Sie war in wesentlicher Hinsicht idiosynkratisch und eignete sich nicht zur adäquaten Bestimmung beziehungsweise Mitteilung fremder beziehungsweise eigener Innerlichkeit.

Um die in den Wahn einfließenden Begrenzungen und Abartigkeiten der Sprache zu verstehen, müssen wir uns der frühen Sprachentwicklung zuwenden. Welche Faktoren sind hier wesentlich? Diese Frage führt uns zur Betrachtung der Menschen und Beziehungen, die dem Kinde als Stimulus und Modell seiner Entwicklung dienen.

Die Förderung der Wahnbereitschaft durch die Familie

Wir müssen zwischen dem Einfluß unterscheiden, den einzelne Familienmitglieder auf ein bestimmtes Kind ausüben, und dem, der von der Familie als einem Feld beziehungsweise System ausgeht. Die Zusammenhänge sind hier komplex. In seiner frühen Entwicklung scheint das Kind zum Beispiel wesentlich auf die Mutter als Einzelperson bezogen und angewiesen zu sein. Aber dabei kommt bereits mehr ins Spiel als die Beziehung nur zweier Menschen. Denn wie sich die Mutter auf ihr Kind bezieht, hängt wiederum davon ab, wie sie in die Gesamtfamilie eingebettet und dabei auf ihren Mann bezogen ist. Fühlt sie sich beispielsweise von diesem Mann sexuell unbefriedigt, nicht oder nur ungenügend akzeptiert oder verstanden, wird sie unter Umständen – in der klinischen Praxis ein häufiger Fall – dazu neigen, beim Kinde Ersatz für die vermißten Befriedigungen zu suchen und letzteres zu überfordern und in seiner Entwicklung zu stören.

Um die hier waltenden, komplexen Verhältnisse zu verstehen, müssen wir uns vor Augen halten, daß das Kind, soll es nicht einer Selbstentfremdung, einer Störung seiner Autonomie und Sprachentwicklung ausgesetzt werden, direkt und indirekt an den verschiedensten Beziehungen innerhalb der Familie teilhaben muß. Diese Beziehungen müssen sich wandeln und jeweils auf die altersgemäßen Fähigkeiten und Bedürfnisse des Kindes abgestellt sein. Ich habe in »Conflict and Reconciliation« (1969) Gesichtspunkte entwickelt, durch die sich die wesentlichen Momente in diesen Beziehungen in einer präzisier- und vergleichbaren Weise in den Griff bekommen lassen. An dieser Stelle kann ich nur einige Aspekte gestörter Beziehungen erwähnen, die Licht auf die Entstehung einer Wahnbereitschaft werfen.

Ich konzentriere mich dabei auf die Erhellung der Folgen einer zu großen Distanzierung oder Nähe in der Beziehung der Eltern – und insbesondere der Mutter – zum heranwachsenden Kinde.

Wir wissen heute durch die Untersuchungen von R. Spitz (1945) und anderer Autoren, daß Heimkinder, die bald nach der Geburt von ihren Müttern getrennt werden, schwere psychische Störungen und Verkümmerungen entwickeln und nicht selten auch physisch zugrunde gehen. Wir können hier von Extremfällen früher mütterlicher Distanzierung sprechen. Wir begegnen nun auch Fällen extremer emotionaler Distanzierung, wo das Kind zwar in seiner Familie weiterlebt, aber dabei der – der Mutter selbst oft unbewußten – mütterlichen Kälte und Zurückweisung ausgesetzt ist. In einigen dieser Kinder – die in der Regel besonders sensitiv und intelligent sind – finden wir dann etwas, was wie eine radikale Vorform des Wahns und der Selbstentfremdung anmutet. Das ist der frühkindliche Autismus. Diese Kinder erleben jeden menschlichen Kontakt als so bedrohend und potentiell destruktiv, daß sie wie hinter einem undurchbrechbaren paranoiden Wall verschanzt zu sein scheinen. Zugleich erscheinen sie den eigenen Gefühlen und Körperbedürfnissen extrem entfremdet. Bettelheim (1967), dem wir eine der gründlichsten Studien über den frühkindlichen Autismus verdanken, beschreibt etwa ein Kind, das angesichts einer perforierten Blinddarmentzündung keinerlei Anzeichen eines Schmerzes zeigte und, gleich vielen anderen dieser Kinder, absolut unempfindlich gegenüber großer Kälte und Hitze zu sein schien. Die Nahrungsaufnahme und Ausscheidungsvorgänge spielen sich dabei in einer oft unbewegten, maschinenhaften Routinehaftigkeit ab. Man sieht kein Lachen in diesen Kindern, beobachtet dagegen nicht selten periodische, intensive destruktive Ausbrüche. Viele von Bettelheims Kindern ließen sich nach einer langjährigen, aufopfernden Behandlung von ihrem Autismus befreien. Und es war wesentlich das, was die Kinder im Laufe ihrer Psychotherapie offenbarten und in ihren eigenen Worten zum Ausdruck brachten, das uns Aufschlüsse über die bei der Entstehung einer Wahndisposition zum Zuge kommende Mutter-Kind-Beziehung verspricht.

Bettelheim deutet die bei autistischen Kindern zu beobachtende extreme Selbstentfremdung als Folge eines totalen Abwehrversuches. Das Kind versucht sich in einer Weise gegen die als gefährlich erlebte Mutter abzuschirmen, die alle seine Energien sich auf einige wenige, übertrieben entwickelte Schutzfunktionen – zum Beispiel bestimmte bizarre Rituale – konzentrieren läßt. Auch die eigenen Körperbedürfnisse, die eine Abhängigkeit von anderen Menschen implizieren, werden dabei bekämpft oder vernachlässigt. Hat sich einmal der Kontakt mit anderen Menschen auf ein Minimum reduziert, wird die Selbstentfremdung gleichsam von außen besiegelt. Denn es fehlt nun jener emotionale Dialog, jenes vielschichtige Geben und Nehmen, in dem das Kind sich auf immer neue Weise als Partner, als reagierendes und initiierendes Ich, als Grenzen erlebendes und – in zunehmendem Maße – als Grenzen setzendes Subjekt erlebt. Es ist dieser dialogische Prozeß, in dem sich Selbst-Polarisation, Selbst-Demarkation und das Bewußtsein einer frühen Autonomie, wie oben beschrieben, adäquat entwickeln können. Denken wir nur etwa an die vielen, sich in einer guten Mutter-Kind-Beziehung wie von selbst einstellenden sozialen Spiele – wie das gegenseitige Füttern, Berühren, Zureichen von Steinchen und so weiter –, die alle in irgendeiner Weise der Abgrenzung des Ichs vom anderen, der Klärung von Innen- und Außenprozessen, der Bestätigung der eigenen Bedeutung und Autonomie dienen. In einer so tief gestörten Beziehung, wie wir sie bei autistischen Kindern finden, finden diese dialogischen Prozesse praktisch keinen Boden.

Meine Erfahrungen mit paranoiden Patienten und ihren Familienangehörigen haben mich gelehrt, daß deren formative Beziehungen nicht nur – was meist der Fall ist – im Sinne einer zu großen Distanz, sondern manchmal auch im Sinne einer zu großen, überfordernden Nähe und nicht selten eines oft abrupten Hin- und Herpendelns zwischen zu großer Nähe und Distanz gestört sind. Alle diese Störungen scheinen jedoch zu einer ähnlich einseitig überspezialisierten Entwicklung des psychischen Abwehrapparates zu führen, wie wir sie in extremer Form bei autistischen Kindern kennengelernt haben. Eine Reihe dieser Patienten scheinen als Kinder ihre Abwehrbemühungen wesentlich auf das sensitive Erfassen der feindlichen Regungen und Stimmungsschwankungen ihrer Mütter gerichtet zu haben. Sie lebten in diesem Falle in einer zu großen empathischen Nähe mit diesen Müttern, und das scheint dazu beigetragen zu haben, daß sich die Verdrängungsschranke in diesen Menschen nie adäquat etablieren konnte. Sie entwickelten sich zu Spezialisten im Auswittern der feindseligen Regungen anderer Personen. Gleichzeitig blieben sie für viele Daten und Aspekte der Realität, die normalerweise zur Ausbalanzierung unseres Urteils und unserer Realitätsorientierung unerläßlich sind, unaufgeschlossen. – Beobachtungen dieser Art machen auch verständlicher, warum wir eine Wahndisposition beziehungsweise eine wahnhafte Entwicklung in einer Reihe besonders sensitiver und origineller Darsteller der menschlichen Psyche wie beispielsweise Strindberg, Rousseau, Baudelaire, de Sade finden. –

Der Einblick in die Familien schizophrener Patienten hat uns die Augen dafür geöffnet, in welch mannigfaltiger und nicht selten drastischer

Weise innerhalb der verschiedenen Familienbeziehungen die Selbst-Definition, frühe Autonomie und »kultursyntone« Sprachentwicklung der heranwachsenden Kinder gestört werden können. So beschreiben etwa Teodore Lidz und seine Mitarbeiter (1965) eine Mutter eineiiger Zwillinge, die bei eigener Verstopfung auch ihren beiden Söhnen zugleich einen Einlauf beziehungsweise ein Abführmittel mitzuverabreichen pflegte: ein extremes, aber nicht ungewöhnliches Beispiel eines mangelnden Respektes für die Bedürfnisse und Autonomie der abhängigen Kinder. – Beide Söhne entwickelten später ausgedehnte Wahnvorstellungen und -ideen. – Oder ich denke an einen Vater, der seine achtzehnjährige Tochter bei der täglichen Toilette zu beobachten und nicht selten abzutasten pflegte, jedoch jegliches sexuelles Interesse an seiner attraktiven Tochter abstritt. Dabei war dieser Vater ständig von dem Gedanken gequält, die Tochter könne in die Hände eines gewissenlosen Lüstlings fallen. Die Tochter entwickelte später komplizierte Wahnideen, denen zufolge rothaarige Männer – ihr Vater hatte rote Haare – sie an eine Bande von Gangstern auszuliefern suchte, vor denen sie bestimmte exhibitionistische Akte auszuführen hätte. Hilde Bruch (1962) verdanken wir – um noch ein weiteres Beispiel anzuführen – detaillierte Beobachtungen und Bemerkungen darüber, wie Kinder, die später teils fettsüchtig, teils anorektisch wurden und dabei in einer wahnhaft zu nennenden Weise dem selbststeuernden Rhythmus von Hunger und Sättigung entfremdet erscheinen, von ihren Eltern wie insensitive Nahrungsaufnahme- und Nahrungsausscheidungsmaschinen behandelt wurden.

Die hier angedeuteten Beobachtungen und Überlegungen legen es nahe, einen großen Teil der Eltern der später wahnkrank werdenden Kinder als Menschen zu verstehen, die in wesentlicher Hinsicht beziehungsgestört und selbst paranoid sind. Ihre Paranoia bleibt aber gleichsam subklinisch: Sie bleibt in einer Weise ichsynton und – in Grenzen – kultursynton, die jene Diskrepanzen und Konflikte mit der kulturgebundenen Umwelt verhindert, die bei den Kindern oft drastisch ins Auge fallen. Dem klinischen Familienforscher bleibt jedoch die subklinische Paranoia und Beziehungsstörung dieser Eltern nicht lange verborgen. Sie teilt sich in vielen ihrer Äußerungen mit. Sie läßt sich auch durch eine Reihe von Testverfahren an den Tag bringen, die am National Institute of Mental Health vor allem von Margaret Singer in Zusammenarbeit mit Lyman Wynne (1966) und von Nathane Loveland (1963) entwickelt wurden – insbesondere durch ein modifiziertes Rorschach- und TAT-Verfahren und durch den sogenannten »Familien-Rorschach«. In diesen Tests erweisen sich die Eltern – in ihrer Kommunikation mit dem Tester, mit ihren Kindern und untereinander – als zum Teil sehr geschickte Saboteure einer dialogischen, um wirkliche Klärung und Abgrenzung bemühten Kommunikation: In ihrer Kommunikation finden wir oft dieselben versteckten Anspielungen, dieselben Skotome, dieselben fast unmerklichen Infragestellungen bereits gemachter Aussagen und so weiter, die uns bei ihren »wahnkranken« Kindern dann wie unter einem Vergrößerungsglas entgegentreten.

Bei der längeren Beobachtung dieser Familien erscheint es einem oft, als erfolge die Kommunikation zwischen bestimmten Familienangehörigen im Rahmen eines Paktes, in dem sich zwei – oder mehrere – Wahndispositionen gegenseitig komplementieren. Lyman Wynne (1965) hat für dieses Phänomen den Ausdruck »trading of dissociations«, das Aushandeln der Dissoziationen, vorgeschlagen. Ein Vater greift beispielsweise in einer überfokussierten Feindseligkeit die femininen Züge und die latente Homosexualität in seinem Sohne an. Der Sohn verwundet den Vater dagegen immer wieder dadurch, daß er dessen Versagen im Beruf – vor allem durch einen Hang zum verlustreichen Spekulieren bedingt – betont. Vater und Sohn verletzen sich dabei, wie unter einem ominösen Wiederholungszwang handelnd, an ihren heikelsten Punkten. Jeder greift so den anderen in jenem Persönlichkeits- und Problembereich an, von dem er selbst am stärksten entfremdet erscheint. Er braucht offensichtlich den anderen, um sich mit diesem Bereich in einer Weise auseinandersetzen zu können, die ihm nicht zu sehr »unter die Haut« geht und das Problem doch in seinem Gesichtskreis fixiert. Dafür schafft nun die Familie das geeignete Beziehungsklima.

Die Auslösung des Wahns in der versuchten Trennung von der Familie

Hierbei handelt es sich um die zweite Stufe der Wahnentstehung im oben angedeuteten Sinne. Sie läßt sich nun in einem heranwachsenden Kind erkennen, dem innerhalb seiner Familie eine gewisse Anpassung gelungen ist. Aber in dieser Anpassung entwickelte sich seine Disposition zum Wahn: seine Selbst-Definition, frühe Autonomie und Sprachentwicklung blieben labil beziehungsweise idiosynkratisch.

Um in der umgebenden Kultur seinen Platz zu finden, muß sich dieses Kind in wesentlicher Hinsicht von der Familie trennen. Vor allem muß es ein Selbstgefühl, eine sexuelle Identität und Beziehungen entwickeln, die nicht nur im kurzgeschlossenen Feld der Primärfamilie verankert sind. Es spürt von vielen Seiten den Druck, sich psychologisch von seiner Familie zu lösen; aber dieser Druck mobilisiert nun jene Konflikte, die bei dem dazu disponierten den Wahn manifest werden lassen.

Wenden wir uns, um diese Konflikte etwas besser zu verstehen, noch einmal der Patientin Inge zu, die im Alter von siebzehn Jahren ihrem Wahn plötzlich und dramatisch ausgeliefert schien.

137

Inge war ein ungewöhnlich attraktives Mädchen, das in vieler Hinsicht ihrer Mutter glich. Die Mutter hatte von Anfang an eine besonders ambivalente Beziehung zu ihr. Das führte auf seiten der Mutter zu einem oft abrupten Hin- und Herpendeln zwischen einer übergroßen Nähe und feindseligen Distanzierung. Sie erlebte in Inge – in einer kritiklosen, unmittelbaren Identifizierung – die Verwirklichung ihrer eigenen künstlerischen und amourösen Ambitionen und bekämpfte in ihr zugleich die Rivalin. Letzteres hatte eine sehr realistische Basis: Inge war inzestuös an ihren Vater gebunden, der Inge wie eine Geliebte behandelte und mit auf seine Geschäftsreisen nahm. Inges Wahn brach aus, als sich fast zur gleichen Zeit ihre Freundin verlobte und ihre ältere Schwester ein Kind bekam. Inge erlebte nun ein Inferno – ähnlich dem ›Inferno‹, das Strindberg beschrieben hat und das bis heute als die vielleicht beste Darstellung eines Wahneinbruchs gelten darf: Sie erlebte vermehrt den Druck, sich aus ihrem Familienfeld zu lösen, und wurde dadurch nur intensiver verstrickt. Sie sah in ihrem »Wahne« wichtige Wahrheiten über ihre Familie – wie etwa die Tatsache, daß ihre Mutter eine blutsaugende Hexe und ihr Vater ein Vergewaltiger waren – aber hatte die Fähigkeit verloren, diesen »Wahrheiten« ihren Ausdruck und Stellenwert im Rahmen einer kultursyntonen Gesamtperspektive zu geben.

Dies ist nicht der Platz, um im einzelnen zu zeigen, wie das, was in den Augen des kulturgebundenen Betrachters als Wahn erscheint, aus der Kenntnis der betreffenden Familie in vielen Fällen als eine verständliche, wenn auch problematische Spielart der Realitätsorientierung gesehen werden muß. Der Leser ist auf das Buch von Laing und Esterson ›Sanity, Madness and the Family‹ (1964) verwiesen, das diesen Gesichtspunkt mit zahlreichen Beispielen dokumentiert.

Soviel ist klar: Die hier angedeuteten Überlegungen sind nur ein Schritt auf dem Wege, die Zusammenhänge zwischen Wahn und Familie zu verstehen.

8 Wie sehen Eltern ihre sich von ihnen lösenden Kinder?
Vorstellungen als formende Kräfte

In diesem Kapitel[1] geht es um die Frage: Wie beeinflussen die Vorstellungen der Eltern den Ablösungskonflikt ihrer Kinder? Diese Frage begegnet uns in der dauernd wachsenden Literatur zur Interaktionspsychologie, aus der hervorgeht, daß die Vorstellungen der Eltern eine formende Kraft im Leben der Kinder darstellen. Damit geht man von der traditionellen Ansicht der psychoanalytischen Theorie ab, daß es vor allem das Kind sei, das die Einflußnahme lenkt, indem es die Eltern in Teilen oder als ganze Personen – durch Nachahmung, Introjektion und so weiter – verinnerlicht. Die eigenen aktiven Beiträge der Eltern zu dieser Verinnerlichung wurden weitgehend unspezifiziert gelassen.

Verschiedene Autoren haben diese einseitige Meinung jedoch inzwischen korrigiert. So bedeutet das von Klein (1946) und Bion (1957) entworfene – aber noch nicht spezifisch ausgearbeitete – Konzept der »projektiven Identifizierung« einen Modus des Wahrnehmens und Handelns der Eltern, der das Kind zum Gefangenen der elterlichen Projektionen macht. Bateson et al. (1963, 1969) und Wynne (1969) betonten die das Kind gleichzeitig bindenden und verwirrenden Elemente bestimmter elterlicher Haltungen. Am wichtigsten im Zusammenhang dieser Studie sind die klassischen Beiträge von Johnson und Szurek (1952, 1959), da sie sich speziell auf Jugendliche beziehen. Johnson (1959) legt die Hypothese vor, daß »das antisoziale Agieren des Kindes unbewußt von den Eltern gefördert und gebilligt wird, die sich durch das Verhalten des Kindes stellvertretend die Befriedigung ihrer eigenen, schlecht integrierten Impulse verschaffen. Umgekehrt stimuliert das Verhalten des Kindes die Eltern zu immer stärkerem Verlangen nach dieser Befriedigung. Zugleich kann ein Elternteil oder können beide Eltern unbewußt Befriedigung ihrer eigenen feindseligen Wünsche gegenüber dem Kind erlangen, das oft dabei zugrundegeht.« Searles' Beobachtungen über ›Die Bemühung, den anderen verrückt zu machen‹ (1959) und Laings Darstellung der »Zuschreibungen« (1960, 1969) haben die Transaktionsweisen geklärt, durch welche die Eltern das Kind formen. Laing, Philipson und Lee (1966) sprechen spezifisch von »zwischenmenschlichen Vorstellungen«, und Shapiro (1967) hat diese und verwandte Erscheinungen unter dem Terminus »Delineation« (Abstempelung) zusammengefaßt.

Alle diese Konzepte besagen, daß die Vorstellungen eines Menschen von einem anderen – zum Beispiel daß dieser andere faul, schwach, an-

---

[1] Diese Arbeit wurde seinerzeit gemeinsam mit L. D. Levi und Robert J. Savard geschrieben.

rüchig sei – zu »haften« vermögen: Diese Vorstellungen können in das Selbstbild dieses anderen aufgenommen werden und ihn motivieren. Sie sind oft entstellt, weil es der eigene abgespaltene oder unannehmbare Aspekt ist, der anderen zugeschrieben zu werden pflegt. Da diese Vorstellungen für denjenigen, der sie hegt, einen Abwehrzweck erfüllen, spricht Shapiro (1967) von »defensive delineations«.

Damit diese Vorstellungen, Projektionen oder Zuschreibungen »haften bleiben« können, muß offenbar eine emotional abhängige Bindung bestehen. Die Chancen hierfür sind wohl um so größer, je enger die emotionale Bindung ist und je weniger Alternativen zur Identifizierung das Kind zur Verfügung hat. So haben nach Bettelheim (1960) die Juden in den SS-Konzentrationslagern angesichts der negativen Abhängigkeitsbindung die Ansicht ihrer Folterknechte, sie seien schmutzig, minderwertig und hinterhältig, oft in ihr Selbstbild aufgenommen.

Wie beeinflussen die elterlichen Vorstellungen die Trennung?

Hier handelt es sich um eine bestimmte Gruppe der elterlichen Vorstellungen: Sie betreffen die Fähigkeit des Jugendlichen, sich von den Eltern zu lösen. In der transaktionalen Literatur sind diese Vorstellungen erwähnt, aber nicht systematisch untersucht worden. Nach unseren Beobachtungen ist diese Gruppe von Vorstellungen deshalb besonders wichtig, weil die Bindung des Jugendlichen an *alle* elterlichen Wahrnehmungen und Erwartungen auf dem Spiele steht. Er ist ja deshalb in einem so hohen Grade für die elterlichen Erwartungen und Vorstellungen anfällig, weil er selbst noch keinen festen Autonomiekern besitzt und noch von seinen Eltern abhängig ist. Nur in Abhängigkeit verstrickte Kinder können die unbewußten Wünsche der Eltern ausagieren, wie dies von Johnson (1959) beschrieben worden ist; denn ein solches Agieren kann nach Blos (1969) nur stattfinden, »wenn die emotionale Trennung zwischen Eltern und Kind auf pathologische Weise unvollständig geblieben ist«. Des Kindes abhängige Verstrickung und somit Anfälligkeit nimmt normalerweise ab, wenn es positiv auf diejenigen elterlichen Vorstellungen und Erwartungen reagiert, die seine Fähigkeit, sich mit Erfolg abzulösen und selbständiger zu werden, ansprechen. Denn die auf die Trennung bezogenen Vorstellungen und Erwartungen haben insofern die größte Hebelwirkung, als sie darüber entscheiden, wie der Jugendliche alle anderen elterlichen Vorstellungen und Erwartungen aufnimmt. Sie enthalten eine Meta-Botschaft oder Meta-Vorstellung bezüglich dieser anderen Vorstellungen. Sie vermitteln dem Jugendlichen, wie seine Eltern sein Selbstvertrauen und seine Fähigkeit, sich nach ihnen zu richten oder sich von ihnen abzuwenden, wahrnehmen und beurteilen. Sie enthalten eine Botschaft über seine Fähigkeit, sich von den Eltern freizumachen und sich unter Umständen gegen das, was sie, die Eltern, denken, sagen und wünschen, zu immunisieren.

Wir fassen die Trennung in der Adoleszenz als ein Stück der kontinuierlichen Bewegung zu relativer wechselseitiger Individuation auf, an der sowohl die Eltern als auch die Kinder teilhaben. Das Ziel ist reife *Interdependenz* der Partner. In diesem Prozeß erlegen die Eltern den Kindern ihre Vorstellungen und Erwartungen auf, öffnen sich gewöhnlich aber auch für die Vorstellungen und Erwartungen, die die Kinder auf sie richten. Obwohl beide Seiten in diesem Wechselspiel gleich wichtig sind, soll hier besonders der Beitrag der Eltern betrachtet werden, nämlich eben diese Erwartungen und Vorstellungen, die sie bezüglich ihrer Kinder hegen. In der frühen Kindheit scheinen die Vorstellungen und Erwartungen der Eltern – und vor allem die der Mutter – für das Kind sich besonders schicksalhaft auszuwirken, weil das Kind in dieser Phase noch formbar und extrem abhängig ist. In dieser Phase unterwerfen die Eltern, wie im dritten Kapitel gezeigt wurde, ihr völlig abhängiges Kind ihrer »stärkeren Realität«.[2]

In der Adoleszenz werden nicht nur manche früheren Vorstellungen und Erwartungen der Eltern bestätigt oder entkräftet, sondern tritt auch das oben erwähnte Wechselspiel zwischen Eltern und Kindern in eine entscheidende Phase. Das Kind wird nun weniger abhängig von den Eltern; durch Schule und Spielkameraden bieten sich ihm andere Modelle für die Ausformung seines Selbstbildes und seiner Identität als die von den Eltern gelieferten. Der Jugendliche kann seine eigenen Vorstellungen über die Eltern besser zum Ausdruck bringen. Mit wachsenden Verstandeskräften und dem gleichfalls wachsenden Anspruch, daß seinem Urteil Gewicht zukommt, kann er nun wirkungsvoll die verletzbaren Seiten der Eltern gegen sie ausspielen, indem er sie als schlechte Eltern oder Versager im Leben bezeichnet. So kann er auch ihr eigenes Urteil über sich selbst beeinflussen. Am wichtigsten aber ist, daß er, der psychophysischen Zentrifugalkraft der Adoleszenz entsprechend, sich von seinen Eltern entfernt und sich neue Beziehungen außerhalb des Familienkreises sucht, während die Eltern – in der Krise des

---

[2] Ein instruktives Beispiel hierfür sind die bereits im fünften Kapitel erwähnten Genain-Vierlinge, die zu einer Zeit alle schizophren waren. Die einzelnen Vierlinge wurden, so in der Darstellung von B. W. Basamania (1963), von der Mutter auf sehr verschiedene, aber starre und entstellte Weise wahrgenommen, und zwar fast von Geburt an. Die entstellten Wahrnehmungen spiegelten die eigenen ungelösten Kindheitskonflikte der Mutter wider. Nora, nur wenige Minuten vor den Geschwistern geboren, wurde, wie wir sahen, für ihr gesamtes Leben als die Verantwortliche, die Führerin ausgezeichnet; die zweite war ungeschickt und unbelehrbar; Myra, die dritte, galt als freundlich und hilfsbereit; die vierte war sexuell überreizt, böse, Sorge bereitend. Diese vier Charakterisierungen, die hier noch einmal kondensiert und vereinfacht mitgeteilt sind, waren in erstaunlicher Weise »haften« geblieben, wie sich mir in der Behandlung der inzwischen dreißigjährigen Nora deutlich zeigte (siehe 5. Kapitel, auch Stabenau u. a., 1970).

mittleren Lebensalters verfangen (vgl. Levi, Stierlin, Savard, 1971), deprimiert und bange vor der Zukunft – mit einem unerträglichen Verlust konfrontiert sein können. Die Machtverteilung in der Familie, also wer wen braucht oder wer wen verletzen kann, hat sich drastisch verschoben.

Je selbständiger der Jugendliche wird, um so mehr neigt er dazu, sich gegen die Vorstellungen und Erwartungen der Eltern zu immunisieren. Dennoch bleibt er insoweit für diese Erwartungen und Vorstellungen anfällig, als er noch immer keinen festen Autonomiekern gebildet hat und noch von ihnen abhängig ist.

Unterlagen der Studie

Bei diesem Projekt wurden zwölf Familien mit gestörten Kindern in der Adoleszenz mit kurzfristiger Familientherapie behandelt und in den folgenden Jahren mehrmals in katamnestischen, intensiven Interviews beobachtet. Die jugendlichen Patienten verteilten sich auf einem diagnostischen Index von stark Schizoiden mit drohendem Abgleiten in die Schizophrenie bis zu verschiedenen Formen agierender Delinquenz. Zusätzlich wurden in die Studie etwa zwanzig Familien einbezogen, die entweder kürzlich oder noch immer in Behandlung standen. Neben den auf Band aufgenommenen, in einigen Fällen mit Videotape registrierten Familiensitzungen wurden Einzelinterviews mit jedem Familienmitglied, Familien-Rorschachtests und die Beurteilung von Kunstwerken durch die Familien benutzt. Diese Familiensitzungen, Einzelinterviews und Tests erlaubten uns die Bildung eines ziemlich zusammenhängenden Bildes davon, wie jedes Familienmitglied die anderen Mitglieder sah und wie es selbst sich von ihnen gesehen glaubte. Vor allen Dingen erfuhren wir etwas über die Vorstellungen und Erwartungen, die Eltern bezüglich ihrer heranwachsenden Kinder hegten.

Verschiedene Vorstellungen und Erwartungen der Eltern und
deren Wirkung auf die Loslösung der Adoleszenten

Die Fähigkeit des Jugendlichen, sich von seinen Eltern loszulösen, schien hauptsächlich durch drei Hauptformen elterlicher Vorstellungen beeinflußt zu sein: Erstens diejenigen elterlichen Vorstellungen und Erwartungen, die dem Kind ein Selbstbild potentieller Autonomie oder mangelnder Autonomie vermitteln. Das Kind wird entweder als stark, als fähig, auf eigenen Füßen zu stehen, wahrgenommen, oder als krank, schwach, infantil, für immer abhängig.

Zweitens die Vorstellungen und Erwartungen hinsichtlich der Fähigkeit des Jugendlichen, sich neue Objektbeziehungen zu verschaffen, den »Objektwechsel« vorzunehmen, den Katan (1951) beschrieben hat. Die Eltern betrachten ihn als entweder erfolgreich oder erfolglos im Finden von Freunden, Sexual- oder Ehepartnern.

Drittens die elterlichen Vorstellungen und Erwartungen, die die Treue des Jugendlichen den Eltern gegenüber beziehungsweise seine Schlechtigkeit und Destruktivität, wenn er sie verlassen wollte, betreffen.

Die ersten beiden Gruppen von Vorstellungen und Erwartungen stellen eine direktere, aktive »Charakterzeichnung« dar, während die dritte indirekter ist: Die Eltern vermitteln dem Jugendlichen, wie sie selbst von der vorhergesehenen Loslösung ihrer Kinder betroffen sein werden. Im folgenden soll diese Gruppe noch näher betrachtet werden.

Alle drei Typen elterlicher Vorstellungen und Erwartungen – dies ist entscheidend wichtig – müssen aus einer Gesamtgestalt der Transaktionen erschlossen werden. Sie sind komplex, mehrdeutig und nicht unbedingt identisch mit dem, was die Eltern in einem gegebenen Augenblick sagen oder glauben.

Trennungfördernde beziehungsweise trennungverhindernde Vorstellungen und Erwartungen der Eltern

Trennungfördernde Vorstellungen vermitteln das Vertrauen der Eltern, daß der Jugendliche fähig zu Wachstum und Selbständigkeit ist; trennungverhindernde Vorstellungen vermitteln den Mangel an solchem Vertrauen. Dieser Ausblick auf die zukünftige Selbständigkeit des Kindes muß natürlich in Übereinstimmung gebracht werden mit den tatsächlichen Fähigkeiten und Bedürfnissen des Kindes in den einzelnen Lebensphasen.

Murphey u. a. (1963) berichteten über die Erwartungen von Eltern von Collegestudenten, die sich erfolgreich vom Elternhaus lösen konnten. Diese Eltern, schreiben die Autoren, »betrachteten die Trennung und die Collegeerfahrung als etwas Normales, für das Wachstum Notwendiges. Einer der Väter sagte über seine Tochter: ›Ich meinte, sie würde das Studium schon schaffen, und ich hatte auch das Gefühl, daß sie auf sich selber aufpassen könne. Ich wußte, wenn sie in Schwierigkeiten geraten sollte, würde sie es uns wissen lassen, und wir würden ihr helfen. Vor allem wußte ich, daß sie einen guten Kopf hatte, daß sie schnell und aufgeweckt war und ein gutes Gedächtnis hatte.‹«

Bei einer Gruppe von Studenten, die hinsichtlich Selbständigkeit und Beziehungsfähigkeit niedrig eingestuft waren, fanden Murphey und seine Mitarbeiter andere elterliche Erwartungen. Diese Eltern »waren im Zweifel, ob ihre Kinder im Studium am College Erfolg haben würden oder daß sie ohne die Eltern auskommen könnten… Obwohl auch diese Studenten schon Erfahrungen mit Berufsarbeit hatten und auch schon vom Zuhause weggekommen waren, waren die Eltern nicht imstande, auf das Erwachsenwerden ihrer Kinder mit einer Ersetzung des Bildes vom abhängigen Kind durch das eines jungen Erwachsenen zu reagieren.«

Trennung verhindernde elterliche Vorstellungen und Erwartungen waren in den von uns gesehenen Familien überaus reichlich vorhanden. Zweifel und Mißtrauen hinsichtlich der Fähigkeit des Jugendlichen, selbständig zu werden, überwogen. So bezeichnete eine Mutter ihren Sohn in der Familiensitzung mehrmals als »geborenen Verlierer«, der zwangsläufig sein Leben ruinieren müsse. Der Vater eines die Schule schwänzenden Jugendlichen behauptete, sein Sohn sei jetzt ein Versager und werde es immer bleiben. Rachsüchtig verkündete er, sein Sohn werde die Oberschule nicht beenden und es in keinem Beruf aushalten. Etwa zwei Jahre nach dem katamnestischen Interview war dieser Sohn in der Tat aus der Schule weggelaufen und schien ein unverbesserlicher Herumtreiber geworden zu sein. Typisch waren auch Aussagen der Eltern über die Fähigkeit ihrer adoleszenten Söhne, weibliche Partner zu finden. Eine unverkennbar von ödipaler Eifersucht motivierte Mutter behauptete, ihr Sohn sei zu unreif, um sich schon mit einem Mädchen zu treffen; ein Mädchen, das sich mit ihm einlassen würde, müsse selbst psychologische Probleme haben. Eine andere Mutter sagte in ganz ähnlicher Weise, an ihren fünfzehneinhalbjährigen Sohn gewandt: »Ein Mädchen, das mit dir ausgeht, sollte sich ihren Verstand untersuchen lassen.« Ferner bezweifelten diese Eltern oft auch die Fähigkeit ihrer heranwachsenden Kinder, Freundschaften mit gleichgeschlechtlichen Jugendlichen zu schließen. Eine Mutter sagte wiederholt: »Du bist ein Strolch und kannst deshalb auch nur Strolche als Freunde haben. Ein anständiger, wertvoller Junge würde dich nicht einmal anschauen. Und warte nur, auch deine Strolch-Freunde werden bald genug von dir haben.« Diese Mutter lieferte in der Folge Beweise, daß sie auf ihren Sohn Aspekte ihres eigenen negativen Selbstbildes und ihrer Furcht projizierte, nur wertlose Freunde zu finden, wenn ihr Sohn von zu Hause fortgehen würde.

Die elterlichen Vorstellungen und Erwartungen, die hier berichtet werden, waren gegenüber dem Jugendlichen nicht bloß feindselig; sie vermittelten ihm auch die Vorstellung der Eltern, daß er unfähig sein würde, sich mit Erfolg von ihnen zu trennen. Es war ganz typisch, daß die Eltern sich nicht auf irgendwelche Mängel an Geschicklichkeit oder Erfahrung konzentrierten, die man durch Lernen beheben könnte; vielmehr zielten sie auf scheinbar tiefwurzelnde und unkorrigierbare Charakterfehler, die sie wahrzunehmen glaubten.

Zu den Fällen, in welchen die Eltern oder ein Elternteil solche die Trennung verhindernden Erwartungen hegten, könnten diejenigen hinzugefügt werden, in welchen sie keine oder nur verschwommene Vorstellungen hatten. Dies war nicht selten der Fall. Eine Mutter beispielsweise schien erstaunlich ungerührt, als ihr sechzehnjähriger Sohn aus der Schule flog und dann gar keine Pläne für die Zukunft hatte. Sie schien froh darüber, und beglückwünschte ihren Sohn noch zu diesem sorgenfreien Latenzzustand, der mit seinem tatsächlichen Alter nicht im Einklang stand. Der Junge spielte im Keller mit Fröschen, statt seine Schulaufgaben zu machen, und die Mutter schien das insgeheim zu billigen. Sie schien die Einstellung zu vermitteln: »Solange du nicht an die Zukunft denkst, denke ich auch nicht daran. Jedenfalls will ich uns beide nicht an eine Zukunft erinnern, die uns trennen müßte.« Zwei andere, normalerweise kooperative Eltern waren auf mehrfaches Fragen hin nicht imstande, sich ihren sechzehnjährigen Sohn in irgendeiner Berufstätigkeit vorzustellen. Ebensowenig konnten sie sich vorstellen, daß er eine Freundschaft mit einem Mädchen aufnehmen könnte. Drei Jahre später war dieser Sohn als Patient in einer teuren psychiatrischen Privatklinik untergebracht, wo er sich in bester Stimmung befand und sich keinerlei Sorgen um seine Zukunft machte. Er schien die Vorstellung zu haben, daß seine Eltern ihn immer unterstützen würden, was auch geschehen mochte.

Mehrdeutige oder widersprüchliche elterliche Vorstellungen und Erwartungen

Da die elterlichen Vorstellungen aus einer meist unstabilen transaktionellen Gestalt erschlossen werden mußten, hatten wir oft mehrdeutige Situationen vor uns. Was an der Oberfläche wie ein trennungförderndes Verhalten aussieht, hat vielleicht eine heimlich hemmende Dimension; umgekehrt kann, was wie eine trennungverhindernde Vorstellung aussieht, in Wirklichkeit die Autonomie des Jugendlichen fördern. Angesichts dieser Vielschichtigkeit müssen wir auch zwischen manifesten und heimlichen Vorstellungen und Erwartungen unterscheiden.

So sagte beispielsweise ein Vater in unserer Untersuchungsgruppe, nachdem er eine Magenblutung erlitten hatte, seinem sich herumtreibenden, die Schule schwänzenden Sohn in scheinbar entschiedenem Ton, er werde ihm von nun an nicht mehr aus der Patsche helfen. Oberflächlich gesehen schien das einen positiven Entschluß des Vaters darzustellen. Es schien zu besagen, daß er seinen Sohn nun für alt und fähig genug halte, die Verantwortung für sich selbst zu übernehmen. Darunter aber steckte die Erwartung, daß der Sohn natürlich in Schwierigkeiten geraten und dann erkennen würde, wie sehr er den Vater brauchte.

Später könnte dann der Vater dem Sohn vorhalten, daß er doch nicht für sich sorgen könnte – das heißt der Vater könnte dann seine wirklichen, verdeckten, trennungverhindernden Erwartungen zugeben.[3]

Ein anderes Elternpaar lieferte ein weiteres Beispiel, wie oberflächlich trennungfördernde Erwartungen negative und hemmende verhüllen können. In den Familiensitzungen sprachen die Eltern dauernd von den schöpferischen Fähigkeiten ihrer fünfzehnjährigen Tochter Evelyn. Sie sagten dem hübschen, meist schweigenden Mädchen wieder und wieder, daß sie hochbegabt und sehr graziös sei und daher leicht einen Job als Modell oder sogar als Schauspielerin finden könnte. In den Einzelinterviews gestanden die Eltern jedoch dem Therapeuten, daß sie nicht an die Begabung ihrer Tochter glaubten. Sie redeten nur so, um sie selbstsicherer zu machen. Ferner erklärte die Mutter, das Mädchen ähnele ihrem – der Mutter – schizophrenen Bruder. Sie fürchte daher, daß Evelyn schizophren werden könnte. In den Familiensitzungen zeigte das Mädchen sich mißtrauisch gegen die Reden der Eltern und schien die Geheimbotschaft hinter den übertriebenen Lobpreisungen der Eltern – nämlich daß sie nicht selbständig werden könnte – aufzufangen; sie schien sich jedoch noch im unklaren darüber, wie sie ihre eigenen Vorstellungen von den Eltern und sich selber verifizieren könnte. Nachdem sie den Eltern einige sarkastische, ablehnende Bemerkungen an den Kopf geworfen hatte, zog sie sich in ihr Zimmer zurück, wo sie sich in eine Phantasiewelt einzuspinnen pflegte und sich dabei von allen menschlichen Kontakten, einschließlich denen zu ihren Altersgenossen, zurückzog.

Umgekehrt kann aber auch eine scheinbar trennungverhindernde Erwartung eine positive Absicht verbergen. Es ist dann ähnlich wie im Falle des bekannten Footballtrainers Vince Lombardi, der einen Spieler mit Schimpfworten und Hohn überhäuft und ihn damit anstachelt, durch seinen Einsatz die schlechte Meinung des Trainers zu widerlegen. Einige Eltern in unserer Untersuchungsgruppe schienen die abrupte Trennung des Sohnes von der Familie dadurch auszulösen, daß sie ihn ständig herabsetzten und seine Fähigkeit, sich selbst zu ernähren, in Frage stellten. Eine Mutter sagte beispielsweise ihrem Sohn, er werde niemals ein Mädchen finden, das ihn heiraten werde. Nach Meinung der Mutter war er einfach kein Junge, den ein Mädchen interessant finden könnte. Dieser damals noch nicht ganz achtzehnjährige Sohn erklärte seiner Mutter eines Tages, er habe geheiratet, und zog

---

[3] Dieses Beispiel zeigt, daß die sorgfältige, über lange Zeit erfolgende klinische Beobachtung wahrscheinlich besser als eine schrittweise Analyse einzelner aufgezeichneter Interaktionen geeignet ist, die zwischenmenschlichen Vorstellungen und Erwartungen, um die es hier geht, klarzustellen. Besonders psychotherapeutische Beobachtungen erlauben, die Gesamtgestalt, zeitliche Dimension und verschiedenen Ebenen von Offenheit und Hintergedanken zu erfassen, die bei derartigen zwischenmenschlichen Vorstellungen und Erwartungen ins Spiel kommen.

aus. Bald darauf wurde er Vater und machte sich und seine Frau finanziell unabhängig.

Nicht selten scheint der Jugendliche sich unklar darüber zu sein, wie er auf die mehrdeutigen Erwartungen der Eltern hinsichtlich seiner Trennung reagieren soll. In solchen Fällen kommt es vor, daß er einfach wartet, bis die Erwartungen der Eltern und ihre Absichten ihm klarer werden. Dies schien bei der Schwester der vorher genannten Evelyn, Clara, der Fall zu sein. Ebenso wie Evelyn erhielt Clara ständig mehrdeutige Botschaften von ihrem Vater übermittelt, so daß auch sie in Gefahr schien, schizophren zu werden. Clara ging ins College, verbrachte aber die Sommerferien zu Hause. Dann pflegte der Vater sie zu schelten: Sie sei faul, ziehe ihm das Geld aus der Tasche, ruiniere den Eltern die Ferien. Er schien also ihre Anwesenheit nicht zu wünschen. Gleichzeitig aber machte es ihm unverkennbar Freude, sie um sich zu haben, besonders wenn sie ihm spärlich bekleidet sein Frühstück machte. So wußte Clara nicht, ob er sie zu Hause haben wollte oder nicht, und setzte mit gemischten Gefühlen ihren Ferienaufenthalt bei den Eltern fort. Schließlich schien sich der Vater dafür entschieden zu haben, daß er sie nicht mehr zu Hause haben wollte – zumal eine jüngere Tochter herangewachsen war –, und warf sie buchstäblich mit Brachialgewalt die Treppen hinunter und zur Tür hinaus. Er verbot ihr heimzukommen, bevor sie nicht einen Job gefunden hätte. Das Mädchen beklagte sich bitter über die Brutalität des Vaters, aber nachdem nun die Tür verschlossen und die Botschaft klar war, konnte sie sich von der Familie lösen und sich als Lehrerin selbständig machen.

Offenkundige, aber widersprüchliche Vorstellungen und Erwartungen des Vaters oder der Mutter bezüglich eines jugendlichen Kindes sind auch nicht selten. Ein Vater schwankte zum Beispiel dauernd in seiner Beurteilung der Zukunft seines Sohnes. In der einen Sitzung sah er für ihn eine blendende Karriere im Fernsehen voraus, in der nächsten sah er ihn als chronischen Arbeitslosen, der in lebenslanger Abhängigkeit von seinen Eltern leben würde. Manchmal gehen auch die Meinungen der Eltern auseinander, wobei der eine Elternteil eine erfolgreiche Ablösung vorhersieht, der andere nicht. Das kommt im Familienleben sogar sehr häufig vor.

Welche Wirkung erwarten die Eltern für sich selbst bei der Loslösung ihrer Kinder vom Elternhaus?

Im günstigsten Falle brechen ja nicht alle Bande, wenn die Kinder das Elternhaus verlassen, sondern die Eltern bereiten sich auf eine neue, reifere Beziehung zu ihren Kindern vor. Aber auch dann senden sie vorher Botschaften an die Kinder aus, und die Kinder reagieren darauf. Je nach der Botschaft der Eltern, was sie ohne ihre Kinder tun werden, kann man voraussehen, daß die Kinder sich entweder verhältnismäßig frei und leicht trennen oder daß sie schuldbeladen sind, verneinen, die Eltern zu verlassen und zu kränken. Solche Schuldgefühle erweckende Botschaften der Eltern sind besonders von Laing und Esterson (1964) beschrieben worden. In unserer Untersuchungsgruppe erkannten wir drei Weisen, wie die Eltern von der bevorstehenden Trennung der Kinder beeindruckt zu sein schienen.

In einigen Fällen schienen die Eltern sich gegen diese Aussicht einfach blind zu stellen. Sie vermieden es mit allen Mitteln, über die bevorstehende Trennung von ihren Kindern zu sprechen oder nur daran zu denken. Wenn man sie direkt fragte, wie ihr Leben nach dem Weggang der Kinder aussehen würde, pflegten sie die Frage als unerheblich beiseitezuschieben. Sie sagten dann etwa: »Sein (oder ihr) Fortgehen wird gar kein Problem sein, das Leben geht weiter wie immer.« Aber in mehreren dieser Fälle schienen der Vater oder die Mutter sich besonders aufdringlich über den Adoleszenten Sorgen zu machen. Eine Mutter beispielsweise beschrieb sich als eine selbständige, reife Frau, die jetzt wie auch später ein reich erfülltes Leben führen werde. Dennoch beschäftigte sie sich ständig mit allem, was ihr Sohn tat, und sie versuchte, über alle seine Freunde, Lehrer und Psychiater Bescheid zu wissen. Sie rationalisierte das als Liebe zu ihrem Sohn. Eine andere Mutter verbrachte viele schlaflose Nächte über ihren fünfzehnjährigen Sohn, der von zu Hause weggelaufen war und das Interesse an der Schule verloren hatte. Sie quälte sich ständig mit der Frage, warum er zu Hause nicht glücklich war, wodurch er sich so verändert habe und was aus ihm werden würde. Erst nach neun Monaten Familientherapie begann sie allmählich ihre übermäßige Abhängigkeit von ihrem Sohn einzusehen. Schließlich begann sie die Folgen für ihr eigenes Leben und für ihre Ehe ins Auge zu fassen, die die Ablösung des Sohnes von der Familie haben würde. In diesen und ähnlichen Fällen waren es die eigenen Ängste der Eltern, zu vereinsamen und ihr eigenes Leben neu strukturieren zu müssen, die unter den Aktivitäten und Sorgen verdeckt waren, mit denen sie sich in das Leben ihrer Kinder einmischten.

Eine solche Art der Verleugnung war auch bei einem Vater zu erkennen, der seine Zukunft ohne den Sohn mit glühenden Farben sich ausmalte. Er werde endlich finanziell entlastet sein, so daß er nun alles das tun könne, was er sich immer gewünscht hatte. In Wirklichkeit erschien er jedoch auf hochgradig ambivalente Weise mit seinem Sohn identifiziert. Er bewunderte ihn in höchsten Tönen, lobte seine Angriffe auf das Establishment und war mit fast allen seinen Ideen und Launen einverstanden; wenn sie aber beisammen waren, pflegte er sich mit ihm zu streiten, dann aber den Konflikt zu trivialisieren oder gänzlich zu verleugnen. Dieser Vater, der seinen eigenen Vater im Alter von fünf Jahren verloren hatte, schien seinen Sohn in ungewöhnlichem Maße zu »parentifizieren«, ihn zu seinem Vater zu machen. Er erwartete vom Sohn, ihm der Vater zu sein, den er nicht gehabt hatte, machte ihm jedoch auch das zum Vorwurf, was sein wirklicher Vater ihm angetan hatte: nämlich ihn zu früh zu verlassen. Diese fast manische Verleugnung der Bedeutung, die die Ablösung des Sohnes für sein, des Vaters, Leben haben würde, schien der Stärke seiner unerschütterten libidinösen Besetzung dieses Sohnes zu entsprechen.

Im Gegensatz zu solcher Verleugnung der Trennung von den Kindern steht die Haltung tiefer, depressiver Schwermut, die andere Eltern erkennen ließen. Die Ehefrau des soeben erwähnten Mannes zeigte dies in auffallendem Kontrast zu ihrem Mann. Sie glaubte, das Leben ohne ihren Sohn würde völlig leer und bedeutungslos werden. Wenn sie an die Abreise des Sohnes dachte, sah sie deprimiert aus und schien auch ihren Sohn mit ihrer Depression anzustecken. Eine ähnlich lähmende Depression schien auch den vorher erwähnten Vater zu ergreifen, als die jüngste seiner vier Töchter die Mitte der Adoleszenz überschritten hatte.

Manche Eltern fürchten zwar, allein und traurig zu sein, wenn ihr Kind das Haus verlassen haben würde, sie lassen aber erkennen, daß sie mit ihrer Depression und Einsamkeit fertig werden können. Dies schien die wünschenswerteste Einstellung zu sein: Der Jugendliche muß nicht mit der Verleugnung der Eltern noch mit ungerechtfertigten Schuldgefühlen kämpfen, daß er die Eltern verlasse und sie dem Elend und der Einsamkeit aussetze. So schien beispielsweise eine Mutter, die sehr an ihrem einzigen Sohn zu hängen schien, dennoch sich klarzumachen, daß sie sich emotional von ihm lösen müsse. Sie fürchtete die Trennung, bereitete sich aber darauf vor, den Verlust zu betrauern und dann ihr Leben neu aufzubauen. Mit fünfzig Jahren beschloß sie, Autofahren zu lernen und sich nach einem Job umzusehen. Ihre aktive, situationsgerechte Haltung, die weder den Trennungsschmerz verleugnete noch den Sohn mit ihrer Depression belastete, war vielleicht daran beteiligt, daß der Sohn trotz anderweitiger Belastung keinen Zusammenbruch erlitt.

Faktoren, die die Vorstellungen und Erwartungen der Eltern
hinsichtlich der Ablösung ihrer Kinder beeinflussen

In dem hier vorgelegten Begriffsrahmen können diese Faktoren als die Beiträge der beiden Hauptparteien, der Eltern und der heranwachsenden Kinder, zu dem oben beschriebenen Wechselspiel von Vorstellungen und Erwartungen verstanden werden. Der kritische Faktor in diesem Wechselspiel scheint die jeweils erreichte Autonomie des Jugendlichen zu sein. Diese Autonomie, die die Differenzierung und Reifung seines Ichs reflektiert, bewirkt, daß er in freier Entscheidung auf die Vorstellungen der Eltern eingehen oder sie auch zurückweisen kann. Sobald er einen festgefügten Autonomiekern gebildet hat, kann er sich etwaigen hemmenden Vorstellungen und Erwartungen seiner Eltern erfolgreich widersetzen. Wenn er diese Autonomie nicht hat, fällt er diesen Vorstellungen und Erwartungen leicht zur Beute.

Hat er einen solchen Kern von Autonomie, kann der Jugendliche auf aufreizende Reden wie die des oben erwähnten Fußballtrainers positiv reagieren. Er kann dann auch besser mit den widersprüchlichen Vorstellungen der Eltern fertig werden, denen er etwa ausgesetzt ist. Bateson (1969), Kafka (1969) und Wynne (1969) haben dargestellt, wie ein Kind auf die mehrdeutigen und widersprüchlichen elterlichen Botschaften kreativ reagieren kann, die unter nur geringfügig veränderten Umständen zum schizophrenen Zusammenbruch führen könnten.

Gegen die sich bildende Autonomie und Ich-Stärke des Jugendlichen müssen nun die Beiträge der Eltern abgewogen werden, die auf einen relativ autonomen beziehungsweise relativ abhängigen Jugendlichen ganz verschiedene Wirkungen ausüben können. Um hier die kritischen Faktoren herauszuschälen, müssen wir zwei miteinander zusammenhängende Aspekte betrachten. Erstens müssen wir bei all den zur Diskussion stehenden Interaktionen versuchen, die Ablösung und Autonomie fördernden Absichten zu erfassen, die hinter scheinbar hemmenden Vorstellungen und Erwartungen vorhanden sein könnten. Zweitens müssen wir auf die Ambivalenz und Widersprüchlichkeit achten, die in den elterlichen Vorstellungen und Erwartungen oft enthalten sind. In der Regel scheint der Jugendliche besser daran, wenn er nur den zwischen den Eltern bestehenden Konflikten und nicht den Widersprüchen innerhalb eines Elternteils ausgesetzt ist. Seine Chancen, sich durchzusetzen, scheinen am besten zu sein, wenn wenigstens ein Elternteil ihn als ablösungsfähig wahrnimmt und dieser Elternteil aktiv und energisch zu ihm hält. Die hemmenden Vorstellungen und Erwartungen des anderen Elternteils können dann »neutralisiert« oder aufgewogen werden. Die Chancen des Jugendlichen, sich gegen die Eltern zu immunisieren, scheinen sich dagegen zu verringern, wenn er den trennungverhindernden Vorstellungen und Erwartungen des einen sich ihm aufdrängenden Elternteils ausgesetzt ist, während der andere sich von ihm zurückzieht.

Ein negativer Ausgang ist noch wahrscheinlicher, wenn das Kind in den Vorstellungen der Eltern weniger als »schlecht« denn als »krank« erscheint und wenn diese letzteren Vorstellungen ihm unablässig oktroyiert werden. Wenn der Jugendliche direkt oder indirekt als krank, untüchtig, zu schwach fürs Leben, unreif und abhängig und so weiter betrachtet wird, ist er eher paralysiert und gehemmt, sich abzulösen, als wenn er als schlecht, bösartig und unheilstiftend angesehen wird; denn wenn auch diese letzteren Vorstellungen mit den schlimmsten Befürchtungen für die Zukunft einhergehen mögen, geben sie dem Jugendlichen doch die Möglichkeit, sich mittels Rebellion und Trotz von den Eltern zu lösen. Dagegen sind Vorstellungen von »Krankheit« oder Schwäche des Jugendlichen geeignet, solche aktiven Unabhängigkeitsbestrebungen im Keim zu ersticken. Aber wenn auch die Vorstellungen der Eltern von der »Schlechtigkeit« des Kindes seine abrupte Loslösung möglicherweise erleichtert, geschieht dies doch oft um den Preis einer negativen Identität. Der Jugendliche hat dann das Bild seines »Schlechtseins« internalisiert, und es entsteht die Gefahr seines Scheiterns durch die von seinen Schuldgefühlen herbeigeführte Selbstzerstörung.

Feste gegen wandelbare elterliche Vorstellungen und Erwartungen

Wenn die Eltern ihre hemmenden Vorstellungen allzu starr aufrechterhalten, kann sich ein Kind wie hypnotisiert mit diesen identifizieren. Es nimmt sie dann für immer in sein Selbst-System auf, so daß es sich nicht mehr gegen sie immunisieren kann.

In unserer Untersuchungsgruppe hatten wir es häufig mit Vorstellungen und Erwartungen der Eltern zu tun, die diese schon in der frühen Jugend ihrer Kinder gebildet und niemals geändert hatten. So sagte eine Mutter über ihren Sohn: »Fast von Geburt an war Georg ein hinterhältiger Lügner. Ich habe niemals etwas anderes von ihm erlebt. Er wird sich niemals ändern und deshalb auch immer in Schwierigkeiten geraten.« Eine andere Mutter erzählte von ihrer in der Adoleszenz stehenden Tochter: »Wenn ich sie als Baby ansah, wußte ich, daß sie das Kind sein würde, an dem ich immer Kummer erleben würde. Sie war immer verträumt und unpraktisch. Ich konnte kaum glauben, daß sie im Leben durchkommen würde.« Dieses nunmehr fünfzehn Jahre alte Mädchen, eine von vier Töchtern, schien zur Zeit der Familientherapie und auch noch zur Zeit der Katamnese auf eine schizophrene Entwicklung hinzusteuern.

Einige Folgen für die Familientherapie

Da die elterlichen Vorstellungen und Erwartungen so stark auf den Trennungsprozeß der Adoleszenz einwirken, müssen sie auch zum Fokus der therapeutischen Intervention gemacht werden. Die Familientherapie macht die Bedeutung dieser Vorstellungen und Erwartungen deutlich und bietet die beste Chance, heilend einzugreifen. Der Familientherapeut muß sowohl dem Jugendlichen als auch den Eltern helfen, diese Vorstellungen und Erwartungen zu klären, wenn sie verdeckt, mehrdeutig und widersprüchlich sind. Das wird allen Beteiligten in dem Trennungsdrama helfen, sich besser darüber klarzuwerden, wie sie miteinander stehen. Vor allem wird es dem sich ablösenden Jugendlichen helfen, sich sein eigenes Selbstbild herauszuarbeiten und seine eigenen Motivationen und Strebungen von denen, die die Eltern für ihn hegen, abzuheben. Ferner kann er nun seiner Eltern Vorstellungen und Erwartungen auch angreifen und widerlegen. Man könnte sagen, daß der Generationskonflikt auf diese Weise von der Guerillataktik zur normalen, offenen Kriegführung übergegangen ist.

Um zu klären, was in den Vorstellungen und Erwartungen der Eltern verdeckt, mehrdeutig und widersprüchlich ist, muß der Therapeut erstens auf die in Worten angebotenen Vorstellungen und Erwartungen achten und sie mit dem möglicherweise etwas ganz anderes ausdrückenden affektiven Verhalten vergleichen – wenn beispielsweise ein Vater erklärt, sein Sohn sei alt genug, um zu arbeiten, aber jeden Versuch des Sohnes, sich Arbeit zu suchen, geringschätzig abwertet. Zweitens muß man darauf achten, was über das Kind vor dem Interviewer oder Therapeuten gesprochen und was dem Kind zu Hause oder bei den Familiensitzungen gesagt wird. Es sei dabei an die weiter oben erwähnte Evelyn erinnert, die von den Eltern offiziell als zur Schauspielerin oder zum Modell begabt beschrieben wurde, während sie beim Einzelinterview mit dem Therapeuten sehr viel schlechter beurteilt wurde.

Drittens muß auch beobachtet werden, was gesagt wird, wenn das Elternpaar zusammen ist, und was gesagt wird, wenn jeder Elternteil allein gesehen wird. In unserer Untersuchungsgruppe kam es mehrfach vor, daß der Vater oder die Mutter ihre bösen Erwartungen bezüglich des betreffenden Kindes erst dann enthüllten, wenn sie allein mit dem Therapeuten sprechen konnten.

Viertens muß man im Einklang mit dem soeben Gesagten auch auf mögliche Unstimmigkeiten zwischen den scheinbar gemeinsam gehegten, quasi offiziellen Vorstellungen und Erwartungen der Familie und den heimlichen Meinungen achten.

Schließlich muß man versuchen, die oben erwähnten Befürchtungen über die Auswirkung der Trennung auf die Eltern selbst in die Behandlung einzubeziehen, da diese Gefühle für den Jugendlichen gefährlich sein können, entweder weil die Eltern sie verleugnen oder weil sie in Schwermut verfallen.

Aber es genügt nicht, die elterlichen Erwartungen und Vorstellungen nur zu klären. Außer der Klärung muß eine *Befreiung* erreicht werden. Damit ist gemeint, daß der Jugendliche sich von dem störenden Eindruck der Vorstellungen und Erwartungen, die die Eltern für ihn hegen, freimachen kann, falls sie ihn schon gepackt und ihn in seinem Selbständigwerden und in der Wahlmöglichkeit für sein Leben ernstlich eingeengt haben.

Um zu verstehen, was mit einer solchen Befreiung gemeint ist, müssen wir erstens beachten, was diese elterlichen Vorstellungen und Erwartungen für die seelische Ökonomie der Eltern selbst bedeuten. Hier stellen wir uns besonders auf die Abwehraspekte ihrer Vorstellungen und Erwartungen ein, wie Roger Shapiro (1967) sie beschrieben hat. Wenn etwa eine Mutter ihren heranwachsenden Sohn als zart und anfällig wahrnimmt und bezeichnet, kann sie damit versuchen, ihr eigenes Gefühl von Zerbrechlichkeit und unsicherer Abhängigkeit auf den Sohn zu übertragen. Statt ihre eigenen drückenden Gefühle, Befürchtungen und Konflikte hinsichtlich der herannahenden Trennung zu erkennen und durchzuarbeiten, leugnet die Mutter sie und verlegt sie auf das Kind. So benutzt sie das Kind als ein stets verfügbares lebendes Gefäß für ihre externalisierten Ängste und Konflikte. Sie entlastet sich selbst, indem sie ihr Kind belastet. Solche elterlichen Vorstellungen und Erwartungen werden zur Abwehr benutzt und sind daher ausbeuterisch. Denn wenn das Kind im Abwehrsystem seiner Eltern eine Rolle übernehmen muß, wird es unvermeidlich in seinem eigenen Wachstum und seiner Ablösung behindert.

Und wenn die elterlichen Vorstellungen und Erwartungen störend in die Entwicklung des Jugendlichen zur Autonomie eingreifen, enthüllt sich damit ihr ausbeuterischer Charakter weiter.

Das Trennungsdrama der Adoleszenz deckt jedoch nicht nur die Abwehr- und Ausbeutungszüge der elterlichen Vorstellungen und Erwartungen auf, sondern löst auch die wütende Rache des Jugendlichen aus, wenn es ihm dämmert, daß die Eltern ihn für ihre eigenen Zwecke benutzen. Paradoxerweise ist aber, wie Boszormenyi-Nagy (1969) darlegt, nun seine stärkste Waffe, es den Eltern heimzuzahlen, seine Einwilligung in die hemmenden Vorstellungen und Definitionen, die die Eltern ihm angehaftet haben. Jetzt kontert der Jugendliche, indem er sich als lebenden Beweis ihrer eigenen Krankheit oder Bosheit ausliefert. Auf diese Weise kann er mit den Schuldgefühlen der Eltern darüber, daß sie ihn ausbeuten und sich an ihn klammern, wie die Katze mit der Maus spielen. Er kann seinen Eltern ihr Versagen zeigen und ihr eigenes Wachstum und eigene Befreiung verhindern. Daher muß die Familientherapie auch den Masochismus und die Rachlust des ausgebeuteten, in Fesseln gelegten Opfers in der Macht, die der Jugendliche über seine Eltern ausübt, aufdecken; solche Gefühle sind an seiner Einwilligung in die ihn niederhaltenden, die Trennung verhindernden Vorstellungen und Erwartungen der Eltern immer beteiligt.

So muß die Befreiung in letzter Analyse beidseitig sein. Indem die Eltern durch den psychotherapeutischen Eingriff die Möglichkeit bekommen, ihre Vorstellungen und Erwartungen bezüglich des Kindes zu korrigieren und seine wahren Bedürfnisse und Fähigkeiten, selbständig zu werden, sehen lernen, fördern sie zugleich ihr eigenes Wachstum. Statt sich selbst und ihre Kinder in einem Teufelskreis von Ausbeutung und Gegen-Ausbeutung zu drehen, können sie auf eine echte Loslösung und Befreiung hinarbeiten.

9 Gruppenphantasien und Familienmythen: Theoretische und therapeutische Aspekte

In Gruppen begegnen uns kollektive Phantasien, deren Bedeutung und Funktion nach Art der Gruppe variieren. Dieses Kapitel behandelt auch Familien als Gruppen, in denen Gruppenphantasien wichtig werden. Familiengruppen lassen sich mit anderen Gruppen vergleichen, was unterschiedliche theoretische und therapeutische Implikationen ins Blickfeld bringt.

Ein Vergleich von drei Arten von Gruppen

Im einzelnen vergleiche ich im folgenden drei Arten von Gruppen: Erstens sogenannte »Bion-Gruppen«; sie wurden ursprünglich an der Tavistock-Klinik in London konzipiert und umfassen bis zu zwölf Mitglieder. Ihre Struktur und Dynamik wurde von Bion (1961), Rioch (1971), Turquet (1965, 1971) und anderen beschrieben. In den Vereinigten Staaten bilden diese Gruppen einen wesentlichen Bestandteil der Group relations conferences, die alljährlich von der Washington School of Psychiatry und anderen Institutionen veranstaltet werden. Sie dienen dort als Laboratorien für das partizipierende Studium des Gruppenverhaltens. In Europa werden kleine Bion-Gruppen zunehmend auch therapeutisch benutzt. Hier beschrieb besonders Argelander (1972) langfristig operierende Therapiegruppen des Bion-Typs. Zweitens sogenannte »Balint-Gruppen«, das heißt kleine Gruppen, die sich aus Angehörigen der helfenden Berufe – Ärzten, Theologen, Sozialarbeitern und so weiter – zusammensetzen. Durch das Gruppenerlebnis lernen sie, psychoanalytische Prinzipien auf die Probleme ihrer Praxis anzuwenden. Diese Gruppen sind nach ihrem Initiator, dem verstorbenen M. Balint, benannt. Balint-Gruppen finden sich heute in vielen Teilen der westlichen Welt. Ihr Wesen und spezifische Dynamik beschrieb Balint in seinem Buch ›Der Arzt, sein Patient und die Krankheit‹ (1964) und anderen Arbeiten (1961, 1966). Drittens Familiengruppen, das heißt echte Familien, die Beratung oder Therapie suchen. Letztere Gruppen liefern den Hauptfokus dieses Kapitels.

Ich wählte diese drei Arten von Gruppen, da sie in wichtiger Hinsicht ähnlich und doch verschieden sind. Sie ähneln sich im Hinblick auf Zahl und Funktionsniveau der Mitglieder: Wir haben es jeweils mit relativ kleinen Gruppen und einem Durchschnittsspektrum normaler bis neurotischer Schwierigkeiten zu tun. Zugleich unterscheiden sie sich voneinander. Unterschiede bestehen vor allem hinsichtlich der

Gruppenaufgaben sowie hinsichtlich der Gruppenbeziehung. Dabei geht es um folgendes: Bion-Gruppen mobilisieren typische Gruppenprozesse, von denen angenommen wird, daß sie die neurotischen Probleme der Gruppenmitglieder widerspiegeln. Letztere lassen sich dann – so wird weiter angenommen – in der Gruppe bearbeiten, auflösen oder mindestens bessern. Dabei geht es um Probleme, die zwar das Leben der Gruppe beeinflussen, ihren Ursprung aber außerhalb der Gruppe haben. Das kontrastiert zu dem, was Familien zeigen. Auch deren Angehörige suchen Hilfe für ihre Probleme. Aber diese Probleme haben ihren Ursprung in derselben Gruppe, die sich für eine Therapie anbietet – der Familie. Darin liegt nun wohl der zentrale Unterschied zwischen Therapiegruppen nach Bion und Familien! Bion-Gruppen sind vergängliche »ad hoc«-Aggregate von Menschen, die keine gemeinsame Geschichte und, abgesehen von der laufenden Gruppenbeziehung, keine gegenseitige Bindung kennen. Familien haben dagegen eine gemeinsam durchlebte Geschichte, und ihre Angehörigen bleiben selbst nach geographischer Trennung schicksalhaft miteinander verstrickt.

Balint-Gruppen unterscheiden sich von beiden genannten Gruppen hinsichtlich der ihnen gestellten Aufgabe. Diese besteht nicht darin, die Gruppenangehörigen zu therapieren, sondern ihnen zu helfen, bessere Therapeuten für andere zu werden. Was jedoch die Gruppenbeziehung anbelangt, nehmen diese Gruppen eine Mittelstellung zwischen den anfangs beschriebenen Therapiegruppen und Familien ein. Denn sie sind nicht reine ad-hoc-Gruppen nach der Art von Bion-Gruppen, noch sind sie Schicksalsgemeinschaften wie Familien. Alle Balint-Gruppen, die ich selbst näher kennenlernte, zeichneten sich durch zahlreiche Bekanntschafts- oder gar Freundschaftsbeziehungen unter den Gruppenangehörigen aus. Die Mitglieder einer neuseeländischen Balint-Gruppe beispielsweise, der ich einmal als Konsiliarius diente, kannten sich untereinander gut. Als praktische Ärzte, die in derselben Stadt und Provinz arbeiteten, trafen sie sich häufig aus beruflichen Anlässen, schickten sie sich Patienten zu, bewiesen sie sich Loyalität, achteten sie gegenseitige Verpflichtungen und begegneten sie sich mit fest gebildeten Meinungen und Erwartungen. Aber verglichen mit denen, die wir in natürlichen Familien finden, waren diese realen Beziehungen noch wenig intensiv und komplex.

Phantasien in kleinen Therapiegruppen

Die obigen Unterschiede in den Aufgaben und Beziehungen der Gruppen zeigen sich auch in ihren unterschiedlichen Gruppenphantasien.

Das Wesen und die Dynamik der in kleinen Gruppen auftretenden Phantasien wurden ursprünglich von Bion (1961) und später von Turquet (1965, 1971), Shapiro und Zinner (1972), Stierlin (1966), Argelander (1972) und anderen beschrieben.

In diesen Gruppenphantasien bezeugt sich ein typisches Gruppenverhalten. Darin spiegeln sich charakteristische Grundannahmen (basic assumptions) wider, die von der Gruppe geteilt beziehungsweise kollektiv unterhalten werden. Im wesentlichen sind dies die Grundannahmen »Abhängigkeit«, »Kampfflucht« und »Paarung«, wie sie ursprünglich von Bion beschrieben wurden. In ihnen stellt sich uns ein Gruppenklima dar, das einen stark regressiven Sog ausübt: Zunehmend geben sich die Gruppenangehörigen einem betrügerischen Gefühl der Omnipotenz hin; ihr Erinnerungsvermögen leidet, es kommt ihnen das Gefühl für zeitliche Abläufe und realistisch gesetzte Schranken abhanden. Falls sie überhaupt denken, denken sie global, vereinfachend, magisch, wunschhaft. Sie scheinen unfähig, von früher gemachten Erfahrungen und früher erworbenem Können zu profitieren. Die Phantasien, die unter diesen Umständen entstehen, stehen dem von Freud konzipierten Primärprozeß nahe.

Wahrscheinlich lassen sich diese Phantasien in allen kleinen Gruppen, insbesondere aber ad-hoc-Gruppen, wecken. Ihre jeweilige Stärke und Ausprägung hängt jedoch nicht zum wenigsten vom Gruppenführer – beziehungsweise -therapeuten – ab, dessen Beitrag wir daher kurz betrachten müssen:

Besonders in kleinen ad-hoc-Gruppen erscheint dieser Beitrag wichtig, wie insbesondere Argelander (1972) beschrieben hat. Um Gruppenphantasien freizusetzen, muß der Gruppentherapeut – oder -führer – das Gefüge jener Identitäten, hierarchischen Strukturen und Rollenerwartungen auflockern, das auch die Mitglieder von ad-hoc-Gruppen noch im wirklichen Leben verankert. Er muß nun etwa während des Tagens der Gruppe die berufliche Identität und den sozialen Status der Mitglieder zu verbergen beziehungsweise auszuschalten versuchen. Weiter muß er zwischen sich und der Gruppe eine »Asymmetrie« strukturieren, die – in Grenzen – Entbehrungen setzt und Spannung und Angst erzeugt. Das bedeutet, daß er vermeiden muß, mit der Gruppe zu agieren, und daß er Deutungen nur auf der Gruppenebene geben darf, das heißt vermeiden muß, individuelle Konflikte oder Abwehrmanöver zu interpretieren. Er läßt die Gruppe gleichsam im eigenen Saft schmoren und macht dadurch ihre schlummernden Phantasien virulent.

Auch in Balint-Gruppen begegnen uns, den vorhandenen Informationen zufolge, Gruppenphantasien der eben beschriebenen Art. Aber hier ist diesen Phantasien gegenüber Vorsicht geboten. Obgleich der Gruppenführer sie – in Grenzen – toleriert und möglicherweise interpretiert – weil sie den Mitgliedern Einsichten über sich selbst und ihre Beziehungen zum Klienten vermitteln –, versucht er sie unter Kontrolle zu halten und zu dämpfen. Denn es besteht nun die Gefahr, daß diese Phantasien von der primären Aufgabe der Gruppe – den Gruppenmitgliedern bei ihren praxisbezogenen Problemen zu helfen – ablenken.

Dabei zeigt die nähere Betrachtung, daß die eben beschriebenen Gruppenphantasien in dem Maße eine geringere Rolle spielen, als Beziehungen des realen Lebens – im Kontrast zu bloß vergänglichen Verstrickungen – die Dynamik der Gruppe bestimmen.

Typischerweise kommen reale Lebensbeziehungen bei Balint-Gruppen auf zwei Ebenen ins Spiel: einer ersten, wo es um jene praxisbezogenen Probleme geht, die die primäre Aufgabe dieser Gruppe konstellieren; und einer zweiten, wo die gegenseitigen täglichen Beziehungen der Gruppenmitglieder wichtig werden. Obgleich diese Ebenen verschieden gelagert sind, finden wir jedesmal einen Trend, der die Bedeutung der eingangs beschriebenen Gruppenphantasien vermindert.

Um dies zu verdeutlichen, betrachten wir zunächst die erste Ebene – die der beruflichen Praxis – und hier das vielleicht häufigste Problem, mit dem Mitglieder von Balint-Gruppen zu ringen haben – das Problem, wer innerhalb eines verstrickten Multipersonenfeldes eigentlich Patient ist oder sein sollte. Dieses Problem veranschaulichte Argelander (1972) anhand eines klinischen Beispiels, dem sich viele ähnliche hinzufügen lassen könnten: Ein müder praktischer Arzt wird noch am späten Abend von einer erregten Frau wegen ihres erkrankten Ehemannes angerufen. Ihr aufgeregtes Reden am Telefon läßt ihn befürchten, bei ihrem Mann liege ein ernstes Herzversagen vor. Der Arzt rafft sich daher auf und macht sich schnell auf den Weg. Als er in der Wohnung des Ehepaares eintrifft, wird er von einer jungen Frau in verführerischem Baby-Doll-Nachthemd empfangen und erkennt sogleich, daß die Angelegenheit dramatisch aufgebauscht ist. Beim Ehemann, der Anfang der Fünfziger ist, liegen lediglich milde anginöse Beschwerden vor, die eine lange Vorgeschichte haben. Sich etwas schafsköpfig und verlegen repräsentierend, ringt er pflichtschuldig schmerzverzerrt nach Luft, während die »Kind-Braut« aufgeregt auf den Arzt einredet. Bedeutet dies nun – und hierbei handelt es sich um ein typisches, in Balint-Gruppen immer wiederkehrendes Problem –, daß der Allgemeinpraktiker – vorausgesetzt, er kann seinen Ärger unter Kontrolle bringen und eine diagnostische und therapeutische Haltung bewahren – die alarmschlagende Ehefrau als den eigentlichen Patienten ansehen muß? Um aber eine derartige Verschiebung des Patientenstatus mit ihren Implikationen ernsthaft reflektieren und begründen zu können, müßte dieser Praktiker die komplexen vergangenen und gegenwärtigen Beziehungen dieses Ehepaars unter die Lupe nehmen. Er müßte sich etwa fragen: Was veranlaßte den Ehemann, sich als »designierten Patienten« rekrutieren zu lassen? Hat diese Rekrutierung vielleicht den Zweck, bei seiner unreifen Frau, die die eigene Gestörtheit verzweifelt zu verdecken und zu verleugnen sucht, einen psychotischen Zusammenbruch zu verhindern? Oder akzeptiert der Mann masochistisch seinen Patientenstatus vor allem deshalb, weil er nur dadurch seine junge Kind-Braut an sich zu binden vermag, deren Fortgang ihn andernfalls in eine Depression stürzen und damit wieder zum eigentlichen Patienten, obschon in einem etwas anderen als dem anfänglichen Sinne, machen würde? Viele weitere Fragen dieser Art ließen sich stellen. Um ihnen nachzugehen, müßte der Frager die wirklichen Lebensverstrickungen dieser Ehepartner immer tiefer ausloten und dabei die beidseitigen Handlungen, Verpflichtungen, Erwartungen, Verdienste und Entgleisungen beziehungsweise Missetaten registrieren, die im Laufe der Jahre die Partnerbeziehung bestimmten.

Wenden wir uns nun der zweiten Ebene – der der Beziehungen der Gruppenmitglieder untereinander – zu, eröffnen sich uns ähnliche Fragestellungen. Nur stehen nunmehr nicht die Multipersonenbeziehungen der Patienten, sondern die gegenseitigen Beziehungen der Gruppenangehörigen zur Diskussion. Denn in ihrem Versuch, einander zu helfen, kommen die Praktiker nicht umhin, sich mit einigen unangenehmen Fakten auseinanderzusetzen. Dazu zählt etwa die Tatsache, daß ein Arzt bei seinem Kollegen eine zweifelhafte fachliche Reputation besitzt und von ihm bekannt ist, daß er leicht Patienten zu spät zum Facharzt schickt, während ein anderer den Ruf hat, junge, attraktive Patienten – und insbesondere Patientinnen – an sich zu binden, jedoch unattraktive und chronische Nörgler an Kollegen abzuschieben. Hier handelt es sich um keine ungewöhnlichen Tatbestände. Wir finden Vergleichbares überall, wo Menschen nahe beieinander leben, miteinander arbeiten und aufeinander angewiesen sind. Und überall finden wir dann auch Versuche, mit diesen Tatbeständen durch Negierung beziehungsweise »Umdichten« fertig zu werden. Und das war auch bei der erwähnten Ärztegruppe der Fall gewesen, der ich als Konsiliarius gedient hatte. Um das Zusammenleben und -arbeiten der Gruppe nicht unerträglich schwierig zu gestalten, huldigten ihre Mitglieder dem Mythos, ihre Gruppe wäre besonders harmonisch, paßte besonders gut zusammen und wäre in puncto Kooperationsbereitschaft anderen Gruppen überlegen. Hier verhielten sich die Ärzte ähnlich dem vorher beschriebenen Patientenpaar, dessen

Partner ebenfalls den Eindruck zu erwecken versucht hatten, sie wären ein besonders liebendes und harmonisches Paar.

Da derartige Gruppenmythen – und das ist wesentlich – die wirklichen Beziehungen der Gruppenangehörigen verfälschen beziehungsweise verklären, könnten wir auch sie »Phantasien« nennen, müßten sie dann jedoch von jenen Phantasien unterscheiden, die wir anfangs bei Bion-Gruppen kennengelernt haben. Diese Unterscheidung soll im folgenden näher ausgeführt werden.

Dabei müssen wir uns zunächst verdeutlichen, daß die zur Diskussion stehenden Gruppenerlebnisse gewisse Gemeinsamkeiten aufweisen. In beiden Fällen begegnen uns Abwehrmechanismen, die, auf Gruppenebene zum Zuge kommend, sich gegen die Wahrnehmung oder Akzeptierung unangenehmer Realitätsaspekte richten. Ohne diese Abwehr müßten die Gruppenmitglieder tiefste Ängste, Desintegration und Chaos befürchten. Aber hier enden die Ähnlichkeiten, da das Bestehen oder Fehlen echter, andauernder Lebensbeziehungen – im Gegensatz zu bloßen ad-hoc-Beziehungen – qualitativ unterschiedliche Realitätsbezüge, unterschiedliche Gruppenerlebnisse und damit auch unterschiedliche Abwehrverhalten impliziert.

In Bion-Gruppen spiegeln die entstehenden Gruppenphantasien primitive Bedürfnisse wider, die der Gruppenprozeß aktiviert, aber nicht – es sei denn in der Phantasie – zu befriedigen vermag. Dabei stellt die phantasierte Befriedigung zugleich einen Versuch dar, die primitiven Bedürfnisse und Konflikte unter Kontrolle zu bringen beziehungsweise abzuwehren, was jedoch letztlich mißlingen muß.

In den anschließend beschriebenen Gruppen bedient sich die Abwehr dagegen wesentlich dessen, was ich nun, im Unterschied zu den obigen Gruppenphantasien, »Gruppen«- oder »Familienmythen« nennen möchte. Diese Mythen finden wir typischerweise in Gruppen, deren Angehörige sich schon vor der Gruppenbildung gekannt und deren Schicksale sich verwoben haben. Dabei erfüllen die Mythen die Aufgabe, die schmerzhafte und komplexe Realität der wirklichen – vergangenen, gegenwärtigen und zukünftigen – Verstrickung der Angehörigen zu verneinen oder zu verzerren beziehungsweise die »Faktizität ihrer Beziehung« zu vertuschen.[1]

---

[1] In manchen Encounter-, Selbsterfahrungs-, und Psychodramagruppen wird dieser Prozeß einen Schritt weiter geführt. Anstatt daß hier die im Gruppenprozeß erweckten Phantasien unter Kontrolle gehalten und analysiert werden, werden sie, meist unter aktiver Teilnahme und Leitung des Gruppenführers, ausgiert. Ein derartiges Agieren beschränkt sich meist auf gegenseitiges Berühren und Manipulieren, schließt aber auch manchmal – in den USA zumindest – den Geschlechtsverkehr ein. Hier kommen dann Verleugnungs-, Spaltungs- und Dissoziationsprozesse ins Spiel, die sich von denen, die wir in Bion- und Balint-Gruppen finden, unterscheiden.

Familienmythen

In den meisten Gruppen begegnet uns eine Mischung von Phantasien und Mythen, wie sie eben definiert wurden. Denn selbst ad-hoc-Gruppen können Anlaß zu echten und anhaltenden Beziehungen geben, die Mythen nötig machen; andererseits können selbst eng verstrickte Familienangehörige gemeinsam »phantasieren« und sich in das »basic assumption land« treiben lassen. Aber im Vergleich zu dem, was wir in Bion- und selbst in Balint-Gruppen finden, spielen hier meiner Erfahrung nach Gruppenphantasien eine geringe Rolle. Denn Familienbeziehungen stellen nun einmal ein Paradigma echter und anhaltender Lebensverstrickungen dar. Dies gilt insbesondere für die Beziehung zwischen Kindern und Eltern. – Und dabei müssen wir uns erinnern, daß wir auch noch als Eltern die Kinder *unserer* Eltern bleiben. – Denn wie sich Kinder zur Welt und zu anderen Menschen verhalten, Freude, Hoffnung und vieles andere zu erleben vermögen, hängt großenteils davon ab, was ihnen in ihrer Ursprungsfamilie widerfuhr. Umgekehrt erwächst Eltern tiefste Befriedigung, Angst oder Verzweiflung aus dem, was sich in der Beziehung zu ihren Kindern abspielte oder nicht abspielte. Wir begegnen hier dem, was ich die »Faktizität der Familienbeziehungen« nenne. Die Wichtigkeit der Familienmythen leitet sich von dieser Faktizität her.[2]

Familienmythen in der hier intendierten Bedeutung wurden 1963 von A. Ferreira beschrieben und mit klinischen Beispielen illustriert. Ferreira betonte vor allem ihre homöostatische Funktion und war der Ansicht, daß »der Familienmythos in der Beziehung dieselbe Rolle spielt wie der Abwehrmechanismus im Individuum«. Im folgenden skizziere ich einen Bezugsrahmen für die systematische Analyse dieser Mythen, der den obigen vergleichbaren Betrachtungen Rechnung trägt.

---

[2] Solche Faktizität schließt oft nicht aus, daß gewisse Phantasien bei der Verstrickung der Familienmitglieder eine zentrale Rolle spielen. In der Tat bedeutet eine derartige Verstrickung häufig, daß die Familienmitglieder sich durch »projektive Identifizierungen« und andere Prozesse als Ausbeutungsobjekte rekrutieren, wie im vorherigen Kapitel gezeigt wurde. Diese anderen müssen nun jene bösen beziehungsweise schlechten Phantasien verkörpern, die der Ausbeuter nicht als die eigenen anerkennen kann und daher zu externalisieren hat, zugleich aber ständig in Sichtweite haben muß, um sich mit ihnen auseinandersetzen zu können. Dieses Externalisieren und stellvertretende Verkörpern von Phantasien innerhalb von Familien sehe ich als einen Teilaspekt der Ausbeutung an, den ich unter den Terminus »Faktizität der Familienbeziehungen« subsumiert habe. Richter beschrieb ähnliche Sachverhalte 1960 und 1963.

»Feste« Mythen versus »lockere« Mythen

Familienmythen können mehr oder weniger artikuliert und in sich folgerichtig sein. Sie können die Form sorgfältig nacherzählter Geschichten, expliziter Überzeugungen oder vage formulierter Meinungen haben. Im letzteren Fall kann sich in ihnen eine regressive, an Primärprozesse erinnernde Qualität mitteilen, die uns an Phantasien des Bion-Typus denken läßt. Solch äußerer Ähnlichkeiten ungeachtet, glaube ich jedoch, daß die meisten dieser Meinungen Familienmythen im hier gemeinten Sinne sind – das heißt, daß es sich um Glaubenssätze der Familie handelt, die im Endeffekt die Faktizität vergangener und gegenwärtiger Familienbeziehungen zu verleugnen oder zu vertuschen haben. In der Vagheit der Thesen kann sich der geringe Grad von Ich-Integration und -Artikulation sowohl einzelner Familienmitglieder als auch des ganzen Familiensystems verraten – es kann sich darin jedoch auch eine gemeinsame Strategie der Konfliktvermeidung beziehungsweise Konfliktvertuschung ausdrücken. Kurz, diese locker formulierten Mythen, nicht weniger als die »festgewebten«, erfüllen Abwehrfunktionen, die sich nur verstehen lassen, wenn wir der Faktizität vergangener und gegenwärtiger Familienbeziehungen Rechnung tragen.

Die Funktionen der Familienmythen

Familienmythen sind wie andere psychische und transaktionelle Phänomene überdeterminiert. Sie erfüllen gleichzeitig zwei wesentliche, miteinander verschränkte Funktionen: eigentliche Abwehr- und Schutzfunktionen. Abwehrfunktionen kommen ins Spiel, wenn die Familienmitglieder gemeinsam ihre Familienrealität entstellen – wenn sie, um Schmerz und Konflikte zu vermeiden, das verleugnen, rationalisieren oder vertuschen, was sie sich angetan haben. Die Abwehrfunktionen kommen hauptsächlich innerhalb der Familie, die Schutzfunktionen in der Beziehung mit Außenstehenden zum Zuge. Die Mythen müssen nun diese Außenstehenden über die Familienfaktizität täuschen und im unklaren lassen. In gewissem Maße ergänzen sich die beiden Funktionen. Denn soll den Angehörigen die Verleugnung beziehungsweise Vertuschung ihrer Familienfaktizität gelingen, ist es oft notwendig, diese Mythen der Außenwelt zu »verkaufen« und plausibel zu machen. Sie stecken nun den Rahmen ab, innerhalb dessen die Außenwelt die betreffende Familie wahrnehmen und beurteilen darf.

Eine Klassifizierung von Familienmythen

Je nach ihrer hauptsächlichen Abwehrfunktion lassen sich drei Arten von Familienmythen unterscheiden, die typischerweise in gestörten Familien vorkommen: Harmoniemythen, Entschuldigungs- und Wiedergutmachungsmythen sowie Rettungsmythen. Alle diese Mythen haben die Funktion, bestimmte Aspekte und Implikationen vergangener und gegenwärtiger Familienbeziehungen zu negieren oder selektiv zu entstellen. Sie unterscheiden sich hinsichtlich ihres Inhaltes und der darin gegebenen Abwehrintention. Im Laufe der Zeit können sich diese Inhalte jedoch wandeln oder miteinander verschmelzen. Das entspricht der Tatsache, daß Familienmythen – wie auch andere Mythen – nicht ein für allemal vorgegeben sind, sondern sich entsprechend den zugrundeliegenden Bedürfnissen und dem gegebenen Reflexionsniveau entwickeln und verändern.

Harmoniemythen

Diese Mythen zeichnen das rosige Bild eines vergangenen und gegenwärtigen harmonischen Familienglücks – im Gegensatz zu dem, was sich dem aufmerksamen Beobachter oft schon nach wenigen Minuten des Kontaktes mit diesen Familien zeigt. Dabei handelt es sich um Familien, die häufig Unzufriedenheit, Konflikte, Depression und Langeweile ausstrahlen, aber sich selbst und andere glauben machen wollen, sie seien die glücklichsten und harmonischsten Familien der Welt. Hier finden wir einige jener pseudoharmonischen Familien (pseudo-mutual families), die Wynne et al. (1958) beschrieben haben. Die von den Angehörigen eifrig bezeugte und zur Schau gestellte liebende Fürsorge füreinander hat den Zweck, vergangene und gegenwärtige Disharmonien und Feindseligkeiten zu verdecken beziehungsweise aus dem Bewußtsein zu verdrängen. Durch den Einsatz der Harmoniemythen zementieren sie die – individuell und auf der Familienebene zum Zuge kommende – Verdrängung und lassen unangenehme Fakten im »Gedächtnisloch« nach George Orwell verschwinden.

Wie Stalin und Hitler die Geschichte Rußlands und Deutschlands umschrieben, schrieben sie beide auch die Familiengeschichte um. Das kann zu ähnlich massiven Entstellungen historischer Tatsachen führen. In einer mir bekannten Familie hatten etwa die Eltern einmal ein Kind so stark geschlagen, daß es chirurgisch behandelt werden mußte. Das war vor ungefähr fünfzehn Jahren geschehen. In den gemeinsamen Sitzungen huldigten die Familienangehörigen jedoch einem Mythos der Harmonie, der eine solche intrafamiliäre Brutalität unwirklich und unverständlich erscheinen ließ. Erst als die Familientherapie fortgeschritten und die Beziehung der Familie zum Therapeuten offener geworden war, konnte das Geschehen jener Tage diskutiert werden. Typischerweise hatten nicht nur die prügelnden Eltern, sondern auch das geprügelte Opfer diesen Harmoniemythos kreiert und aufrechterhalten.

Entschuldigungs- und Wiedergutmachungsmythen

Bei diesen Mythen begegnet uns eine kompliziertere Struktur als bei den Harmoniemythen. Bei Harmoniemythen beobachten wir auf der Familienebene in erster Linie die Abwehrmechanismen der Verleugnung und Idealisierung; bei Entschuldigungs- und Wiedergutmachungsmythen spielt auch die projektive Identifizierung eine wesentliche Rolle. Hier werden eine oder mehrere, tote oder lebende Personen, seien sie innerhalb oder außerhalb der Familie, von allen Familienmitgliedern für das Elend der Familie verantwortlich gemacht und dazu bestimmt, mit der etwaigen eigenen auch die Schuld der anderen Familienangehörigen auf sich zu nehmen. Als Delegierte im Dienste des Familien-Über-Ichs übernehmen sie die stellvertretende Sühnung der Familienschuld. Mythen verleihen diesem Delegationsprozeß scheinbare Kohärenz und Rationalität – in Analogie etwa zum Jesus-Mythos, der unter anderem für Millionen von Gläubigen die Funktion erfüllte, ihre Schuldgefühle in der Person Jesu zu deponieren und durch diesen stellvertretend abtragen zu lassen.

Diese Mythen unterscheiden sich dadurch von Harmoniemythen, daß sie den faktischen und langfristigen Verstrickungen der Familienmitglieder – in Grenzen – Rechnung tragen. Denn diese Mythen implizieren eine Bestandsaufnahme und Beurteilung dessen, was die Angehörigen einander angetan – oder nicht angetan – haben. Mit Hilfe der Mythen wird gleichsam ein Verdienstkonto angelegt und werden Schuld oder Unschuld bestimmt. Aber dieses Konto erscheint nun gleichsam verfälscht und vorzeitig abgeschlossen. Die schwierige und schmerzhafte Aufgabe, die Verdienste jedes Angehörigen auf immer tieferen Ebenen zwischenmenschlicher Komplexität zu erfassen und zur Diskussion zu stellen, bleibt bestehen.

Auch hier sehen wir, daß die Mythen, sollen sie wirksam werden, von *allen* Familienangehörigen, einschließlich dem delegierten »schuldtragenden« Opferlamm, geglaubt und befolgt werden müssen. Wie Ivan Boszormenyi-Nagy (1972) gezeigt hat, ist der Delegierte dabei nicht nur Verlierer. Indem er zum Opferlamm wird, setzt er seine Eltern unter Schulddruck, gewinnt er psychologische Macht über sie.

Entschuldigungs- und Wiedergutmachungsmythen brauchen nicht notwendigerweise ein präsentes und aktiv mitspielendes Opferlamm, sondern können sich auch eines abwesenden oder toten Mitgliedes, beispielsweise eines »bösen, verschollenen, alkoholischen Vaters« bedienen. Ein derartiger Mythos besagt etwa, daß dieser Vater in böser Absicht ein treues Weib und liebende Kinder verließ, was ihm deren gerechten, unversöhnlichen Zorn eintrug. Es bedarf in der Familientherapie oft geduldiger Explorationen, ehe solche Auffassungen sich als Fiktionen beziehungsweise Mythen herausstellen – und dies vor allem dann, wenn der beschuldigte Bösewicht und implizite Sühner sich wegen Abwesenheit nicht zu verteidigen vermag. Trotzdem lassen sich derartige Mythen korrigieren. Hier denke ich etwa an eine Familie, in der ein »desertierter Vater« in der Tat als Grund allen Familienübels und Leides angesehen und verketzert wurde. Die »Desertion« des Vaters war ungefähr fünfzehn Jahre vor meinem Kontakt mit der Familie erfolgt, und die Mutter hatte inzwischen wieder geheiratet. Auch ihr zweiter Mann, der Stiefvater der Kinder, vertrat nun die Überzeugung, daß die gegenwärtigen Schwierigkeiten der Familie – die Depressionen der Mutter, die Promiskuität der ältesten Tochter und die Schulschwierigkeiten des Sohnes – größtenteils auf Konto dieses desertierten Vaters gingen. Im Verlaufe der Therapie verlor der Mythos jedoch an Überzeugungskraft. Denn es stellte sich heraus, daß die Mutter die »Desertion« des Vaters zum Teil wenigstens mit ihrer damaligen Liebesbeziehung zum Chef provoziert hatte. Anstatt als eigenwilliger, unverantwortlicher Ausreißer stellte sich dieser Vater immer mehr als trauriger Ausgestoßener dar, der wiederholt in den Schoß der Familie zurückzukehren versuchte, jedoch jedesmal abgewiesen wurde.

Rettungsmythen

Rettungsmythen weiten die eben beschriebenen Entschuldigungs- und Wiedergutmachungsmythen aus. Jesus, der die Sünden anderer auf sich nahm, versprach nicht nur Sühnung beziehungsweise Wiedergutmachung, sondern auch Rettung – wozu es des zusätzlichen Mythos eines nach dem irdischen Tode vorzufindenden paradiesischen Jenseits bedurfte, in dem alliebende und -gebende Eltern, Gott und die jungfräuliche Mutter Maria, ewiges Glück und die Vermeidung aller Leiden, Anstrengungen und Konflikte garantieren. Bei Familien sind die Rettungsmythen ähnlich. Auch hier finden wir allseits den Glauben, daß die im Familienleben und beim Individuations- und Trennungsprozeß auftretenden Leiden, Konflikte und Ungerechtigkeiten sich irgendwie durch wohlwollende Intervention einer starken, wenn nicht omnipotenten Person oder Instanz vermeiden oder ungeschehen machen lassen. Auch einem Familientherapeuten – besonders wenn er Charisma ausstrahlt, seine Kontakte mit der Familie kurz hält und daher wenig Anlaß zur Desillusionierung gibt – kann die Rolle des mythischen Retters zufallen. In anderen Fällen verklärt die Familie einen reichen, guten, starken und fürsorgenden Verwandten oder Freund, beispielsweise einen Onkel oder mächtigen Politiker, und erwartet von ihm, daß er sie in das Paradies führt und aller schmerzhaften Anstrengungen und Konflikte enthebt. Wie die vorgehend erwähnten Mythen entstellen daher auch Rettungsmythen die Familiengeschichte und Faktizität der Familienbeziehungen.

Die Schutzfunktionen von Mythen

Mythen ersparen den Familienmitgliedern nicht nur schmerzhafte Konfrontationen, die die Gefahr der Familiendesintegration und des Chaos heraufbeschwören, sie schützen die Familien auch gegen Außenstehende. Nehmen wir diese Schutzfunktion der Mythen unter die Lupe, vermittelt ein Vergleich mit Bion-Gruppen weitere Einsichten. Als ad-hoc-Gruppen haben Bion-Gruppen gleichsam nichts zu verbergen, es sei denn jene unangenehmen, beschämenden oder konfliktbesetzten primitiven Triebe und Verhaltensweisen – zum Beispiel primitiven Neid, Gier, Voyeurismus, Rachsucht, ein Gefühl der Omnipotenz und so weiter –, die der jeweilige Gruppenprozeß freisetzt. Familien haben dagegen vieles, wenn nicht alles zu verbergen. Mit gutem Recht fürchten sie eine öffentliche Bloßstellung, die notwendigerweise alte und frische Wunden aufrührt und damit Scham und Schuld auslöst. So wie die Dinge liegen, können viele Familienangehörige nicht umhin, Außenstehende, darunter auch sogenannte Familientherapeuten, als Eindringlinge zu sehen, die sie in peinliche Verlegenheit zu bringen versuchen. Je mehr sie solche Bedrohung und Bloßstellung fürchten, um so mehr werden sie sich an Mythen klammern und diese vorschieben.

Therapeutische Implikationen

Ein Verständnis der Abwehr- und Schutzfunktionen von Familienmythen hat therapeutische Implikationen. Der Familientherapeut muß wissen, daß ihm Familienmythen solange angeboten werden, wie sie gebraucht werden. Er darf sich durch diese Mythen nicht zum Narren halten lassen, kann es sich aber auch nicht leisten, sie infrage zu stellen, solange er den Familienangehörigen nicht ein Modell und einen Rahmen für die gefahrlose Exploration ihrer zwischenmenschlichen Verdienstkonten geliefert hat. Besonders Boszormenyi-Nagy (1973) beschrieb, was dies vom Therapeuten verlangt. Vor allem muß letzterer bei der Untersuchung der Familiendynamik Fairneß, Integrität und eine mit Empathie gepaarte Neugier beweisen. Dabei wird sich ihm oft innerhalb weniger Minuten zeigen, daß die wirklichen Familieninteraktionen den jeweiligen Mythen widersprechen. Er sieht dann beispielsweise, wie bittere, nur notdürftig verdeckte Feindseligkeiten einen »offiziell« vertretenen Harmoniemythos Lügen strafen. Aber anstatt derartige Diskrepanzen sofort aufzuzeigen, tut er gut daran, ein Klima der Exploration zu fördern, das diese Mythen schließlich eines natürlichen Todes sterben läßt. Dabei muß er die »Verdienstkonten« der Mitglieder im Lichte einer Multigenerationsperspektive betrachten. Denn wie kann er etwa einer »schizophrenogenen Mutter«, die ihr Kind zum »Mistkübel« ihrer dissoziierten Schlechtigkeit und Verrücktheit machte, gerecht werden, es sei denn unter Berücksichtigung ihrer Bindung an und der psychologischen Ausbeutung durch die eigene Mutter?

Auch der Therapeut von Bion-Gruppen, der in der Gruppe ein – noch verarbeitbares – Angstquantum freisetzt, ermöglicht den Gruppenmitgliedern eine Exploration ihrer Beziehungen. Dabei beweist auch er Fairneß und Integrität. Aber diese Fairneß und Integrität vermitteln sich nun anders als in natürlichen Familien, wo ein Therapeut den Verdienstkonten und der Faktizität der Beziehungen Rechnung zu tragen hat.

Die hier wesentlichen Unterschiede gelangen noch schärfer ins Blickfeld, wenn wir uns vergegenwärtigen, wie bei den zur Diskussion stehenden Gruppenprozessen unterschiedliche Übertragungsphänomene zum Zuge kommen. Der von Freud kreierte Begriff der »Übertragung« leitet sich von der analytischen Zweierbeziehung her und läßt sich daher nur bedingt auf Gruppen, handele es sich nun um Bion- oder Familiengruppen, anwenden. Er bietet sich jedoch – mit Vorbehalten – an, wenn wir die jeweils verschiedene Qualität der Beziehungen zwischen Führer – oder Therapeut – und Gruppe zu erfassen suchen. Bei Bion-Gruppen läßt sich von einer »Gruppenübertragung« sprechen, die durch die eingangs erwähnte Asymmetrie zwischen Gruppe und Führer geprägt ist. In dieser Gruppenübertragung, die durch die frustrierende Abstinenz des Führers gefördert wird, fließen nun die Beiträge eines jeden Mitgliedes wie in einem »Übertragungsamalgam« zusammen.

Bei Familien bedeutet Übertragung, soweit der Begriff überhaupt anwendbar ist, etwas anderes. Auch hier kommt in der Beziehung zwischen Therapeut und Familie ein Amalgam von Erwartungen und Einstellungen zustande, das möglicherweise den Namen »Familienübertragung« beziehungsweise »Familiengegenübertragung« verdient. Aber was immer auch deren spezifischer Inhalt und Auslöser sein mag, es kommt darin in erster Linie die Tatsache zum Ausdruck, daß Übertragungen im letzten immer auf Familienbeziehungen zurückgehen.

Denn es sind stets Familienbeziehungen, die jene Interaktionsmuster hervorbringen, die später, unangemessen und in starrer Wiederholung, auf Außenstehende übertragen werden. Mythen fungieren hier gleichsam als Zwangsjacken, die diese Muster innerhalb der Familie unter Verschluß halten und verhindern, daß sie, freigesetzt, sich in der Beziehung zu Außenstehenden wiederholen und damit als Übertragungen darstellen. Auch hier finden wir einen Kontrast zu Bion-Gruppen, wo, wie wir sahen, Übertragungsprozesse relativ leicht zu mobilisieren sind.

Kurzum, Mythen scheinen die Verstrickungen der Familienmitglieder sowohl zu festigen als auch zu vertuschen. Anstatt Fenster zu sein, durch die ein Therapeut in das Familieninnere blicken könnte, gleichen sie vielmehr den bemalten Holzwänden, die in den letzten Jahren um die Gettos amerikanischer Städte entstanden sind – Wänden, die den Außenstehenden ablenken, vielleicht amüsieren, in jedem Falle aber draußen halten.

10 Psychoanalytische Ansätze zum Schizophrenieverständnis im Lichte eines Familienmodells[1]

Bis heute gibt es keine anerkannte Familientheorie der Schizophrenie. Wir finden vielmehr konkurrierende theoretische Modelle mit unterschiedlichen therapeutischen Konsequenzen. Im folgenden werde ich ein mögliches Modell mit seinen therapeutischen Implikationen entwickeln und dadurch – hoffe ich – neues Licht auf psychoanalytische Ansätze zum Schizophrenieverständnis werfen.

Dieses Modell ist mehr als andere Familienmodelle psychoanalytisch orientiert – und trotzdem ist es, streng genommen, nicht psychoanalytisch. Denn die psychoanalytische Theorie und Praxis erwachsen aus der besonderen, von Freud geschaffenen psychoanalytischen Situation, die von Analytiker und Analysand getragen wird. Familientheorie und -praxis erwachsen aus einer anderen Situation – einer Situation, die durch den Therapeuten und die Familie entsteht. Wie jede andere bringt auch diese Situation bestimmte Einsichten und Daten ins Blickfeld, während sie andere verbirgt; sie macht uns beispielsweise aufgeschlossen für typisch wiederkehrende Mehrpersoneninteraktionen, während sie die Abkömmlinge des Unbewußten, zum Beispiel Träume, Phantasien, subtile, übertragungsbedingte Verformungen der Wahrnehmung und so weiter – die traditionellen Gegenstände eines psychoanalytischen Interesses – verbirgt oder zumindest nur unscharf zutage treten läßt. Aus diesen verschiedenen Beobachtungspositionen und Primärdaten entwickelten sich die unterschiedlichen Konzepte und Theorien der Psychoanalyse einerseits und der modernen Familienforschung andererseits.

Trotz – und zum Teil wegen – dieser Unterschiede können die beiden theoretischen und therapeutischen Ansätze – Psychoanalyse und Familienforschung – dieselben Probleme erhellen. Dazu gehören das Wesen und die Behandlung der Schizophrenie. Um diesen Fragen nachzugehen, skizziere ich im folgenden ein für unser Schizophrenieverständnis relevantes Familienmodell.

---

[1] Erweiterte Fassung eines Referats, das am 2. Dezember 1972 während des Herbstkongresses der American Psychoanalytic Association in New York City im Rahmen eines Panels zur Frage der »Influences of theoretical models on practice in treating schizophrenia« vorgetragen wurde. Für die Ausarbeitung der hier vorliegenden Fassung waren die Beiträge der übrigen Panelmitglieder (G. J. Aronson, D. L. Burnham, S. E. Eldred, J. C. Gunderson, P. S. Holzman, H. S. Searles, R. S. Wallerstein) von großem Nutzen.

Das im folgenden darzustellende Modell, das meine klinische Forschungserfahrung mit etwa vierzig Familien widerspiegelt, impliziert ein zentrales Konzept, das ich an anderer Stelle entwickelt habe (1972 a, 1973, 1974 und, mit Ravenscroft, 1972 c). Hier kann ich es nur, unter der Gefahr massiver Simplifizierung und Verzerrung, mit groben Strichen nachzeichnen. Es handelt sich um das Konzept der Interaktionsmodi (transactional modes).

Diese Modi versuchen das Wechselspiel und die jeweilige Dominanz jener zentrifugalen und zentripetalen Kräfte in den Griff zu bekommen, die in Familien in allen Stadien des Trennungsprozesses zum Zuge kommen. Die Interaktionsmodi lassen sich als das – mehr oder weniger verdeckte – Organisationsprinzip verstehen, das den zutage liegenden und spezifischen Kind/Eltern- oder Therapeut/Patient-Interaktionen Form und Richtung gibt. Wenn altersangemessene Interaktionsmodi zu intensiv oder nicht phasengerecht zum Zuge kommen oder wenn sie sich unangemessenerweise mit anderen Modi vermischen, leidet die wechselseitige Individuation und Trennung von Eltern und Kindern oder von Therapeuten und Patienten. Wir können dann von »Störungen der Interaktionsmodi« (transactional mode disturbances) sprechen.

Die Interaktionsmodi lassen uns erkennen, wie Eltern und Kinder den wechselseitigen Trennungsprozeß gestalten; gleichzeitig lassen sie uns die sich entwickelnde Beziehung als ein dynamisches System erfassen. Wir können die Modi daher »transitiv« und »reziprok« nennen. Sie sind in dem Sinne transitiv, daß sie uns den formenden Einfluß verstehen lassen, den Eltern auf noch unreife und abhängige Kinder ausüben. Das entspricht der Tatsache, daß Eltern von Anfang an ihre Kinder mit ihrer »stärkeren elterlichen Realität« (Stierlin, 1959, s. 3. Kapitel) konfrontieren. Sie tun dies oft unbewußt unter Verwendung verdeckter und subtiler Signale und Sanktionen. An diese »stärkere Realität der Eltern« muß sich das Kind anpassen, will es nicht zugrunde gehen. Aber die Interaktionsmodi sind gleichzeitig reziprok, weil die Eltern-Kind-Beziehung von Anfang an auch wechselseitig ist. Von dieser Perspektive her formen und beeinflussen die Kinder ihre Eltern daher nicht weniger, als die Eltern ihre Kinder formen und beeinflussen.

Ich habe an anderer Stelle (1972 a) die drei Hauptmodi der Bindung, Beauftragung – Delegierung – und Ausstoßung entwickelt, die uns die wechselwirkenden Schicksale von Bindendem und Gebundenem, Auftraggeber und Delegiertem, Ausstoßendem und Ausgestoßenem in den Griff bekommen lassen. In kürzestmöglicher Zusammenfassung lassen sich diese Modi wie folgt darstellen:

Wo der Bindungsmodus vorherrscht, scheint die Interaktion zwischen Eltern und Kindern darauf angelegt zu sein, die letzteren – womöglich für immer – im Bannkreise der Eltern und damit im »Familiengetto« gefangenzuhalten. Eine derartige Bindung und Gebundenheit kann vor allem auf drei Ebenen zum Zuge kommen:

Sie kann erstens auf einer Abhängigkeitsebene wirksam werden, wo primitive Trieb- und Sicherheitsbedürfnisse eine zentrale Rolle spielen. Hier werden dem Kind massive regressive Befriedigungen geboten, und es wird in erster Linie durch die Ausbeutung und Manipulation seiner Abhängigkeitsbedürfnisse gebunden. Wir könnten daher hier von einer »Es-Bindung« sprechen.

Eine Bindung kann zweitens auf einer eher kognitiven Ebene zum Zuge kommen. Triebe und affektive Bedürfnisse spielen auch hier eine Rolle, aber in erster Linie als Kräfte, die kognitive Prozesse formen und unterhalten. Wir finden daher, daß bindende Eltern die sich erst differenzierende Selbsterkenntnis und Selbststeuerung ihres Kindes stören, indem sie dieses hinsichtlich seiner Gefühle, Bedürfnisse und Wünsche mystifizieren, das heißt es kognitiv verunsichern und ihm eine Programmierung aufzwingen, die es unweigerlich in immer neue Sackgassen führt. G. Bateson (et al. 1956, 1963), H. Bruch (1962), H. Searles (1959), L. C. Wynne und M. Singer (1963 und 1965 a/b), T. Lidz et al. (1965), J. Haley (1959) und R. D. Laing (1965) sowie andere Autoren haben die verschiedenen Aspekte dieses zwischenmenschlichen Prozesses beschrieben. Hier spielen oft eine idiosynkratische Sprache und Kommunikationsweise eine zentrale Rolle. Wir können die kognitive Bindung auch »Ich-Bindung« nennen, denn der gebundene Beziehungspartner wird hier gezwungen, sich auf das verzerrende und verzerrte Ich des bindenden Partners zu verlassen, anstatt daß er – der gebundene Partner – sein eigenes beobachtendes und realitätsprüfendes Ich entwickeln könnte.

Der Bindungsmodus kann schließlich auf einer dritten Ebene zum Zuge kommen, auf der intensive, archaische Loyalität und Schuld die zentrale Rolle spielen. Loyalitätsbedürfnisse lassen sich ebenso wie die oben beschriebenen Abhängigkeits- und kognitiven Orientierungsbedürfnisse als legitime kindliche Bedürfnisse verstehen, die jedoch, wie wir dies bereits auf der Es- und Ich-Ebene kennengelernt haben, von den Eltern überwertig gemacht und ausgebeutet werden können. Die vor allem auf dieser dritten Ebene gebundenen Kinder neigen daher dazu, jede versuchte Trennung – sei es in Gedanken, sei es in der Tat – als ein an den Eltern begangenes Verbrechen zu erleben, das nur durch die härteste Strafe geahndet werden kann. Diese Kinder, die wir »Über-Ich-gebunden« nennen können, leiden daher leicht an einer massiven, primitiven und meist unbewußten »Ausbruchsschuld«, die entweder zu massiver Selbstbestrafung oder heroischer Sühne Anlaß gibt.

Wo der Ausstoßungsmodus vorherrscht, finden wir jene chronisch vernachlässigten und zurückgewiesenen Kinder, die für ihre Eltern wesentlich nur Belastung und Ärgernis sind. Hier wirkt daher ein zentrifugales Moment, das viele dieser Kinder in eine zu frühe Trennung treibt. Diese Kinder scheinen weniger ausgebeutet als vernachlässigt und verstoßen zu sein.

Wo schließlich der Beauftragungsmodus vorherrscht, vermengen sich bindende und ausstoßende Elemente. Dem Kind wird hier gestattet, sich aus dem elterlichen Feld herauszubewegen – jedoch nur in Grenzen! Es wird gleichsam an der langen Leine gehalten. Dies spezifische »Hinaussenden« meint das – ursprünglich lateinische – Verbum »delegare«: erstens ein Hinaussenden, zweitens die Beauftragung mit einer Mission. Die letztere Bedeutung impliziert, daß der Delegierte, obschon ausgesandt, dem Sender verpflichtet bleibt. Auch ein derartiges Delegieren setzt eine starke Loyalität gegenüber den Eltern voraus, aber im Unterschied zu der primitiveren und archaischeren Loyalität des ursprünglichen Bindungsmodus muß diese Loyalität selektive und differenzierte Handlungsmöglichkeiten und damit eine größere Freiheit des Delegierten erlauben. Andernfalls könnte der Delegierte seine oft komplizierten Aufträge nicht durchführen. Diese Aufträge können von ihm etwa verlangen, daß er ein berühmter Künstler oder Wissenschaftler wird, der das unerfüllte Ich-Ideal seiner Eltern verwirklicht, oder sie können darin bestehen, daß er deren dissoziierte und nun auf ihn projizierte asozialen Impulse auslebt. Was immer sein Auftrag, der Delegierte muß sich hier – immer in dem Maße, in dem es dieser Auftrag verlangt – differenzieren und temporär von den Eltern trennen. (An anderer Stelle habe ich einen Überblick über die hier möglichen Aufträge von Delegierten gegeben; siehe Stierlin, 1972 a.)

Die obigen Interaktionsmodi der Bindung, Beauftragung und Ausstoßung, setzen voraus, daß der Trennungsprozeß zwischen Eltern und Kindern langfristig ist. Diese Langstreckenperspektive läßt erkennen, daß Eltern, die ihre Kinder binden, delegieren und/oder ausstoßen, nicht notwendigerweise pathogen wirken. Diese Modi schädigen das Kind nur in dem Maße, als sie zu intensiv, zum falschen Zeitpunkt oder in einem ungünstigen Mischungsverhältnis zum Zuge kommen.

Extremes Binden in der Schizophrenie

Bei vielen schweren schizophrenen Störungen erscheint ein Kind auf allen drei oben beschriebenen Ebenen – der affektiven, der kognitiven und der Loyalitätsebene – intensiv gebunden. Eltern und Kinder werden sich hier gegenseitig hörig. Wir sprechen dann oft von »Symbiose« oder »symbiotischer Beziehung«. Eine derartige Beziehung verzerrt, übertreibt und verlängert die normale symbiotische Entwicklungsphase, die M. Mahler (1968) beschrieben hat. Eine derartige pathologische symbiotische Beziehung ist von einer enormen, erstickenden Gewalt.

»Die Elternperson und das Kind«, schreiben Ricks und Nameche (1966), »bilden eine untrennbare Einheit, die lange über das übliche Ende der symbiotischen Beziehung – wie sie von M. Mahler beschrieben wurde – hinaus andauert. Das Kind wird hier nicht als ein getrenntes Wesen mit eigenen Rechten und Bedürfnissen erlebt, und Grenzen zwischen Elternfigur und Kind scheinen nicht zu existieren. Die Elternperson findet daher nichts dabei, daß sie das Kind noch in der späten Adoleszenz badet, ihm jedes private Refugium für seine Gedanken oder Handlungen raubt und sich gegenüber allen Bedürfnissen des Kindes abstumpft, in denen sich dessen eigene Persönlichkeit zur Geltung bringt. Von diesem Kind wird erwartet, daß es sich völlig an die verzerrte elterliche Realität anpaßt, daß es sich den Aktionsradius und die sozialen Beziehungen vorschreiben läßt. Es muß funktional hilflos bleiben, darf keinerlei andere nahe Beziehungen haben und darf niemals an Flucht denken. Aus vielen dieser Krankengeschichten geht hervor, daß dieses Kind niemals Freunde und Verwandte außerhalb des eigenen Hauses besuchen, geschweige denn eine Nacht in einem Sommerlager verbringen durfte.«

Bei genauerer Betrachtung zeigt sich, daß diese schizophrenen Kinder gewöhnlich auf allen drei oben beschriebenen Ebenen – der Abhängigkeits-, der kognitiven und der Loyalitätsebene – intensiv gebunden sind. Dabei hat die kognitive Ebene bisher am meisten Interesse gefunden. Wir begegnen ihr in dem »double bind« von Bateson et al. (1956), in der »Übertragung der Irrationalität« von Lidz et al. (1965) und in den »Versuchen, den anderen verrückt zu machen« von Searles (1959). All diese Mechanismen beziehungsweise Strategien kommen bei der kognitiven Bindung von Schizophrenie zum Zuge, wobei der Mystifikation eine zentrale Rolle zukommt.

Laing übernahm den Begriff »Mystifikation« von Karl Marx, der ihn in einem sozio-ökonomischen Kontext definiert hat. Kapitalistische Ausbeutung mystifizierten nach Marx etwa die ausgebeuteten Arbeiter mit Hilfe der Religion, indem sie sie glauben machten, daß irdische Leiden und Armut ein glückliches Leben im Jenseits garantierten. In ähnlicher Weise mystifizierten viele der von Laing beobachteten Eltern ihre Kinder hinsichtlich dessen, was diese Kinder wirklich brauchten, wünschten oder glaubten. Dabei kommen drei hauptsächliche Momente ins Spiel. Das erste ist die Zuschreibung (attribution), die schon im achten Kapitel behandelt wurde, vor allem die Zuschreibung von Schwäche oder Schlechtigkeit.

Das zweite ist die Invalidierung (invalidation), die darauf abzielt, die Wahrnehmungen und Aussagen abhängiger Kinder zu disqualifizieren.

Beispielsweise können Eltern ihre Macht über das Kind dazu verwenden, bei diesem all das abzuwerten oder in Frage zu stellen, was die Autorität, Realitätsorientierung und positive Selbsteinschätzung der Eltern bedrohen könnte. Hier verweist Laing auf die Beschreibung des ersten, in der psychiatrischen Literatur als schizophren angeführten Patienten, dessen hervorstechendstes Symptom ein – scheinbar – unerklärlicher Vaterhaß war. Dr. Morel, der hier als Agent des Vaters fungierte – und den Terminus »dementia praecox«, den Vorläufer der Schizophrenie einführte –, invalidierte diesen Haß, indem er ihn zum Symptom einer Geisteskrankheit erklärte.

Im ebenfalls von Laing benutzten Begriff der »Induzierung« (Induction) teilt sich uns die aktive Ummodelung der Rekrutierung eines anderen Menschen mit. Indem der Mystifizierer dem anderen Schwäche oder Schlechtigkeit zuschreibt und seine Wahrnehmungen invalidiert, erzwingt er auch seine Kooperation, das heißt induziert er eine Bereitschaft, sich ummodeln und versklaven zu lassen.

Zuschreibung, Invalidierung und Induzierung sind nach Laing transpersonale Abwehrstrategien, durch die das Selbst, um funktionsfähig zu bleiben, das Innenleben des anderen zu regulieren versucht. Derartige transpersonale Abwehrmechanismen verschränken sich mit jenen, die aus der Psychoanalyse bekannt sind.

Mystifizierung im hier intendierten Sinne begegnet uns in vielen menschlichen Beziehungen und kennzeichnet vor allem das Familienklima von Schizophrenen. Hier sind besonders die Beiträge L. Wynnes und M. Singers wichtig geworden. Denn diese Forscher machten auf die vielen Weisen aufmerksam, in denen Familienangehörige einander verwirren, in der Schwebe lassen, verunsichern, kurzum, mystifizieren können. Sie erreichen dies beispielsweise dadurch, daß sie vermeiden, miteinander einen gemeinsamen Aufmerksamkeitsfokus zu teilen, daß sie eine anscheinend definitive Aussage als Frage vorbringen, unvermerkt den Diskussionsgegenstand wechseln oder den Partner darüber im Zweifel lassen, ob Abschluß (closure) und Übereinstimmung erreicht wurden. Durch eine neuartige Anwendung des Rorschachtests identifizierten diese Autoren über vierzig Kommunikationsabweichungen (communication deviances), die gehäuft, wenn auch nicht ausschließlich, in Familien von Schizophrenen zu beobachten waren. Daher läßt sich sagen, daß Wynne und Singer eine Phänomenologie der Mystifizierung entwickelten, die reich, detailliert, klinisch relevant und – in Grenzen – verifizier- und quantifizierbar ist.

Mich selbst hat besonders die archaische Loyalitätsbindung vieler dieser Patienten beeindruckt – eine Bindung, die sie tiefste und weitgehend unbewußte »Ausbruchsschuld« erleiden ließ. Diese Schuld trieb sie dann zu heroischen Sühneversuchen oder zu grausamer Selbstbestrafung. Bei unserer Untersuchung an schizophreniegefährdeten Adoleszenten und ihren Familien, die wir etwa sechs Jahre am National Institute of Mental Health durchführten, wurde ich mit zwei schizophrenen Jugendlichen vertraut, die gerade dann einen starken suizidalen Drang zeigten, als sie sich deutlich von ihren Eltern zu lösen versuchten. In beiden Fällen handelte es sich um Ausreißer, die jedoch im Gegensatz zu den meisten amerikanischen Ausreißern keine Gefährten beziehungsweise Peers hatten, zu denen sie hinlaufen konnten. Während sie in der Gegend umherstreunten, schienen sie lediglich ihren idiosynkratischen Introjekten nachzurennen. Ich sprach daher in diesem Zusammenhang von einsamen, schizoiden Ausreißern (1972 b). Sie schienen ziellos hin- und herzuschweifen und stolperten dabei von einer gefährlichen Situation in die andere. Der eine Jugendliche kam schließlich ums Leben, als sein Schlafsack, den er nahe am Straßenrand ausgebreitet hatte, von einem Auto überfahren wurde, der andere, als er mit einer zugleich provokativen und deplazierten Geste vor einem Polizisten ein Messer hin- und herschwenkte und daraufhin von dem Polizisten erschossen wurde. Meine Vertrautheit mit diesen schizophrenen Adoleszenten und ihren Familien ließ in mir keinen Zweifel aufkommen, daß sie durch ihre kaum verschleierten Suizide ihre massive Ausbruchsschuld zu betäuben suchten.

Extreme, zur Schizophrenie führende elterliche Aufträge

Auch elterliche Delegation kann im Extremfall, besonders wenn sie auf eine starke Bindung aufgepfropft wird beziehungsweise aus ihr hervorgeht, zu schizophrenen Entwicklungen führen. Es ist jedoch zu erwarten, daß sich diese Entwicklungen im Hinblick auf Phänomenologie, Prognose und Behandlungsmöglichkeiten von denen unterscheiden, bei denen der Bindungsmodus dominiert. Delegierte Patienten, die schizophren werden, erscheinen innerlich von Loyalitäts- und Auftragskonflikten zerrissen. Im ganzen ist ihre Prognose jedoch besser als die intensiv gebundener Patienten. Denn in der Regel gewinnen sie auf die Dauer in der Welt der Gleichaltrigen einen Brückenkopf außerhalb der Familie, von dem aus sie ihre endgültige Befreiung von den Eltern vorantreiben können. Wir können erwarten, daß sie hier eher akut als chronisch schizophren gestört erscheinen und daß sie nicht zu Dauerinsassen psychiatrischer Anstalten werden. Diese Erwartung wird durch meine eigenen, vorwiegend psychotherapeutischen Erfahrungen mit schizophrenen Patienten und deren Familien bestätigt, ferner durch die Untersuchungen von Nameche et al. (1964), Scott und Montanez (1971) und anderen.

Um die Intensität der Konflikte und Belastungen, denen derartige Delegierte oft ausgesetzt sind, verstehen zu können, müssen wir uns die elterlichen Aufträge vor Augen halten, die sie zu erfüllen haben. Viele dieser Aufträge schließen extreme Forderungen – an den Delegierten und dessen Anpassungsfähigkeit – ein und gehen weit über das hinaus, was seinem Alter normalerweise zumutbar wäre.

Einige besonders schwere und von Anfang an zum Scheitern verurteilte Aufträge seien hier erwähnt. Ich denke beispielsweise an den nicht seltenen Auftrag eines Elternteils, den anderen Elternteil zu zerstören – ein Auftrag, für den der loyalitätsgebundene Hamlet, der oft einem schizophrenen Zusammenbruch nahezukommen scheint, das klassische Modell liefert.

Ich denke ferner an den Auftrag eines Delegierten, in seinem Leben das grandiose Ideal-Ich eines Elternteils zu realisieren. Je mehr hier der Vater oder die Mutter erkennen müssen, daß sie dieses Ideal nicht aus eigenen Kräften verwirklichen können, um so verzweifelter suchen sie bei ihrem Kinde Rettung. Dieses in der Regel nur mittelmäßig begabte Kind muß nun schwindelnde Höhen des Erfolges und des Ruhmes erreichen und sie willig mit den elterlichen Auftraggebern teilen. In anderen Fällen muß es all die Schönheit und Vitalität verkörpern und ausstrahlen, die die Eltern an sich selbst vermissen und ersehnen.

Schließlich, und das ist vielleicht der schicksalhafteste Auftrag, kann ein Kind dazu delegiert werden, die »bösen« und verrückten Persönlichkeitsaspekte eines Elternteils zu verkörpern und zu externalisieren, die dieser im tiefsten Kern seines Selbst mit sich trägt und zugleich fürchtet. Dieses Kind muß dann die Funktion der elterlichen Selbstbeobachtung übernehmen, die Freud als eine der drei Funktionen des Über-Ichs – neben Ich-Ideal und Gewissen – definierte.

So fühlen sich etwa ein Vater oder eine Mutter in unerklärlicher Weise vom Wahnsinn bedroht, was sie dazu treibt, bei ihrem Kinde nach Zeichen des Wahnsinns zu suchen. Es liegt in der Natur der Sache, daß sie im Zuge eines solchen ständigen Spähens dem Kinde auf die Dauer auch die Keime des Wahnsinns »einpflanzen«. Vor allem R. D. Laing und H. Searles haben die hier zum Zuge kommenden Mechanismen beschrieben. Oft erscheint die elterliche Angst, was die eigene Anfälligkeit für den Wahnsinn anbelangt, nur zu berechtigt. Besonders Scott und Ashworth (1969) haben gezeigt, daß Eltern, die unbewußt in ihren Kindern nach Zeichen des Wahnsinns suchen und diesen dadurch einpflanzen, vom Gedanken an wahnsinnige Verwandte oder Ahnen heimgesucht werden.

Daher wachsen sie mit der zutiefst beunruhigenden Vorahnung auf, daß der Wahnsinn eines Tages wieder ihre gezeichnete Familie befallen wird. In dem Versuch, diesen allgegenwärtigen, gefürchteten Wahnsinn zu kontrollieren, einzudämmen und zu neutralisieren, delegieren sie dann ein Kind dazu, dem Wahnsinn Gestalt zu verleihen, das heißt das verrückte Familienmitglied zu werden.

Einige therapeutische Implikationen

Je nachdem, wie bestimmte Interaktionsmodi in einer Familie dominieren oder sich miteinander vermischen, leiten sich nun von dem hier skizzierten theoretischen Modell verschiedenartige Behandlunsgwege beziehungsweise -strategien ab. Um dies klarzumachen, betrachten wir zunächst die therapeutischen Konsequenzen einer intensiven Bindung.

Wo eine solche Bindung in extremer Form auftritt, hat der Therapeut eine kurzfristige und eine langfristige Aufgabe zu erfüllen. Kurzfristig hat er darauf hinzuarbeiten, das zu vermeiden, was Scott und Ashworth (1967) »closure« (Verschluß, Besiegelung) genannt haben. Langfristig hat er den Eltern und schizophrenen Kindern bei der Lösung der überstarken Bindung zu helfen.

Closure droht nach Scott und Ashworth dann, wenn ein Patient – gewöhnlich ein Kind in der Adoleszenz – in seiner Entwicklung an einen Punkt kommt, wo es als »krank, verrückt, jenseits positiver menschlicher Beeinflussung stehend« wahrgenommen wird. Für dieses Kind bereitet sich nun gleichsam das Todesurteil vor: Es wird zu einer Schattenexistenz im Hades eines psychiatrischen Krankenhauses verurteilt. Aber – und hierin offenbart sich ein Paradox extremer Gebundenheit – dieser »tote«, zu einem Schattendasein verdammte Patient erringt nun die Macht, seine Eltern mittels niemals endender Sorge und Schuld zu terrorisieren. Der Körper des Patienten, obschon aus dem elterlichen Hause entfernt, bleibt nun gleichsam für ein kontinuierliches Beobachtungsritual verfügbar. Im Unterschied zu den toten Helden, die Vergil und Dante besungen haben, das heißt zu jenen Toten, die fürchten – und vielleicht wünschen –, vergessen zu werden, erhalten jedoch viele »lebendige Tote«, die »chronische Schizophrene« genannt werden, niemals den Lethe-Trank: In ihrer tiefen Entfremdung von den Eltern bleiben sie zugleich aufs engste an diese gebunden.

Scott und Ashworth haben beschrieben, wie closure zustande kommt. »Wenn das Kind zum ersten Male zusammenbricht«, lesen wir, »zieht es in der Regel intensive elterliche Aufmerksamkeit auf sich.« Es wird zum Objekt eines schweigend und zugleich ängstlich drohend durchgeführten Untersuchungsverfahrens, während »die tiefen und unversöhnlichen ehelichen Konflikte der Eltern nun in noch größerem Maße als zuvor mit Hilfe dieses Kindes ausgefochten werden«. An diesem Punkt in dem sich zuspitzenden Familiendrama werden viele Psychiater unwissentlich zu Agenten der Eltern, indem sie solch eine closure gleichsam zementieren. Denn kraft ihrer ärztlichen und gesellschaftlichen Autorität sanktionieren sie nun die Diagnose – beziehungsweise das Urteil – einer »Geisteskrankheit«. Hier kann der kurzfristige Eingriff des Psychiaters schicksalhaft werden. Denn dieser Psychiater tritt typischerweise auf den Plan, wenn die Eltern nach längeren oder kürzeren Perioden der Agonie und Ambivalenz sich – anscheinend – dazu durchgerungen haben, ihr Kind auszustoßen. Sie brauchen dann diesen Psychiater, um ihrer Ambivalenz den entscheidenden Stoß zu geben. Sie nehmen ihn als einen Chirurgen in Dienst, von dem sie erwarten, daß er das kranke »Familienfleisch« diagnostiziert und wegoperiert, indem er den prospektiven Patienten als »krank« und »hospitalbedürftig« etikettiert. Kraft seines offiziellen medizinischen Urteils stützt er nun die verstoßende Komponente der elterlichen Ambivalenz und lindert damit – scheinbar – die Schuld, die die Eltern angesichts der Verstoßung ihres Kindes empfinden.

Dieser Psychiater findet sich daher an einer kritischen Wegscheide im Leben dieses Patienten und seiner Familie. Entweder kann er seinen Einfluß dazu verwenden, das auszustoßende Kind im Familienfelde zu halten, um dadurch den Anstoß zu einer Neubewertung und Neuverteilung der in der Familie vorliegenden Konfliktproblematik zu geben, das heißt, er kann versuchen, die elterliche Ambivalenz am Leben zu erhalten und zum Hebelarm fälliger Reifungsschritte und Konfliktlösungen werden zu lassen; oder er kann, kraft seiner Autorität, den definitiven, ambivalenzdämpfenden Stoß geben, der, wie wir sahen, keine wirkliche Trennung einleitet, sondern nur eine tragische Gebundenheit besiegelt, in der alle Beteiligten ihre Chancen für Reifung und Lebensglück aufgeben. Aber solch ein Verhindern der closure ist nur der Beginn dessen, was therapeutisch verlangt wird. Die ungemein schwierige Aufgabe der Lösung dieser Familiengebundenheit – des sogenannten »un-binding« – bleibt noch in Angriff zu nehmen. Hier muß sich der Therapeut nun vor allem für einen anscheinend paradoxen Sachverhalt aufgeschlossen zeigen – die Tatsache, daß jeder Fortschritt, den der Patient bei der Lösung von seiner Familie macht, eine zwischenmenschliche Gegenbewegung auslöst, die die alte Bindung wieder herzustellen beziehungsweise zu verstärken und damit diesen Fortschritt auszulöschen sucht.

Dies hat, wie wir bereits sahen, vor allem Konsequenzen für die sogenannte »positive Übertragung«, die ein noch an seine Familie gebundener Patient gegenüber seinem Therapeuten entwickelt. Denn mit der Entwicklung dieser positiven Übertragung begeht er das – in seinen und seiner Eltern Augen – wohl größtmögliche Verbrechen: den Loyalitätsverrat an seinen Eltern. Unbewußt muß er diesen Verrat oft dadurch sühnen, daß er in einer besonders provokativen und unerwarteten Weise sich eines erfüllten und verantwortlichen Lebens unfähig beziehungsweise unwürdig erweist: Er agiert oder erlebt einen Rückfall gerade in dem Augenblick, wo alles bestens zu gehen scheint.

Durch einen solchen »Rückfall« – und dies eröffnet eine weitere therapeutische Perspektive – bestraft sich der Patient selbst, gewinnt jedoch auch gleichzeitig die Macht, seinen Eltern vermehrt Schuldgefühle einzuflößen. Denn er präsentiert sich nun gleichsam als der lebendige Beweis elterlichen Versagens. Während er masochistisch als Opferlamm der Familie Verrücktheit und Selbstverkrüppelung auf sich nimmt, macht er sich zugleich zum mächtigen sadistischen Folterer seiner Eltern. Hier ist es wichtig, daß der Therapeut sich in die Notlage der Eltern einfühlen kann und deren Schulddruck lockert, indem er interpretiert, wie der leidende Sündenbock am Hebelarm der psychologischen Macht sitzt.

Wo extreme Beauftragungen vorliegen, kommen ähnliche Gegenströmungen und Machtmanöver ins Spiel, die therapeutisch ebenfalls aufzugreifen sind. Weiter müssen hier die oben beschriebenen Auftrags- und Loyalitätskonflikte des Delegierten analysiert und in der Familie »neu verteilt« werden. Alle Familienangehörigen müssen nun beispielsweise einsehen lernen, daß ein jugendlicher Delegierter nicht gut gleichzeitig – etwa durch eine frühreife Playboy-Existenz – die ungelebten sexuellen Abenteuer seiner Mutter ausleben und zugleich ihr tugendhaftes Ideal-Ich verkörpern kann – etwa durch ein erfolgreiches Theologiestudium. Auf Grund solcher Einsichten können dann die Eltern die Verantwortung für eigene verneinte Charakterzüge, Bedürfnisse und Konflikte übernehmen – eine Verantwortung, die sie so lange von sich abschieben konnten, wie sie den Delegierten in ihrem Dienst hatten. Gleichzeitig kann dieser – durch den Therapeuten zu fördernde – Neuverteilungsprozeß den Delegierten veranlassen, seinerseits Verantwortung für die Trauer, Angst und Einsamkeit zu übernehmen, die ihn unweigerlich erwarten, sobald er jene Ziele und Aufträge reflektiert und ausführt, die wirklich die *seinen* sind.

Schizophrener Defekt versus schizophrener Konflikt im Lichte dieses theoretischen Modells

Das oben skizzierte Familienmodell macht es möglich, einige theoretische Ansätze der Psychoanalyse im Hinblick auf Wesen und Therapie der Schizophrenie neu zu diskutieren. Dabei geht es vor allem um die Frage, ob bei der Schizophrenie in erster Linie ein Defekt oder ein massiver Konflikt vorliegt. Psychoanalytische Autoren haben bisher beide theoretische Positionen vertreten.

Die These vom schizophrenen Defekt

Die These vom schizophrenen Defekt gründet sich nach Aronson (1972) auf die 1915 vertretene Position Freuds, die später von Federn (1956), Pious (1961), Wexler (1971) und anderen weiterentwickelt wurde. Zentral ist hier die Annahme einer primären Ich-Schwäche des potentiell Schizophrenen. Unter dem »Streß« von Enttäuschung, Versagung, Ungewißheit über Lebensaufgaben und Ziele und unter der Belastung durch Ambivalenzkonflikte und Forderungen nach Intimität und so weiter bricht sein Ich zusammen. Als Folge solchen Zusammenbruchs verliert es die Fähigkeit, die unbewußten Repräsentanzen äußerer Objekte aufrechtzuerhalten.

»Verlieren einmal diese Objektrepräsentanzen ihre Besetzung, stellt sich die mutistische Phase der Schizophrenie ein. Die subjektiven Korrelate dieses Prozesses sind Weltuntergangs-, Depersonalisations- und Todeserlebnisse. Diese können so qualvoll sein, daß schnell eine zweite Phase folgt. Halluzinationen, Wahnvorstellungen und -ideen, bizarre Handlungen et cetera stellen fragwürdige, restitutive Prozesse dar, die nun Sinn beziehungsweise Sicherheit inmitten von Chaos und Leere versprechen. Es pfropft sich somit die oft bunte Symptomatik des schizophrenen Schubs auf den Terror der ersten Phase auf« (Aronson, S. 3).

Die Annahme einer derartigen primären Ich-Schwäche impliziert eine Therapie, bei der es in erster Linie um den Aufbau einer zugleich realitätsnahen und tragfähigen Beziehung zwischen Patient und Therapeut geht. Die Befürworter dieses therapeutischen Ansatzes empfehlen daher den direkten Kontakt mit dem Patienten, die aktive Kontrolle und Eindämmung seiner Triebausbrüche, beratende und Erziehungsmaßnahmen, Hilfe bei Problemen der realistischen Lebensmeisterung und ähnliches. Und sie lehnen – zumindest während der Phase der akuten Störung – konflikt- und übertragungsorientierte Deutungen ab.

In seinem Beitrag zu der eben angeführten Diskussion vertrat auch P. Holzman ein derartiges »Ich-Schwäche-Modell«. »Bisher«, führte er aus, »stützen keinerlei Daten eine Konflikttheorie als Basis einer gemeinsamen Ätiologie von Schizophrenie und Neurose, wohingegen sich viel für eine psychoanalytische Theorie schizophrener Restitutionsvorgänge sagen läßt.« Denn »jede Theorie muß nicht nur den autistischen Rückzug des Schizophrenen, sie muß auch dessen eigenartige und ungewöhnliche Körpermotorik, seine übersteigerte Sensibilität, sein dereistisches Denken und seine autistische Logik, sein Gedankenabreißen, seine unsichere persönliche Identität, die Störungen seines Körperschemas, sein oft extrem abhängiges Verhalten, seine Ahedonie, seine typischerweise reduzierte Lebenskompetenz, seine flachen und wenig modulierten Affekte, seine unkontrollierten Wutausbrüche, hypochondrischen Züge, Zwänge zur sensorischen Selbststimulation, seine Neigung zur Panik während des Alleinseins und viele andere Eigentümlichkeiten erklären, die für Neurosen nicht kennzeichnend sind.«

Die psychoanalytische Konflikttheorie der Schizophrenie

Diese Theorie geht auf Formulierungen Freuds zurück, die er 1895 und 1911 veröffentlichte. Sie wurden in der Folge von M. Klein und ihren Schülern (1948, 1952) und von Arlow und Brenner (1964) ausgebaut. Dieser Theorie zufolge sind Ich-Schwäche und Verlust der inneren Repräsentanzen beim Schizophrenen Ausdruck aktiver Abwehrprozesse, die sich gegen unerträgliche Affekte, Impulse und eine als zu schmerzhaft erlebte Realität wenden. Diese Abwehrprozesse sind intensiv und primitiv und reflektieren die unreifen kognitiven Strukturen des kleinen Kindes, unterscheiden sich aber prinzipiell nicht von solchen, denen wir bei neurotischen Konflikten begegnen. Diese Theorie impliziert eine Therapie, die eher typisch psychoanalytisch ist und daher die Deutung von Konflikten, Übertragung und Gegenübertragung rechtfertigt.

Die Dialektik von intrapsychischen und zwischenmenschlichen Konflikten im Rahmen des Familienmodells

Wir sind nun in der Lage, einige Implikationen des eingangs dargestellten Familienmodells zu entwickeln. Dieses Modell, das uns Störungen der Interaktionsmodi begrifflich faßbar machte, eröffnet hier eine neue Perspektive. In dieser nehmen nicht nur der Begriff des Konflikts, sondern auch der des Defektes beziehungsweise der Ich-Schwäche in der Schizophrenie neue Bedeutungen an. Gehen wir zunächst auf die Bedeutungen ein, die sich für unsere Auffassung vom »schizophrenen Konflikt« ergeben. Hier ist das wesentliche Faktum, daß wir es nunmehr mit einem umfassenderen Konfliktbegriff zu tun haben, der neben den innerpsychischen auch zwischenmenschliche Konflikte ins Blickfeld bringt. Je nach den vorherrschenden Interaktionsmodi konstellieren sich zwischenmenschliche Konflikte in unterschiedlicher Weise. Wo beispielsweise der Bindungsmodus dominiert, schaukeln sich Eltern-Kind-Konflikte oft unter Zeichen zunehmender Ambivalenz auf und bleiben protrahiert und ungelöst, da das Kind außer seinen Eltern keine wesentlichen menschlichen Bezugspersonen hat. Wo dagegen der Beauftragungsmodus vorherrscht, kann das Kind seine in der Elternbeziehung entstehenden Konflikte oft verwässern beziehungsweise verschieben, indem es mit seinen Altersgenossen agiert (siehe

Stierlin und Ravenscroft, 1972 c). Wie immer sich auch solche zwischenmenschliche Konflikte gestalten mögen, sie verschränken sich mit den innerpsychischen Konflikten, die Arlow und Brenner (1964), Klein (1948, 1952), Bion (1957) und andere Analytiker hervorgehoben haben.

Innerpsychische und zwischenmenschliche Konflikte implizieren unterschiedliche Begriffsbildungen und theoretische Ansätze. In dem einen Fall ist unser wesentlicher Fokus ein gespaltenes Selbst (divided self), dessen Triebe und Bedürfnisse zum Beispiel orale und destruktive Triebbedürfnisse versus Bedürfnisse nach Liebeszuwendung – gegeneinander arbeiten; in dem anderen Falle gehen wir von einem – mehr oder weniger ungespaltenen – Selbst aus, dessen vitale Bedürfnisse mit den Bedürfnissen anderer Selbste – vor allem denen seiner Eltern – in Konflikt liegen.

Ungeachtet dieser verschiedenartigen begrifflichen Achsen können wir uns beide Arten von Konflikten – innerpsychische und zwischenmenschliche – aufeinander bezogen vorstellen. Wir können uns etwa vorstellen, wie ein gespaltenes – das heißt innerlich zerstrittenes Selbst – zu zwischenmenschlichen Konflikten Anlaß gibt, die wiederum in einer negativen Spirale weitere intrapsychische Konflikte auslösen beziehungsweise verstärken. Dies stimmt mit der Meinung von Melanie Klein überein, wonach ein Kind, das seinen Neid und seine destruktiven Triebbedürfnisse nicht ertragen kann, diese abspaltet und sich ihrer entledigt, indem es sie auf die Mutter – beziehungsweise mütterliche Brust – projiziert. Da es jedoch von seiner Mutter – beziehungsweise deren Brust – abhängig ist, kann es diese ausgestoßenen Elemente nicht wirklich von sich fernhalten. Sie kehren wieder, indem nun die Mutter und ihre Brust zu Terror einflößenden, verfolgenden Mächten werden, die das Kind in intensivste zwischenmenschliche Konflikte verstricken. Diese Konflikte führen dann zu einer weiteren Aufspaltung des kindlichen Selbst, das heißt, sie verstärken dessen innerpsychische Konflikte.

Wenn wir das obige Familienmodell in dieser Weise zur Anwendung bringen, liegt der Hauptfokus auf dem früh zum Zuge kommenden transitiven Verhalten der Eltern, wie es eingangs definiert wurde. Von dieser Sicht her wird deutlich, wie zwischenmenschliche Konflikte zu innerpsychischen Konflikten Anlaß geben können. Demzufolge fließt nun der Entledigungsprozeß (the flow of the disowning process) in umgekehrter Richtung. Er bewegt sich von den Eltern – den Besitzern der »stärkeren Realität« – zum Kind. Um sich selbst schmerzhafte Prüfung, Wandlung und inneren Aufruhr zu ersparen, rekrutieren hier der Vater oder die Mutter ihr Kind unter Benutzung der eingangs beschriebenen bindenden oder delegierenden Strategien. Dies bedingt unweigerlich einen zwischenmenschlichen oder Interessenkonflikt in dem Maße, in dem vitale Bedürfnisse und Interessen von Eltern und Kind aufeinanderprallen. Es liegt hier etwa im Interesse der Eltern, daß sie sich auf

Kosten des Kindes schmerzhafter Selbsteinschätzungen und Ambivalenzen zu entledigen suchen, während es im Interesse des Kindes liegt, dieser zusätzlichen Schmerz- und Konfliktbürde zu entgehen, ohne jedoch die Liebe und den Schutz der Eltern verlieren zu müssen. Das Kind versucht dann, mit diesem unlösbaren zwischenmenschlichen Konflikt fertig zu werden, indem es einen innerpsychischen Konflikt auf sich nimmt – einen Konflikt von solchem Ausmaß, daß er sein Kern-Ich erschüttert und seine Wahrnehmung der inneren und äußeren Welt verzerrt.

Dieser innerpsychische Konflikt prägt und reflektiert im folgenden alle Versuche des Kindes, sich an die stärkere Realität der – bindenden oder delegierenden – Eltern anzupassen. Ein massiv gebundenes Kind wird etwa kognitiv verunsichert und aufgewühlt und muß sich gleichzeitig zu einem »Spezialisten für symbiotisches Überleben« entwickeln, wie ich das andernorts (1969) beschrieben habe. Das bedeutet, daß es sich während der sensitivsten Phasen seiner Entwicklung einer ungleichen psychischen und möglicherweise physiologischen Differenzierung und Integration aussetzen muß. Es muß nun ein spezifisches Abwehrinstrumentarium entwickeln, das es ihm erlaubt, die gefährliche, belastende und verunsichernde Mutter zu neutralisieren und sie sich gleichzeitig als nährende und Sicherheit gebende Matrix zu erhalten. In diesem Prozeß muß das Kind viele Fähigkeiten und Entwicklungsrichtungen opfern beziehungsweise unentwickelt lassen, die für eine gesunde Gesamtentfaltung und für seine fortschreitende Individuation und Trennung wesentlich wären.

Das Familienmodell kann auf diese Weise, meine ich, viele, wenn nicht alle jene Schwächen beziehungsweise Defekte des schizophrenen Ichs erklären, die oben erwähnt wurden – Mängel, die so lange einem Konfliktmodell konträr erschienen, als sie einseitig von einem der oben beschriebenen Ansätze her konzipiert wurden.

Während so das Familienmodell die schizophrenen Mängel ganz oder teilweise verständlich macht, läßt es uns zugleich deren funktionale Bedeutung in einem neuen Lichte sehen. Der gebundene oder delegierte »gestörte« Familienangehörige offenbart in seiner Mangelhaftigkeit – das heißt seiner Krankheit, Verrücktheit, Störung und so weiter, wie Boszormenyi-Nagy gezeigt hat, nicht selten eine paradoxe Stärke. Denn diese Mangelhaftigkeit stellt sich oft als ein Aktivposten heraus, wenn wir von den therapeutischen Bedürfnissen der ganzen Familie ausgehen. Während dieser in einem Sinne der schwächste – das heißt am deutlichsten gestörte – Angehörige ist, ist er in einem anderen Sinne der stärkste. Denn er nimmt die Störung auf sich, die die anderen von sich abschieben müssen, und durch diese – man ist versucht zu sagen – »Opfertat« vermag er zu jenem Fokus und Katalysator zu werden, der die Therapie und Reifung der ganzen Familie initiiert und fördert.

Das obige Familienmodell verträgt sich, wie wir sahen, sowohl mit einer Konflikt- als auch einer Defekttheorie der Schizophrenie. Gleichzeitig verträgt es sich – zumindest auf den ersten Blick – mit therapeutischen Ansätzen, die sich von diesen unterschiedlichen Theorien herleiten.

Es läßt sich zum Beispiel mit dem nichtanalytischen Behandlungsansatz von Greenson und Wexler (1969) und anderen vereinbaren. Dieser, sahen wir, läuft darauf hinaus, das fragile Ich des Patienten durch dessen bessere Verankerung in der Realität zu stärken. Zu diesem Zwecke bietet der Therapeut dem Patienten in seiner Person eine menschliche Realität an, die sich von der unterscheidet, die letzterer in seinen Eltern fand oder noch findet. Im Unterschied zu diesen bindenden und delegierenden Eltern – die ihn ausbeuteten, ihn unerträglichen Konflikten aussetzten und ihm eine ungleichmäßige Entwicklung aufzwangen – versucht der Therapeut nun, nichtbindend, nichtdelegierend, nichtverunsichernd und nicht konfliktinduzierend, jedoch gegenwärtig und real zu sein. Dadurch ermöglicht er dem Patienten – sowohl auf der emotionalen als auf der kognitiven Ebene – eine korrektive Erfahrung.

Aber das obige Familienmodell verträgt sich auch mit einem analytischen Behandlungsansatz, wie ihn unter anderem H. Searles (1965) vertreten hat. Dieser Ansatz leitet sich von der Prämisse her, daß jede emotionale und kognitive Erfahrung, die für den Schizophrenen ein wirkliches Korrektiv darstellen soll, auf tiefer symbiotischer Ebene ein erneutes Durchleben jener frühen Eltern-Kind-Interaktionen verlangt, die ihm einst unerträgliche, sein Kern-Ich sprengende innerpsychische Konflikte und eine ungleichmäßige Entwicklung aufzwangen. In diesem therapeutischen Prozeß kann es der Patient nicht vermeiden, den Therapeuten als Repräsentanten seiner einstmals bindenden oder delegierenden Eltern zu erleben. Der Therapeut kämpft seinerseits mit dieser ihm vom Patienten zugewiesenen Rolle – und wird in diesem Kampfe selbst gebunden und delegiert –, bis er sich schließlich freikämpft. Diese Art der »korrektiven Erfahrung« verlangt demnach vom Therapeuten, daß er die Ängste, Frustrationen, Konflikte und Verzerrungen seines Patienten im Rahmen der sich entwickelnden Übertragung und Gegenübertragung miterlebt, eindämmt und durcharbeitet.

Aber – und damit eröffnet sich uns eine weitere Ebene der Reflexion – obschon das Familienmodell, wie ich eben zeigte, mit den obigen Ansätzen vereinbar ist, stellt es diese zugleich in Frage. Es läßt uns nämlich erkennen, daß eine Korrektur der emotionalen und kognitiven Erfahrung für den schizophrenen Patienten ungenügend oder gar schädlich sein kann – gleichgültig, ob diese durch die Gewährung einer stabilen, klar präsentierten, nicht ausbeutenden menschlichen Umgebung oder durch eine lange gemeinsame Übertragungs-/Gegenübertragungsreise vermittelt wird.

Um dieses scheinbare Paradox verstehen zu können, müssen wir uns nunmehr jener Dimension in der Schizophrenie zuwenden, die, wie ich glaube, nur ein Familienmodell an den Tag bringt. In dieser Dimension geht es um das, was ich »zwischenmenschliche Gerechtigkeit« nennen möchte. Hier ist die Tatsache wichtig, daß die oben beschriebenen Prozesse der Entledigung und Aufsichnahme von Schmerz und Konflikt, das Sich-zum-Opferlamm-Machen und Opferlamm-Werden, die psychologische Ausbeutung und Gegenausbeutung alle Familienmitglieder zu Partnern in einem System werden lassen, in dem eine »unsichtbare Buchhaltung« (invisible accounts) geführt wird. Boszormenyi-Nagy (1972, und, zusammen mit G. Spark, 1973) hat diese Perspektive in einer tiefen und originellen Weise entwickelt.

Massive, obschon unbewußte Schuldgefühle, ein immenses, wenn auch oft ersticktes oder verschobenes Verlangen nach Wiedergutmachung wie auch nach Rache, Dankbarkeit, ein Bewußtsein begangenen Unrechts, bezeugter oder verratener Loyalität sind hier die entscheidenden dynamischen Faktoren. Sie beeinflussen das Verhalten und die Symptomatik aller Familienmitglieder. Wir können von einem ethischen Drama sprechen, in dem es um höchste Einsätze geht. Auf der einen Seite begegnen wir Eltern, die, von ihren eigenen Eltern psychologisch ausgebeutet und traumatisiert, auf Kosten ihrer Kinder zu überleben versuchen und dabei diese Kinder traumatisieren; und auf der anderen Seite Kindern, die als lebenslange willige Opferlämmer die Macht gewinnen, ihre Eltern durch Induzierung tiefster Schuld zu zerstören. Es ist vor allem diese Macht des loyalitätsgebundenen Opferlamms, die das vielleicht schwierigste Einzelproblem in der Therapie der Schizophrenie darstellt. Indem wir derart die Macht des willigen Opferlammes ins Blickfeld rücken, gewinnt schließlich auch die oben erwähnte Konflikttheorie eine neue therapeutische Relevanz. Denn wir sehen nun den Sadismus vieler schizophrener Patienten, den Searles und andere hervorgehoben haben, in einem neuen Licht: von Patienten, die alles darauf angelegt zu haben scheinen, ihre Eltern und Therapeuten durch stures Festhalten am Krankheitsstatus zu quälen. Wir können nun ebenfalls besser verstehen, warum Analytiker Kleinianischer Provenienz bei einer Reihe dieser Patienten erfolgreich sein können. Denn ihre Deutungen, was immer deren theoretische Begründung sein mag, erscheinen darauf abgestellt zu sein, sie die Verantwortung für destruktive Wünsche und Handlungen übernehmen zu lassen. Das verringert dann ihre sich von dieser Destruktivität herleitende Schuld und Angst, gleichzeitig aber vermindert es ihre Macht über die Eltern. Es wird nun möglicherweise eine positive Gegenseitigkeit und Wiedergutmachung in Gang gebracht, in der beide Parteien – Eltern und Kinder – zu sowohl aktiven Partnern als auch Nutznießern werden können.

11 Scham- und Schuldgefühl in der Familienbeziehung
Theoretische und klinische Aspekte

Scham und Schuld sind wesentliche Elemente menschlicher Erfahrung und damit zentrale Elemente psychiatrischer Theorie und Praxis. Sie beschäftigten Philosophen wie Kierkegaard, Nietzsche, Sartre, Heidegger, Jaspers und Psychoanalytiker wie Freud und Erikson. In beiden Fällen geht es um schmerzhafte und zugleich komplexe Emotionen. Diese verschränken sich miteinander, sind aber nach Phänomenologie und Dynamik verschieden. In der Familientheorie und -praxis werden diese Unterschiede besonders wichtig.

Die unterschiedliche Phänomenologie und Dynamik von Scham und Schuld

F. Alexander (1963) – der mit Vorliebe von »Minderwertigkeitsgefühlen« spricht, wo andere Autoren »Schamgefühle« meinen –, Piers und Singer (1953), Lynd (1961) und Lewis (1970) haben unter anderen die Verschiedenheiten und Ähnlichkeiten beider Phänomene beschrieben. Ihnen zufolge unterscheiden sich Scham- und Schuldgefühl trotz ihrer Ähnlichkeit im Hinblick auf Sprachgebrauch und -ursprung.

So impliziert Scham schmerzliche Verlegenheit, Wut über Erniedrigung und ein so tiefes Gefühl von Beklemmung und Demütigung, daß man in den Boden zu versinken wünscht. Dies Gefühl des Kleinwerdens kontrastiert mit dem des Wachsens, das Stolz und Triumph – die gefühlsmäßigen Gegensätze zur Scham – bereiten.

Scham erwächst vor allem aus der Niederlage im Konkurrenzkampf, aus Abweisung und dem Gefühl, die Selbstkontrolle und damit einhergehend die Selbstachtung verloren zu haben: »Ein Gefühl der Selbstkontrolle ohne Verlust der Selbstachtung«, schrieb beispielsweise Erikson (1968), »ist die ontogenetische Basis für das Erleben eines freien Willens. Aus dem Gefühl, die Selbstkontrolle verloren zu haben und daher der elterlichen Über-Kontrolle ausgeliefert zu sein, resultiert eine bleibende Neigung zu Selbstzweifel und Scham.« Scham begleitet weiter oft das Gefühl, körperliche oder sexuelle Mängel zu haben. Ein Mädchen schämt sich beispielsweise ihrer kleinen Brüste, ihrer – angenommenen oder wirklichen – sexuellen Kälte oder zu bereitwilligen Erregung – in ihren Augen eine Schwäche –; ein junger Mann schämt sich seiner Impotenz, seines – in seinen Augen – zu kleinen Penis oder seiner sexuellen Unerfahrenheit. Im Wort »Schamteile« spiegelt sich die enge Affinität zwischen sexueller Funktion und Anatomie einerseits und Scham andererseits wider.

Bei der Schuld erleiden wir dagegen Schmerz, weil wir anderen Menschen oder sakrosankten Institutionen wie der Familie, der Kirche oder dem Vaterland – vermeintlichen oder wirklichen – Schaden zugefügt haben. Schuldgefühl entsteht spezifisch in Situationen, in denen wir – in der Tat oder Phantasie – diejenigen angreifen, betrügen, manipulieren, erniedrigen oder beneiden, die wir zu lieben meinen oder wünschen. – Neid scheint mehr als andere Gefühle gleichzeitige Verbindungen zu Schuld und Scham zu haben: Ein neidischer Mensch empfindet sich anderen gegenüber oft als destruktiv, während er sich gleichzeitig seines Neides schämt. – Zusammenfassend können wir mit einer Formel von Piers und Singer sagen: »Schuldangst entsteht aus Übertretung, Scham aus Versagen«.

Freuds Konzepte des Ich-Ideals und Über-Ichs warfen Licht auf die hier vorliegenden dynamischen Prozesse. Nach Freud reflektieren sich in Schuld und Scham die Spannungen, die zwischen Ich und Ich-Ideal – oder Über-Ich – entstehen. Das Wesen dieser Spannungen klärte sich für Freud weiter, als er zwischen den drei Über-Ich-Funktionen des Ich-Ideals, Gewissens und der Selbstbeobachtung unterschied. Dabei spielt das Ich-Ideal vor allem bei der Scham und das Gewissen bei der Schuld eine Rolle, während die Selbstbeobachtung bei Scham *und* Schuld, wenn auch in verschiedener Weise, zum Zuge kommt.

Diesem Über-Ich-Konzept zufolge entsteht Scham, wenn wir den Forderungen des Ich-Ideals nicht genügen, das heißt nicht so stark, schön, selbstsicher, kompetent oder sexuell potent sind, wie dies Ich-Ideal es verlangt.

Es entsteht Schuld, wenn wir einem Gewissen zuwiderhandeln, das diejenigen zu verletzen, zu betrügen, zu erniedrigen oder zu enttäuschen verbietet, denen wir Liebe und Respekt schulden. – Daher der anschauliche deutsche Ausdruck »Gewissensbiß«. –

Die Selbstbeobachtung als dritte Über-Ich-Funktion ist sowohl mit Scham wie Schuld verbunden. In der hier gemeinten Bedeutung schließt sie die Bewertung unser selbst als auch anderer sowie der Gesamtsituation ein. So verstanden, entscheidet die Selbstbeobachtung darüber, wie weit wir vom Ich-Ideal oder Gewissen – in Handlungen oder Wünschen – abweichen. Eine derartige Selbstbeobachtung variiert bekanntlich stark von Individuum zu Individuum, was die Strenge anbelangt. Bei einigen erscheint sie stark, überscharf eingestellt und schonungslos aufspürend, bei anderen schwach, diffus und lax. Weiter kann sie – und das ist hier wichtig – gleichsam aushaken, pervertiert oder umgangen werden und es so dem Einzelnen ermöglichen, dem Schmerz der Scham oder Schuld – mehr oder weniger – zu entgehen. Solch defensiver Gebrauch – oder Nichtgebrauch – der Selbstbeobachtung wirkt sich dann auf die dynamischen Prozesse aus, die typischerweise bei Scham und Schuld ablaufen, um den Schmerz zu lindern. Bei – wirklicher oder potentieller – Scham versucht das Individuum, die Selbstbeobachtung massiv zu blockieren: Es verschließt die Augen vor dem, was es getan hat, verbirgt sich oder will das Geschehene durch Verleugnung ungeschehen machen. Bei der – wirklichen oder potentiellen – Schuld versucht es, die Stimme des Gewissens durch Verzerrung der Wahrnehmung und Verdrehung der Verantwortlichkeit, besonders mit Hilfe von Projektionen, zum Verstummen zu bringen. Es versucht, zumindest temporär Schuld loszuwerden, indem es andere anklagt oder bestraft (siehe hierzu in der psychoanalytischen Literatur Freud, Fenichel und andere). Gleichzeitig konstelliert es oft unbewußt eine Situation, in der es selbst angeklagt oder bestraft wird.

Scham-Schuld-Zyklen

Scham- und Schuldgefühle verschränken sich oft, so daß sie zu alternierenden Elementen in sogenannten Scham-Schuld- oder Schuld-Scham-Zyklen werden (siehe hier Alexander, Piers und Singer, Ward und Lewis). Diese Zyklen spiegeln fluktuierende interaktionelle Szenerien wider, in denen sich auch wandelbare Vorstellungen über die jeweilige Verantwortlichkeit zu erkennen geben, uns an die Worte Nietzsches erinnernd: »Es gibt gar keine moralischen – das heißt Scham oder Schuld erzeugende – Phänomene, sondern nur eine moralische Ausdeutung von Phänomenen...« Dostojewski beschrieb komplexe Scham-Schuld-Zyklen in seinen Romanen; Alexander fand sie in der Lebensgeschichte Krimineller: »Im kleinen Knaben erzeugt eine intensiv ehrgeizige und rivalisierend feindselige Haltung gegenüber Brüdern und dem Vater Schuldgefühle und Furcht vor Vergeltung. Unter dem Druck dieser Schuldgefühle und Furcht gibt er seine kompetitive Haltung auf und fügt sich statt dessen in eine unterwürfige Rolle, mittels derer der nun gehemmte, eingeschüchterte Knabe die Liebe seiner gefährlichen, mächtigen Konkurrenten wieder zu erlangen sucht. Diese Unterwürfigkeit löst intensive Minderwertigkeitsgefühle aus, verletzt den männlichen Stolz und führt zu einem aggressiven, kriminellen Verhalten, durch das eine sture Unnachgiebigkeit bewiesen und jede Abhängigkeit verleugnet werden soll. Das jedoch wird erneut zur Quelle von Schuldgefühlen, wobei neue Hemmungen gesetzt, neue Minderwertigkeitsgefühle verursacht und wiederum aggressiv agiert wird.« Ähnliche Zyklen sind aus der psychoanalytischen Praxis bekannt.

Der folgende, von einem Therapeuten beobachtete Zyklus erscheint hier typisch: Ein Patient glaubte, diesen Therapeuten ernsthaft verletzt zu haben, weil er ihn bei einem Freunde verleumdet hatte. Unter dem Stachel der Schuld suchte er in der Therapie nach Beweismaterial, das retrospektiv sein Verleumden hätte rechtfertigen können. Er fand dies schließlich in dem gelegentlichen Aufmerksamkeitsschwund des Therapeuten und klagte ihn an, sich nicht genügend um ihn zu kümmern. Als der Therapeut die Angriffe als Versuch zur Beschwichtigung des Schuldgefühls wegen der Verleumdung deutete, verlor der Patient die Fassung und weinte. Doch noch während er weinte, überkam ihn Scham. Seine Tränen erschienen ihm ein Beweis verächtlicher Schwäche, und er klagte den Therapeuten an, sie ausgelöst zu haben. Wütend attackierte er diesen und löste damit einen erneuten – obschon abgemilderten – Schuld-Scham-Zyklus aus.

Unter Umständen hätte der Patient auch Stolz über seine Schwäche und Selbsterniedrigung empfinden können. Denn die Möglichkeiten zur subjektiven Manipulation von Sinn und Verantwortlichkeit sind nahezu unbegrenzt. Nietzsche wußte das, als er schrieb: »Wer sich selbst verachtet, achtet sich doch immer noch dabei als Verächter.« Und: »Wenn man sein Gewissen dressiert, so küßt es uns zugleich, indem es beißt.«

Scham und Schuld im Umgang mit anderen

Weitere Aspekte von Scham und Schuld ergeben sich, wenn wir die Erlebnisse anderer mitbeachten, wobei sich unter Umständen paradoxe Situationen ergeben. Sartre beispielsweise fand, daß wir bei Schamgefühlen den anderen – genauer gesagt, dessen Achtung und Liebe – verlieren oder zu verlieren glauben, während wir ihn uns gleichzeitig, koste es, was wolle, günstig zu stimmen suchen. Während wir ihn einerseits fliehen möchten, setzen wir ihn andererseits als Richter unseres Wertes ein.

Ein ähnliches Paradox kennzeichnet Schulderleben, sorgt doch das Schuldbewußtsein dafür, daß wir mit dem anderen verstrickt bleiben, selbst wenn uns – durch Projektionen oder den direkten Angriff – seine Zerstörung gelingt. Das unbeschwichtigte Gewissen errichtet den anderen dann als Introjekt, das nun schonungslos zu lebenslanger Wiedergutmachung und Selbstbestrafung anzutreiben vermag. Auch hier war es vor allem Dostojewski, der die schicksalhafte und qualvolle Verkettung von Tätern und Opfern der Schuld beschrieb.

Traditionellerweise wurden bisher vor allem die negativen Aspekte von Scham und Schuld betont, und die Analytiker neigten dazu, hier in erster Linie reifungshemmende und selbstdestruktive Abwehrmechanismen, insbesondere des Über-Ichs, zu sehen. Jedoch lassen sich auch positive Funktionen aufzeigen. Die Scham, stellte Ward (1972) beispielsweise fest, kann die Selbstachtung stärken und unsere Beziehungen mit anderen stabilisieren. Hinsichtlich des Schuldgefühls sah Winnicott (1958) ähnlich positive Aspekte. Nach ihm impliziert ein Schulderlebnis die Fähigkeit und Motivation zur Sorge (concern): Wir nehmen wahr, wie unsere Aggressionen anderen wehtun, und fühlen uns daher zu konstruktiver Wiedergutmachungsarbeit veranlaßt. – In diesem Zusammenhang stellte Winnicott fest, daß aus entsprechenden Gründen viele Ärzte, Psychoanalytiker eingeschlossen, ihren Beruf als eine lebenslange Wiedergutmachung wählen. –

Die obigen positiven Aspekte kommen uns zum Bewußtsein, sobald normales Scham- und Schulderlebnis wegfällt. Kürzlich beschrieb der Anthropologe Colin M. Turnbull (1972) eine Gesellschaft, wo dies der Fall zu sein schien – die der Ik, eines in Ostafrika an den Grenzen von Uganda, Kenia und dem Sudan lebenden Bergvolkes. Vor einem Jahrzehnt durchstreiften die Ik noch als nomadische Jäger das Land. Als jedoch ein großer Wildpark geschaffen wurde, wurden die Ik unter Zwang umgesiedelt und mußten ihr Nomadenleben aufgeben. Entwurzelt, ihre soziale Organisation in Trümmern, ihre traditionellen Kenntnisse entwertet und vom Hunger bedroht, verwandelten sie sich in schuld-, scham- und lieblose Wesen: Homo wurde homini lupus.

Turnbull beschrieb etwa wie folgt einen Mann namens Atum, seine erste Bekanntschaft unter den Ik. Atum organisierte den Bau von Turnbulls Hütte und behielt einen Großteil des Arbeitslohnes für sich. Oft bat er Turnbull um Medikamente für seine kranke Frau. »Dann starb Atums Frau. Atum erzählte mir nichts davon, verstärkte jedoch seine Bitten um Nahrung und Medikamente, woraus ich schloß, daß eine Unterbringung der Kranken im Spital von Kaabong notwendig sein könnte. Atum wies jedoch meinen Vorschlag ab und sagte, sie sei nicht krank. Als ich sie nach einer Weile immer noch nicht gesehen hatte, schwänzelte sich sein Schwager, der perläugige Lomongin, an mich heran und sagte mir, ich wüßte sicher, daß Atum die für seine Frau bestimmten Medikamente verkaufte. Ich war nicht übermäßig erstaunt und sagte nur, dann habe wohl seine Frau den Schaden davon. ›Oh nein‹, sagte Lomongin, den Spaß enorm genießend, ›sie ist schon seit Wochen tot, er vergrub sie an einer Stelle, wo Sie sie nicht finden würden.‹ Es war daher kein Wunder, daß er sich ihrer Spitaleinweisung widersetzte; sie war ihm tot mehr wert als lebend.« Atum war keine Ausnahme unter den Ik. Obgleich die Ik eine gemeinsame Siedlung hatten, lebte jeder Ik für sich allein. Ehegatten und -gattinnen suchten getrennt nach Nahrung und teilten niemals, was sie fanden. Die Kinder wurden ungeliebt von ihren Eltern im Alter von drei Jahren aus der Hütte vertrieben. Turnbull führt Beispiel auf Beispiel zur Stützung seiner These an, daß es bei den Ik liebende menschliche Bande nicht gebe.

Scham und Schuldgefühle in Gruppen

Scham und Schuldgefühl unterliegen dem Einfluß von Gruppenprozessen, die sich in kleinen wie großen Gruppen – einschließlich ganzer Völker oder Kulturen – abspielen. Freuds Konzept des Über-Ichs oder Ich-Ideals läßt uns auch hier wesentliche Zusammenhänge verstehen. »Vom Ich-Ideal« schrieb er, »führt ein bedeutsamer Weg zum Verständnis der Massenpsychologie. Dies Ideal hat außer seinem individuellen einen sozialen Anteil, es ist auch das gemeinsame Ideal einer Familie, eines Standes, einer Nation« (GW X, S. 169).

In einer Gruppe beziehungsweise Masse, so argumentiert Freud, gibt der einzelne sein Ich-Ideal auf und substituiert dafür das Gruppenideal, das sich im Führer verkörpert. Gleichzeitig identifiziert – oder besser überidentifiziert – er sich mit den anderen Mitgliedern der Gruppe. Nach Kohut entwickelt sich häufig noch ein gemeinsames »grandioses Gruppenselbst«. So werden die gewöhnlichen – das heißt kulturbedingten – Scham- und Schuldmechanismen suspendiert. Daher vermag das Gruppenindividuum Handlungen zu begehen, die ihm außerhalb der Gruppe größte Verlegenheit oder Schmerz bereiten würden: Normalerweise unauffällige Bürger ermorden als Mitglieder einer SS-Einheit unschuldige Frauen und Kinder, und respektierliche Geschäftsleute und Hausfrauen schreien als Mitglieder von Encounter-Gruppen Obszönitäten heraus, tanzen nackt oder besichtigen gegenseitig mit Spekula ihre Genitalien. Jedesmal erzeugen die obigen gruppendynamischen Prozesse – Abtretung des Ideals an den Gruppenführer und die gleichzeitige erhöhte Identifizierung jeden Mitgliedes mit anderen Mitgliedern – anscheinende Scham- und Schuldlosigkeit, in der das, was sonst abscheulich oder schamvoll gewesen wäre, zur Quelle von Stolz und Triumph wird.

Als Beispiel solcher Transformation von normalerweise scham- und schuldbesetzten in mit Stolz und Triumph ausgeführte Handlungen diene etwa diese vor einer ausgewählten Gruppe von SS-Leuten gehaltene Rede Heinrich Himmlers:

»Ich will hier vor Ihnen in aller Offenheit auch ein ganz schweres Kapitel erwähnen. Unter uns soll es einmal ganz offen ausgesprochen sein, und trotzdem werden wir in der Öffentlichkeit nie darüber reden. Genausowenig, wie wir am 30. Juni 1934 gezögert haben, die befohlene Pflicht zu tun und Kameraden, die sich verfehlt hatten, an die Wand zu stellen und zu erschießen, genausowenig haben wir darüber jemals gesprochen und werden je darüber sprechen. Es war eine, Gott sei Dank in uns wohnende Selbstverständlichkeit des Taktes, daß wir uns untereinander nie darüber unterhalten haben. Es hat jeden geschaudert, und doch war sich jeder darüber klar, daß er es das nächste Mal wieder tun würde, wenn es befohlen wird und wenn es notwendig ist.

Ich meine jetzt die Judenevakuierung, die Ausrottung des jüdischen Volkes. Es gehört zu den Dingen, die man leicht ausspricht. – ›Das jüdische Volk wird ausgerottet‹, sagt ein jeder Parteigenosse, ›machen wir.‹ Und dann kommen sie alle an, die braven achtzig Millionen Deutschen, und jeder hat seinen anständigen Juden. Es ist ja klar, die anderen sind Schweine, aber dieser eine ist ein prima Jude. Von allen, die so reden, hat keiner zugesehen, keiner hat es durchgestanden. Von Euch werden die meisten wissen, was es heißt, wenn hundert Leichen beisammen liegen, wenn fünfhundert daliegen oder wenn tausend daliegen. Dies durchgehalten zu haben und dabei – abgesehen von Ausnahmen menschlicher Schwächen – anständig geblieben zu sein, das hat uns hart gemacht. Dies ist ein niemals geschriebenes und niemals zu schreibendes Ruhmesblatt unserer Geschichte...«[1]

Scham und Schuld in Familiengruppen

Auch bei Familien handelt es sich um Gruppen und Gruppenprozesse, bei denen Scham und Schuldgefühl wichtig werden. Hier könnte man an Tessmanns und Kaufmanns 1969 veröffentlichte Beobachtungen an Familien denken, bei denen es zu anscheinend ohne Scham oder Schuld geübtem Inzest kam – wie er nicht selten auch in Familientherapien zur Sprache kommt. Man könnte daraus schließen, daß diese Familienmitglieder als Individuen in einer Gruppe, ihr – kulturbedingtes – Ich-Ideal an einen oder mehrere Gruppen- beziehungsweise Familienführer abtreten, sich miteinander identifizieren und möglicherweise gemeinsam ein »Familienselbst« konstituieren, das sich in grandioser Unbekümmertheit über das Inzesttabu hinwegsetzt. Bei näherer Betrachtung erweisen sich solche Ansichten indessen als unhaltbar. Wir finden vielmehr, daß Familien besonders geartete Gruppen darstellen, in denen die obigen Gruppenprozesse entweder modifiziert oder aufgehoben sind und neue komplexe Sachlagen hinzukommen.

Im folgenden untersuche ich vor allem zwei dynamische Prozesse in Familien, bei denen Scham und Schuld zu zentralen Elementen werden. Einmal betrachte ich Scham und Schuld als Momente der Familienkommunikation und -regulation. Hier können wir von der »homöostatischen Funktion von Scham und Schuld« sprechen.

Zum anderen betrachte ich den Einfluß von Familienbeziehungen auf die Entwicklung des Über-Ichs – das heißt des Ich-Ideals, des Gewissens und der Selbstbeobachtung des Kindes – und, damit einherge-

[1] Der Prozeß gegen die Hauptkriegsverbrecher vor dem Internationalen Gerichtshof Nürnberg, 14. November 1945 bis 1. Oktober 1946, Nürnberg 1948, Band 29.

hend, seine Disposition zum Erleben – oder Nichterleben – von Scham und Schuld. Hier erscheint die Familie gleichsam als Wiege der Über-Ich-Entwicklung.

Die beiden obigen Aspekte verschränken sich. Um ihre Implikationen für Familientheorie und -therapie verstehen zu können, wenden wir uns ihnen nun im einzelnen zu.

Homöostatische Aspekte von Scham und Schuld in Familien

Vor allem Jackson (1959) sprach von Homöostase in Familien, besonders in Familien mit schizophrenen Mitgliedern. Eine derartige Familienhomöostase implizierte Einengung und Zwang: Die Familienmitglieder verhakten sich miteinander, repetierten ihre emotionalen Reaktionen und sabotierten Reifung und Ablösung. Wynne und Mitarbeiter (1958) beschrieben daraufhin zwei homöostatische Konstellationen unter der Bezeichnung »Pseudo-Harmonie« und »Pseudo-Feindschaft«. Beide sind insofern strukturell ähnlich, als sie beide die Familienmitglieder in Zwickmühlen einschließen, die ihren wirklichen und potentiellen Erlebnisbereich einschränken und befreiende Trennungsschritte erschweren, wenn nicht verunmöglichen. Bei der Pseudo-Harmonie sind oberflächlich nur warme, liebende, helfende Gefühle vorhanden. Oft halten sich die Familienmitglieder bei den Händen und strahlen Sorge und Teilnahme füreinander aus. Alle feindseligen, wütenden und anderen »negativen« Gefühle werden abgespalten. In dem Bild, das sich die Mitglieder von sich selbst und der Familie machen, bleiben diese Gefühle daher ausgespart. Bei der Pseudo-Feindschaft ist es umgekehrt. Die Familienangehörigen vermögen wütende und feindselige Gefühle auszudrücken, müssen aber die zärtlichen und liebenden verdrängen. Auch hier wird die eigene Reifung und Ablösung von der Familie sabotiert.

Pseudo-harmonische und pseudo-feindliche Familien, bemerkte ich an anderer Stelle (1974), implizieren das Wirken zentripetaler Kräfte, die die Individuation jeden Familienmitglieds hemmen und verzögern. Im Gegensatz dazu stehen jene Familien, bei denen zentrifugale Kräfte, die auf eine frühzeitige Auflösung und Fragmentierung der Familien hinarbeiten, überwertig werden. Familien des letzteren Typus sind bisher noch nicht genügend untersucht worden, obgleich sie offenbar immer zahlreicher und wichtiger werden. (Siehe hier Bronfenbrenners 1970 erschienene Untersuchungen über Familienbeziehungen und Praktiken der Kindererziehung im heutigen Rußland und Nordamerika.)

Im folgenden behandle ich Scham und Schuld – und die gegen sie gerichteten Abwehrmaßnahmen – als zentripetale, das heißt *bindende und trennungsverzögernde* Familienkräfte. So verstanden, erfüllen sie eine positive, homöostatische Funktion: Sie dienen dem Familienzusammenhalt und der Familiensolidarität ebenso, wie in der größeren Gesellschaft Scham und Schuld dem gesellschaftlichen Zusammenhalt und der gesellschaftlichen Solidarität dienen. – Besonders in der japanischen und thailändischen Gesellschaft spielt die Scham als gesellschaftliches Bindemittel eine Rolle. – Aber wie in der größeren kann auch in der kleineren Familiengesellschaft die homöostatische Funktion von Scham und Schuld über das Ziel hinausschießen. Was Zusammenhalt und Solidarität fördern sollte, bewirkt nun Einengung und Gebundenheit. Um dies zu verstehen, betrachten wir im folgenden die Rolle von Scham und Schuld in einigen pseudo-harmonischen und pseudofeindlichen Familien.

In pseudo-harmonischen Familien dominiert die Schuld vor der Scham als zentripetale – das heißt restriktive, überstabilisierende – Kraft. Alle Familienmitglieder scheinen hier mehr oder weniger unbewußt bei der Aufgabe der Verklärung der Familie zu kollaborieren, alle versuchen zu verhindern, daß irgend jemand auf den Gedanken kommen könnte, die Familienangehörigen könnten einander – in Tat oder Gedanken – Böses antun. Indem sie, in einer gleichsam familienweiten Reaktionsbildung, ihre Familienabwehr gegen die ihnen wegen ihrer – wirklichen oder angenommenen – Destruktivität erwachsene Schuld einsetzen, weben sie einen alles Böse zudeckenden Teppich liebender, harmonischer Gemeinsamkeit.

Im Gegensatz dazu scheint bei pseudo-feindlichen Familien die Scham anstelle der Schuld zu dominieren. Denn hier scheint es den Angehörigen schwerer zu fallen, das Gefühl der Schwäche – wegen ihrer weichen, liebenden oder zarten Empfindungen – zu ertragen als Schuld – wegen ihrer destruktiven, das heißt wütenden, feindseligen, aggressiven Neigungen – zu erleben. Daher müssen sie sich selbst und anderen ohne Unterlaß den lebenden Beweis liefern, daß sie nicht schwach, sondern hart und kämpferisch sind.

Eheliche Scham-Schuld-Zyklen

Die nähere Betrachtung zeigt jedoch, daß Schuld auch in anscheinend schamdominierten, pseudo-feindlichen und daß Scham in anscheinend schulddominierten, pseudo-harmonischen Familien eine Rolle spielt. Die folgende Familie, die ich die Torrins nennen will, erscheint hier typisch.

Die Torrins

Die Torrins bestanden aus Herrn und Frau Torrin und ihrem damals fünfzehnjährigen Sohn Max, als sie sich zur Teilnahme an unserem Forschungs- und Therapieprojekt in der Family Studies Section des Adult Psychiatry Branch des National Institute of Mental Health meldeten. Sie nahmen an einer dreimonatigen Familientherapie teil und stellten sich anschließend während eines fünfjährigen Zeitraums periodisch zu Nachuntersuchungen vor. Der Einfachheit halber behandele ich hier zuerst die Scham- und Schulddynamik in der ehelichen und anschließend die der Eltern-Kind-Beziehung.

Während all der Jahre, in denen unser Team die Torrins sah, schienen sie aus einer pseudo-feindlichen Sackgasse nicht herauszukommen. In den Therapiesitzungen fing der Streit nach wenigen Minuten an. Mit aufgerissenen Augen und geröteten Wangen griff Frau Torrin ihren Mann mit Wut und Bravour an; Herr Torrin, ein eher passiver und reflektierter Persönlichkeitstypus, wartete dann den Augenblick ab, in dem *er* seine wohlgezielten Schläge austeilen konnte.

Ihre Kämpfe spielten sich monoton und ohne je zu einem Abschluß zu kommen ab, ließen jedoch typische wiederkehrende Verläufe erkennen: Zunächst klagte Frau Torrin ihren Ehegatten an, sich wie ein verhätscheltes unreifes Kind zu benehmen. Dann beklagte sie, unter Zeichen zunehmender Irritierung, seine häufigen Ausbrüche von Zorn und Trotz, die angeblich den Abendfrieden der Familie ruinierten. Denn jedes – in ihren Augen – kleinste Versehen wie etwa das Umstoßen eines Aschenbechers konnte Herrn Torrin auf Stunden versauern. Aber nachdem sie ihrer Wut die Zügel gelassen hatte, war die Reihe an Herrn Torrin, seine Frau anzuklagen. Ihm waren dabei in erster Linie ihre Pingeligkeit und ihre Herrschaftsallüren ein Dorn im Auge. Am schwersten traf er sie jedoch, wenn er sie eine miserable Hausfrau nannte. Denn das brachte Frau Torrin regelmäßig aus der Fassung: Ihre Augen begannen zu rollen, und sie schien einem Ohnmachtsanfall nahe. Einmal stürzte sie auch aus dem Behandlungszimmer, brach vor der Tür zusammen und ließ einen Herzanfall vermuten. Daraufhin wurde Herr Torrin wieder weich und gab Frau Torrin Gelegenheit, wieder zu sich zu kommen. Sobald sie gefaßter war, übernahm wieder sie die Rolle des Anklägers und beschuldigte Herrn Torrin wütend, ein verhätscheltes, abhängiges, in ihr nur die Mutter suchendes Baby zu sein. Sobald dann Herr Torrin unter diesen Angriffen wankte, raffte *er* sich zusammen, um in der oben beschriebenen eskalierenden Weise den Zyklus fortzusetzen.

In dieser Interaktionssequenz zeigen sich uns regulative – oder homöostatische – Aspekte von Scham- und Schuldgefühl. Sehr vereinfacht läßt sich sagen, daß jeder Partner sein eigenes Schamerlebnis dadurch zu meistern versuchte, daß er den anderen unter Scham setzte. Dabei ging es um ein Aushandeln von projektiven Identifikationen, ein »trading of dissociations«, wie Wynne es 1965 beschrieben hat:

»Es gibt eine große, wichtige Gruppe von Familienproblemen, worin die intrafamiliären Probleme komplementär und miteinander verschränkt sind, für die eine gemeinsame Familientherapie indiziert ist. Dieser bedeutsame Problemtypus ist so komplex, daß ich ihn hier anhand eines Beispiels illustrieren muß. Das Problem zeigt sich in dieser allgemeinen Form: Jeder Beteiligte erlebt sich als Locus einer spezifischen begrenzten Schwierigkeit, die sich seiner Meinung nach von einem anderen Familienmitglied herleitet und die sich, wie er meint, nur durch dieses andere Mitglied beseitigen läßt. Obschon derartige Behauptungen zum Teil auf Tatsachen zu gründen scheinen, weist die Person, an die sie gerichtet sind, es weit von sich, sie könne selber zu dem Problem einen Beitrag leisten. Demgegenüber reagiert dieses andere Familienmitglied in der Regel sehr viel sensitiver gegenüber korrespondierenden, ihm zugeschriebenen Schwierigkeiten, die in ähnlicher Weise von dem ersten oder einem anderen Familienmitglied abgestritten – beziehungsweise dissoziiert – werden. Wir haben es daher mit einem komplex gewobenen Netz von Wahrnehmungen, die andere, und Dissoziationen, die die eigene Person betreffen, zu tun, wobei jeder Mitspieler die Gesamtheit einer spezifischen Qualität oder eines Gefühles in einem anderen Familienmitglied lokalisiert. Jedes Individuum sieht einen oder mehrere andere in einem stark negativen, prä-ambivalenten Licht und erlebt sich selbst in einer ähnlichen obzwar reziproken Weise, wobei es die in Frage stehende verabscheuten Qualitäten jeweils in sich selbst dissoziiert hat. Was in diesem Interaktionsfeld so charakteristisch und therapeutisch so schwer anzugehen ist, ist das *Aushandeln der Dissoziationen:* die fixierte Wahrnehmung, die jeder einzelne vom anderen hat, wird unbewußt gegen eine fixierte Wahrnehmung, die dieser andere von ihm selbst hat, ausgetauscht beziehungsweise ausgehandelt.«

Frau Torrins Ich-Ideal verlangte von ihr, daß sie sich ständig in der Gewalt hatte, das heißt stark und unabhängig war – und daß sie als Hausfrau brillierte. Ihre eigene Schwäche und Unfähigkeit verneinend, rekrutierte sie ihren Mann als Behältnis für diese dissoziierten Aspekte ihrer selbst. Als Herr Torrin sich dagegen wehrte, von ihr beschämt zu werden, und sie seinerseits zu beschämen versuchte, signalisierte sie, daß sie am Ende ihrer Kräfte war und erlitt – scheinbar – einen Herzanfall. Das wiederum setzte ihren Mann unter Schulddruck. Nun war er es, der weich und bußfertig wurde und sich willig beschämen ließ. Aber als er wankte, war sie es wieder, die sich schuldig fühlte, weich wurde und sich als Objekt seiner Attacken anbot. So setzte sich der Zyklus, den wir einen interehelichen Scham-Schuld-Zyklus nennen können, fort. Und typischerweise nährte sich dieser Zyklus großenteils, wie wir sogleich sehen werden, von der sexuellen Scham und Frustration der Partner.

Schon bevor sie beide als Mittdreißiger ihre Ehe schlossen, hatte Scham ihr sexuelles Leben dominiert. Frau Torrin, eine Hysterikerin, hatte die Sexualität stets gefürchtet. Bewußt erlebte sie sie als schmutzig und abstoßend; unbewußt assoziierte sie sie mit Verstümmelung und Kastration. Ihr sexuelles Verlangen war ungestillt, sie blieb übermäßig erregbar. Zugleich schämte sie sich ihrer Erregbarkeit, weil sie ihr bedeutete, daß sie schwach sei und sich wertlosen Männern ausgeliefert habe. In ihren zwanziger Jahren hatte sie leidenschaftliche, jedoch sexuell unerfüllte Affären mit Don-Juan-Typen gehabt, von denen sie regelmäßig im Stich gelassen wurde. Sie heiratete Torrin nach der letzten dieser Affären, als sie fünfunddreißig Jahre alt geworden war und glaubte, in der nunmehr erreichten Lebensphase sei für »Leidenschaft kein Platz mehr«.

Herrn Torrins sexuelle Hemmungen und Konflikte ähnelten denen seiner Frau. Auch er hatte sie geheiratet, als, wie er meinte, die Sexualität in seinem Leben aufgehört hatte, ein Problem zu sein, dies vor allem wegen einer sich verschlimmernden Colitis ulcerosa. Er hatte damals praktisch den Status eines sexuellen wie somatischen Krüppels, der in erster Linie eine Krankenschwester brauchte. Seine Frau übernahm die Schwesternrolle und pflegte ihn, bis er schließlich eine prekäre Gesundheit und bescheidene sexuelle Potenz zurückerlangte. Während sie ihre Schwesternfunktion ausübte, blieb sie der dominierende Partner und ließ es nur wenige Male zu sexuellen Kontakten kommen – als ihr Wunsch, ein Kind zu haben, sich gegenüber ihren neurotischen Konflikten und Hemmungen durchsetzte. In dem Maße jedoch, in dem sie sich sexuell frustriert fühlte, staute sie Bitterkeit und Wut gegenüber der scheinbaren Quelle all ihres Elends – ihrem invaliden und sie unter sexuelle Karenz setzenden Ehemann – auf. Daher ihr Bedürfnis, ihn aggressiv zu beschämen, aber daher auch die ihr selbst unbewußte Kooperation bei der Aufrechterhaltung des obigen repetitiven »pseudofeindseligen« Scham-Schuld-Zyklus. Eine ähnliche und komplementäre Dynamik kam bei Herrn Torrin zum Zuge.

Man kann eheliche Scham-Schuld-Zyklen, wie hier beschrieben, auch »Scham-Schuld-« beziehungsweise »Schuld-Scham-Verstrickungen« oder »binds« nennen, was deren koartierende, homöostatische Qualität zum Ausdruck bringt.

Die Frosts

Vergleichen wir nun die eheliche Beziehung der Torrins mit denen der Frosts. Letztere präsentierten sich weniger pseudo-feindlich als pseudo-harmonisch. Die Frosts stritten niemals miteinander und strahlten stets Freundlichkeit, Harmonie und »togetherness« aus, dennoch hatten sie mit den Torrins bestimmte Charakteristika gemeinsam. Wie Frau Torrin war auch Frau Frost hysterisch, erregbar, extrovertiert und sexuell gehemmt, und auch Herr Frost ähnelte Herrn Torrin, da auch er scheu, reflektiv und impotent war. Die Familien unterschieden sich vor allem darin, daß bei den Frosts Schuldgefühle wegen ihrer – wirklichen oder vermeintlichen – Destruktivität vor der Scham wegen ihrer Schwäche oder sexuelle Unfähigkeit den Vorrang hatten. Daher verdrängten die Frosts wütende und feindselige Gefühle, die ihren Schuldpegel hätten erhöhen können, und lieferten in einer massiven und von allen Familienmitgliedern mitgetragenen Reaktionsbildung das Schauspiel allumgreifender Liebe und Zärtlichkeit.

Bei näherer Betrachtung zeigten sich indessen auch hier Scham-Schuld- oder korrekter: Schuld-Scham-Zyklen, die den bei den Torrins beschriebenen ähnlich waren. Wir erfuhren etwa, daß auch Herr Frost zu Wutanfällen neigte und reziproke Ausbrüche in seiner Frau provozierte. Wenn das geschah, empfanden die Ehepartner deutlich Verlegenheit beziehungsweise Scham darüber, daß sie so leicht die Fassung verloren. Aber an die Stelle der Scham trat schnell ein Schuldgefühl wegen ihrer in den Wutausbrüchen zum Ausdruck kommenden explosiven, unkontrollierbaren Destruktivität. In dem Versuch, diese Schuld abzuwehren beziehungsweise zu verdrängen, kehrten sie dann schnell wieder zu dem pseudo-gegenseitigen Beziehungsstil zurück, der nach außen das Bild der Familie bestimmte.

Intergenerationelle Scham-Schuld-Zyklen

Es erschließt sich uns eine weitere homöostatische Dimension von Scham und Schuld, wenn wir die Interaktionen zwischen Eltern und Kindern betrachten. Während sich eheliche Zyklen gleichsam horizontal abspielen, kommen die Eltern-Kind-Zyklen vertikal, das heißt intergenerationell, zum Zuge. Hier vor allem erkennen wir, wie Scham und Schuld die gegenseitigen Befreiungs- und Ablösungsversuche der Generationen zu beeinflussen vermögen.

In der klinischen Praxis verschränken sich horizontale, eheliche und vertikale, intergenerationelle, Zyklen zu einem Gesamtbild, das dann das widerspiegelt, was man den jeweiligen »Phänotypus« der Familienbeziehung – wie pseudo-harmonisch, pseudo-feindlich und so weiter –

nennen könnte. Bevor wir jedoch diese Verschränkung der Zyklen untersuchen können, müssen wir uns den intergenerationellen Aspekten von Scham und Schuld zuwenden und dabei kurz die Familie als »Wiege der Über-Ich-Entwicklung« betrachten.

Elterliche Beiträge zur Über-Ich-Entwicklung des Kindes

In dem Versuch, die Über-Ich-Entwicklung des Kindes – und von daher seine spätere Anfälligkeit für Scham und Schuld – in den Griff zu bekommen, richtete die psychoanalytische Theorie ihr Augenmerk vor allem auf die Wechselfälle der Identifizierung. Die Werke von Sigmund Freud – besonders den Ödipuskomplex betreffend –, Anna Freud und vielen anderen wurden hier maßgebend. Die wesentlichen Arbeiten auf diesem Gebiet wurden 1971 von Lewis zusammengefaßt; die Autorin unterschied zwei Prototypen der Identifizierung, die die Über-Ich-Entwicklung entweder in Richtung einer späteren Scham- oder einer Schuldanfälligkeit beeinflussen können. In dem ersten Typus, »anaklitische Identifizierung« genannt, verinnerlicht das später für Scham anfällige Kind das elterliche Ich-Ideal in erster Linie im Kontext einer abhängigen, unterwürfigen und bewundernden Beziehung. Im zweiten Typus identifiziert es sich mit dem Aggressor, wie es Anna Freud beschrieben hat. Hier ist die Unterwürfigkeit stark ambivalent getönt und schließt eine nach Vergeltung strebende, obzwar unterdrückte Aggressivität ein. Falls genügend Fähigkeit zur Sorge (Winnicotts »capacity for concern«) besteht, läßt sich annehmen, daß ein solches Kind für Gewissensbisse und damit primär für Schulderlebnisse anfällig wird.

Delegierte im Dienste des elterlichen Über-Ichs

Bemühungen, die Über-Ich-Bildung von der Position des sich identifizierenden – oder verinnerlichenden – Kindes her zu fassen, stoßen jedoch an Grenzen. Wir müssen sie mit einer interaktionellen Perspektive integrieren, die den Beiträgen der Eltern und Kinder gerecht wird. Um die Beiträge der Eltern wie auch der Kinder in den Griff zu bekommen, entwickelte ich das Konzept des Beauftragungs- beziehungsweise Delegiermodus (delegating mode). Dieser Modus liegt, wie im zehnten Kapitel gezeigt wurde, vor, wenn ein Kind – und besonders ein Jugendlicher – verdeckt ermutigt wird, sich aus dem elterlichen Feld herauszubewegen, jedoch zugleich an der langen Leine gehalten wird. »Delegare« bedeutet ja erstens »hinaussenden« und zweitens »mit einer Mission beziehungsweise einem Auftrag betrauen«. Der letzteren Bedeutung zufolge bleibt der Delegierte dem Sender verpflichtet, und zwar – und das ist hier wichtig – in einer spezifischen, selektiven Weise. Um das zu verstehen, müssen wir die Aufträge genauer betrachten, die der Delegierte, an der langen Leine der Loyalität gehalten, ausführen soll. Ich habe an anderer Stelle (1974) eine Reihe typisch wiederkehrender Aufträge beschrieben. Hier, wo es um Scham und Schuld geht, beschränke ich mich auf solche, bei denen das Über-Ich des Delegierenden und Delegierten eine zentrale Rolle spielt. Das sind insbesondere die Aufträge von Jugendlichen, die in erster Linie dem Ich-Ideal, dem Gewissen und der Selbstbeobachtung ihrer Eltern dienen.

Wo etwa ein Delegierter das unrealisierte elterliche Ich-Ideal zu befriedigen hat, muß er sich zu jenem schöpferischen Künstler, Schauspieler, Wissenschaftler oder Manager entwickeln, der der jeweilige Elternteil selbst erfolglos zu werden versuchte. Hier wird das Kind zwar in die Welt hinausgesandt, aber zugleich wie ein Zubringerhund an einer unsichtbaren Leine gehalten, die verbürgt, daß es nicht wirklich fortlaufen kann. Indem es immer wieder zurückkehrt, beliefert es die Eltern ständig mit kreativer Aufregung, Ruhm oder geschäftlichen Erfolgen und wird damit zu einem zentralen Element in der Steuerung der elterlichen Selbstachtung: Deren vorgeschobenes Ich-Ideal verkörpernd, liegt es nun an ihm, die Eltern von ihrer chronischen und anscheinend untilgbaren Scham zu erlösen.

Wo Delegierte in erster Linie der elterlichen Gewissensentlastung dienen, rangiert die Schuld vor der Scham. Winnicott beschrieb hier beispielsweise Kinder, die unter dem Gewicht »geborgter Schuld« – das heißt einer von ihren Eltern geborgten Schuld – gleichsam erdrückt wurden. Das »Wiedergutmachungsverlangen eines Kindes«, schreibt er, »hat dann weniger mit dem eigenen Schuldempfinden als mit dem Schuldempfinden und der depressiven Verstimmung eines Elternteils« zu tun. Solche Übernahme von Schuld auf seiten eines Kindes impliziert indessen ein Überlassen oder Ausleihen von Schuld auf seiten eines Elternteiles.

Indem sie die von den Eltern auf sie abgeschobene Schuld übernehmen, werden viele Delegierte zugleich zu deren Büßern. Ein Beispiel liefern hier etwa jene deutschen Studenten, die sich freiwillig für schwere Arbeit in israelischen Kibbuzim zur Verfügung stellten, um für eine Schuld zu büßen, die ihre Eltern, ehemalige Bewohner Nazi-Deutschlands und möglicherweise Anhänger Hitlers, abzuwehren versuchten.

Während sie Wiedergutmachungsarbeit für ihre Eltern leisten, müssen diese Delegierten sich oft zusätzlich als Zielscheiben »gerechter elterlicher Empörung« zur Verfügung stellen. Um das Gewissen ihrer Eltern reinwaschen zu können, müssen sie sich unter Umständen so provokativ verhalten, daß deren gegen die Kinder gerichteten Attacken gerechtfertigt erscheinen. Diese Kinder ähneln dann jenen loyalen

Kommunisten, die A. Koestler in seinem Roman ›Sonnenfinsternis‹ beschrieben hat: Obschon unschuldig, bezichtigten sie sich gemeinster antikommunistischer Verbrechen. So zerstörten sie sich selbst, rechtfertigten aber Stalin, ihre delegierende Vaterfigur.

Delegierte, die im Dienste des Ich-Ideals oder Gewissens ihrer Eltern stehen, dienen oft auch der elterlichen Selbstbeobachtung – genauer gesagt, der verzerrten elterlichen Selbstbeobachtung. Durch ihr Verhalten liefern sie nun gleichsam den lebenden Beweis dafür, daß die verzerrten Wahrnehmungen und Urteile der Eltern letztlich begründet und realitätsgerecht sind. Damit wird die Verzerrung der elterlichen Selbstbeobachtung gleichsam wieder aufgehoben oder, um mit Hegel zu sprechen, die »Verneinung wird verneint«. Die Eltern können nun unbesorgt ihren Kindern wegen der eigenen verleugneten Schwäche, Unfähigkeit, Konfusion und so weiter Scham einflößen oder sie wegen der eigenen verleugneten Schlechtigkeit, Rebellion, Vernachlässigung und so weiter unter Schulddruck setzen. So kommt es – durch das Zutun der Eltern wie auch der Kinder – zu einem nahtdichten Schluß zwischen elterlicher Erwartung und kindlichem Verhalten, wobei das Kind zu einem immer verfügbaren Behälter für die potentiell schmerzhaftesten, aber auch am tiefsten verleugneten Erlebnisse der Eltern – Erlebnissen, die vor allen anderen scham- und schuldbesetzt sind – gemacht wird.

Solch Delegieren von Kindern jedoch, das unbewußt auf die Entlastung der Eltern abzielt, kann leicht auf letztere zurückfallen. Hier entwickelt sich dann eine intergenerationelle Dialektik, die den Schmerz der Scham und Schuld, von dem sich die Eltern zu befreien versuchen, gleichsam mit doppelter Wucht auf diese zurückwirft. Denn Eltern, die ihre Kinder massiv delegieren, beuten letztere psychologisch aus: Sie setzen sie einer ungleichen Entwicklung aus, rauben ihnen ihr Lebensglück und stören ihre altersgemäße Individuation und Reifung. Eine derartige psychologische Ausbeutung ihrer Kinder vermehrt jedoch unweigerlich die bewußte und unbewußte Schuld der Eltern und macht diese für Vergeltungsschläge der Kinder verwundbar. Denn in ihrer Rolle als duldsame Opferlämmer sitzen nun die Kinder – ihren Eltern gegenüber – am Hebelarm der Scham- und Schuldauslösung. Indem sie sich als loyale Delegierte der Eltern aufopfern – oder aufzuopfern scheinen –, erbringen sie paradoxerweise den lebenden Beweis der Unfähigkeit oder Schlechtigkeit der Eltern und setzen damit letztere unter Scham- und Schulddruck, wie dies bereits im vorhergehenden Kapitel beschrieben wurde. Diese komplexe Dynamik kommt typischerweise in intergenerationellen – im Gegensatz zu den beschriebenen ehelichen – »Schuld- oder Scham-Zyklen beziehungsweise -Verkettungen« zum Ausdruck.

Um diese intergenerationelle Dynamik der Scham- und Schuld-Prozesse zu illustrieren, kehre ich noch einmal zu der eingangs beschriebenen Familie Torrin zurück und betrachte hier in erster Linie die Beziehung zwischen dem Sohn Max und seiner Mutter.

Der intergenerationelle Scham-Schuld-Zyklus zwischen Max und Frau Torrin

Wir sahen bereits, daß das eheliche Leben Frau Torrins von einer Scham überschattet wurde, die sich aus ihrem Gefühl der Schwäche und sexuellen Verwundbarkeit nährte. Diesen Quellen der Scham ist nun noch eine weitere hinzuzufügen: ihre niedere soziale Herkunft und mangelhafte Bildung. Beides quälte sie ohne Unterlaß, da ihr Ich-Ideal nur hohen sozialen Rang, Bildung und Kultiviertheit gelten ließ.

Diese beiden Quellen innerer Unsicherheit und Verlegenheit – die eine die Sexualität, die andere ihren sozialen und Bildungsstatus betreffend – bestimmten auch ihre Einstellung zu Max. Ihre mit der Sexualität zusammenhängenden Schamgefühle und Ängste wurden zum Anlaß, ihn zu infantilisieren und sexuell unmündig zu halten. Hierdurch versuchte sie, eine Reaktivierung ödipaler Konflikte und damit einhergehend eigene sexuelle Belastungen zu vermeiden: Sie manipulierte Max' Abhängigkeitsbedürfnisse und verschaffte ihm ein Überangebot regressiver Befriedigungen. Die Folge war, daß Max zu einem verzogenen, dicken, unflätigen Buben heranwuchs, der mit der verdeckten – und manchmal offenen – Zustimmung seiner Mutter eine Flasche Coca-Cola nach der anderen trank, Unmengen von Hamburgern aß, überall Unordnung stiftete und ungehemmt daherredete. In dem Maße, in dem bei ihm orale Bedürfnisse genitale überwogen, blieb auch sein Interesse an Mädchen minimal. Im Grunde konnte er sich zu ihnen nur als Clown in Beziehung setzen.

Während Frau Torrin Max verhätschelte, attackierte sie in ihm zugleich die Unordentlichkeit und kindliche Abhängigkeit, die sie in sich selbst verneinte. Damit einhergehend benutzte sie ihn als Verbündeten in ihrem Ehekrieg. In seiner Unordentlichkeit und Unflätigkeit diente Max nicht nur, wie eben beschrieben, ihrer Selbstbeobachtung, sondern ging er auch, zu ihrem Wohlgefallen, dem Vater unter die Haut und stützte damit ihre Behauptung, letzterer sei genauso unreif und kindisch wie Max. Aber als Delegierter seiner Mutter mußte Max darüber hinaus ihrem unbefriedigten Ich-Ideal genügen, das heißt, er mußte sich sozial und akademisch als unerhörter Erfolg erweisen. Nur durch diese Mission, schien es, konnte er ihre Scham für immer auszulöschen hoffen.

Anfänglich war Max auch hier vielversprechend. Als kleines Kind entzückte er seine ihn eifrig anspornende Mutter mit frühreifem

Charme und Geist. Solch hoffnungsvoller Start ließ sie ihre Ziele für Max hoch ansetzen; in Gedanken sah sie ihn bereits als berühmten Künstler, kühnen Forscher und machtvollen Politiker – alles in einer Person.

Als ich den damals Fünfzehnjährigen sah, schienen diese früh eingepflanzten Ziele ihn noch zu beflügeln; er erzählte mir, er wolle ein kernphysikalisches Laboratorium gründen, Theaterstücke schreiben und gleichzeitig USA-Senator werden. Aber an seinem wirklichen sozialen Verhalten und seinen Schulleistungen gemessen, erschienen diese Pläne unrealistisch, um nicht zu sagen phantastisch. Von einem vergänglichen Triumph im Debattierclub seiner Klasse abgesehen, gab Max keine Zeichen bevorstehender akademischer, sozialer, künstlerischer oder politischer Erfolge. Seine Noten waren dürftig, es mangelte ihm an Durchhaltekraft und Selbstdisziplin, und seine sozialen Erfolge waren fast ausschließlich seiner Clownerie zu verdanken.

Denn nicht nur reichten seine einst so vielversprechenden Talente nicht aus, um den Erfolgsvisionen der Mutter zu genügen, es kam hinzu, daß die mütterlichen Aufträge schwer miteinander zu versöhnen waren. Wie konnte er etwa einerseits ein regressiv befriedigtes, de-sexualisiertes Kind bleiben und sich andererseits als Wissenschaftler oder Künstler im Kampfe gegen schwerste Konkurrenz behaupten?

Aber dies war nicht alles. Nicht nur mußte Max als Delegierter seiner Mutter zwangsläufig scheitern, er verwandelte sich auch, während er ihr anscheinend loyal diente, in ihren unerbittlichen Folterknecht. Denn in dem Maße, in dem Frau Torrin Max als Vehikel ihrer Selbstachtungsregulation benutzte, hatte sie ihn auch exzessiven und in sich widersprüchlichen Forderungen ausgesetzt, hatte sie ihn in eine ungleiche – teils gehemmte, teils frühreif forcierte – Entwicklung hineingezwungen, das heißt, hatte sie ihn psychologisch ausgebeutet. Indem sie ihn zur Tilgung ihrer Scham benutzte, hatte sie sich als Mutter ins Unrecht gesetzt. Dies wiederum gab Max die Möglichkeit, sie zu quälen, indem er einfach das wurde, was sie verdeckt wünschte, daß er werde: infantil, a- oder besser: präsexuell und regressiv abhängig. Während er diese Züge entwickelte, machte er sich zum lebenden Beweis für ihr Versagen als Mutter und setzte sie damit unter Schulddruck. Sie wiederum versuchte mit dieser Schuld projektiv fertigzuwerden, indem sie ihn noch massiver wegen seiner Faulheit, Unflätigkeit, Verzogenheit, kurz Mißratenheit anklagte. Dieser Prozeß, den ich andernorts als eine negative Gegenseitigkeit beschrieben habe, schweißte die beiden immer mehr in einem, so schien es, unentrinnbaren intergenerationellen Scham-Schuld-Zyklus zusammen.

Ein weiteres Beispiel eines intergenerationellen Scham-Schuld-Zyklus

Intergenerationelle Scham-Schuld-Zyklen oder -Verkettungen, die den eben beschriebenen ähnlich sind, beobachtete ich in einer weiteren Familie, die ich andernorts als Familie Smith beschrieben habe. Mehr noch als die meisten mir bekannten gestörten Familien schien diese Familie an Scham zu leiden; aber es bedurfte einer mehr als eineinhalbjährigen, zweimal wöchentlich stattfindenden Familientherapie, ehe einige der Quellen und dynamischen Hintergründe dieser Scham zutage traten. Im folgenden beschränke ich mich auf die Beschreibung einiger hierzu relevanter Aspekte in der Beziehung von Herrn und Frau Smith zu Cindy, ihrer jüngsten Tochter.

Cindy Smith

Cindy, die einem in einen Gammler verwandelten Della-Robbia-Engel glich, wurde nach einer langen Ausreißerepisode auf unsere Adoleszentenstation im National Institute of Mental Health eingewiesen. Während sie im Lande herumzigeunerte, hatte sie Drogen genommen, war während mehrerer LSD-Trips »ausgeflippt«, hatte an Gruppensex teilgenommen, eine Gefängnishaft verbüßt und sich Läuse zugezogen. Als sie in unsere Station aufgenommen wurde, erschien sie apathisch und depressiv und berichtete über Unwirklichkeitsgefühle. Ein detailliertes diagnostisches Interview ergab, daß sich in ihrem Kopf und Körper viele verrückte Dinge »abspielten«; unserer Meinung nach war jedoch die Diagnose einer Schizophrenie noch nicht erforderlich. Sie wurde daher als eine Borderline-Patientin mit einem Potential für Schizophrenie diagnostiziert. Bevor sie von zu Hause ausgerissen war, hatten sich ihre Schulleistungen sehr verschlechtert. Sie war immer seltener zum Unterricht gekommen und hatte ihre Tage in Drugstores und Hippie-Hangouts verbracht. Dies hatte ihren Vater schließlich so aufgebracht, daß er sie eine »Hure und Landstreicherin« nannte. Schließlich hatte sie sich nach ihren eigenen Aussagen gezwungen gesehen, mit einer offenbar ebenfalls gestörten und unglücklichen Freundin das Weite zu suchen.

In der Familientherapie wurde deutlich, daß Cindys Mutter, Frau Smith, vor allem wegen zweier Sachverhalte unter Schamgefühlen litt, zu deren Bewältigung sie dann die Tochter als ihre Delegierte rekrutierte: Selbst ein dickes, häßliches Entlein, versuchte sie durch Cindy in den Besitz jener körperlichen Schönheit und Attraktivität zu kommen, die ihr selbst immer unerreichbarer geworden waren. Um hier als loyale Delegierte der Mutter fungieren zu können, mußte Cindy – und dies war ihre erste Mission – hinreißend schön und anziehend, ein »real knockout« sein. Zweitens hatte Cindy den Auftrag, stellvertretend eine geheime Schambürde auf sich zu nehmen, die ihre Mutter seit ihrem achten Lebensjahr getragen hatte. Zu jener Zeit hatte Frau Smith eine sexuelle Beziehung mit einem Halbbruder begonnen, die bis in ihr dreizehntes Lebensjahr gedauert hatte. Da dieses Erlebnis niemals analysiert oder durchgearbeitet worden war, hatte eine primitive, allumfassende Dauerscham Besitz von ihr ergriffen, die während unserer Familiensitzungen in einer niemals endenden peinlichen Verlegenheit zum Ausdruck kam. Aber anstatt diese Scham selbst zu bewältigen, hatte sie Cindy als einen sündigen, schamlosen Tramp delegiert beziehungsweise rekrutiert, der nun ihre von sich selbst – scheinbar – abgewehrte Scham via projektiver Identifizierung auslebte. Indem das Mädchen die verdeckten Bedürfnisse der Mutter zu befriedigen versuchte, wurde sie in der Tat zur »sündigen« und schamlosen Landstreicherin.

Aber Cindy war nicht nur der Mutter, sondern auch des Vaters Delegierte – dies war die Ursache tiefster, sie zunehmend belastender Loyalitätskonflikte, die hier jedoch nicht ausgeführt werden können. Herr Smith hatte die Oberschule vorzeitig verlassen und daher kein Abschlußdiplom erhalten, das ihm ein Universitätsstudium hätte ermöglichen können. Er suchte aber unaufhörlich Anschluß an berufliche Kreise, deren Angehörige es, zumindest seiner Meinung nach, darauf anlegten, ihre akademischen Titel zur Schau zu stellen. Während er selbst wegen seines Bildungsmangels an chronischen Minderwertigkeitsgefühlen litt, spornte er Cindy an, der Superstar ihrer Klasse zu werden. Cindy bemühte sich verzweifelt, das unbefriedigte Ich-Ideal sowohl ihres Vaters als auch ihrer Mutter zu realisieren, war jedoch zu jener Versöhnungsleistung nicht in der Lage. Und das war nicht erstaunlich. Denn wie hätte sie etwa in der Schule brillieren können, wo doch die Aufgabe, die widersprüchlichen Missionen beider Eltern zu erfüllen, alle ihre Energien in Anspruch nahm?

Auch hier – wie bei den Torrins – hatte das übermäßige Delegieren einer Jugendlichen zur Folge, daß der Schuldpegel der – ihr Kind bewußt oder unbewußt ausbeutenden – Eltern anstieg, was diese wiederum dem schuldeinflößenden Kind gegenüber verwundbarer machte. Und Cindy benutzte die Macht, die ihr in der Rolle der ausgebeuteten Märtyrerin zugefallen war, indem sie ihre Selbstdestruktion mit sadistischer Schadenfreude vorantrieb. Kein Wunder daher, daß sich hier der negative Zirkel der intrafamiliären Scham-Schuld-Verkettung so stark eingeschliffen hatte, daß selbst eine lange Familientherapie ihn nicht vollständig zu brechen vermochte.

Einige therapeutische Implikationen

Wo sich Familien in Scham- und Schuld-Zyklen verstricken, stellt sich dem Therapeuten eine schwierige Aufgabe. Theoretisch ließe sich zwar erwarten, er könne durch klärende Interpretationen, salomonische Urteile oder Vergeben der Familiensünden Hilfe bringen. Praktisch sind solche Hilfeversuche jedoch meist zum Scheitern verurteilt. Denn Familien, in denen Scham und Schuld überwertig werden, stellt sich die Außenwelt eher drohend als befreiend dar. Da hier die Familienmitglieder nun einmal nicht anders können, als sich gegenseitig Scham und Schuld einzuflößen, erwarten sie unwillkürlich, daß dies auch von seiten Fremder erfolgt. Und Familienmythen, sahen wir im neunten Kapitel, vertiefen dieses Dilemma, da sie die Mitglieder über das Wesen und die Quellen der sie peinigenden Scham und Schuld unwissend halten, jedoch zugleich Außenstehende – Familientherapeuten eingeschlossen – in eine Distanz verweisen, die wirkliche Hilfeleistung nicht zuläßt.

Angesichts solchen Dilemmas kann ein Familientherapeut in die Versuchung geraten, die intrafamiliäre Scham-Schuld-Verstrickung gleichsam mit dem Hammer anzugehen. Unter Ausnutzung seines Führercharismas kann er etwa versuchen, sein eigenes – anscheinend befreites wie auch befreiendes – Ich-Ideal und Gewissen für das der Familienmitglieder zu substituieren und sich lächelnd über deren Verlegenheit und Schuld hinwegzusetzen, dabei sich selbst als ein bewundernswertes Modell von Scham- und Schuldfreiheit präsentierend.

Derartige gegen die Scham- und Schulddynamik einer Familie gerichteten Frontalangriffe haben jedoch nach meiner Erfahrung wenig Erfolgschancen; denn Scham und Schuld lassen sich nicht leicht mit der Wurzel ausrotten und besonders dann nicht, wenn diese Wurzel weit in die gemeinsam durchlebte Familienvergangenheit hinabreicht. Selbst wo daher ein Therapeut eine ins Auge springende Scham- und Schuldbürde erfolgreich abzutragen vermeint, kann der therapeutische Effekt null sein. Denn während sich die Familienmitglieder etwa eifrig das anscheinend tolerantere Ich-Ideal und Gewissen ihres Therapeuten zu eigen zu machen versuchen, können sie unter Umständen die eigene Koartierung an der – vermeintlichen oder wirklichen – größeren inneren Freiheit des Therapeuten messen und sich vermehrt schämen, weil ihnen ein neuer Beweis der eigenen Minderwertigkeit geliefert wurde, oder vermehrt Schuld erleben, weil sie insgeheim den ihnen so wohlwollenden Therapeuten beneiden oder hassen.

Daraus folgt, daß sich Scham und Schuld in Familien nur dann therapeutisch wirksam angehen lassen, wenn sie sowohl freiwillig offenbart als auch auf ihre intrafamiliäre Dynamik hin befragt werden können. Werden sie aber vorschnell gegen den Widerstand der Familie und ohne Berücksichtigung der tieferen Familiendynamik bloßgelegt, werden wahrscheinlich nur neue Triebe schießen.

Soll eine voreilige destruktive Decouvrierung vermieden und die gemeinsame therapeutische Exploration in Gang gebracht werden, muß der Therapeut Vertrauen aufbauen können. Boszormenyi-Nagy und Spark (1973) haben beschrieben, was dies impliziert. Hier muß der Hinweis genügen, daß der Therapeut bei seiner Exploration der intrafamiliären Scham-Schuld-Verstrickungen allen Mitgliedern mit Fairneß und Empathie gegenübertreten und dabei mehrere Generationen im Auge behalten muß. Denn wie kann er hier etwa die Familienmitglieder mit ihrem Schuld- beziehungsweise Verdienstkonto (balance of merits) konfrontieren, es sei denn, er zieht mehrere Generationen in Betracht? (Siehe dazu auch das vierzehnte Kapitel.) Um beispielsweise für Frau Torrins vorgehend beschriebene psychologische Ausbeutung ihres Sohnes Max Verständnis zu haben, mußte ich auch Frau Torrins grausame Zurückweisung und Ausbeutung von seiten ihrer eigenen Mutter berücksichtigen, die hier unerwähnt bleiben mußten. Dabei ist es für den Therapeuten von Vorteil zu wissen, wie Scham und Schuld in seiner eigenen Familie zur Wirkung kamen und möglicherweise noch kommen.

III Zur Theorie und Praxis der Familientherapie

12 Familientherapie mit Adoleszenten im Lichte des Trennungsprozesses

Der Trennungsprozeß der Adoleszenz läßt sich im Licht dreier Aufgaben verstehen, die dem einzelnen Knaben oder Mädchen gestellt sind. Deren weitere psychologische Reifung und Individuation hängen davon ab, wie sie diese Aufgaben bewältigen.

Wir können diese Aufgaben, die interdependent sind, »Versöhnungsaufgaben« nennen. Wesentliche Aspekte dieser Aufgaben sind in der psychiatrischen und psychoanalytischen Literatur beschrieben. Indem wir hier das Element der Versöhnung betonen, führen wir einen Fokus ein, der sowohl dem einzelnen Adoleszenten als auch der Familie als einem Ganzen gerecht zu werden versucht und Perspektiven für die Familientherapie eröffnet.

Die erste dieser Versöhnungsaufgaben betrifft die psycho-physiologischen Differenzierungen und Integrationsleistungen, die der Adoleszent vollbringen muß. Wir können hier mangels eines besseren Wortes von einer »integrativen Versöhnung« sprechen.

Diese Aufgabe schließt die Differenzierung und Integration der Triebe, Gefühle und Motivationen des Adoleszenten im Rahmen einer lebens- und leistungsfähigen Organisation seiner Abwehrmechanismen und seiner Identität ein. Diese Aufgabe wird durch die zum Teil hormonal bedingte Intensivierung seiner sexuellen und aggressiven Triebe erschwert, für die ihm geeignete Objekte fehlen. Diese auf Abfuhr drängenden Triebe müssen sich in eine möglichst solide und zugleich differenzierte Abwehrstruktur und Identität einordnen. Dies gilt besonders im Hinblick auf die geschlechtliche Identität.

Es ist vor allem diese erste Aufgabe, die bisher in einem psychoanalytischen Bezugssystem erfaßt wurde. Anna Freud (1946), Peter Blos (1969), E. H. Erikson (1968) und viele andere haben hier die wichtigen Beiträge geleistet.

Die zweite Aufgabe, der ich mich nunmehr zuwende, setzt ein solches psychoanalytisches Bezugssystem voraus und transzendiert es zugleich. In meinem Buch ›Conflict and Reconciliation‹ (1968) bin ich auf verschiedene Aspekte dieser Aufgabe, die ich hier als »adaptive Versöhnung« charakterisieren möchte, eingegangen. Diese Aufgabe verlangt von dem modernen Adoleszenten – und verlangt es von ihm mehr als von den Mitgliedern jeder anderen Altersgruppe –, daß er eine Reihe von sich als Polaritäten darstellenden Einstellungen oder Aktionspotentialen miteinander versöhnt. Am wichtigsten erscheinen hier die Polaritäten Tun und Erleiden, Wählen und Entsagen, Selbstrealisierung und Selbstbegrenzung. Das Handeln oder Tun, wie es hier zu verstehen ist, entspricht dem Bedürfnis des Adoleszenten, sich selbst zu bestimmen und durchzusetzen. Es offenbart sich in seiner Fähigkeit und Bereitschaft, sich selbst als den Schmied seines Glücks oder Unglücks, als Zentrum selbst-initiierter Handlungen, eigener Verantwortung und exekutiver Macht zu erleben. Er muß hier sagen und fühlen können: »Ich handle, ich plane mein Leben, ich bin verantwortlich für das, was ich tue.«

Solch autonomes Handeln muß er mit dem Erleiden (undergoing) versöhnen. Dies setzt die Fähigkeit und Bereitschaft voraus, daß er seine Handlungen als von außen beeinflußt oder determiniert erleben kann. Dies schließt weiter ein, daß er die Gegebenheiten dieser Welt anerkennen und tolerieren kann und daß er sich selbst als eine dieser Gegebenheiten akzeptiert. Er muß hier sagen und fühlen können: »Ich erleide, ich hänge von anderen ab, ich kann mich nicht selbst vollständig planen, und ich bin auch nicht absolut verantwortlich.« Dies ist das Antidotum zu den bekannten Allmachtgefühlen und -tendenzen des Adoleszenten.

Für den Adoleszenten, der in unserer sich wandelnden und komplexen westlichen Gesellschaft aufwächst, wird diese Dialektik radikalisiert. Mehr als andere Generationen vor ihm muß er in dem Sinne erleidend (undergoing) sein, daß er sich, um erfolgreich in dieser Gesellschaft existieren zu können, für eine weite Spielbreite von Eindrücken und Informationen öffnen muß. Damit einhergehend muß er in einem oft extremen Maße von jenen Institutionen abhängig bleiben, die solche Informationen und Eindrücke vermitteln – vor allem von den Hochschulen und den Eltern, die die Studiengebühren bezahlen. Gleichzeitig befindet er sich unter dem starken Druck, zu »handeln und sich selbst zu bestimmen«: Er muß eine Reihe von ihn immer mehr einengenden Wahlen treffen, die seine persönlichen Beziehungen, seine berufliche Existenz, seine geschlechtliche Identität und ideologische Marschrichtung betreffen (Erikson). Indem er auf diese Weise wählen muß, muß er auch entsagen: Er muß sich verwirklichen, indem er sich selbst begrenzt, oder – etwas anders ausgedrückt – er muß wählen, indem er seine Grenzen etabliert und akzeptiert.

Dieser Adoleszent muß schließlich mit den Bürden fertig zu werden versuchen, die ihm aus seiner zwischenmenschlichen Vergangenheit erwachsen sind. Das heißt, er muß jene Fixierungen, Traumata und Folgen einer unebenen Entwicklung korrigieren und aufheben, die ihm durch andere aufgezwungen wurden und die nun sein weiteres psychologisches Wachstum hemmen. Er muß sich schließlich von jenen inneren elterlichen Objekten – oder Objekt-Imagines – befreien, die seinen zukünftigen Objektbeziehungen im Wege stehen.

Die Aufgabe der »reparativen Versöhnung«, die letzte der drei genannten interdependenten Aufgaben, schließt alle diese Versuche ein.

Damit diese Versuche zum Erfolg führen, verlangen sie nicht selten eine »Reintegration an der Basis«, die durch inneren Aufruhr, intensive Angst und eine zeitweilige Desintegration und regressive Auflockerung der Persönlichkeit gekennzeichnet ist. Diese reparative Versöhnung schließt weiter für den Adoleszenten einen schmerzhaften Trauerprozeß ein, durch den er sich zumindest zum Teil von seinen Eltern als inneren Objekten befreit. – Hierbei handelt es sich um das, was oft als die »Trennung von den ödipalen Eltern« bezeichnet wird. – Aber auch von den Eltern als wirklichen Personen (im Gegensatz zu den Eltern als inneren Objekten – muß er sich lösen.

Verschiedene Aspekte dieses Trauerprozesses sind in der psychoanalytischen Literatur beschrieben worden. Eine derartige reparative Versöhnung schließt möglicherweise die Bewältigung der Vergangenheitsbürde durch künstlerische Tätigkeit ein. Dieser Weg scheint jedoch nur einer geringen Zahl von Adoleszenten offenzustehen.

Diese drei Versöhnungsaufgaben müssen wir nun im Rahmen der Familie zu verstehen suchen. Wenn wir von der Betrachtung des adoleszenten Individuums zu dessen Familie überwechseln, gelangen wir zu einem anderen System, einem anderen Komplexitätsgrad und einem anderen Versöhnungsbereich. Hier wird, um mit Hegel zu sprechen, »das Tun des einen das Tun des anderen«, oder, spezifischer ausgedrückt, die psychologische Reifung des einen wird zur Reifung des anderen, oder die Trennung des einen wird zur Trennung des anderen. Bei den anderen, die hier gemeint sind, handelt es sich vor allem um die Eltern des Adoleszenten und in geringerem Maße um dessen Geschwister.

Wenn wir uns nun der Familie als einem System zuwenden, gewinnen auch die drei anfangs aufgezeigten Versöhnungsaufgaben eine neue Dimension. In diese Versöhnungsaufgaben scheint nun die ganze Familie einbezogen. Es sind diese sich im Rahmen der Familie stellenden Versöhnungsaufgaben, die meines Erachtens ein Familientherapeut wahrzunehmen und zu unterstützen hat.

Die ganze Familie im Blickfeld, betrachten wir zunächst wieder die zuerst beschriebene Versöhnungsaufgabe, die ich die »integrative Versöhnung« nannte. Bei der Skizzierung dieser Aufgabe beschränke ich mich auf einige Probleme, die sich im Rahmen der Familie durch die erwachende Sexualität des Adoleszenten stellen. Wir können hier, wie es scheint, die folgende allgemeine Regel aufstellen: Ein Adoleszent kann seine erwachende Sexualität ohne Hilfe nur in dem Maße akzeptieren und meistern, als dies seinen Eltern im Hinblick auf deren eigene Sexualität gelungen ist. Die im folgenden zu beschreibende Familie, die ich die Cramer-Familie nennen möchte, scheint diese Regel in typischer Weise zu bestätigen.

Die Cramers meldeten sich zur Familienbehandlung an, weil Evelyn, ihre einzige, sechzehneinhalbjährige Tochter, sich auf Rauschgift und nichtsnutzige junge Männer eingelassen hatte. Evelyn, ein hübsches und frühreifes Mädchen, experimentierte, nach Angaben der Eltern, mit Marihuana und LSD und lief, anstatt in die Schule zu gehen, mit zwei oder drei Freunden herum, mit denen sie, wieder nach Angaben der Eltern, Geschlechtsverkehr hatte. Vor einigen Wochen war sie in eine Panik geraten und in eine New Yorker Hippiekolonie geflohen, wo sie von ihrem aufgebrachten Vater »gerettet« und in den Schoß der bürgerlichen Familie zurückgeführt wurde. Zur Zeit ihrer Flucht glaubte Evelyn, sie sei schwanger, und wurde von der Angst gequält, sie würde ein durch LSD deformiertes Baby zur Welt bringen. Sie war jedoch, wie sich später herausstellte, nicht schwanger.

In den wöchentlich stattfindenden Familiensitzungen fand Evelyn wenig Verständnis und Mitgefühl von seiten ihrer Eltern. Die Mutter zeigte sich moralisch zutiefst über Evelyns Lebenswandel entrüstet, aber dem Beobachter entging nicht ihr unersättliches Interesse an Evelyns sittenloser Männergesellschaft und deren sexuellen Praktiken. Während die Mutter ihre inquisitorischen Tiraden abrollen ließ, hielt sich der Vater zurück. Es ließ sich feststellen, daß ihn das Schauspiel der beiden miteinander streitenden weiblichen Mitglieder seiner Familie ergötzte und daß er Evelyn durch seine Blicke ermutigte, ihrer Mutter zu widersprechen. Evelyn antwortete positiv auf des Vaters Signale. Je mehr sie von ihrer Mutter beschimpft wurde, um so überzeugter und trotziger leistete sie Widerspruch. Darüber hinaus präsentierte Evelyn sich ihrer Mutter mit sadistischer Freude als ein »real swinger«, als jemand, der das beschleunigte Leben bis zur Neige auskostet, wodurch sie wiederum ihre Mutter, »dieses traurige Beispiel eines Menschen über dreißig«, als unerfahren, einfältig und dumm erscheinen ließ.

Es wurde in der Familientherapie schnell offenbar, wie die sexuellen Schwierigkeiten der Eltern Evelyn an der Lösung ihrer sexuellen Probleme hinderten. Die Mutter, eine dramatisierende, frigide Hysterikerin, machte Evelyn zur Zielscheibe sowohl ihrer sexuellen Neugier als auch ihrer entrüsteten Tugendwächterei, womit sie ihre eigene sexuelle Unreife, Erregbarkeit und Konflikthaftigkeit offenbarte. Der Vater, ein überkontrollierter Zwangstyp, verhielt sich Evelyn gegenüber sowohl zurückweisend als auch unterschwellig verführerisch. Evelyn hatte sich, als Empfängerin der widersprüchlichen und verwirrenden Signale ihrer Eltern, zunehmend in ein sexuelles Agieren verstrickt, aus dem sie schließlich keinen Ausweg mehr fand.

Die obigen Überlegungen lassen sehr vereinfacht den Schluß zu, daß Evelyn, um ihre sexuellen Konflikte bewältigen zu können, eine komplementäre Konfliktbewältigung ihrer Eltern voraussetzte. Während sie mit ihren Konflikten rang beziehungsweise sie agierte, setzte sie ihre Eltern unter Druck, an ihrer eigenen psychologischen Reifung zu arbeiten und verschiedene Versöhnungsleistungen zu vollbringen. Wir werden diesen Leistungen besser gerecht werden, wenn wir im folgenden, weiterhin die Familie im Blickfeld, die zweite oben erwähnte Versöhnungsaufgabe betrachten, die ich die Aufgabe der »adaptiven Versöhnung« nannte.

Ich habe im vorhergehenden angedeutet, daß sich diese Aufgabe für den Adoleszenten, als Individuum betrachtet, in dem Maße radikalisiert, als die ihn umgebende Sozietät komplizierter und anspruchsvoller wird. Diese Radikalisierung macht sich auch im Rahmen der Familie bemerkbar und offenbart sich hier wiederum in bestimmten Konfliktbereichen und Versöhnungsaufgaben.

Um dies klarer zu machen, wenden wir uns wieder den Cramers zu. Ich erwähnte bereits Evelyns rebellierenden Trotz ihrer Mutter gegenüber, die sie einen hoffnungslosen Fall einer Bürgerin über dreißig nannte (»a hopeless square over thirty«). Dem ist nun hinzuzufügen, daß mit diesem rebellischen Trotz eine Verwerfung von praktisch allem einherging, das ihren Eltern lieb und teuer war. In dieser Hinsicht unterschied sich Evelyns Haltung wenig oder nicht von der vieler anderer Mitglieder ihrer Altersklasse. Nicht nur warf Evelyn mit verpönten Obszönitäten wie »Scheiße«, »Fick dich« und so weiter um sich, kleidete sich wie ein weiblicher Gammler, experimentierte mit Rauschgiften und schlief, wie es schien, mit jedem jungen Mann in Sichtweite, sie schrieb auch, als Herausgeberin ihrer Schülerzeitung – sie war in der letzten Oberschulklasse –, Aufsätze, in denen sie Castro und Ho Chi Minh pries, und plante, mit Hilfe von Ratgebern aus den radikalen Studentenvereinigungen, die Absetzung ihres »reaktionären« Oberschuldirektors. Angesichts derartig radikaler Anschauungen und Tätigkeiten Evelyns ist es leicht einzusehen, warum ihre Eltern es schwer fanden, mit Geduld und Mitgefühl zu reagieren. Diese Eltern fühlten sich an die Wand gedrückt und in ihren, wie sie glaubten, wesentlichen Werten und Gefühlen bedroht. Sich zu keiner Sympathie mehr fähig fühlend, schien ihnen nur noch der aus Wut und Verzweiflung geborene Gegenangriff möglich zu sein. In ihren Augen hatte Evelyn alle Voraussetzungen einer wirklichen Kommunikation zerstört.

Jeder, der in diesen Zeiten auf einer psychiatrischen Adoleszentenstation gearbeitet hat, wird mit Evelyns Eltern mitempfinden können. Denn er weiß, wie es sich anfühlt, wenn man ständig als »Establishment« angeprangert wird und wenn einem die eigene Wertlosigkeit oder Impotenz stets von neuem vorgehalten oder demonstriert wird. Und ein ähnliches Mitgefühl werden in der Tat viele Eltern, Lehrer oder Bürger »über dreißig« aufbringen, die erleben, wie die moderne Jugend mit anscheinend pointiertem und teuflischem Sadismus alle Helden oder Werte in Frage stellt, die den Älteren teuer sind. Diese Jugend bekennt sich in Amerika zu Anti-Helden wie Che Guevara, John

Lennon und Ho Chi Minh – im Gegensatz zu konventionellen »Helden« wie Nixon und Billy Graham –, sie propagiert das existentielle Hippie- oder Gammlerleben im Hier und Jetzt, attackiert die sterile Kultur der Vorstädte und isoliert sich vom Wettrennen aller gegen alle um den Besitz von Geld und Status, einem Rennen, das zur Misere der modernen Technokratie, Naturverpestung und Bürokratie geführt hat.

Ich meine, wir können alle diese Attacken als einen Aspekt der »Selbstbestimmung des Adoleszenten gegenüber seinen Eltern« und der älteren Generation verstehen. Solche Selbstbestimmung charakterisierte in den letzten hundert Jahren schon immer den Generationskonflikt und das Trennungsdrama der Adoleszenz. Und diese Selbstbestimmung erschien immer um so rücksichtsloser und radikaler, als die zugrundeliegenden emotionalen Bindungen sich als stark erwiesen. Ich meine jedoch, daß heute die Selbstbestimmung vieler Adoleszenten gegenüber ihren Eltern – aus Gründen, auf die ich hier nicht weiter eingehen kann – noch radikaler und missionarischer erfolgt als in früheren Zeiten. Diese Radikalisierung verlangt nun nach einem Gegengewicht von entsprechender Stärke.

Diese radikalisierte Selbstbestimmung verlangt, um nicht in einen hoffnungslosen Krieg zwischen den Generationen auszuarten, nach einer Selbstbestimmung *mit* den Eltern. Das setzt in allen Partnern die Fähigkeit und Bereitschaft voraus, den Dialog trotz unvermeidlicher zeitweiliger Entfremdungen und Zusammenbrüche der Kommunikation nicht abreißen zu lassen. Die aktive Selbstbestimmung, das »doing«, muß daher auch hier mit dem Erleiden, dem »undergoing«, der Rezeptivität versöhnt werden. Und diese Versöhnung verlangt eine Anstrengung aller Familienmitglieder. Es muß sich eine Familienkultur und ein Familienklima entwickeln und erhalten, das das Lernen voneinander und das psychologische Reifen mit und durch einander in einem alle Familienmitglieder einschließenden Individuations- und Trennungsprozeß ermöglicht.

Ich halte es für die Hauptaufgabe eines Familientherapeuten, ein solches Familienklima und eine solche Familienkultur zu fördern – angesichts der eben erwähnten Momente, die einer solchen Familienkultur entgegenarbeiten.

Um dieser Aufgabe entsprechen zu können, tut der Familientherapeut gut daran, sich mit dem Konzept eines »gemeinsam geteilten Aufmerksamkeitsfokus« (a shared focus of attention), wie er von Lyman C. Wynne (1965) entwickelt wurde, zu beschäftigen. Dies zusammen mit Margaret Singer erarbeitete Konzept wurde für die Erfassung der zwischen schizophrenen Kindern und ihren Eltern bestehenden Beziehungspathologie wichtig.[1] (Ich habe diese Beziehungspathologie in

[1] Vgl. auch die Ausgabe der ›Psyche‹, in der die Arbeiten publiziert wurden: Psyche 19, 1965, S. 81–160.

meinem Buch ›Conflict and Reconciliation‹ im einzelnen beschrieben.) Das Konzept des »shared focus of attention« ist nicht nur für das theoretische Verständnis von Familien mit schizophrenen Kindern wichtig, sondern bietet sich auch dem Familientherapeuten an, der auf das Trennungsdrama in neurotischen und relativ normalen Familien Einfluß nehmen möchte. Indem der Therapeut immer wieder darauf hinweist, wie die Eltern und deren adoleszente Kinder den gemeinsamen Aufmerksamkeitsfokus aus dem Auge verlieren, wie sie es unterlassen, aufeinander zu hören, wie sie weder Zustimmung noch mangelnde Übereinstimmung wahrnehmen können, etabliert er sich als »Vermittler des Dialogs« und nicht als starrer, parteiischer und Schuldgefühle einflößender Richter. Er wird gleichsam zu einem Agenten der Versöhnung.

Auch bei der uns hier interessierenden Familie Cramer mußten die Therapeuten immer wieder darauf hinweisen, auf wie mannigfache Weise die einzelnen Familienmitglieder in ihrem gegenseitigen Antagonismus aneinander vorbeiredeten. Indem die Therapeuten derart als Mittler der Familienkommunikation auftraten, halfen sie nicht nur, den Krieg der Generationen und Ehepartner zu entradikalisieren, sie machten es auch möglich, daß die Familienmitglieder einander in einer neuen Perspektive zu sehen und dadurch voneinander zu lernen vermochten. Lernansätze, die in dieser immobilisierten Familie möglich wurden, erlaubten dann weitere notwendige Veränderungen im Familiensystem. Diese Veränderungen betrafen zum Beispiel die eingangs erwähnten sexuellen Schwierigkeiten der Eltern; darüber hinaus aber spielten sich innerhalb der Familie noch weitere Reifungs- und Individuationsprozesse ab. Mit diesen Prozessen möchte ich mich als nächstes beschäftigen.

Sie liegen im Bereich der dritten erwähnten Versöhnungsaufgabe, die ich als »reparative Versöhnung« bezeichnet habe. Diese Aufgabe zielt auf die Korrektur und Überwindung einer traumatischen Vergangenheit ab. Die hier zu behandelnde Frage ist nun, wie auch diese dritte Aufgabe zu einer Aufgabe für die ganze Familie wird und wie deren Verständnis unsere psychotherapeutischen Interventionen beeinflußt.

Zum Zwecke der Illustration bediene ich mich wieder der Familie Cramer. Als die Therapie mit dieser Familie in Gang kam, ließ sich in der Transaktion zwischen der Mutter und Evelyn eine charakteristische Sequenz beobachten: Mutter und Tochter schienen wiederholt in eine Sackgasse der Kommunikation zu geraten, in der sie beide bedrückt und depressiv erschienen. Diese depressive Phase wurde dann von einer anderen abgelöst, in der sie sich besonders heftig attackierten. Darauf folgte dann wieder eine depressive Phase. Dieser Zirkel wiederholte sich mehrfach. Als ich die beiden ermutigte, ihrer Depression und Bedrücktheit in Worten Ausdruck zu geben, war es zunächst Evelyn, die in einer vagen Weise über Gefühle von Einsamkeit, innerer Leere und Schlechtigkeit sprach. Die Mutter wendete sich dagegen mehr ihrer eigenen Vergangenheit zu und erzählte von ihren eigenen Eltern und ihrer eigenen unglücklichen Adoleszenz. Sie vermittelte folgendes Bild von sich: Sie wuchs als die Tochter armer jüdischer Einwanderer auf, die in Amerika verzweifelt um den Aufbau einer neuen Existenz rangen. Während die gleichaltrigen Kinder in der Nachbarschaft spielen und sich ihrem Vergnügen hingeben durften, mußte sie im Haushalt arbeiten und die endlosen Schimpftiraden ihrer überarbeiteten Mutter über sich ergehen lassen. Zu den Nachbarkindern gehörte auch ihre Cousine Erna, ein schönes, wildes und beliebtes Mädchen, das sie beneidete und nachzuahmen versuchte. Diese Cousine Erna wurde schließlich gleichbedeutend mit all dem, was sie selbst in ihrer Adoleszenz nicht haben konnte. Als Frau Cramer von Erna erzählte, erwähnte sie, daß Evelyn der letzteren ähnele. Einmal nannte sie, ohne es zu bemerken, Evelyn »Erna«. Es fiel nun auf, daß Frau Cramer immer dann, wenn sie über ihre harte Behandlung von seiten ihrer eigenen Mutter berichtet hatte, sich mit besonderer Bitterkeit gegen Evelyn wendete und sie anscheinend mitleidslos diffamierte und zum Sündenbock machte. Aber es erschien auch – und das weist auf den Systemcharakter dieser Transaktion hin – nicht weniger wichtig, daß Evelyn diese Attacken und ihre eigene Abstempelung als Bösewicht durch besonders trotzige und provokative Worte oder Gesten herauszufordern schien.

Ich verdanke vor allem Ivan Boszormenyi-Nagy ein tieferes Verständnis für eine derartige, sich innerhalb einer Familie abspielende Folge von Transaktionen. Diese Transaktionsfolge läßt einige der Kernprobleme deutlich werden, die in Frau Cramers und Evelyns Bemühung um eine reparative Versöhnung verborgen sind. Sehr vereinfacht können wir diese Probleme etwa folgendermaßen charakterisieren:

Nachdem die Mutter in der Familientherapie gelernt hatte, mit Evelyn etwas freier zu kommunizieren, begann sie die letztere auch in einem etwas anderen Licht als bisher zu sehen. Sie konnte nun Evelyn eher als eine Persönlichkeit mit eigenen Bedürfnissen und Rechten akzeptieren. Während sich solcherart die Beziehung zwischen Mutter und Tochter änderte, durchlebte Frau Cramer wieder einige der Versagungen und Frustrationen, die ihr seinerzeit von seiten ihrer Mutter widerfahren waren. Dies spiegelte sich in der vorher erwähnten depressiven Phase wider. Dabei erschien die Mutter schmerzhaften Schuldgefühlen ausgesetzt. Sie schien langsam zu realisieren, daß sie in all diesen letzten Jahren versucht hatte, Evelyn für das büßen zu lassen, was ihre eigene Mutter ihr angetan hatte, und daß sie Evelyn gleichsam in eine Projektionsleinwand verwandelt hatte, auf der sie ihre eigenen unbewältigten Konflikte und unbewältigten Frustrationen sichtbar machen konnte. Wir können hier von der »Parentifizierung« Evelyns durch die Mutter sprechen. Frau Cramer hatte Evelyn jedoch nicht nur parentifi-

ziert, sie hatte der letzteren auch viele Züge ihrer Cousine Erna zuge-
wiesen, jener Erna, die das beneidete Idol ihrer eigenen Adoleszenz gewesen war. Dies bedeutete eine weitere Belastung für Evelyn: Einerseits ermutigte sie die Mutter durch nichtverbale Signale, sich wie Erna
zu verhalten und Ernas wilde Adoleszenzeskapaden wieder zu agieren,
um ihr, der Mutter, ein aufregendes Ersatzleben zu verschaffen.
Gleichzeitig attackierte und züchtigte sie jedoch Evelyn für ihre wilde
Unverantwortlichkeit und Promiskuität, wobei sie ihre Attacken mit
jenem neidischen Haß würzte, der einst Erna gegolten hatte – und noch
galt.

In dem Maße, in dem sich Frau Cramer einer Depression aussetzte,
arbeitete sie an jener reparativen Versöhnung, die für sie und Evelyn die
Befreiung von den Bürden der Vergangenheit bedeutete. Dieser Prozeß
mußte reziprok sein: Auch Evelyn erschien, wie bereits erwähnt, pha-
senhaft depressiv und bedrückt, und wir dürfen annehmen, daß auch sie
begonnen hatte, ihre Mutter in einem anderen Licht als bisher zu sehen.
Aber warum wurde hier, müssen wir nun fragen, die reparative Trauerarbeit durch die vorher erwähnten Rückfälle in trotzigen Antagonismus unterbrochen?

Ich glaube, diese Rückfälle werden verständlich, wenn wir uns die
massiven Schuldgefühle vergegenwärtigen, von denen sowohl die Mutter als auch Evelyn heimgesucht wurden. In dem Maße, in dem die
Mutter die Nöte und Probleme Evelyns besser verstehen und akzeptieren lernte, wurde ihr auch mehr bewußt, was sie Evelyn angetan hatte –
daher die sich verstärkt meldenden Schuldgefühle. Es war, scheint es,
der Versuch, sich von diesen schmerzhaften Schuldgefühlen zu entla-
sten, der die Mutter dazu trieb, Evelyn erneut rücksichtslos zu attackie-
ren. Evelyn wiederum, die auf den Schmerz der Mutter eingestimmt
war, schien durch ihr provokatives Verhalten die Mutter bei diesem
Entlastungsversuch zu unterstützen. Wir können hier von einer weitgehend unbewußten, der Schuldentlastung dienenden Kollaboration
zwischen Mutter und Tochter sprechen.

Ich halte es für eine der wesentlichen Aufgaben der Familientherapie,
daß sie derartige schädliche Kollaborationen im Dienste der Schuldentlastung verhindert und dadurch den betroffenen Familienmitgliedern
die reparative Versöhnung erleichtert.

Eine Transaktion wie die eben beschriebene läßt uns besser verstehen, wie die Familie als System zur Wirkung kommt und als System
verstanden werden muß. Auf einige Charakteristika eines derartigen
Transaktions-Systems hat uns schon Hegel in seiner 1805 geschriebe-
nen ›Phänomenologie des Geistes‹ aufmerksam gemacht. Sein Kapitel
über ›Herr und Knecht‹ liefert uns das Modell einer Beziehung zwischen ungleichen Partnern, wo die Trumpfkarten der Macht zunächst
bei dem stärkeren Herrn liegen, während der Knecht als das ausge-

nützte Opfer erscheint. Das in dieser Beziehung liegende dialektische Moment führt jedoch unter anderem dazu, daß der Herr psychologische Macht verliert und der Knecht gewinnt. Je mehr der Herr *durch* den Knecht lebt und darauf angewiesen ist, daß letzterer sein Leben produktiv und erfüllt macht, wird er vom Knecht psychologisch abhängig und durch diesen verwundbar. Je mehr daher der Knecht sich knechten läßt, um so größer wird seine psychologische Macht. Diese Dialektik kehrt nun insofern in der modernen Familiendynamik wieder, als der geknechtete und attackierte Adoleszent dadurch stark wird, daß er von allen Familienmitgliedern den Hebelarm der Schuldauslösung am wirkungsvollsten zu bedienen vermag. Das bedeutet weiter, daß er, um sich die schmerzhafte Arbeit der Trennung und psychologischen Reifung zu ersparen, durch alle möglichen Provokationen seinen Status als Knecht und Sündenbock zu sichern sucht; und das bedeutet ferner, daß der Therapeut, der die oben beschriebene Kollaboration verhindern und eine reparative Versöhnung aller Beteiligten ermöglichen möchte, die Macht des Adoleszenten-Knechts über die Eltern verringern muß. Er muß daher den Masochismus und den in diesem Masochismus implizierten Sadismus des Knechts interpretieren. – Ein solcher Masochismus stellt jedoch in der Familientherapie nicht weniger schwierige technische Probleme als in der Psychoanalyse eines Einzelpatienten. –

Auf die Familie Cramer angewendet, bedeutete das vor allem, daß die provokativen Züge in Evelyns Verhalten, die doch unbewußt auf Masochismus und Beherrschung hinausliefen, analysiert werden mußten, ehe die Eltern in ihrer eigenen reparativen Versöhnung Fortschritte machen konnten. Wir stoßen hier auf einen jener paradoxen Sachverhalte, mit denen uns die Familientherapie ständig konfrontiert: Um Evelyn in ihrer Trennung von – und Selbstbestimmung gegen – ihre Eltern zu unterstützen, mußten sich die Therapeuten, wie es schien, mit den Eltern gegen die arme Evelyn verbünden. Indem sie dies taten, unterminierten sie das Familiensystem als ganzes, worin die knechtenden Eltern und der geknechtete Adoleszent unausweichlich aneinander gebunden erschienen und wo in solcher Verstrickung die wirkliche Trennung und das Wachstum jedes Familienangehörigen schwierig, wenn nicht unmöglich geworden waren.

Wenn wir nun das hier dargestellte, zwischen dem Adoleszenten und seiner Familie spielende Trennungsdrama zu überblicken versuchen, wird deutlich, wie sich die jeweilige Problemebene und das dazugehörende Problembewußtsein stets neu verschieben mußten. Zunächst rückten Trennungsprobleme des einzelnen Adoleszenten, so wie sie gegenwärtig in der psychoanalytischen und psychiatrischen Literatur beschrieben werden, ins Blickfeld. Als wir uns dann der Familie als ganzer zuwendeten, waren es die Eltern, die aufgrund ihrer eigenen Unreife und ihrer eigenen unbewältigten Konflikte als hauptsächlicher Hemmschuh erschienen. Doch als die Frage aufkam, was nun mit diesen Eltern zu geschehen habe, da verschob sich der Fokus wieder auf den Adoleszenten als auf denjenigen, der vor allen anderen strategisch plaziert erschien, um den Hebelarm der Schuldauslösung zu bedienen.

In solcher Verschiebung der Brennpunkte vollzieht sich ein komplexer dialektischer Prozeß, der in allen Beteiligten eine größere Bewußtheit und psychologische Reifung ermöglicht und Versöhnungen auf verschiedenen Ebenen möglich macht.

Der Begriff »Gegenübertragung« in der Familientherapie bezieht sich auf umstrittene, mehrdeutige und komplexe Erscheinungen. Um hier Klarheit zu schaffen, soll zunächst skizziert werden, wie die Termini »Übertragung« und »Gegenübertragung« in der psychoanalytischen Therapie benützt werden und welche wechselnde, sich erweiternde Bedeutung sie erhalten haben.

Die Übertragung in der psychoanalytischen Situation

Freud sprach erstmals von »Übertragung« in seinen ›Studien über Hysterie‹ des Jahres 1895. Er definierte den Begriff 1905, als er den Fall Dora veröffentlichte, als »eine besondere Art von meist unbewußten Gedankenbildungen«; diese sind »Neuauflagen, Nachbildungen von den Regungen und Phantasien, die während des Vordringens der Analyse erweckt und bewußt gemacht werden sollen, mit einer für die Gattung charakteristischen Ersetzung einer früheren Person durch die Person des Arztes« (S. 279).
Seither haben Freud und seine Nachfolger das Blickfeld bezüglich der Übertragung erweitert. Sie haben deren affektive und begriffliche Komponenten beschrieben, zwischen positiver, negativer und ambivalenter Übertragung unterschieden und diese zur Dynamik von Introjektion, Projektion, Verdrängung und Agieren in Verbindung gebracht – zum Beispiel wird angenommen, daß verdrängte Erlebnisse, die nicht erinnert werden können, in der Übertragung wiederholt ausagiert werden müssen. Ferner wurde der Begriff der »Übertragungsneurose« entwickelt.

Übertragungsphänomene galten – ähnlich den »parataxic distortions« von Sullivan – als überall verbreitet. Es wurde aber angenommen, daß sie eine besondere Affinität zur psychoanalytischen Situation hätten. In dieser Situation würden sie sozusagen in Reinkultur gezüchtet, was für ihre Erforschung und schließliche Auflösung optimale Bedingungen liefere. Patient wie Analytiker strukturieren diese Situation, indem sie sich an die Bedingungen der psychoanalytischen Abmachung hielten: der Patient vor allem dadurch, daß er versucht, die Grundregel einzuhalten – nämlich alles, was ihm in den Sinn kommt, auszusprechen –, der Analytiker hauptsächlich durch »Abstinenz« – also indem er dem Patienten gegenüber sich versagend, aber auch unerschütterlich fest und frei von »blinden Flecken« verhält. In seiner frustrierenden Festigkeit macht er sich zum Bollwerk, gegen das die Übertragungsprozesse des Patienten »anrennen« können und damit ihre Stärke und Unangemessenheit enthüllen; indem er frei von »blinden Flecken«, das heißt frei von unbewußten Vorurteilen und neurotischen Ängsten ist, kann der Analytiker die Übertragungsentstellungen des Patienten sowohl empathisch als auch objektiv erleben und beobachten.

Mit der sich wandelnden psychoanalytischen Situation änderte sich auch die geschilderte Bedeutung der Übertragung, und zwar in dem Maße, wie die Analytiker Patienten zu analysieren begannen, die sie vorher als unanalysierbar bezeichnet hatten – zum Beispiel Schizophrene, von denen Freud angenommen hatte, sie seien unfähig, eine Übertragung zu entwickeln. Die Vorstellung des Therapeuten als eines abstinenten, unparteiischen Beobachters wurde nun problematisch, und neue Aspekte der Übertragung kamen ins Blickfeld. Ich habe in meinem Buch ›Conflict and Reconciliation‹ (1969), das sich mit der für die Behandlung von Schizophrenen erforderlichen, besonderen therapeutischen Situation befaßt, einige dieser Aspekte beschrieben.

Die Gegenübertragung in der psychoanalytischen Situation

Man kann die »Gegenübertragung« als den Spiegelbegriff der »Übertragung« ansehen. Freud führte ihn 1910 in seiner Abhandlung über ›Die zukünftigen Chancen der psychoanalytischen Therapie‹ ein. Indessen erwies sich der Begriff »Gegenübertragung« sogleich – fast mehr noch als der der Übertragung – als zweideutig und strittig.

Es schälten sich im wesentlichen zwei Bedeutungen heraus: Erstens wurde sie einfach als Reaktion des Analytikers auf die Übertragung des Patienten betrachtet, zweitens jedoch als die Übertragung des Analytikers auf den Patienten, die auf anderen Ursachen beruhte. Diese beiden Bedeutungen ergaben sehr verschiedene Ausgangspunkte für Beobachtungen und Begriffsbildungen. Im Sinne der ersten Definition lieferte die Gegenübertragung in erster Linie Informationen über den Patienten: Der Therapeut benutzte seine eigenen Gefühle und Reaktionen als wichtiges Material bezüglich des Patienten. Im Sinne der zweiten Definition konnte der Therapeut zu einem Hemmschuh für die Kur werden. Jetzt richtete sich die Aufmerksamkeit auf seine blinden Flecken, seine neurotischen oder Charakterprobleme, starren Haltungen und so weiter, die mit der sich entfaltenden Übertragung, dem therapeutischen Fortschritt und inneren Wachstum des Patienten in Konflikt gerieten. Oft waren beide Aspekte miteinander vermischt, so wenn ein – gewöhnlich nicht erheblicher – hemmender Block beim Therapeuten doch auch wichtige Daten über den Patienten vermittelte. Diese Behandlungssituation ist von M. B. Cohen

(1952) eindrucksvoll geschildert worden. Angesichts der Häufigkeit dieser Mischung werde ich hier nicht auf getrennten Bedeutungen beharren.

Ähnlich wie bei den Übertragungserscheinungen wurde auch bei Gegenübertragungsprozessen die Beurteilung immer schwieriger, je mehr die Behandlungssituation von der klassischen, dyadischen Situation mit einem stark motivierten neurotischen Patienten abwich. Die Beiträge von H. Searles (1959), F. Fromm-Reichmann (1950), D. W. Winnicott (1947) und anderen über die Gegenübertragung bei der Behandlung Schizophrener sind hier aufschlußreich. Searles benutzte seine Gegenübertragungsreaktionen hauptsächlich als wichtiges Erkenntnismittel hinsichtlich der komplizierten Dynamik seiner schizophrenen Patienten. So beschrieb er zum Beispiel seine eigene Rachsucht, seine primitiven Verschmelzungswünsche, seine Furcht vor Verlust der Ich-Grenzen und so weiter als Signale, die ihn auf die entsprechenden oder komplementären Erlebnisse seines Patienten aufmerksam machten. Frieda Fromm-Reichmann und D. W. Winnicott wandten ihre Aufmerksamkeit dagegen stärker jenen Persönlichkeitszügen oder »blinden Flecken« der Therapeuten von Schizophrenen zu, die – wie etwa eine übermäßig konventionelle Haltung oder eine der Abwehr dienende Intellektualisierung – die Wirksamkeit der Behandlung einschränken konnten.

Übertragung und Gegenübertragung in Gruppen

Gruppen verlangen, ihren spezifischen Schwierigkeiten entsprechend, andere therapeutische und begriffliche Konzepte. Mehr noch als in der dyadischen Beziehung wird hier die Übertragung und Gegenübertragung zum Problem. Obwohl auch die Gruppe aus einzelnen Menschen mit individuellen Problemen besteht, muß sie auch als multi-personale Einheit, ja qua Gruppe oft als *der* Patient betrachtet werden. Die spezielle Dynamik von Gruppen wurde von Freud (1921), Bion (1961), Ezriel (1960/61) und vielen anderen beschrieben.

Übertragung und Gegenübertragung – oder ihnen analoge Phänomene – sind bei Gruppen genauso wie bei der Einzeltherapie durch die Beiträge von Patienten und Therapeuten in der therapeutischen Situation geprägt. Wie im neunten Kapitel ausgeführt wurde, stammen die Besonderheiten der Beiträge der Patienten hauptsächlich daher, daß sie eine ad-hoc-Gruppe, das heißt eine Ansammlung von Menschen bilden, die außerhalb des Gruppenerlebnisses keine gemeinsame Geschichte, keine realen Lebensbindungen zu- und Verpflichtungen gegeneinander haben. Der Leiter einer solchen Gruppe, sahen wir, muß sich abstinent verhalten, wodurch er eine »Asymmetrie« zwischen sich und der Gruppe strukturiert: Indem er jegliches Agieren mit der Gruppe vermeidet und nur auf Gruppenniveau Deutungen gibt, zwingt er die Gruppenmitglieder, sich auf ihre eigenen Hilfsmittel zu besinnen, das heißt auf die sich ergebenden Probleme weitgehend eigene Antworten zu finden.

An den Begriffen »Übertragung« und »Gegenübertragung« zeigen sich übrigens die unterschiedlichen theoretischen Neigungen der Gruppentherapeuten – zu Freud beziehungsweise Klein. So hat zum Beispiel Grotjahn (1953), selbst in der klassischen Tradition wurzelnd, drei Hauptformen der Übertragungsdynamik in der Gruppe unterschieden: erstens die Übertragungsbeziehung zum Therapeuten – der Zentralfigur –, die sich vermutlich aus der Übertragungsneurose ergibt, wie sie von der Psychoanalyse beschrieben wird; zweitens die Übertragungsbeziehung zwischen den Gruppenmitgliedern und drittens eine Übertragung auf die Gruppe als der präödipalen Mutter. Meine eigenen Ansichten zu Übertragung und Gegenübertragung in Gruppen baut sich im wesentlichen auf den Ideen von Bion und der Tavistockgruppe auf, so wie sie unter anderen von Turquet (1965, 1971), Rice (1969), Shapiro und Zinner (1972–73) und Rioch (1971) vertreten werden.

Die Erscheinungen von Gruppenübertragung und -gegenübertragung verzahnen sich nach dieser Anschauung mit den Schicksalen der beschriebenen typischen Gruppenphantasien, wie sie ein typisches, immer wiederkehrendes Gruppenverhalten und Grundannahmen reflektieren und formen.

Wir lernten vor allem die ursprünglich von Bion beschriebenen Grundannahmen »Abhängigkeit«, »Kampf-Flucht«, und »Paarung« kennen, die einem Gruppenklima entstammen, das einen starken regressiven Sog ausübt. Als auffallendste Züge fanden wir ein von allen Mitgliedern geteiltes Gefühl der Omnipotenz, jedoch ohne Verantwortungsgefühl, ohne Sinn für die Zeitfolge und ohne realistische Hemmungen. Von diesen Zügen zeigten sich alle aufsteigenden Phantasien gekennzeichnet.

Hier ist nun festzuhalten, daß diese Gruppenphantasien – oder Grundannahmen – ihrerseits die Haltung der Gruppe zum Leiter, ihre Wahrnehmungen und Erwartungen in bezug auf ihn strukturieren. Eine solche Gruppenhaltung kann man als »Gruppenübertragung« bezeichnen. Der Leiter kann entweder als alles spendende und allwissende Super-Elternfigur erlebt und angesprochen werden, die imstande – nur oft nicht willens – ist, die übermäßigen regressiven Abhängigkeitsbedürfnisse der Gruppe zu befriedigen; oder er kann als sich einmischender Feind erlebt werden, den die Gruppe entweder bekämpfen oder fliehen muß; oder schließlich wird er als Partner wahrgenommen, der Paarbildungen ermöglicht. Die entsprechende Gegenübertragung würde bedeuten, daß der Leiter mit der Gruppe agiert, sich also von seiner »asymmetrischen«, abstinenten Rolle entfernt. Auch diese Gegenübertragung kann in typischer Weise in dreierlei Form erscheinen. Erstens: Der Gruppentherapeut läßt sich in die Rolle des spendenden und allwissenden Vaters beziehungsweise der Mutter hineindrängen, versucht also, die übermäßigen und regressiven Abhängigkeitsbedürfnisse der Gruppe zu befriedigen. Zweitens: Er bestätigt durch sein tatsächliches Verhalten, daß er der kontrollierende, autoritäre Eindringling ist, den die Gruppe wahrnimmt und den sie bekämpfen oder fliehen muß. Oder drittens: Er erlaubt oder ermutigt sogar heimlich die übermäßige Paarbildung in der Gruppe. Alle drei Gegenübertragungsmuster führen zu charakteristischen Sackgassen der Gruppentherapie, wie alle Gruppentherapeuten sie kennen und die schleunigst wahrgenommen und abgestellt werden müssen.

Übertragung und Gegenübertragung in der Familiengruppe

Auch Familien sind Gruppen und als solche nicht von den obigen Grundzügen und Erwägungen ausgenommen. Sie sind aber als Gruppen so einzigartig, daß sie eine eigene Beschreibung erfordern. Dies gilt vor allem bezüglich der Bedeutung von Übertragung und Gegenübertragung in der Familientherapie. Dazu müssen wir uns noch einmal zwei besondere Charakteristika von Familien vergegenwärtigen:
Erstens sind Familien das Gegenteil von vorübergehenden ad-hoc-Gruppen, die außer der durch die Gruppenbeziehung geschaffenen keine gemeinsame Geschichte und Verantwortung haben. Familien besitzen eine solche gemeinsame Geschichte, und ihre Mitglieder sind schicksalhaft und auf immer miteinander verkettet.
Zweitens lassen Familien nicht im selben Maße Übertragungen und Gegenübertragungen erkennen, wie es in dyadischen oder Gruppenbeziehungen der Fall ist. Denn die Transaktionen in Familien reflektieren – unabhängig von ihrem spezifischen Inhalt und Ursprung – in erster Linie eines: daß Übertragungen ihre Wurzeln in der Familie haben. Es sind die Familientransaktionen, in denen die Beziehungsmuster entstehen, die später in unangemessener und repetitiver Weise auf nichtfamiliäre Kontexte übertragen werden.[1]

[1] Bei näherer Betrachtung zeigt sich, daß die Übertragungen in verschiedenen, wenn auch nahe verwandten Familien ihren Ursprung haben. Denn die jeweils zur Beratung kommenden Eltern hatten bereits ihre prägenden, Übertragung erzeugenden Beziehungen als Kinder zu ihren Eltern, während ihre Kinder, deren Art und Weise der mitmenschlichen Beziehungen sie, die Eltern, schicksalhaft modellierten, später ihrerseits ihre Kinder prägen werden und so weiter. In dieser mehrere Generationen umfassenden Perspektive kann man sogenannte »Parentifikationen« als Übertragungen in Familien oder als über Generationen sich erstreckende Übertragungen ansehen: Die Eltern »übertragen« auf ihre Kinder jene Erwartungen, unerfüllten Sehnsüchte, Rachewünsche und so weiter, die aus ihrer eigenen Kind-Eltern-Interaktionen herstammen.

Diese beiden zentralen Tatsachen – daß die Mitglieder einer Familie schicksalhaft miteinander verbunden sind und daß in ihrem Kreis die Übertragungen entstehen – erklären die Bedeutung eines Phänomens, das für Therapie und Praxis der Familientherapie ausschlaggebend ist und unsere Begriffsbildung der Übertragungs- und Gegenübertragungsprozesse in den Familien bestimmt: die bereits dargestellten Familien-Mythen (vgl. neuntes Kapitel).

Hier müssen wir uns daran erinnern, daß die Familienmythen in erster Linie eine gemeinsame Formel zu liefern haben, die der Verstrickung der Familienmitglieder miteinander und den Rechten und Pflichten, die jeder dem anderen gegenüber hat, einen Sinn gibt. So dienen die Mythen dem Orientierungsbedürfnis – sie liefern ein mehr oder weniger zusammenhängendes Bild dessen, »worauf die Familie aus ist« –, den Bedürfnissen der mitmenschlichen Beziehung – sie verankern die Familienmitglieder in gegenseitigen Bindungen – sowie den Bedürfnissen der zwischenmenschlichen Gerechtigkeit – sie weisen bestimmten Familienmitgliedern Schuld und Sühne zu. Sie liefern also kognitiven, zwischenmenschlichen und ethischen Sinn und sind daher affektiv besetzt. Das galt etwa für jenen beschriebenen Familienmythos, der um die »Schlechtigkeit« eines »desertierten« Vaters kreiste, der Trinker war und dem Mythos zufolge sein treues Weib und seine lieben Kinder böswillig verlassen hatte, weswegen alle anwesenden Familienmitglieder einstimmig der Meinung gewesen waren, daß er gemieden und streng bestraft werden müsse. Hier wurde durch den Mythos versucht, in das Leben dieser Familie, ihre Geschichte und Nöte einen Sinn hineinzubringen, indem die Schuld auf ein Mitglied – den Vater – gehäuft wurde, während alle anderen schuldlos blieben.

Konzentriert man sich nun auf die spezifische Übertragungs- und Gegenübertragungsdynamik in Familien, entdeckt man, daß solche Mythen eine charakteristische Wirkung ausüben: Erstens entstellen sie diese Dynamik und verhüllen sie zugleich, und zwar sowohl für die Familienmitglieder als auch für Außenstehende. Im obigen Fall zum Beispiel verbarg der Mythos fast gänzlich das Wesen jener prägenden, ursprünglichen Familienbeziehungen, die später bei den einzelnen Mitgliedern zu zwanghaften, sich wiederholenden Übertragungsschemata führten. Denn während der Mythos die Aufmerksamkeit aller auf das Im-Stich-gelassen-Werden durch den Vater lenkte, blieb die zudringliche, ständig kontrollierende Beziehung der Mutter zur Tochter – die später der Brennpunkt der Familientherapie wurde – gänzlich unerkannt. Zugleich entwarf der Mythos ein entstelltes Bild der Verhältnisse der einzelnen Mitglieder zueinander: Der abwesende Vater war der Sündenbock, alle anderen waren weiß wie Lämmer.

Damit nun dieser Mythos auch Außenstehenden »verkauft werden konnte, zum Beispiel auch dem Familientherapeuten, verlockte er zu einer typischen Gegenübertragungsreaktion: nämlich dem Beispiel der Familienmitglieder zu folgen und den Vater ebenfalls zu verdammen, die anderen aber zu bedauern und zu entschuldigen. Wäre im Falle der Familientherapie diese Gegenübertragung eingetreten, so wäre sie nicht eine Reaktion auf die Übertragung gewesen – und zwar weder der einzelnen Mitglieder noch der gesamten Familie –, sondern vielmehr eine unbewußte – und daher nicht reflektierbare – Reaktion auf das gemeinsam verfaßte, die Wahrheit entstellende Textbuch des Familiendramas. Wenn die Familientherapie sich in dieser Schlinge gefangen hätte, wäre sie gescheitert, und zwar wegen der »blinden Flecken«, das heißt des Mangels an Scharfsicht und Objektivität des Therapeuten.

In Familien entwickeln sich die Übertragungen nicht schnell. Sie sind Beziehungsschemata, die mit dem Familiensystem verknotet und in die entstellende Zwangsjacke der Familienmythen gepreßt zu sein scheinen, so daß sie nur schwer losgelöst und als Übertragungen erfahren und erkannt werden können. Dies steht im Gegensatz zu den leicht zu mobilisierenden Übertragungen, die so oft bei neurotischen Patienten auftreten, die von Ferenczi (1909) und anderen beschrieben wurden und die auch bei den weiter oben beschriebenen ad-hoc-Gruppen auftreten. Infolgedessen muß auch der Begriff der »Gegenübertragung« in der Familientherapie eine andere Bedeutung annehmen.

Gegenübertragung als Abweichung von der »innerlich beteiligten Unparteilichkeit«

Um diese neue Bedeutung zu erfassen, müssen wir uns erinnern, daß die Hauptaufgabe des Familientherapeuten nicht darin besteht, sich vor unangemessener Reaktion auf die Übertragung der einzelnen Familienmitglieder zu hüten, sondern sein Augenmerk auf diejenigen ihrer Abwehrmaßnahmen – vor allem die Mythen – zu richten, die die tieferen, prägenden und Übertragung erzeugenden Beziehungen der Familie untereinander verbergen und entstellen, und zwar voreinander wie vor dem Therapeuten.

Das setzt voraus, daß der Familientherapeut sich in das Familienmilieu hineinbegibt – jedoch nicht gewaltsam. Er muß versuchen, das Vertrauen aller Familienmitglieder zu gewinnen, muß auf jedes einzelne eingehen und es empathisch verstehen und dabei doch allen gerecht werden. Dies bedeutet nicht, daß er nun zwanghaft abwägen muß, ob er auch allen gleich viel Aufmerksamkeit widmet, sondern daß er letztlich allen Familienmitgliedern das Gefühl gibt, sie würden verstanden und geschätzt. I. Boszormenyi-Nagy (1972) sprach hier von einer »multidirectional partiality« des Familientherapeuten – einer Parteilichkeit, die den einzelnen Mitgliedern zugewandt ist, jedoch in alle Richtungen geht. Ich selber möchte lieber von einer »innerlich beteiligten Unparteilichkeit« sprechen und damit die grundsätzliche Fairneß des Therapeuten betonen, die er auch bei zunehmender innerer Beteiligung an den einzelnen Mitgliedern aufrechterhält. Er versucht, das Vertrauen aller Familienmitglieder zu gewinnen, erforscht und durchstößt dabei aber zugleich den Familienmythos. Dies gestattet ihm und der Familie, die Familiendynamik neu zu beurteilen und die Rechte, Pflichten und Verantwortlichkeiten jedes Mitgliedes um so gerechter zu bewerten. In diesem Prozeß muß der Familientherapeut aktiv sein, wie Wynne (1965), Boszormenyi-Nagy und Spark (1973) und andere betont haben; aber seine Aktivität ist weniger eine Frage seines Stils – schweigende Therapeuten können manchmal aktiver wirken als gesprächige – als seiner Anteilnahme und dynamischen Beteiligung. Bei aller Aktivität muß er sich jedoch immer von dem leiten lassen, was die Familie ihm als ihr Problem vorlegt, das heißt, er muß der Familie nicht voraus sein; seine Interventionen oder Deutungen dürfen nicht davon geleitet sein, was *er* für das Familienproblem hält, sondern was *ihm* als Problem angeboten wird.

In dem Maße, wie sich Vertrauen entwickelt, können die Übertragungen innerhalb der Familie gelockert werden, und höchstwahrscheinlich ist es nun der Therapeut, auf den sie sich verlagern. Sobald dies geschieht, ist es eher möglich, die klassischen Anschauungen und Formulierungen über die Entwicklung der Übertragungs- und Gegenübertragungsreaktionen anzuwenden. Wir beobachten etwa, wie die Eltern mehr und mehr so mit dem Therapeuten in Beziehung treten, wie ihre Beziehung zu den eigenen Eltern war, und wie die Kinder ihm gegenüber das Beziehungsschema verwenden, das aus *ihrer* Elternbeziehung stammt. Indem der Therapeut zunehmend zum Ziel der individuellen Übertragungen wird, versucht er, jedem Mitglied eine korrektive emotionale Erfahrung zu verschaffen, auch wenn es ihm oft nicht möglich ist, mit den von ihm ausgelösten Übertragungsreaktionen erschöpfend umzugehen. Zugleich wird es oft schwieriger, aber auch wichtiger, seine Gesamteinstellung »beteiligter Unparteilichkeit« aufrechtzuerhalten. Boszormenyi-Nagy (1972) beschreibt, wie der Therapeut oft von Eltern »parentifiziert« wird, die bis dahin ihre Kinder zu »parentifizieren«, das heißt wie Eltern zu behandeln pflegten. Indem er sich an ihrer Stelle »parentifizieren« läßt – das heißt sich also als Objekt für ihre Sehnsüchte, Wiedergutmachungsbedürfnisse, Vergeltungsimpulse und so weiter hergibt, die ihren Ursprung im Verhältnis zu den Eltern der Eltern hatten, aber auf die heranwachsenden Kinder übertragen worden waren –, hat er für diese letzteren oft einen ins Auge springenden unmittelbaren »Befreiungseffekt«: Sie hören auf, so schwierige, problematische Jugendliche zu sein, können leichter und konstruktiver mit Gleichaltrigen verkehren, und die Familiensitzungen werden nutzbringender, gedankenreicher und kommunikativer.

Dementsprechend definiere ich Gegenübertragung in der Familientherapie als eine Abweichung von der therapeutischen Haltung »beteiligter Unparteilichkeit«, wie sie oben beschrieben wurde.

Entwicklungsphasen der Familienübertragung und -gegenübertragung

Eine solche Abweichung reflektiert immer eine Stufe des therapeutischen Prozesses und bezieht ihre spezifische Bedeutung hauptsächlich daraus, daß sie in zwei Phasen auftritt: In der ersten Phase durchdringt der Therapeut mit Hilfe des sich entwickelnden Vertrauensverhältnisses die Zwangsjacke des Familienmythos, erschüttert dadurch die Familienhomöostase und lockert die – in der Hauptsache von den Eltern abgeleiteten und parentifizierenden – Übertragungen. In der zweiten Phase wird er in zunehmendem Maße die Zielscheibe dieser gelockerten Übertragungen, auf welche er nunmehr seinerseits reagiert.

Diese Entwicklung ist natürlich idealtypisch skizziert und tritt nicht regelmäßig ein. Einige Familien – vor allem amorphe und zersplitterte – sind von Anfang an sehr zu Übertragungen geneigt, während andere so eng in sich abgeschlossen erscheinen, daß sie bis zum Schluß gegen jegliche Lockerung der einzelnen Übertragungen Widerstand leisten. Gewöhnlich lassen sich jedoch diese beiden Phasen deutlich beobachten.

Während jeder der Phasen kann die Gegenübertragung des Therapeuten eine Reaktion auf die belastenden Behandlungsschwierigkeiten sein und dann als Informationsquelle über die einzelnen Mitglieder oder die Familie als einem Ganzen dienen; oder aber sie reflektiert gewisse Abwehrmechanismen, Persönlichkeitszüge, Wachstumslücken oder »blinde Flecken« beim Therapeuten, die sich in seiner therapeutischen Aufgabe störend bemerkbar machen und dann der Korrektur bedürfen.

»Überaktive« oder »passive« Therapeuten hätten in den beiden genannten Phasen vermutlich unterschiedliche Gegenübertragungsprobleme. Vielleicht würde der überaktive Therapeut sich in der ersten Phase manipulierend und interventionistisch verhalten und die Familie »aufrütteln« wollen, aber kein Vertrauen erwecken, während der passive, oft psychoanalytisch ausgebildete Therapeut seine Chance, sich dynamisch in die Familie einzuschalten, versäumen könnte.

Auch in der zweiten Phase können der überaktive und der übermäßig passive Therapeut auf verschiedene Weise bei der Aufgabe, die gelockerte Übertragung der Familienmitglieder auf sich zu lenken, versagen; der überaktive, indem er nur billigen Trost und Rat austeilt, der passive, indem er distanziert und unerreichbar bleibt.

Spezifische Gegenübertragungsprobleme bei der Behandlung von
Familien mit heranwachsenden Kindern

Die an und für sich schon schwierige Behandlungssituation kompliziert
sich noch mehr bei der Therapie von Adoleszenten mit ihren spezifischen Stärken, Schwächen und Problemen. Am wichtigsten ist in diesem Zusammenhang der zentripetale Bewegungsdrang der Jugend: die
Tendenz, aus dem Familienbereich auszubrechen und dadurch das Fa-
miliengleichgewicht zu stören. Dies bedeutet unter anderem vielschichtige Auftrags- und Loyalitätskonflikte, wie ich sie an anderer Stelle (1972
und mit Ravenscroft 1972) beschrieben habe. Die Loyalitätskonflikte
sind besonders geeignet, bestimmte Gegenübertragungsreaktionen des
Familientherapeuten hervorzurufen, da sie ihn verlocken, sich von seiner Haltung »beteiligter Unparteilichkeit« zu entfernen: Er ergreift Partei, zum Beispiel mit den Eltern gegen das Kind oder mit dem Kind gegen
die Eltern oder mit der einen Generation gegen die andere, und vertieft
dadurch die Loyalitätskonflikte der Familienmitglieder.
    Zur Beleuchtung sei eine solche Gegenübertragung näher betrachtet;
sie zeigt sich hier in der ungerechtfertigten Parteiergreifung des Therapeuten.

Der Therapeut ergreift die Partei des »kranken«, zum Opferlamm
gemachten Jugendlichen

Eine solche Parteinahme erscheint oft unwiderstehlich, wenn der Familientherapeut erkennt, wie gewisse Eltern ihre eigene »Krankheit« und
Störung mittels projektiver Identifikation auf ihre heranwachsenden
Kinder »abladen«. Damit stempeln diese Eltern den Jugendlichen, auch
in seinem eigenen Selbstverständnis, als krank, depressiv, angsterfüllt
und so weiter ab, während sie sich selbst für gesund und vernünftig erklären. Ich habe diesen Vorgang als Delegierung im Dienst der Selbstbeobachtung und des Selbstbewußtseins der Eltern geschildert (Stierlin
und Ravenscroft, 1972). Wenn eine solche Familie den Psychiater auf-
sucht, kommt es gewöhnlich zu einer Kraftprobe. Vom Adoleszenten
wird an diesem Scheideweg der Familiengeschichte erwartet, daß er den
lebenden Beweis erbringt, daß er das kranke Familienmitglied ist, indem er in seinen Patientenstatus oder sogar seine Hospitalisierung ein-
willigt. Besonders bestimmte Mütter schizophrener Patienten, wie sie
von L. Hill (1955), T. Lidz u. a. (1965) und anderen beschrieben worden sind, haben sich einen Ruf als furchtbare Zerstörer ihrer adoleszenten Kinder erworben; es sind die sogenannten »schizophrenogenen
Mütter« – ein sehr affektgeladener, problematischer Begriff –, die auf
ihr hilfloses Kind ihre eigenen Ängste, Depressionen, ihre Verwirrtheit
oder Bosheit abladen.

Statt offen oder verdeckt für das Opfer gegen die Eltern Stellung zu nehmen, was nach der obigen operationalen Definition eine Gegenübertragungsreaktion darstellen würde, muß der Therapeut jetzt seine beteiligte Unparteilichkeit so wahren, daß er auch dem quälerischen Elternteil gerecht wird. Dazu braucht er sich nur die enorme Macht vorzustellen, die das willige »Opfer« oft über die Eltern ausübt. Ich wies bereits darauf hin, daß das willige Opfer sich hier in einer strategischen Position befindet, in welcher es am längeren Hebelarm des Schuldgefühls sitzt und sich seinen Eltern als lebenden Beweis ihres elterlichen Versagens darstellt. Wenn der Therapeut sich nun bewußt oder unbewußt mit dem Opfer verbündet, erhöht er ihr Schuldgefühl nur noch weiter. Denn jetzt wirft er noch seine medizinische Autorität in die Waagschale der masochistischen Kraftprobe des Patienten. Gewöhnlich sind der Vater oder die Mutter dann nur imstande, dieses vermehrte Schuldgefühl durch eine noch strengere strafende Haltung gegenüber dem Adoleszenten zu entladen, wodurch dieser, wenn seine eigene unbewußte Schuld sich vermehrt, dazu getrieben wird, sich noch mehr zum Opferlamm seiner Eltern herzugeben, indem er ihren bösen Erwartungen entspricht. Damit manövriert er sich und sie in eine Sackgasse und gerät in eine »Spirale negativer Gegenseitigkeit« (Stierlin, 1969; Stierlin, Levi und Savard 1971).

Diese Parteinahme für das jugendliche Opfer kann von einer unerkannten, nicht durchgearbeiteten Trennungsproblematik des Therapeuten selbst herstammen. Vielleicht hat er das Bedürfnis, den Eltern des Patienten unter die Nase zu reiben, was seine eigenen Eltern ihm angetan hatten. Oder aber er sonnt sich in der Rolle des Retters des armen Opfers und in gerechter – aber unangebrachter – Entrüstung über dessen Verfolger. Eine solche Mischung von Rettungsdrang und »gerechter Entrüstung« mag für eine Weile die therapeutische Arbeit »beleben«, ist aber letzten Endes ihr Verderb.

Der Therapeut ergreift die Partei des »rebellierenden« Jugendlichen

Von außen gesehen, mag der rebellierende Jugendliche, indem er seine Eltern mit Vierbuchstabenausdrücken beschimpft, ihnen nicht gehorcht, nachts spät heimkommt, sich wie ein Landstreicher kleidet und benimmt und so weiter, um seine Unabhängigkeit kämpfen und dabei den Therapeuten zu Hilfe rufen. Darunter aber steckt gewöhnlich ein unreifes Abhängigkeitsverhältnis, das den – kontroversen und ambivalenten – Erwartungen der Eltern entspricht. Nicht selten agiert der Jugendliche – wieder mittels projektiver Identifikation – die verleugneten rebellischen Impulse der Eltern und ist damit ihr getreuer Delegierter (vgl. Johnson und Szurek, 1952; Stierlin, 1972). Aber welche Dynamik auch dahinterstecken mag, der Therapeut ist gewöhnlich übel beraten, wenn er sich zum Fürsprecher dieser Rebellion hergibt. Das wird besonders deutlich, wenn die Rebellion mittels sexueller Promiskuität, gefährlicher Motorradraserei oder Drogenkonsums agiert wird. Der Therapeut, der heimlich mit dem jugendlichen »Rebellen« im Bunde ist, versteht vielleicht mittels Empathie dessen Ausgeliefertsein an einander widersprechende Botschaften und den Verlust jener Strukturen, die seine Identität stützen, aber er ist gewöhnlich außerstande, ihm zu helfen – solange er dieses Bündnis nicht aufgibt und zur innerlich beteiligten Unparteilichkeit zurückkehrt.

Die Dynamik kann hinsichtlich der Motive des Therapeuten variieren, aber gewöhnlich deutet sie auf seine eigenen ungelösten Probleme der Individuation und Trennung in der Adoleszenz hin. Dies scheint insbesondere für einige junge Therapeuten zu gelten, die noch immer in ihrer späten Adoleszenz zu stecken scheinen oder ihr doch noch sehr nahe sind. Durch ihre Kleidung, zum Beispiel leicht ausgefranste Jeans, ihre Hippie-Redeweise und ähnliches dokumentieren sie sichtlich ihre Identifikation mit der protestierenden jüngeren Generation. Und da sie selbst noch keine reifere Beziehung – oder, wenn man so will, Unabhängigkeit – zu ihren eigenen Eltern erreicht haben, rekrutieren sie sich ihre Patienten so, daß sie unwissentlich und stellvertretend ihre eigene »Rebellion« fortsetzen.

Der Therapeut ergreift die Partei der verfolgten Eltern

Eine solche Parteinahme mit den leidenden Eltern unterscheidet sich von der empathischen Teilnahme am Leiden des verfolgten und verfolgenden Opferlamms, die oben beschrieben ist, und stellt ein Gegenübertragungsschema dar. Der Therapeut identifiziert sich dann übermäßig – ohne es zu merken – mit den »armen, wohlmeinenden, ordentlichen« Eltern, die von ihrem »verwöhnten, eigenwilligen« adoleszenten Kind in die Enge getrieben werden. Er teilt unbewußt die von amerikanischen Politikern wie Ronald Reagan und Spiro Agnew ausgesprochenen und ausgebeuteten Gefühle von »Durchhalten« und »Recht und Ordnung« gegenüber der »degenerierten« Jugend. Der Therapeut kann dadurch die Eltern ermutigen, den Adoleszenten drastisch zu bestrafen oder hinauszuwerfen, eine Haltung, die als »Festigkeit« und »Grenzen ziehen« rationalisiert wird. Dabei hilft er aber den Eltern gar nicht, fest zu bleiben, sondern unterstützt nur die ablehnende, feindliche Seite ihrer Ambivalenz, und es kommt zur Katastrophe. Denn je mehr die Eltern ihn ablehnen und bestrafen, desto mehr entfremden sie sich auch ihren Jugendlichen. Sich selbst in Schuldgefühlen verzehrend, schwanken die Eltern dann oft zwischen übermäßiger Strenge und Nachgiebigkeit hin und her. Zugleich sind sie um so verletzlicher für die masochistischen Kraftproben ihres jugendlichen

Opfers. Wiederum ergibt sich eine »negative Gegenseitigkeit«, die den Individuations-Trennungsprozeß zwischen Eltern und Jugendlichem blockiert.

Therapeuten, die unbewußt die Partei der Eltern ergreifen, sind meiner Erfahrung nach meist älter als diejenigen, die sich auf die Seite der Jugendlichen schlagen. Sie haben nicht selten selbst Kinder in derselben Altersgruppe, mit denen sie erfolglos ringen. Bei näherem Zusehen scheinen auch sie mit Problemen belastet zu sein, die auf ihre eigene Adoleszenz zurückgehen. In der Regel scheint diese Zeit für sie schwierig und frustrierend gewesen zu sein. Möglicherweise wurden sie von ihren eigenen Eltern so behandelt, wie sie jetzt ihre Kinder behandeln. Unwillkürlich müssen sie ihre Kinder – und auch ihre adoleszenten Patienten – dafür bestrafen, was ihre eigenen Eltern ihnen antaten.

Unbewußtes, konkurrierendes Funktionieren als Elternersatz

In manchen Fällen drängt der Therapeut sich unbewußt als der bessere Vater oder die bessere Mutter in die Familie des Adoleszenten hinein. Er nimmt dann meist nicht wahr, wie sich das auf die von ihrem Platz verdrängten Eltern auswirkt. Eine kürzlich unternommene Studie einer Gruppe in der Sektion für Familienstudien des Adult Psychiatry Branch im National Institute of Mental Health in Bethesda, Maryland, hat Licht auf dieses Problem geworfen (vgl. Stierlin, Levi und Savard, 1972). In katamnestischen Interviews bei früher behandelten Familien fand man, daß eine Anzahl der Väter während und nach der Familientherapie depressiver und als Väter noch untauglicher waren als vorher. Man erkannte, daß diese Väter schon eine Zeitlang an chronischer, obschon verborgener Depression gelitten hatten, die weitgehend von ihren ungelösten Krisen des Älterwerdens herrührte. Dabei hatten sie sich selbst ununterbrochen einer harten, negativen Selbstkritik unterzogen und sich vorgeworfen, daß sie als Väter, im Beruf und als Geldverdiener, versagt hätten. Gleichzeitig zogen sie sich emotional von ihren heranwachsenden Söhnen zurück. Statt sich mit ihnen liebevoll auseinanderzusetzen, wie es für die Söhne zur Prägung ihrer sich bildenden männlichen Identität nötig gewesen wäre, ließen sie sie in einem Beziehungsvakuum scheitern. Die Söhne wandten sich dann an die Mutter und ihre emotionale Sphäre und wurden dabei oft verwöhnt und infantilisiert. Da das Gegengewicht des Vaters, gegen den sie anrennen und mit dem sie sich hätten identifizieren können, nicht da war, intensivierten sich ihre ödipalen Probleme.

Diese Väter in ihrem erschütterten Selbstwertgefühl mußten sich unwillkürlich zu ihren Ungunsten mit ihren jüngeren, energischeren und leistungsfähigeren männlichen Therapeuten vergleichen. Statt sich mit diesen Therapeuten zu identifizieren und von ihnen etwas für ihre väterliche Rolle zu lernen, erlebten sie sie als weiteren Beweis für ihr eigenes Versagen und ihren Unwert.

Bei der Neubewertung dieses Ergebnisses wurde erkannt, daß die Therapeuten sich hier ebenfalls von der Position der »innerlich beteiligten Unparteilichkeit« entfernt und sich in eine Gegenübertragung eingelassen hatten. Es handelte sich dabei nicht so sehr um die Parteiergreifung für das eine oder für mehrere Familienmitglieder gegen andere, als vielmehr um die ungenügende Bewertung der Seite eines der Mitglieder – in diesem Falle des Vaters. Die betreffenden Therapeuten hatten sich, kurz gesagt, nicht genügend auf die emotionale Dynamik und die Nöte dieser im mittleren Alter stehenden Väter eingestimmt.[2]

Auch hier trifft man bei näherem Zusehen auf wiederauflebende ungelöste »adoleszente« Probleme der betreffenden Therapeuten. Wenn diese Therapeuten der Neigung nachgeben, die Eltern zu ersetzen, lassen sie sich unbewußt auf einen alten Rivalitäts- und/oder ödipalen Kampf ein. In manchmal unreflektierter, sogar autoritärer Weise ergreifen sie die Zügel in der Familie. Aber obwohl es wichtig ist, daß der Therapeut Aktivität entwickelt, ist ein solches Die-Zügel-Ergreifen für die Eltern und für den Fortschritt der Therapie oft ungünstig, weil es nichts anderes bedeutet als eine demütigende ödipale Entthronung der Eltern durch einen jüngeren, erfolgreicheren Rivalen.

Hierzu ein Beispiel aus der Familiengeschichte eines jungen Familientherapeuten: Er war der älteste seiner Geschwister und der Lieblingssohn seiner Mutter und hatte schon früh einen Teil der Vaterrolle übernommen, indem er die jüngeren Geschwister miterzog und den großen Haushalt beaufsichtigte. Auch beruflich war er erfolgreicher als sein Vater, der immer nur sehr schlecht bezahlte Stellungen hatte. So hatte dieser sehr begabte, ehrgeizige Therapeut einen großen ödipalen Triumph über seinen Vater davongetragen. In einigen Punkten zumindest blieb dieser Triumph jedoch nicht groß genug: Der Sohn mußte als Familientherapeut unwillkürlich und zwanghaft mit jedem Vater, mit dem er in Kontakt kam, rivalisieren und ihn ausstechen. Dieses Gegenübertragungsproblem, das auch seine nicht-therapeutischen Beziehungen beeinträchtigte, ließ eine persönliche Psychoanalyse ratsam erscheinen.

Entsprechend dem oben Gesagten besteht bei den Therapeutinnen oft ein zwanghaftes Bedürfnis, besser – das heißt mehr Nahrung spendend, gebend und liebend – zu sein als die wirkliche Mutter ihrer adoleszenten Patienten. Dieser Wetteifer mit der Mutter kann den

---

[2] Hier erhebt sich die Frage, inwieweit ein noch nicht in mittleren Jahren stehender Familientherapeut mit solchen älteren Vätern empathisieren kann. Martin Buber soll bei seinem letzten Aufenthalt in Washington gesagt haben: »Ein Therapeut sollte nicht unter fünfundvierzig Jahre alt sein.« Dies könnte mit noch größerem Recht für Familientherapeuten gelten.

Wunsch verstärken, den zum Opfer gemachten Jugendlichen zu retten, was aus den oben angeführten Gründen zum Scheitern verurteilt ist.

Einige Schlußfolgerungen

Es wurde zu zeigen versucht, daß die Gegenübertragung des Therapeuten bei Familientherapien eine andere Bedeutung hat als in der Einzel- und Gruppentherapie. Vor allem muß der Familientherapeut imstande sein, eine »innerlich beteiligte Unparteilichkeit« zu praktizieren; dementsprechend läßt sich die Gegenübertragung hier im Sinne meiner Arbeitshypothese als Abweichung von dieser therapeutischen Position definieren. Wenn man die Dynamik solcher Abweichungen näher betrachtet, findet man oft, wie auch sonst bei Gegenübertragungsproblemen, daß sich hier Informationsbeschaffungs- und Blockierungsaspekte verschränken. Wo letztere dominieren, muß man auf »Wachstumslücken« und »blinde Flecken« beim Therapeuten gefaßt sein. Es reflektieren sich hier dann Schwierigkeiten, die der Therapeut bei eigenen Wachstums- und Trennungsaufgaben in seiner Familie hatte oder noch hat, was oft auf seine eigene Adoleszenz zurückdatiert.

Freud empfahl für Psychoanalytiker die Lehranalyse als die beste – vielleicht einzige – Methode, die blinden Flecken zu beseitigen. In unserem Zusammenhang wäre demnach eine Lehrfamilientherapie angezeigt. Eine solche Lehrfamilientherapie wird an einigen Orten für die jüngere Generation der Familientherapeuten auch empfohlen, während sie von anderen noch immer als undurchführbar, ja unmöglich bezeichnet wird. Ich glaube, daß eine therapeutische oder Lehranalyse einen gewissen Ersatz für eine solche wünschenswerte Lehrfamilientherapie bilden kann. – Auch eine Einzelpsychoanalyse behandelt die prägenden Familienbeziehungen, obwohl durch die psychoanalytische Übertragung moduliert. – Außer der Einzelanalyse für den Familientherapeuten kann die Ko-Therapie mit und die Kontrolle durch Kollegen helfen, die Wachstumslücken, blinden Flecken und daraus erwachsenden Gegenübertragungsreaktionen zu erkennen. Schließlich ist noch die Erfahrung mit der eigenen Familie – sowohl der elterlichen als auch der selbst gegründeten – zu nennen, die entscheidende Einsichten und Wachstumsmöglichkeiten bieten und unerwünschten Gegenübertragungsprozessen entgegenwirken oder sie sogar verhindern kann.

In der Familientherapie begegnet uns ein neues Paradigma: Nicht ein Einzelpatient, sondern das übergreifende System ist Ort des therapeutischen Eingriffs. Von Anfang an jedoch fiel es Familientherapeuten schwer, eine Systemorientierung mit einer therapeutischen Haltung zu versöhnen, die den einzelnen Angehörigen der Familien gerecht wurde. Es gibt Familientherapeuten, die anderen Therapeuten – besonders Psychoanalytikern – vorwerfen, nicht strikt systemorientiert zu sein und »bloß« Einzeltherapie im Familiensetting zu betreiben; aber auch diese Therapeuten kommen nicht an der Tatsache vorbei, daß sich Familien aus Individuen zusammensetzen, die eigene Wünsche und Bedürfnisse haben, unter den Handlungen der anderen leiden oder daraus Vorteile ziehen, anklagen und angeklagt werden, sich schuldig fühlen oder andere schuldig machen und deren Interessen harmonisieren oder in Konflikt liegen.

Die Familienkonzepte, die ich in den Kapiteln dieses Buches und andernorts vertrete, sind sowohl system- als auch individuumorientiert: Sie erfassen die Familie als ein Ganzes, tragen jedoch auch – vergangenen und gegenwärtigen – Handlungen, Verpflichtungen, Rechten und Bedürfnissen der einzelnen Mitglieder Rechnung. Vom Familientherapeuten verlangen sie eine Haltung der »multi-directional partiality« (I. Boszormenyi-Nagy), das heißt einer nach allen Seiten gerichteten Parteilichkeit beziehungsweise einer innerlich beteiligten Unparteilichkeit (involved impartiality), – wie im vorhergehenden Kapitel beschrieben. In beiden Begriffen teilt sich mit, daß ein Familientherapeut systemorientiert und zugleich allen Angehörigen gegenüber fair und aufmerksam sein muß. Die folgenden Überlegungen zur Therapie spiegeln diese zweifache therapeutische Orientierung wider.

Auf Lösung zielende Therapie: »Unbinding«

Das im zehnten Kapitel beschriebene Interaktionsmodell impliziert verschiedene therapeutische Ansätze, je nachdem ob wir es überwiegend mit bindenden, delegierenden oder ausstoßenden Familien zu tun haben. Die folgende Darlegung betrifft in erster Linie bindende und delegierende Familien. Bis heute waren es vor allem diese Familien, an denen sich therapeutische Erfahrungen gewinnen ließen. Denn in der Regel ist es leichter, massiv gebundene und verklammerte Familien zu behandeln und zu studieren, als Familien, die ihren Zusammenhalt verloren haben.

Für die Behandlung gebundener Familien gilt allgemein, daß wir deren übermäßig starke Bande aufzulockern beziehungsweise zu verdünnen und dadurch deren Individuation, Differenzierung und Autonomiebestrebungen zu fördern suchen. Gleichzeitig versuchen wir, die Rechte und Verpflichtungen, beziehungsweise das »Verdienst- und Schuldkonto« aller Familienangehörigen zur Diskussion zu stellen.

Im Englischen spreche ich bei einer derart auf Auflockerung beziehungsweise »Verdünnung« abzielenden Therapie von »unbinding«. Solch »unbinding« schließt Entmystifizierung, überfällige Trauerarbeit, »Ausgleich der Konten« und eine intergenerationelle Versöhnung ein. Betrachten wir nun diese Momente im einzelnen.

Entmystifizierung

Mystifizierung, so sahen wir im zehnten Kapitel, schließt Zuschreibung beziehungsweise Etikettierung (attribution), Invalidierung und Induzierung ein. Dementsprechend bedeutet Entmystifizierung das Unwirksammachen dieser Mechanismen. Um destruktiven Zuschreibungen – etwa von Schwäche oder Nervosität an ein abhängiges Kind – entgegenzuwirken, muß der Therapeut dafür sorgen, daß jeder Angehörige nur für die eigenen Gefühle, Bedürfnisse und Interessen spricht und die anderen für sich selbst sprechen läßt. Eine Mutter beispielsweise, die sagt, »Luise (die jugendliche Tochter) ist immer so depressiv«, »Luise hat Angst vor ihren Freunden«, »Luise haßt ihre Lehrer« und so weiter, muß lernen und zulassen, daß Luise ihre Gefühle, Erfahrungen und Interesse selbst zum Ausdruck bringt und vertritt. Gleichzeitig muß die Mutter lernen, für sich selbst zu sprechen, so daß sie sagen kann: »Ich fühle mich depressiv«, »Ich fürchte, alleingelassen zu werden«, »Ich ärgere mich, wenn Luise ihre dreckigen Blue jeans trägt«, »Ich bin es, die Luise als Puffer zwischen mir und meinem Mann braucht« und so weiter. Vor allem V. Satir (1964) beschrieb, wie Entmystifizierung in der Familientherapie an klare Kommunikation und Eigenverantwortung für Gefühle, Wünsche und Ansichten gebunden ist.

Um einer Invalidierung entgegenzuwirken, muß der Therapeut versuchen, die von einem Elternteil oder Arzt – den Besitzern der »stärkeren Realität« invalidierten Aussagen eines Kindes oder Patienten zu validieren. Anstatt etwa bei dem – im zehnten Kapitel erwähnten – ersten schizophrenen Patienten Dr. Morells den Vaterhaß als Symptom seiner Geisteskrankheit zu etikettieren, hätte Dr. Morell diesen Haß als Haß definieren und anerkennen müssen.

Um einer Induzierung entgegenzuarbeiten, muß der Therapeut vor allem den Beitrag des willigen, sich als Rezipient für die verleugneten elterlichen Attribute zur Verfügung stellenden Opferlammes analysieren. Wie ich bereits im zehnten Kapitel andeutete, versucht der Therapeut dadurch, die Macht dieses Opferlammes über seine Eltern zu brechen, eine Macht, die darauf beruht, daß es mit der eigenen »Verrücktheit«, »Schwäche«, »Delinquenz« und so weiter den lebenden Beweis für die Schlechtigkeit und das Versagen der Eltern zu liefern vermag. Eine innerlich beteiligte Unparteilichkeit verlangt hier vom Therapeuten Empathie nicht nur für das gebundene und delegierte Opfer, sondern auch für seine bindenden und delegierenden elterlichen Ausbeuter.

Überfällige Trauerarbeit

Entmystifizierung reicht in der Regel nicht aus, um eine enge Familienverklammerung zu lockern. Vielmehr muß nun das notwendige Unbinding einen überfälligen Trauerprozeß einschließen. Seit Freuds bahnbrechender Arbeit über ›Trauer und Melancholie‹ (1917) wissen wir, daß Verluste aller Art – zum Beispiel von geliebten Menschen, von Ambitionen oder Idealen, von Fertigkeiten oder positiven Körpermerkmalen wie Gesundheit oder Schönheit – betrauert werden müssen, soll eine seelische Reifung und psychologische Trennung – von der verlorenen Person beziehungsweise vom verlorenen Objekt – erfolgen. Man kann jedoch Verluste verleugnen und den Trauerprozeß verhindern, indem man etwa überaktiv wird, somatische Symptome entwickelt oder sich in einer pathologischen Depression festbeißt. Dann sprechen wir von einer »Blockierung« oder »pathologischen Entgleisung« des Trauerprozesses. Sie zeigt sich uns typischerweise in Familien, deren Angehörige emotional eng miteinander verklammert sind. Denn diese Verklammerung oder »intersubjektive Fusion« (I. Boszormenyi-Nagy, 1965) verhindert alle jene Trennungsschritte, die den Angehörigen erlauben würden, Verluste wirklich zu erleben und damit auch zu betrauern. Es stellt sich dem Therapeuten daher die Aufgabe, innerhalb der Familie den überfälligen und blockierten Trauerprozeß in Gang zu bringen. Vor allem N. Paul (1965) beschrieb, was dies impliziert. Er sprach von einem »operant mourning«, einem befreienden Trauern, dessen Dynamik er mit Hilfe von Audio- und Videobändern demonstrierte. Seine Bänder zeigen uns Familien, die nach Jahren der Verleugnung und emotionellen Stagnation eine schmerzhafte, aber befreiende Trauer zu erleben vermögen. Nach dem Trauererlebnis finden wir wärmere, entschiedenere und artikuliertere Beziehungen, als dies vorher möglich schien: Die Trauerarbeit erlaubte den Angehörigen, sich voneinander abzugrenzen und autonomer zu werden.

Es liegt jedoch im Wesen des Bindungs- und Beauftragungsmodus, dem obigen, überfälligen Trauerprozeß entgegenzuarbeiten. Denn Eltern, die ihre Kinder massiv binden und delegieren, sabotieren bei sich auch jene Trauerarbeit, die sie bereits bei der Ablösung von den eigenen Eltern hätten leisten sollen. Ein Vater beispielsweise, der es lediglich zu einem unteren und ihn frustrierenden Beamtenposten geschafft hatte, hatte seinen Sohn delegiert, jener berühmte Wissenschaftler zu werden, der er selbst zu werden sich erträumt hatte. Der Sohn hatte sich jedoch dieser Delegation nicht gewachsen gezeigt. Vielmehr hatte er sich schließlich gezwungen gesehen, verzweifelt und erschöpft die Schule zu verlassen. Aber selbst sein Schulversagen erlaubte es nun dem Vater, den eigenen, überfälligen Trauerprozeß hinauszuschieben. Denn während der Vater sich tagein, tagaus innerlich mit seinem versagenden Sohn beschäftigte, verklärte er weiter den eigenen Vater als Ausbund von Menschlichkeit und Bildung. Erst im Laufe der Familientherapie brach das bis dahin niemals angezweifelte idealisierte Image dieses Vaters zusammen. Das geschah, als genauere Explorationen ergaben, daß der angeblich hochgebildete Großvater ein Schulschwänzer und bloß mittelmäßiger Schüler gewesen war. Der Verlust seines idealisierten Vaterbildes verursachte dem Vater tiefe Trauer, die sich tagelang in seinem gramverzerrten Gesicht widerspiegelte. Aber noch während er diesen Gram erlebte, änderte sich seine Beziehung zum Sohn. Er zeigte ihm gegenüber mehr Wärme und Einfühlung und erkannte, wie er ihn, um sich selbst das Bild eines guten, idealisierten Vaters erhalten zu können, als Delegierten ausgebeutet hatte. Erst nach Durcharbeitung seines Verlustes vermochte er den Sohn in eigenem Recht zu verstehen. Und der Sohn, der nunmehr weniger als Delegierter des Vaters zu dienen hatte und sich mehr als Persönlichkeit mit eigenen Bedürfnissen und Interessen angenommen wußte, vermochte sich seinerseits verständnisvoller in das Schicksal des Vaters einzufühlen. Die Lockerung der Familienbindung öffnete daher den Weg für eine positive, befreiende und mehrere Generationen einschließende Beziehung.

Ausgleich der Verdienst- und Schuldkonten

Im obigen Beispiel konnten sich Trauerprozeß und positive Gegenseitigkeit erst in Gang setzen, als einige »alte Rechnungen« beglichen worden waren. Ursprünglich hatte der Vater den Sohn zur Begleichung von Rechnungen rekrutiert, die ihm selbst infolge des Versagens des eigenen Vaters unerledigt zugefallen waren. Denn dieser Vater – der Großvater des Patienten – hatte ihm ein Vatermodell vorenthalten, das sein Sohn hätte achten, lieben und ohne verzerrende Idealisierung nachahmen können. Er parentifizierte und delegierte daher den Sohn, um mit den aus der eigenen Vaterbeziehung resultierenden Problemen fertigzuwerden.

Dem Familientherapeuten stellt sich somit die Aufgabe, das System der über Generationen hin etablierten und deplacierten Schuld- und Verdienstkonten zu berichtigen. Ivan Boszormenyi-Nagy, der diese Perspektive (1973) eröffnete, sprach dabei von einem »ledger of merits«, einer mehrere Generationen einschließenden Buchführung, die unsichtbar registriert, was die Angehörigen einander angetan haben oder schulden. Obschon diese Buchführung unterschiedliche Auslegungen zuläßt, bestimmt sie schicksalhaft die Familienbeziehung. Eine erwachsene Tochter konnte beispielsweise niemals den »Verrat« ihrer Mutter vergessen; die Mutter hatte einmal ihr heimliches Einverständnis mit der illegitimen Schwangerschaft der Tochter verleugnet und daher letztere der eisigen Zurückweisung durch den Vater preisgegeben. Obgleich die Tochter diesen Verrat niemals erwähnte, bestimmte er schicksalhaft ihr weiteres Verhältnis zur Mutter.

Dieselben unsichtbaren Loyalitäten jedoch, die Moment der obigen Familienbuchführung sind, können sie auch komplizieren oder durcheinanderbringen. Ein herangewachsenes, aber an seine Eltern weiter loyalitätsgebundenes Kind kann etwa die Begleichung seines Schuldkontos mit den Eltern vermeiden, indem es den Ehepartner als Eltern-Stellvertreter benutzt. Anstatt die Eltern zu beschuldigen und infragezustellen, attackiert es den Ehepartner. Dadurch aber verfälschen sich die Konten noch mehr und ihre Begleichung wird noch schwieriger. Häufig zieht jedoch, wie das vorgehende Beispiel zeigte, ein Elternteil nicht seinen Ehepartner, sondern sein Kind zur Begleichung von unerledigten, ihm von den Eltern überlassenen Rechnungen heran. Daher muß der Familientherapeut, um beim »Kontenausgleich« helfen zu können, in der Regel mehrere Generationen berücksichtigen.

Versöhnung

Wenn der »Kontenausgleich« mehrere Generationen einschließt, stellt sich die Frage, ob diese Generationen an der Familientherapie teilnehmen sollen. Meine Antwort lautet: »Ja – falls dies möglich ist«. Selbstverständlich stellen sich der Heranziehung betagter Eltern oft praktische Hindernisse in den Weg. Diese Eltern können zu weit weg wohnen oder zu schwach beziehungsweise verhärtet erscheinen, um einer emotional belasteten Begegnung mit ihren Kindern und Enkeln gewachsen zu sein. Vor allem meine Kontakte mit Ivan Boszormenyi-Nagy veranlaßten mich, in die Therapie nicht selten drei Generationen einzubeziehen, wie dies erstmals von Mendell und Fischer (1958) angeregt wurde. Denn im Gegensatz zu dem, was uns das Mitgefühl mit den älteren Angehörigen anzuraten scheint, sind meiner Erfahrung nach erwachsene Eltern oft dankbar, wenn sie angesichts ihres herannahenden

Todes die Konten begleichen oder zumindest diskutieren und dadurch ihre den Kindern gegenüber empfundene Schuld und Entfremdung mildern können.

Oft jedoch leben die Eltern der Eltern nicht mehr oder sind aus realen Gründen außerstande, an Familiensitzungen teilzunehmen. In diesem Fall müssen sie in den Erinnerungen der Anwesenden lebendig werden – nicht als Zielscheiben für Haß und Beschuldigung, sondern als Menschen, deren Versagen oder destruktives Verhalten Verständnis und, wenn möglich, Vergebung verlangen.

Das Binden der Bindungslosen

Im vorhergehenden definierte ich die Familientherapie als ein Lockern (unbinding) zu starker und statischer Verklammerungen. Jedoch haben nicht nur bindende und delegierende Familien ernste Probleme, für die Therapie angezeigt ist. Auch bei vorwiegend vernachlässigenden und ausstoßenden Familien – die hier nicht näher behandelt wurden – begegnen uns Probleme, die dringend anzugehen wären, einer Therapie jedoch meist noch schwerer zugänglich sind als die von massiv bindenden und delegierenden Familien. Hier finden wir die »wayward« Individuen, die, wie die im zehnten Kapitel beschriebenen Ik, keine Loyalitätsbindung, keine Scham und Schuld zu kennen scheinen und daher andere unbekümmert zu manipulieren und auszunutzen vermögen.

Wie aber sind diese bindungslosen Kinder und Eltern zu behandeln? Grundsätzlich stellt sich hier nicht das Auflockern (unbinding) einer bestehenden, sondern das Schaffen einer noch nicht bestehenden Bindung als die zentrale Aufgabe. Diesen Menschen ist verspätet ein Gefühl der eigenen Wichtigkeit und des Geliebtseins zu vermitteln, das sie schon früh von ihren Eltern hätten erleben sollen. Aber zweifellos impliziert solch »primäres Binden« – das Erwecken von Liebe und Sorge bei Menschen, die diese niemals erfahren haben – eine noch schwerere therapeutische Aufgabe, als sie im Unbinding gegeben ist.

Ausschnitte aus einer Familientherapie bei Vorherrschen des Bindungs- und Beauftragungsmodus

In der Familie Sutton, an der ich nun einige der obigen Konzepte und Perspektiven illustrieren möchte, herrschten bindende und delegierende Transaktionen vor. Daher mußte hier die Familientherapie darauf abzielen, Bindungen zu lockern, Autonomiebestrebungen zu fördern und eine positive Gegenseitigkeit in Gang zu setzen. Im einzelnen setzte sich die Familie aus Herrn und Frau Sutton, beide Mittvierziger, und ihren Söhnen Denis und Walter, vierundzwanzig und zwanzig Jahre alt, zusammen.

Mein Kontakt mit den Suttons begann, als mich Frau Sutton eines Abends anrief, um mir mitzuteilen, ein mir bekannter Psychiater habe sie an mich verwiesen. Dieser Psychiater hatte ihren ältesten Sohn Denis etwa ein Jahr lang in einem nahegelegenen psychiatrischen Spital betreut. Jetzt stehe Denis vor seiner Entlassung und der Psychiater hatte eine Paar- oder Familientherapie angeraten. Daher frage sie, ob sie mich zusammen mit ihrem Mann sehen könne. Ich lud sie daraufhin zu einem wenige Tage später stattfindenden gemeinsamen Interview ein.

Frau Sutton präsentierte sich als eine schwarzhaarige Schönheit mit lebendigen, ausdrucksvollen Zügen. Der Pullover, den sie trug, war mindestens eine Nummer zu eng. Ihr Mann, Vizepräsident einer kleinen Bank, gab sich freundlich extrovertiert, war aber unterschwellig ängstlich und depressiv. Auf meine Aufforderung, ihre Probleme und die Familiensituation darzulegen, begannen die Ehegatten sogleich einen lautstarken Streit. Dabei merkte ich bald, daß ich einer Szene beiwohnte, die sich mit nur unwesentlichen Variationen zahllose Male zwischen den beiden abgespielt haben mußte. Herr Sutton beschuldigte seine Frau, Denis ungehemmt zu verwöhnen. Beispielsweise habe sie ihm das letzte Wochenende, als er Urlaub vom Spital hatte, eine teure Stereoanlage geschenkt. Und während sie Denis mit Geschenken überschütte, so beschwerte er sich weiter, vernachlässige sie ihren rechtmäßigen Ehemann. Das sei typisch für sie. Ihrerseits nannte Frau Sutton ihren Mann ein abhängiges, unersättlich liebeshungriges Kind. Sie sagte, er kenne keine Freunde, nur Geschäftspartner, und sie sei daher der einzige Mensch, bei dem er sich emotional aufladen könne. Durch seine gierige, eifersüchtige Klebrigkeit, fügte sie hinzu, habe ihr Mann ihre Beziehung zu Denis vergiftet und sie selbst einem Nervenzusammenbruch nahe gebracht.

Dieser – hier stark geraffte – Austausch ließ vermuten, daß Herr und Frau Sutton sich auswegslos in einer sogenannten »pseudofeindlichen Beziehung« (siehe zehntes Kapitel) festgefahren hatten: Während sie emotional verklammert blieben, schienen sie gegenseitig nur wütende, feindselige und sadistische Gefühle zum Ausdruck bringen zu können. Mehrere Versuche des einen oder anderen Partners, der pseudofeindlichen Verklammerung zu entrinnen, waren, wie ich später erfuhr, bereits gescheitert. Beispielsweise hatte Herr Sutton vor einigen Jahren in einem Wutanfall plötzlich seine Koffer gepackt und war in eine Stadt an der amerikanischen Westküste geflogen. Beim Abschied hatte er seiner Frau zugeschrien, dies sei das Ende ihrer Beziehung, da er beruflich einen neuen Anfang machen und sich nach einem neuen Ehepartner umsehen wolle. Nach zehn verzweifelt einsamen Tagen jedoch – die er antriebsgelähmt in Bars und Kinos ohne weibliche Gesellschaft verbrachte – landete er wieder zu Hause, wo die Beziehung zu Frau Sutton, als ob nichts geschehen wäre, sofort wieder in das alte, pseudofeindliche Gleis geriet.

Der Streit der Ehepartner entzündete sich in erster Linie an Denis, und um einen Einblick in die Dynamik dieser Familie zu gewinnen, müssen wir uns zunächst ihm zuwenden.

Denis, ein schlaksiger junger Mann, war schon immer scheu gewesen. Anstatt sich in der Adoleszenz einer Gruppe Gleichaltriger anzuschließen, hatte er es vorgezogen, sich mit seinem Klavier und seinen Schallplatten in seinem Zimmer einzuschließen. Das wiederum vermehrte seine Schwierigkeiten mit den Gleichaltrigen, die ihn mehr und mehr als sensitiv, leicht verletzbar, arrogant und grandios erlebten. Immerhin gelang es ihm, wenigstens ephemere Kontakte mit männlichen Freunden aufrechtzuerhalten, was ihm mit Mädchen nicht gelang. Letztere bewunderte und fürchtete er aus der Ferne als exotische und erregende Wesen, die die Macht hatten, Männer zu demütigen und zu versklaven. Im Laufe der Jahre verliebte er sich nur ein- oder zweimal in Filmstars, deren Bilder er phantasierte, während er unter Scham- und Schuldgefühlen masturbierte. Während Freunde und Freundinnen Randfiguren in seinem Leben blieben, gestaltete sich die Beziehung zur Mutter sehr eng. Seine Kindheit und Adoleszenz hindurch hatte sie in tyrannischer Fürsorglichkeit über ihn gewacht. Wenn er Klavier spielte, war sie sogleich mit Orangensaft und Gebäck zur Stelle, um ihm dann andächtig zu lauschen. Seine Hände haltend, erzählte sie ihm anschließend, welche glanzvolle Karriere sie für ihn erwarte, wenn er als berühmter Pianist mit ihr als Begleiterin von einer Hauptstadt in die andere reisen würde. Denis' Entwicklung in der Spätadoleszenz ließ es jedoch unwahrscheinlich erscheinen, daß sich die mütterlichen Träume realisieren könnten. Denn Denis wurde nun von widersprüchlichen Gefühlen und Impulsen hin- und hergerissen, die ihn immer weniger zum konzentrierten Üben am Klavier kommen ließen. Er schrie etwa seine Mutter unvermittelt an, schlug die Türe zu, schmiß ein Geschenk, das sie ihm eben gegeben hatte, auf den Boden, um jedoch sogleich zurückzukehren und sie heftig zu umarmen. Derartige Ausbrüche steigerten sich, bis er schließlich – das heißt etwa ein Jahr vor meinem Kontakt mit den Suttons – einen Selbstmordversuch unernahm und hospitalisiert werden mußte.

Diesen Hinweisen auf Denis' Entwicklung und Familiengeschichte läßt sich bereits entnehmen, daß Frau Sutton und Denis stark aneinander gebunden waren und sich kaum, wenn überhaupt, als getrennte Individuen mit unterschiedlichen Bedürfnissen, Wünschen und Wahrnehmungen zu erleben vermochten. Nicht selten verhielt sich Frau Sutton zu Denis, als wäre er ihr erwachsener Partner und Vertrauter. Die von sexuellen Unterströmungen durchsetzte Intimität zwischen Mutter und Sohn kontrastierte zu dem farblosen und nahezu erloschenen Geschlechtsleben des Ehepaars. – Während der letzten fünf Jahre war es zwischen ihnen kaum noch zu sexuellen Kontakten gekommen; es sei denn in jenen seltenen Situationen, in denen beide, erschöpft vom Streit und durch ein oder zwei Drinks enthemmt, Sex wie »wilde Tiere« machten. –

Betrachten wir unter diesen Umständen die Wirkungsweise der Interaktionsmodi, so zeigt sich, daß Denis auf allen drei eingangs beschriebenen Ebenen an seine Mutter gebunden war. Er war in dem Maße »es-gebunden«, als ihm seine Mutter ständig regressive Befriedigungen zukommen ließ, unter denen Gebäck, Orangensaft und teure Geschenke noch eine vergleichsweise geringe Rolle spielten. Er war weiter durch ihre Mystifizierung »ich-gebunden«: Indem sie ihm etwa eine extreme Sensitivität und nervöse Verwundbarkeit und Schwäche zuschrieb, förderte sie bei ihm das Selbst-Image eines zartbesaiteten Künstlers und potentiellen Patienten. Zugleich invalidierte sie Denis' wütende, gegen sie gerichteten Ausbrüche, indem sie diese als Zeichen seiner nervösen Empfindlichkeit und schließlich, in Kooperation mit einem Psychiater, als Symptome seiner Geisteskrankheit wertete. Und sie induzierte weiter in Denis eine Bereitschaft, ihr als williger, gebundener, sich aufopfernder Delegierter zu dienen, womit sie ihm jedoch – wie wir sogleich sehen werden – die Macht gab, sie schwersten Schuldgefühlen und Schmerzen auszusetzen. Und schließlich förderte sie bei dem Sohn massive Bindung auf der Loyalitätsebene, die Denis mit schwerster Ausbruchsschuld belastete.

Denis war jedoch nicht nur gebunden, sondern auch delegiert. Er war, um es auf eine Kurzformel zu bringen, ein gebundener Delegierter. Als dem Delegierten seiner Mutter war es ihm bestimmt, ein weltberühmter Pianist zu werden und das unbefriedigte mütterliche Ich-Ideal zu realisieren. Aber während ihn die Mutter dergestalt delegierte, verhinderte sie zugleich die erfolgreiche Durchführung seines Hauptauftrages – der erfordert hätte, daß er sich zeitweilig von ihr trennte, bei guten Lehrern studierte, mit anderen Pianisten konkurrierte und sich in der Welt behauptete; was immer er daher versuchte, stets sabotierten ihre bindenden Manipulationen seine Erfolgschancen.

Kurzum, die Beziehung zwischen Mutter und Sohn hatte sich – nicht weniger als die zwischen Vater und Mutter – festgefahren: Was immer Frau Sutton und Denis unternahmen, um voneinander loszukommen, schien sie enger zu verklammern. Wenn Denis etwa Ansätze machte, sich mit Mädchen zu treffen, stieg mit dem eigenen auch der Angstpegel der Mutter. Er fürchtete Zurückweisung und Demütigung von seiten der Mädchen; sie das Verlassenwerden durch Denis. Daher gewannen zentripetale Beziehungskräfte schnell die Oberhand über zentrifugale, und Denis blieb ans Feld der Mutter gebunden. Aber diese Bindung bedeutete keinen Frieden, im Gegenteil: Denis konnte nicht umhin, die Mutter verdeckt und offen in vielerlei Weise zu quälen – er machte sie vor anderen Menschen herunter, war grob zu ihr oder ärgerte sie, indem er einfach dasaß und nichts tat. Auf diese Weise präsentierte er sich als der lebende Beweis ihres Versagens als Mutter, was *ihre* Verzweiflung und Schuld vermehrte. Sie wiederum versuchte, dieser Verzweiflung und Schuld zu entgehen, indem sie ihn vermehrt anschuldigte, unter Druck setzte, sich ihm aufzwang und ihn noch mehr ausbeutete, also ihr bindendes und delegierendes Verhalten verstärkte. Auf diese Weise intensivierte sich der Teufelskreis der negativen Gegenseitigkeit.

Ansätze zur gegenseitigen Befreiung

Als Therapeut der Suttons sah ich meine Aufgabe darin, der beschriebenen gegenseitigen Mystifizierung und Ausbeutung entgegenzuwirken. Es wäre jedoch kaum sinnvoll gewesen, Frau Sutton zu bitten, Denis weniger zu mystifizieren und auszubeuten. Im Gegenteil hätte eine derartige Bitte – vor allem zu Anfang der Familientherapie – sich wahrscheinlich negativ ausgewirkt. Denn Frau Sutton, die unter der Oberfläche von Schuld und Selbstzweifel gequält war, hätte in mir wahrscheinlich nur den Richter und Ankläger gehört, und alles, was ich ihr hätte sagen können, hätte voraussichtlich ihre Schuld vermehrt. Und da sie gewohnt war, Schuldgefühle wesentlich durch Projektionen abzuwehren, hätte sie auch Denis wohl nur entschiedener – wenn auch möglicherweise verdeckter – beschuldigt, gebunden und delegiert. Daher wendete ich mich zunächst an Denis. Ich deutete ihm an, ich wüßte zwar noch kaum etwas über ihn, vermutete aber, er könnte in seiner Mutter tiefste Angst und Schuld auslösen. Denn in seiner Krankheit beziehungsweise Verrücktheit lieferte er nun den lebenden Beweis ihres mütterlichen Versagens und ihrer mütterlichen Schlechtigkeit. Auf den ersten Blick konnte das scheinen, als nehme ich gegen den ausgebeuteten Denis Partei, in Wirklichkeit, glaube ich, ebnete ich den Weg für ein Arbeitsbündnis auch mit Denis; indem ich ihn wissen ließ, daß ich seiner potentiellen Destruktivität gewahr war, verminderte ich wahrscheinlich die Angst und Schuld, die er ihretwegen empfand. Denn ein Gefühl der eigenen Destruktivität konnte in seiner Einbildung so lange pilzartig wachsen, als es ungenannt und ungeprüft blieb. – Meine Erfahrungen mit schizophrenen Einzelpatienten haben mich gelehrt, daß der Umgang mit deren wirklicher und eingebildeter

Aggression und Destruktivität die wohl schwierigste, aber zugleich wichtigste therapeutische Aufgabe darstellt. – Gleichzeitig arbeitete ich darauf hin, daß Denis sich für die Probleme der Familie zunehmend mitverantwortlich sah. Und indem ich die in seinem masochistischen Verhalten zum Ausdruck gebrachte Macht – über die Mutter – betonte, glaubte ich, bei der letzteren die Notwendigkeit, Denis anklagen, binden und delegieren zu müssen, vermindern zu können. Denn die Folge war nun, daß sie ihr eigenes Verhalten zu Denis kritischer zu betrachten und sich einigen der Schmerzen und Konflikte zu stellen vermochte, die sie bislang durch ihr Binden und Delegieren von Denis abgewehrt hatte. Im Konfrontieren der jeweils eigenen Konflikte und Schmerzen aber sehe ich ein zentrales Moment im Unbinding massiv gebundener Familien. Das fortschreitende Unbinding der Familie hatte die weitere Folge, daß Herr und Frau Sutton als Eltern sicherer und effektiver wurden. Einige Momente dieses Prozesses verdeutlichen sich uns, wenn wir uns noch einmal Frau Sutton zuwenden.

Frau Sutton: offen gebend, verdeckt verlangend

Im Verlaufe der Familientherapie zeigte sich immer klarer, daß Frau Suttons Binden und Delegieren von Denis eine Rolle zum Ausdruck brachte, die sich auch in ihren Beziehungen zu den anderen Familienangehörigen und Außenstehenden mitteilte – die Rolle der offen gebenden und verdeckt verlangenden »starken« Frau.

Ihr ständiges großzügiges Geben war allen sichtbar und entsprach dem Image, das sie von sich selbst hatte. Denn sie überschüttete alle ihr wichtigen Menschen, vor allem aber Denis, mit Geschenken, Aufmerksamkeit und nie endendem Interesse. Auch ihr Mann sah in ihr eine unerschöpfliche Quelle nährender Wärme, emotionalen Reichtums und sexueller Befriedigungen, die er zu umwerben nicht aufhörte.

Zugleich erschien sie stark und allein in der Lage, das havarierte Familienschiff vor dem Untergang zu bewahren, während alle anderen versagten, das heißt sich krank, agitiert oder hilflos abhängig und gelähmt zeigten.

Im weiteren Verlauf der Therapie jedoch zeigte sich ihre Rolle als starke und gebende Frau in einem neuen Licht. Denn es wurde deutlich, daß sie zwar gab, aber Gaben selbst nicht annehmen konnte. Wenn andere ihr etwas geben oder eine Gunst zu erweisen suchten, war sie gezwungen, sie im Geben oder Gunsterweisen zu übertrumpfen. Und sie konnte, das zeigte sich weiter, nur stark sein, indem sie andere schwach und abhängig von sich hielt.

Doch weiter: Hinter der Oberfläche der starken und anscheinend unerschöpflich gebenden verbarg sich eine unaufhörlich verlangende Frau. Und Denis, das Objekt ihrer stärksten Hingabe und ihres großzügigsten Gebens, zeigte sich dabei auch als das Ziel ihres stärksten – obschon verdeckten – Verlangens. Denn sie verlangte von ihm beispielsweise, daß er das emotionale und erotische Vakuum füllte, das die eheliche Beziehung hinterlassen hatte; sie verlangte weiter von ihm, daß er als ihr Delegierter ein berühmter Pianist wurde und dadurch ihr Ich-Ideal verwirklichte. Sie verlangte, daß er in seiner Person die Schwäche und hilflose Abhängigkeit verkörperte, die sie bei sich selbst desavouieren, aber zugleich externalisiert in ihrem Gesichtsfeld behalten mußte; und sie verlangte, daß er – im Gegensatz zu dem, was sein Auftrag als Delegierter verlangt hätte – sich seelisch einengen, binden und versklaven ließ. Indem er sich ihren Wünschen fügte, wurde Denis zum Opferlamm, einem Opferlamm jedoch, das die Macht hatte, seine Mutter grausam zu quälen.

Frau Suttons überfällige Trauer- und Wiedergutmachungsarbeit

Wie hatte sich Frau Sutton zur offen Gebenden, verdeckt Verlangenden entwickeln können? Die Antwort auf diese Frage, die mich wie auch Frau Sutton zunehmend beschäftigte, verwies auf Frau Suttons Mutter. Diese Mutter, die Großmutter Denis', lebte noch, als die Familientherapie begann. In den Familiensitzungen wurde ihr Name immer häufiger genannt, und ich begann zu überlegen, ob und wie sie möglicherweise an der Familientherapie teilnehmen könnte. Aufgrund unvorhersehbarer Ereignisse erübrigten sich jedoch diese Pläne: Eines Abends wurde Frau Suttons Mutter von einem heroinsüchtigen Jugendlichen angefallen und zu Boden geworfen. – Sie lebte in einem Teil der Stadt, der eine hohe Verbrechensrate aufwies, hatte aber energisch alle Vorschläge ihrer Angehörigen zurückgewiesen, in eine sichere Gegend umzuziehen. – Sie erlitt multiple Frakturen, die eine Hospitalisierung auf einer Intensivstation notwendig machten, wo sie einige Wochen später starb. Aber obschon ihre Verletzung und ihr Tod eine Dreigenerationentherapie unmöglich machten, trugen diese Ereignisse zu einer dynamischen Umorientierung Frau Suttons und ihrer Familie bei.

Dazu müssen wir nun wissen, daß Frau Suttons Mutter bis zur Zeit ihres gewaltsamen Todes in fast magischer Weise stark und unverwundbar erschienen war: Niemals hatte sie eine auch nur leichte Krankheit durchgemacht, die die aktive Pflege eines Angehörigen, insbesondere eines Kindes, verlangt hätte. Ebenso wie Frau Sutton hatte auch sie das Image einer mächtigen, unabhängigen Dame entwickelt, die eine zahlreiche Verwandtenschar großzügig beschenkte. Schon in den ersten Familiensitzungen erfuhr ich, daß dieser »ungewöhnlich starke und liebende Mensch« niemals ein Geburtstagsgeschenk zu schicken vergaß und beispielsweise aus tiefer Sorge und Liebe für ihre erwachsenen Kinder auf deren täglichen Telefonanrufen bestand, die von letzteren pflichtschuldig und ohne Versäumnis jahraus, jahrein ausgeführt wurden. Aber wie bei Frau Sutton verbargen sich auch bei ihr hinter der nach außen gezeigten Stärke und Generosität eine verleugnete Abhängigkeit und ungestillte Wünsche. Mit ihrem Geben und ihrer Stärke hatte sie ihre Tochter, Frau Sutton, zu ihrer Schuldnerin gemacht und ihr nie eine Chance gegeben, ihre Schulden zurückzuzahlen. Kurzum, Frau Suttons Mutter hatte zu ihrer Tochter eine nicht weniger stark bindende und delegierende Beziehung unterhalten, als letztere sie zur Zeit der Familientherapie zu Denis unterhielt. Es zeigte sich mir eine intergenerationelle Kette bindenden und delegierenden Verhaltens.

Jedoch trugen nun die obigen dramatischen und tragischen Geschehnisse dazu bei, diese Kette aufzubrechen. Denn diese Geschehnisse brachten es mit sich, daß die Großmutter bettlägrig und hilflos abhängig wurde und damit Frau Sutton eine letzte, unerwartete Chance zur Rückzahlung ihrer Schulden gab. Und Frau Sutton griff diese Chance sofort auf, indem sie vom frühen Morgen bis späten Abend ihrer Mutter in ihren letzten Wochen beizustehen versuchte. Als ihre Mutter schließlich starb, war sie untröstlich, daß sie als Pflegerin nicht hatte effektiver sein können, um so mehr, als die über lange Strecken im Koma liegende und unansprechbare Mutter sie bis zum Ende im Zweifel darüber ließ, wieweit sie ihr wirklich zu helfen vermocht hatte. Dennoch hatten sich zum erstenmal in ihrer Beziehung zur Mutter die Rollen der Gebenden und Empfangenden vertauscht. Mit dem Tode der Mutter betrauerte sie daher nicht nur den Verlust eines nahestehenden Menschen, sondern auch den Verlust weiterer Möglichkeiten zur Rückzahlung ihrer aus der Beziehung zur Mutter erwachsenen Schulden – Schulden, die sie, wie sie jetzt erkannte, faute de mieux an Denis zurückzuzahlen versucht hatte. Denn, während man sie daran gehindert hatte, *ihrer* Mutter zu geben, hatte *sie* Denis übermäßig gegeben und, wie es die eigene Mutter mit ihr selbst getan hatte, diesen dabei gebunden, delegiert und ausgebeutet.

Auch im Verlauf der weiteren Familientherapie blieb eine Mehrgenerationenperspektive zentral. Unter anderem verschob sich hier für Frau Sutton – zumindest zeitweilig – der Beziehungsfokus von Denis weg zur eigenen Mutter hin. Denn während sie letztere betrauerte und ihre Beziehung zu ihr wiederbelebte und überprüfte, »vernachlässigte« sie plötzlich Denis. Auf einmal fand sich letzterer weniger gebunden und damit mehr in die Lage versetzt, eigene Wege zu gehen. Aber das war für ihn keine reine Freude. Denn genauso wie seine Mutter bei der psychologischen Ablösung von ihrer Mutter ihre bisher desavouierte Abhängigkeit und Reifungshemmung konfrontieren mußte, mußte auch er sich nun überfälligen Herausforderungen stellen. Beispielsweise mußte er erkennen, daß er sich bislang zu eilig an die Rockschöße der Mutter geheftet, das Messen mit Gleichaltrigen vermieden, einen lästigen Broterwerb gescheut und heterosexuelle Kontakte ausgespart hatte.

Es war, wie sich jetzt herausstellte, nicht leicht, die Bindung zwischen Mutter und Sohn wirklich zu lockern. Wann immer sich Denis wegen seiner mangelnden Fortschritte in puncto Freundschaft, Mädchenkontakten oder Studium enttäuscht und einsam fühlte, neigte er dazu, seine Mutter durch Signale seiner wiedererwachenden Verrücktheit und Ziellosigkeit zu alarmieren, was bei dieser immer wieder eine bindende, tyrannische Fürsorglichkeit auslöste beziehungsweise verstärkte. Sie wiederum neigte weiter dazu, bei Denis ängstlich nach Zeichen der Schwäche und des Versagens auszuspähen, wann immer sie sich selbst von der Aufgabe, die eigenen, Denis zugewiesenen Gefühle, Bedürfnisse und Probleme auf sich zurückzunehmen, überwältigt fühlte. Hier hatte daher die Familientherapie, wie dies auch für eine individuelle Therapie und Analyse gilt, bereits beackerten Boden immer wieder umzupflügen.

Ausgleich der Konten

Indem Frau Sutton Denis delegierte und zugleich an sich band, benutzte sie den Sohn zur Aufarbeitung von Problemen, die sich von ihren Eltern, insbesondere aber der Mutter, herleiteten. Eine Begleichung oder zumindest Diskussion der Konten verlangte daher, daß auch Frau Suttons Mutter – auf die eine oder andere Weise – zum aktiven Faktor in der Familientherapie wurde. Dies kam schließlich, wie wir sahen, durch tragische und unvorhergesehene Ereignisse zustande, die den Therapieverlauf wesentlich beeinflußten. Denn indem diese Ereignisse bei Frau Sutton einen überfälligen Trauerprozeß auslösten, halfen sie mit, die verfahrene Buchführung dieser Familie ans Licht und möglicherweise in Ordnung zu bringen. In dem Maße aber, in dem die Konten einer Überprüfung und Begleichung zugänglicher gemacht wurden, vermochte auch Frau Sutton stärker jenen Haß und jene Frustration zu fühlen, die sie schon immer unbewußt ihrer ausbeutenden Mutter gegenüber empfunden, jedoch bislang verdrängt hatte; genauso wie seinerseits Denis nun seinen Haß auf die ausbeutende Mutter offener – das heißt nicht bloß in Form eines masochistischen Machtspieles – erleben und austragen konnte.

Versöhnung

Aber für eine wirkliche Ablösung genügt es nicht, Haß und Frustration den bindenden und delegierenden Eltern gegenüber zu fühlen und zum Ausdruck zu bringen. Denn hierbei handelt es sich um bloße Momente der Ablösungsdialektik. Im letzten muß, wenn irgend möglich, eine Versöhnung gelingen, die unter anderem verlangt, daß gebundene und delegierte Kinder – und auch Erwachsene bleiben hier die Kinder ihrer Eltern – ihre Eltern zu verstehen und diesen, aufgrund solchen Verstehens, zu vergeben suchen. Das bedeutete etwa, daß Frau Sutton ihre Bindung und Ausbeutung durch die eigene Mutter im Lichte all dessen zu verstehen hatte, das ihrer Mutter von den eigenen Eltern – die hier nicht erwähnt wurden – widerfahren war, genauso wie nun auch Denis seine psychologische Ausbeutung durch seine Mutter im Lichte dessen, was Frau Sutton von ihrer Mutter angetan worden war, zu verstehen und zu vergeben suchen mußte. Hier bedeutete daher Versöhnung in den Worten Ivan Boszormenyi-Nagys (1973) »ein mehrere Generationen umfassender, rekonstruktiver Dialog«.

Abschließende Bemerkung

Aus Raumgründen mußten viele Aspekte dieser Familienbehandlung unerwähnt bleiben. Beispielsweise unterließ ich es zu beschreiben, wie sich auch in des Vaters Beziehung zur Frau, zu Denis und zum anderen Sohn ein Bindungs- und Beauftragungsmodus zum Ausdruck brachten, die ihrerseits ent-bindende Interventionen nötig machten. Ferner unterließ ich es, auf des Vaters Beziehung zu den eigenen Eltern und insbesondere zur eigenen Mutter einzugehen, die ebenfalls zur Familienverklammerung beitrugen. Immerhin möchte ich erwähnen, daß seine Mutter schließlich doch noch an der Familientherapie teilnahm und damit eine Dreigenerationenbehandlung ermöglichte.

Bibliographie

Ackermann, N. W. (1958): The Psychodynamics of Family Life. New York: Basic Books.

Ackermann, N. W. (1966): Treating the Troubled Family. New York: Basic Books.

Alexander, F. (1963): Fundamentals of Psychoanalysis. New York: Norton.

Argelander, H. (1972): Gruppenprozesse. Wege zur Anwendung der Psychoanalyse in Behandlung, Lehre und Forschung. Reinbek.

Arlow, J. und C. Brenner (1964): Psychoanalytic Concepts and the Structural Theory. New York: Int. University Press.

Aronson, G. (1972): The Influence of theoretical models on practice in treating schizophrenia: Defense and deficit models. Vortrag auf der Winterversammlung der American Psychoanalytic Association am 2. Dezember 1972. New York City.

Balint, M. (1952): Primary Love and Psycho-Analytic Technique. London: Hogarth Press. Deutsch: Die Urformen der Liebe und die Technik der Psychoanalyse. Bern und Stuttgart 1966.

Balint, M. (1956): Pleasure, object and libido. In: British Journal of Medical Psychology 29, S. 162–167.

Balint, M. (1964): The Doctor, His Patient, and the Illness. London: Pitman. Deutsch: Der Arzt, sein Patient und die Krankheit. Stuttgart 1965.

Balint, M. und E. Balint (1961): Psychotherapeutic Techniques in Medicine. London: Tavistock. Deutsch: Psychotherapeutische Techniken in der Medizin. Bern und Stuttgart 1963.

Balint, M., R. Gosling und P. Hildebrand (1966): A Study of Doctors. London: Tavistock.

Basamania, B. W. (1963): The Development of Schizophrenia in the Child in Relation to Unresolved Childhood Conflicts in the Mother. In: The Genain Quadruplets. Herausgegeben von D. Rosenthal. New York: Basic Books.

Bateson, G., J. Haley und J. Weakland (1956): Toward a theory of schizophrenia. In: Behavioral Sciences 1, S. 251–264.

Bateson, G. (1963): A Note on the Double Bind Family Process 2, S. 154–161.

Beißner, F. (1970): Hölderlins letzte Hymne. In: Über Hölderlin. Herausgegeben von J. Schmidt. Frankfurt.

Beißner, F. und A. Beck (Hrsg.) (1946): F. Hölderlin. Große Stuttgarter Ausgabe. Stuttgart.

Benedek, T. (1959): Parenthood as a developmental phase. In: Journal of the American Psychoanalytic Association 7, S. 389–417.

Bertaux, P. (1969): Hölderlin und die Französische Revolution. Frankfurt.

Bettelheim, B. (1960): The Informed Heart. Glencoe/Ill.: Free Press.

Bettelheim, B. (1967): The Empty Fortress. Infantile Autism and the Birth of the Self. New York: The Free Press.

Binswanger, L. (1947): Geschehnis und Erlebnis. Ausgewählte Vorträge und Aufsätze, Band I. Bern.

Binswanger, L. (1953): Grundformen und Erkenntnis menschlichen Daseins. Zürich.

Binswanger, L. (1955): Ausgewählte Vorträge und Aufsätze, Band II. Bern.

253

Binswanger, L. (1957): Schizophrenie. Pfullingen.

Bion, W. (1957): Differentiation of the psychotic from the nonpsychotic personalities. In: International Journal of Psycho-Analysis 38, S. 266–275.

Bion, W. (1961): Experiences in Groups. London: Tavistock.

Bleuler, E. (1911): Dementia praecox oder die Gruppe der Schizophrenien. Leipzig und Wien.

Bleuler, E. (1913): Kritik der Freudschen Theorien. In: Allg. Z. Psychiatrie 70, S. 665–718.

Bleuler, E. (1920): Störung der Assoziationsspannung. Ein Elementarsymptom der Schizophrenie. In: Allg. Z. Psychiatrie 74, S. 1–21.

Bleuler, E. (1924): Lehrbuch der Psychiatrie. Berlin ⁶1924.

Bleuler, L. (1943): Sinn und Gehalt der sexuellen Perversionen. Eine Rezension. In: Psyche 3, S. 881–909.

Blos, P. (1962): On Adolescence. New York: The Free Press. Deutsch: Adoleszenz. Stuttgart 1975.

Blos, P. (1969): Three Typical Constellations in Female Delinquency. In: Family Dynamics and Female Sexual Delinquency. Herausgegeben von O. Pollack und A. S. Friedman. Palo Alto: Science and Behavior Books.

Boss, M. (1947): Sinn und Gehalt der sexuellen Perversionen, Bern.

Boss, M. (1957): Psychoanalyse und Daseinsanalytik. Bern und Stuttgart.

Boss, M. (1963): Der Traum und seine Auslegung. Bern.

Boszormenyi-Nagy, I. (1965): A Theory of Relationships. Experience and Transaction. In: Intensive Family Therapy. Herausgegeben von I. Boszormenyi-Nagy und J. Framo. New York: Hoeber.

Boszormenyi-Nagy, I. (1969): Implications of the Phenomenon of Parentification. Vortrag beim Adult Psychiatry Branch Seminar. National Institute of Mental Health, Bethesda/Maryland.

Boszormenyi-Nagy, I. (1972): Loyalty implications of the transference model in psychotherapy. In: Arch. Gen. Psychiatry 27, S. 374–380.

Boszormenyi-Nagy, I. und J. L. Framo (Hrsg.) (1965): Intensive Family Therapy. Theoretical and Practical Aspects. New York: Harper & Row.

Boszormenyi-Nagy, I. und G. Spark (1973): Invisible Loyalties. New York: Hoeber & Harper.

Bowen, M. (1959): Family Relations in Schizophrenia. In: Schizophrenia. Herausgegeben von A. Auerbach. New York: The Ronald Press.

Bowen, M. (1960): A Family Concept of Schizophrenia. In: The Etiology of Schizophrenia. Herausgegeben von D. D. Jackson. New York: Basic Books.

Bowen, M. (1961): Family psychotherapy. American Journal of Orthopsychiatry 31, S. 40–60.

Bowen, M. (1965): Family psychotherapy with schizophrenia in the hospital and in private practice. In: Intensive Family Therapy. Herausgegeben von I. Boszormenyi-Nagy und J. L. Framo. New York: Harper & Row.

Bräutigam, W. (1963): Psychotherapie in anthropologischer Sicht. Stuttgart.

Bridgman, P. (1959): The Way Things Are. Cambridge: Harvard University Press.

Brodey, W. M. (1961): The Family as the unit of study and treatment. Image, object and narcissistic relationships. In: American Journal of Orthopsychiatry 31, S. 69–73.

Bronfenbrenner, U. (1970): Two Worlds of Childhood. U.S. and U.S.S.R. New York: Russell Sage Foundation.

Bruch, H. (1962): Falsification of bodily needs and body concepts in schizophrenia. In: Arch. Gen. Psychiatry 6, S. 18–24.

Bruch, H. (1969): The insignificant difference: Discordant incidence of anorexia nervosa in monozygotic twins. In: American Journal of Psychiatry 126, S. 85–90.

Bruch, H. und S. Palombo (1961): Conceptual problems in schizophrenia. In: J. nerv. ment. Dis. 132, S. 114–117.

Buytendijk, F. (1956): Allgemeine Theorie der menschlichen Haltung und Bewegung. Heidelberg.

Christian, P. (1952): Das Personverständnis im modernen medizinischen Denken. Tübingen.

Christian, P. (1960): Zur Phänomenologie des leiblichen Daseins. In: Jahrbuch für Psychologie, Psychotherapie und Medizinische Anthropologie, Band 7. Freiburg und München.

Cohen, M. B. (1952): Countertransference and anxiety. In: Psychiatry 15, S. 231–243.

Dewey, J. (1922): Human Nature and Conduct. An Introduction to Social Psychology. New York: H. Holt.

Engels, F. (1973): Der Ursprung der Familie, des Privateigentums und des Staates. In: Marxistische Blätter. Frankfurt [3]1973.

Erikson, E. H. (1968): Identity, Youth and Crisis. New York: Norton. Deutsch: Jugend und Krise. Die Psychodynamik im sozialen Wandel. Stuttgart 1970.

Ezriel, H. (1950): A psycho-analytic approach to group treatment. In: British Journal of Medical Psychology 23, S. 59–74.

Fairbairn, W. (1952): An Object-Relations Theory of the Personality. New York: Basic Books.

Farber, L. (1958): The therapeutic despair. In: Psychiatry 21, S. 7–20.

Farber, L. (1966): The Ways of the Will. New York: Basic Books.

Federn, P. (1956): Ich-Psychologie und die Psychosen. Bern und Stuttgart.

Fenichel, O. (1945): The Psychoanalytic Theory of Neurosis. New York: Norton.

Fenichel, O. (1954): Early stages of ego development. In: The Collected Papers of Otto Fenichel. New York: Norton.

Ferenczi, S. (1909): Introjektion und Übertragung. In: Bausteine zur Psychoanalyse, Band I. Bern und Stuttgart [2]1964.

Ferenczi, S. (1916): Sex in Psychoanalysis. Boston: Gorham Press.

Ferreira, A. (1963): Family myths and homeostasis. In: Arch. Gen. Psychiatry 9, S. 457–463.

Frank, P. (1955): Modern Science and Its Philosophy. New York: George Braziller.

Freud, A. (1936): Das Ich und die Abwehrmechanismen. München 1964.

Freud, S. (1895): Manuskript H: Paranoia. In: Aus den Anfängen der Psychoanalyse. Frankfurt/Main 1950.

Freud, S. (1895): Studien über Hysterie. Gesammelte Werke, Band I. Frankfurt/Main (im folgenden abgekürzt als GW).

Freud, S. (1905): Drei Abhandlungen zur Sexualtheorie. GW V.

Freud, S. (1905): Bruchstück einer Hysterieanalyse. GW V.

Freud, S. (1910): Die zukünftigen Chancen der psychoanalytischen Therapie. GW VIII.

Freud, S. (1910): Eine Kindheitserinnerung des Leonardo da Vinci. GW VIII.

Freud, S. (1911): Psychoanalytische Bemerkungen über einen autobiographisch beschriebenen Fall von Paranoia (Dementia paranoides). GW VIII.

Freud, S. (1914): Zur Einführung des Narzißmus. GW X.

Freud, S. (1915): Triebe und Triebschicksale. GW X.

Freud, S. (1917): Trauer und Melancholie. GW X.

Freud, S. (1920): Jenseits des Lustprinzips. GW XIII.

Freud, S. (1921): Massenpsychologie und Ich-Analyse. GW XIII.

Freud, S. (1923): Das Ich und das Es. GW XIII.

Freud, S. (1925): »Selbstdarstellung«. GW XIV.

Freud, S. (1926): Hemmung, Symptom und Angst. GW XIV.

Freud, S. (1930): Das Unbehagen in der Kultur. GW XIV.

Friedman, A. S. et al. (1965): Psychotherapy for the Whole Family. New York: Springer.

Fromm-Reichmann, F. (1950): Principles of Intensive Psychotherapy. Chicago: University of Chicago Press. Deutsch: Intensive Psychotherapie. Stuttgart 1959.

GAP Report (1970): Treatment of Families in Conflict. The Clinical Study of Family Process. Herausgegeben von The Committee on the Family Group for the Advancement of Psychiatry. New York: Science House 1970.

Gifford, S., B. Murawski, T. B. Brazelton und G. C. Young (1966): Differences in individual development within a pair of identical twins. In: International Journal of Psycho-Analysis 47, S. 261–268.

Green, H. (1964): I never promised you a rose garden, New York: Holt, Rinehart and Winston. Deutsch: Ich hab Dir nie einen Rosengarten versprochen. Stuttgart 1973.

Greenson, R. R. und M. Wexler (1969): The non-transference relationship in the psychoanalytic situation. In: International Journal of Psycho-Analysis 50, S. 27–39. Deutsch: Die übertragungsfreie Beziehung in der psychoanalytischen Situation. In: Psyche 25, S. 206–230.

Grotjahn, M. (1953): Special aspects of countertransference in analytic group psychotherapy. In: International Journal of Group Psychotherapy 3, S. 407–416.

Guntrip, H. (1950): Personality Structure and Human Interaction. New York: Int. University Press.

Häussermann, U. (1961): Friedrich Hölderlin in Selbstzeugnissen und Bilddokumenten. Reinbek.

Haley, J. (1959): The Family of the schizophrenic. A model system. In: J. Nerv. Ment. Dis. 129, S. 357–374.

Haley, J. (1963): Strategies in Psychotherapy. New York: Grune & Stratton.

Haley, J. (1971): Changing Families. A Family Therapy Reader. New York: Grune & Stratton.

Haley, J. und L. Hoffman (1967): Techniques of Family Therapy. New York: Basic Books.

Hartmann, H. (1950): Comments on the psychoanalytic theory of the ego. In: Psychoanal. Study Child 5. Deutsch: Bemerkungen zur psychoanalytischen Theorie des Ichs. In: Psyche 18, 1964/65, S. 330–353.

Hartmann, H. (1953): Essays on Ego Psychology. New York: Int. University Press. Deutsch: Ich-Psychologie. Stuttgart 1972.

Hartmann, H. und R. Loewenstein (1962): Notes on the Superego. In: Psychoanal. Study Child 17.

Hegel, G. W. F. (1806): Phänomenologie des Geistes. Hamburg 1952.

Heidegger, M. (1927): Sein und Zeit. Halle.

Heidegger, M. (1933): Die Selbstbehauptung der deutschen Universität. Breslau.

Heston, L. C. (1966): Psychiatric disorders in foster-home reared children of schizophrenic mothers. In: British Journal of Psychiatry 112, S. 819–825.

Hill, L. (1955): Psychotherapeutic Intervention in Schizophrenia. Chicago: University of Chicago Press.

Holzman, P. (1972): The Influence of theoretical models on the treatment of the schizophrenias. Vortrag auf der Winterversammlung der American Psychoanalytic Association am 2. Dezember 1972. New York City.

Jackson, D. D. (1959): Family interaction, family homeostasis, and some implications of conjoint family psychotherapy. In: Science and Psychoanalysis, Band 2: Individual and Familial Dynamics. Herausgegeben von J. H. Masserman. New York: Grune & Stratton.

Jackson, D. D. und J. H. Weakland (1961): Conjoint family therapy. Some considerations on theory, technique and results. In: Psychiatry 24, S. 30–45.

Jacobson, E. (1953): Contribution to the Metapsychology of Cyclothymic Depression. In: Affective Disorders. New York: Int. University Press.

Jacobson, E. (1954): Transference problems in the psychoanalytic treatment of severely depressed patients. In: Journal of the American Psychoanalytic Association 2, S. 595–606.

Jacobson, E. (1957): Denial and repression. In: Journal of the American Psychoanalytic Association 5, S. 61–92.

Jacobson, E. (1964): The Self and the Object World. New York: Int. University Press. Deutsch: Das Selbst und die Objektwelt. Frankfurt 1973.

Jaspers, K. (1913): Allgemeine Psychopathologie. Berlin ^{5}1948.

Jaspers, K. (1926): Strindberg und van Gogh. Versuch einer pathographischen Analyse unter vergleichender Heranziehung von Swedenborg und Hölderlin. Berlin. Bremen ^{3}1951.

Johnson, A. M. (1959): Juvenile Delinquency. In: American Handbook of Psychiatry. Herausgegeben von S. Arieti. New York: Basic Books.

Johnson, A. M. und S. A. Szurek (1952): The Genesis of antisocial acting-out in children and adults. In: Psychoanalytic Quarterly 21, S. 323–343.

Kafka, J. S. (1969): Critique of Double Bind Theory and its Logical Foundation. Vortrag beim Symposium über Double Bind auf der Jahresversammlung der American Psychological Association im September 1969. Washington, D. C.

Katan, A. (1951): The Role of displacement in agoraphobia. In: International Journal of Psycho-Analysis 32, S. 41–50.

Kaufmann, W. (1956): Existentialism from Dostojevsky to Sartre. New York: Meridian.

Kaufmann, W. (1960): From Shakespeare to Existentialism. New York: Doubleday.

Kety, S. S., D. Rosenthal, F. Schulsinger und P. H. Wender (1968): The types and prevalence of mental illness in the biological and adoptive families of adopted schizophrenics. In: Journal of Psychiatric Research, Suppl. 1, S. 345–362.

Klein, M. (1921–1945): Contributions to Psycho-Analysis. London: Hogarth Press 1948.

Klein, M. (1932): The Psycho-Analysis of Children. London: Hogarth Press.

Klein, M. (1946): Notes on some schizoid mechanisms. In: International Journal of Psycho-Analysis 27, S. 34–46.

Klein, M. (1952): Developments in Psycho-Analysis. London: Hogarth Press.

Klein, M. (1956): New Directions in Psychoanalysis. New York: Basic Books.

Klein, M. (1957): Envy and Gratitude. New York: Basic Books. Deutsch: Neid und Dankbarkeit. In: Psyche 11, 1957/58, S. 241–255.

Klein, M. (1962): Das Seelenleben des Kleinkindes und andere Beiträge zur Psychoanalyse. Stuttgart.

Kohut, H. (1972): Thoughts on narcissism and narcissistic rage. In: Psychoanal. Study Child 27. Deutsch: Überlegungen zum Narzißmus und zur narzißtischen Wut. In: Psyche 27, S. 513–554.

Kringlen, E. (1964): Schizophrenia in male monozygotic twins. In: Acta Psychiat. Scand., Suppl. 178.

Kringlen, E. (1967): Heredity and Environment in the Functional Psychoses. An Epidemiological-Clinical Twin Study. Oslo: Universitetsforlaget.

Kuhn, T. (1962): The Structure of Scientific Revolutions. Chicago: University of Chicago Press.

Laing, R. D. (1960): The Divided Self. An Existential Study in Sanity and Madness. London: Tavistock. Deutsch: Das geteilte Selbst. Eine existentielle Studie über geistige Gesundheit und Wahnsinn. München 1987.

Laing, R. D. (1961): Self and Others. Further Studies in Sanity and Madness. London: Tavistock. Deutsch: Das Selbst und die anderen. München 1989.

Laing, R. D. (1965): Mystification, confusion, and conflict. In: Intensive Family Therapy. Herausgegeben von I. Boszormenyi-Nagy und J. L. Framo. New York: Harper & Row.

Laing, R. D. (1967): The Politics of Experience. New York: Pantheon Books.

Laing, R. D. (1969): The Politics of the Family. Toronto: CBC Publications.

Laing, R. D. und A. Esterson (1964): Sanity, Madness and the Family. London: Tavistock.

Laing, R. D., H. Philipson und A. R. Lee (1966): Interpersonal Perception. London: Tavistock.

Lange, W. (1909): Hölderlin. Eine Pathographie. Stuttgart.

Levi, L. D., H. Stierlin und R. J. Savard (1972): Fathers and Sons. The Interlocking Crises of Integrity and Identity. In: Psychiatry 35, S. 48–56.

Lewis, H. B. (1971): Shame and Guilt in Neurosis. New York: Int. University Press.

Lidz, T. (1958): Schizophrenia and the Family. In: Psychiatry 21, S. 21–27.

Lidz, T. (1963): The Family and Human Adaptation. New York: Int. University Press.

Lidz, T. (1965): Family Studies and a Theory of Schizophrenia. In: Schizophrenia and the Family. Herausgegeben von T. Lidz, S. Fleck und A. Cornelison. New York: Int. University Press.

Lidz, T. (1968): The Person. His Development Throughout the Life Cycle. New York: Basic Books.

Lidz, T., A. Cornelison und S. Fleck (1965): Schizophrenia and the Family. London: Tavistock. New York: Int. University Press. Darin: Families of Schizophrenics; The Mothers of Schizophrenic Patients; The Transmission of Irrationality. Letzteres deutsch: Irrationalität als Familientradition. In: Psyche 13, S. 316–330.

Lidz, T., A. Cornelison, S. Fleck und Dorothy Terry (1957): The Intrafamilial Environment of the Schizophrenic Patient. Part I: The Father. In: Psychiatry 20, S. 329–342. Deutsch: Die intrafamiliäre Umwelt des Schizophrenen: Der Vater. In: Psyche 13, S. 268–286.

Loewald, H. (1962): Internalization, separation, mourning and the superego. In: Psychoanalytic Quarterly 31, S. 483–504.

Loveland, N. und L. Wynne (1963): The Family Rorschach. A new method for analyzing family interactions. In: Family Process 2, S. 187–215.

Lu, Y. (1961): Mother-child role relations in schizophrenia. A comparison of schizophrenic patients with non-schizophrenic siblings. In: Psychiatry 24, S. 133–142.

Lynd, H. M. (1961): Shame and the Search for Identity. New York: Science Editions.

Mahler, M. (1968): On Human Symbiosis and the Vicissitudes of Individuation. New York: Int. University Press. Deutsch: Symbiose und Individuation. Stuttgart 1972.

Marcel, G. (1949): Qu'attendez-vous de Médicine? Paris: Librairie Plon.

Marcel, G. (1960): The Mystery of Being. 2 Bände. Chicago: Regnery.

May, R. (Hrsg.) (1961): Existential Psychology. New York: Random House.

May, R., E. Angel und H. F. Ellenberger (Hrsg.) (1958): Existence. A New Dimension in Psychiatry and Psychology. New York: Basic Books.

Mead, G. (1936): Mind, Self and Society. From the Standpoint of a Social Behaviorist. Chicago: University of Chicago Press.

Mendell, D. (1958): A multi-generation approach to treatment of psychopathology. In: J. Nerv. Ment. Dis. 126, S. 523–529.

Mendell, D. und S. Fisher (1956): An approach to neurotic behavior in terms of a three generation family model. In: J. Nerv. Ment. Dis. 123, S. 171–180.

Merleau-Ponty, M. (1945): Phénoménologie de la perception. Paris: Gallimard ⁴1945.

Merleau-Ponty, M. (1949): La Structure du Comportement. Paris: Presse Universitaire de France.

Milocz, Cz. (1955): The Captive Mind. New York: Vintage Books.

Minuchin (1974): Structural Family Therapy. In: American Handbook of Psychiatry, Band III. Herausgegeben von S. Arieti. New York: Basic Books.

Minuchin et al. (1967): Families of the Slums. New York: Basic Books.

Modell, A. H. (1958): The theoretical implications of hallucinary experiences in schizophrenia. In: Journal of the American Psychoanalytic Association 6, S. 442–480.

Modell, A. H. (1963): Primitive object-relationships and the predisposition to schizophrenia. In: International Journal of Psycho-Analysis 44, S. 282–292.

Modell, A. H. (1968): Object Love and Reality. An Introduction to a Psychoanalytic Theory of Object Relations. New York: Int. University Press.

Mueller, C. (1955): Über Psychotherapie bei einem chronisch Schizophrenen. In: Psyche 9, S. 350–369.

Murphey, E. B. et al. (1963): Development of autonomy and parent-child interaction in late adolescence. In: American Journal of Orthopsychiatry 33, S. 643–652.

Nameche, G., M. Waring und D. Ricks (1964): Early indicators of outcome in schizophrenia. In: J. nerv. ment. Dis. 139, S. 232–240.

Nietzsche, F. (1954): Friedrich Nietzsches Werke in drei Bänden. München.

Novey, S. (1961): Further considerations on affect theory in psycho-analysis. In: International Journal of Psycho-Analysis 42, S. 21–31.

Paul, N. und G. Grosser (1965): Operational mourning and its role in conjoint family therapy. In: Comm. Ment. Health J. 1, S. 333–345.

Parker, B. (1972): A Mingled Yarn. Chronicle of a Troubled Family. New Haven: Yale University Press. Deutsch: Chronik einer gestörten Familie. Frankfurt 1975.

Perlin, S. (1969): The Psychoanalytic Therapy of a Schizophrenic Quadruplet. A Case Report. Unveröffentlichte Monographie.

Piaget, J. (1937): The Construction of Reality in the Child. New York: Basic Books 1954.

Piers, G. und M. Singer (1953): Shame and Guilt. A Psycho-Analytic and a Cultural Study. Springfield/Ill.: Charles C. Thomas.

Pious, W. (1961): A Hypothesis about the nature of schizophrenic behavior. In: Psychotherapy of the Psychoses. Herausgegeben von A. Burton. New York: Basic Books.

Pollin, W. und J. Stabenau (1968): Biological, psychological and historical differences in a series of monozygotic twins discordant for schizophrenia. In: The Transmission of Schizophrenia. Herausgegeben von S. S. Kety und D. Rosenthal. London: Pergamon Press.

Pollin, W., J. Stabenau, L. Mosher und J. Tupin (1966): Life history differences in identical twins discordant for schizophrenia. In: American Journal of Orthopsychiatry 36, S. 492–509.

Der Prozeß gegen die Hauptkriegsverbrecher vor dem Internationalen Gerichtshof Nürnberg, 14. November 1945 bis 1. Oktober 1946. Nürnberg 1948 (deutsche Ausgabe des amtlichen Textes).

Rado, S., B. Buchenholz, H. Dunton, S. H. Karlen und R. Senescu (1956): Schizotypal Organization. Preliminary Report on a Clinical Study of Schizophrenia. In: Changing Concepts of Psychoanalytic Medicine. Herausgegeben von S. Rado und G. E. Daniels. New York: Grune & Stratton.

Rapoport, A. (1954): Operational Philosophy. Integrating Knowledge and Action. New York: Harper.

Renée (Pseudonym) (1951): Autobiography of a Schizophrenic Girl, with Analytic Interpretation by Marguerite Sèchehaye. New York: Grune & Stratton.

Rice, A. K. (1969): Individual, group and intergroup processes. In: Human Relations 22, S. 565–584.

Richter, H. E. (1960): Die narzißtischen Projektionen der Eltern auf das Kind. In: Jahrbuch der Psychoanalyse, Band I.

Richter, H. E. (1963): Eltern, Kind und Neurose. Stuttgart.

Ricks, D. und G. Nameche (1966): Symbiosis, sacrifice, and schizophrenia. In: Mental Hygiene 50, S. 541–551.

Riesman, D. (1950): The Lonely Crowd. A Study of the Changing American Character. New Haven: Yale University Press.

Ricoeur, P. (1965): Die Interpretation. Ein Versuch über Freud. Frankfurt 1969.

Rioch, M. (1971): »All We Like Sheep...« (Jesaia 53,6). Followers and Leaders. In: Psychiatry 34, S. 258–273.

Rosenbaum, C. (1970): The Meaning of Madness. New York: Science House.

Rosenthal, D. (1963): The Genain Quadruplets. New York: Basic Books.

Rosenthal, D. (1972): Three adoption studies of heredity in the schizophrenic disorder. In: International Journal of Mental Health 1, S. 63–75.

Russell, B. (1948): Human Knowledge. Its Scope and Limits. New York: Simon and Schuster.

Ryan, L. (1962): Friedrich Hölderlin. Stuttgart.

Sandler, J. (1960): On the concept of the superego. In: Psa. Study Child 15. Deutsch: Zum Begriff des Über-Ichs, Teil I und II. In: Psyche 18, 1964/65. Teil I, S. 721–743; Teil II, S. 812–828.

Sandler, J., A. Holder und D. Meers (1963): The Ego ideal and the ideal self. In: Psa. Study Child 18.

Sandler, J. und H. Nagera (1963): Aspects of the metapsychology of phantasy. In: Psa. Study Child 18.

Sartre, J.-P. (1943): L'Etre et le Néant. Essai d'Ontologie Phénomènologique. Paris: Gallimard. Deutsch: Das Sein und das Nichts. Versuch einer phänomenologischen Ontologie. Reinbek 1962.

Satir, V. (1964): Conjoint Family Therapy. A Guide to Theory and Technique. Palo Alto: Science and Behavior Books.

Schachtel, E. G. (1947): On Memory and childhood amnesia. In: Psychiatry 10, S. 1–26.

Schachtel, E. G. (1954): The Development of focal attention and the emergence of reality. In: Psychiatry 17, S. 309–324.

Schafer, R. (1968): Aspects of Internalization. New York: Int. University Press.

Schafer, R. (1968): Mechanism of defence. In: Int. J. Psa. Med. 49, S. 49–62.

Schaffer, L., L. C. Wynne, J. Day, I. Ryckoff und A. Halperin (1962): On the nature and sources of the psychiatrist's experience with the family of the schizophrenic. In: Psychiatry 25, S. 32–45.

Scott, R. D. und P. L. Ashworth (1967): ›Closure‹ at the first schizophrenic breakdown. A family study. In: British Journal of Medical Psychology 40, S. 109–145.

Scott, R. D. (1969): The Shadow of the ancestor: A historical factor in the transmission of schizophrenia. In: British Journal of Medical Psychology 42, S. 13–32.

Scott, R. D. und A. Montanez (1971): The Nature of tenable and untenable patient-parent relationships and their connexion with hospital outcome. In: Psychotherapy of Schizophrenia. Proceedings of the Fourth International Symposium on Psychotherapy of Schizophrenia. Herausgegeben von D. Rubinstein und Y. O. Alanen. Turku: Excerpta Medica.

Searles, H. F. (1958): Die Empfänglichkeit des Schizophrenen für unbewußte Prozesse im Therapeuten. In: Psyche 12, S. 321–343.

Searles, H. F. (1959): The Effort to drive the other person crazy – an element in the etiology and psychotherapy of schizophrenia. In: Collected Papers on Schizophrenia and Related Subjects. New York: Int. University Press.

Searles, H. F. (1959): Integration and differentiation in schizophrenia. In: J. Nerv. Ment. Dis. 129, S. 542–550.

Shapiro, R. L. (1967): The Origins of Adolescent Disturbances in the Family. In: Family Therapy and Disturbed Families. Herausgegeben von G. Zuk und I. Boszormenyi-Nagy. Palo Alto: Science and Behavior Books.

Shapiro, R. L. (1968): Action and Family Interaction in Adolescence. In: Modern Psychoanalysis. Herausgegeben von J. Marmor. New York: Basic Books.

Shapiro, R. L. und J. Zinner (1972/73): Family Organization and Adolescent Development. In: Task and Organization. Herausgegeben von E. Miller. London: Tavistock.

Singer, M. T. und L. C. Wynne (1965): Thought disorder and family relations of schizophrenics. III. Methodology using projective techniques. In: Arch. Gen. Psychiatry 12, S. 187–200.

Singer, M. T. und L. C. Wynne (1965): Thought disorder and family relations of schizophrenics. IV. Results and implications. In: Arch. Gen. Psychiatry 12, S. 201–212.

Singer, M. T. und L. C. Wynne (1966): Principles for scoring communication defects and deviances in parents of schizophrenics. Rorschach and TAT scoring manuals. In: Psychiatry 29, S. 260–288.

Spitz, R. A. (1945): Hospitalism. An Inquiry into the genesis of psychiatric conditions in early childhood. In: Psa. Study Child 1. New York: Int. University Press.

Spitz, R. A. (1965): The First Year of Life. New York: Int. University Press. Deutsch: Vom Säugling zum Kleinkind. Stuttgart ²1968.

Stabenau, J. R., J. Tupin., M. Werner und W. Pollin (1965): A Comparative study of families of schizophrenics, delinquents, and normals. In: Psychiatry 28, S. 45–59.

Stabenau, J. R. und W. Pollin (1967): Early characteristics of monozygotic twins discordant for schizophrenia. In: Arch. Gen. Psychiatry 17, S. 723–734.

Stabenau, J. R., W. Pollin und M. G. Allen (1970): Twin Studies in Schizophrenia and Neurosis. In: Seminars in Psychiatry 2, S. 65–74.

Stierlin, H. (1952/53): Verstehen und wissenschaftliche Theoriebildung in der Psychoanalyse. In: Psyche 6, S. 389–400.

Stierlin, H. (1958): Contrasting attitudes toward the psychoses in Europe and the United States. In: Psychiatry 21, S. 141–147.

Stierlin, H. (1961): Individual Therapy and Hospital Structure. In: Psychotherapy of the Psychoses. Herausgegeben von A. Burton. New York: Basic Books.

Stierlin, H. (1963): Psychoses. In: Encyclopedia of Mental Health. New York: Franklin Watts.

Stierlin, H. (1965): Bleuler's Concept of Schizophrenia in the Light of Our Present Experience. In: International Symposium on the Psychotherapy of Schizophrenia, Lausanne 1964. New York und Basel, S. 42–55.

Stierlin, H. (1966): Gruppendynamische Prozesse. Übertragung und Widerstand. In: Analytische Gruppenpsychotherapie. Herausgegeben von H. G. Preuss. München, Berlin, Wien.

Stierlin, H. (1969): Conflict and Reconciliation. New York: Doubleday-Anchor and Science House.

Stierlin, H. (1971): Das Tun des Einen ist das Tun des Anderen. Versuch einer Dynamik menschlicher Beziehungen. Frankfurt/Main.

Stierlin, H. (1972 a): Family dynamics and separation patterns of potential schizophrenics. In: Proceedings of the International Symposium on Psychotherapy of Schizophrenia. Amsterdam: Excerpta Medica, S. 156–166.

Stierlin, H. (1972 b): A Family perspective on adolescent runaways. In: Arch. Gen. Psychiatry 29, S. 56–62.

Stierlin, H. (1973): Interpersonal aspects of internalization. In: International Journal of Psycho-Analysis 54, S. 203–213.

Stierlin, H. (1974): Separating Parents and Adolescents. New York: Quadrangle. Deutsch: Eltern und Jugendliche im Prozeß der Ablösung. Frankfurt 1975.

Stierlin, H. und K. Ravenscroft (1972): Varieties of adolescent ›separation conflict‹. In: British Journal of Medical Psychology 45, S. 299–313. Deutsch: Trennungskonflikte bei Jugendlichen. In: Psyche 28, S. 719–746.

Stierlin, H., L. D. Levi, R. J. Savard (1973): Centrifugal versus centripetal separation in adolescence. Two patterns and some of their implications. In: Annals of American Society for Adolescent Psychiatry, Band II: Developmental and Clinical Studies. Herausgegeben von S. Feinstein und P. Giovacchini. New York: Basic Books.

Straus, E. (1935): Vom Sinn der Sinne. Berlin.

Sullivan, H. S. (1953): The Interpersonal Theory of Psychiatry. Herausgegeben von H. S. Perry und M. L. Gawel. New York: Norton.

Sutherland, J. (1953): Object-relations theory and the conceptual model of psychoanalysis. In: British Journal of Medical Psychology 36.

Sydow, G. und A. Rinne (1958): Very unequal ›identical‹ twins. In: Acta Paediatr. 47, S. 163–171.

Szasz, T. (1961): The Myth of Mental Illness. New York: Hoeber-Harper.

Szondi, P. (1970): Hölderlin-Studien. Frankfurt/Main.

Tessman, L. H. und I. Kaufman (1969): Variations on a theme of incest. In: Family Dynamics and Female Sexual Delinquency. Herausgegeben von O. Pollak und A. S. Friedman. Palo Alto: Science and Behavior Books, S. 138–150.

Tienari, P. (1963): Psychiatric illness in identical twins. In: Acta psychiat. scand. 39, S. 9–195.

Treichler, R. (1936): Die seelische Erkrankung Friedrich Hölderlins in ihren Beziehungen zu seinem dichterischen Schaffen. In: Z. f. d. ges. Psychiatrie und Neurologie 155, S. 40–144.

Turnbull, C. M. (1972): The Mountain People. New York: Simon & Schuster.

Turquet, P. (1965): Bion's Theory of Small Groups. Vorlesungen am National Institute of Mental Health, Bethesda, Maryland.

Turquet, P. (1971): Vier Vorlesungen: The Bion Hypothesis. The Work Group and the Basic Assumption Group, gehalten am National Institute of Mental Health, Bethesda, Maryland.

Waiblinger, W. (1951): Friedrich Hölderlins Leben, Dichtung und Wahnsinn. Neue Ausgabe. Marbach.

Ward, H. (1972): Shame – a necessity for growth in therapy. In: American Journal of Psychotherapy 26, S. 232–243.

Weigert, E. (1949): Existentialism and its relations to psychotherapy. In: Psychiatry 12, S. 399–412.

Weigert, E. (1954): Countertransference and self-analysis of the psychoanalyst. In: International Journal of Psycho-Analysis 35, S. 242–246.

Weissman, P. (1967): Theoretical considerations of ego regression and ego functions in creativity. In: Psychoanal. Quart. 36, S. 37–50.

Weizsäcker, V. von (1947): Der Gestaltkreis. Stuttgart.

Wells, F. (1965): Hölderlin, greatest of schizophrenics. In: The Literary Imagination. Herausgegeben von H. M. Duitenbeek. Chicago: Quadrangle Books.

Wender, P. (1968): Vicious and virtuous circles. The role of deviation amplifying feedback in the origin and perpetuation of behavior. In: Psychiatry 31, S. 309–324.

Werner, H. (1957): Comparative Psychology of Mental Development. New York: Int. University Press [2]1957.

White, R. (1963): Ego and Reality in Psychoanalytic Theory. Psychological Issues, Monogr. Nr. 11. New York: Int. University Press.

Will, O. (1961): Process, psychotherapy and schizophrenia. In: Psychotherapy of the Psychoses. Herausgegeben von A. Burton. New York: Basic Books.

Winnicott, D. (1953): Transitional objects and transitional phenomena. A study of the first not-me possession. In: International Journal of Psycho-Analysis 34. Deutsch: Übergangsobjekte und Übergangsphänomene. In: Psyche 23, 1969.

Winnicott, D. (1958): Collected Papers. Through Paediatrics to Psycho-Analysis. New York: Basic Books. Darin: Reparation in respect of mother's organized defence against depression, S. 91–96; Aggression in relation to emotional development, S. 204–218; Hate in the countertransference.

Wright, R. (1942): Native Son. New York: Modern Library.

Wright, R. (1950): The God That Failed. New York: Harper.

Wynne, L. C. (1965): Some indications and contraindications for exploratory family therapy. In: Intensive Family Therapy. Herausgegeben von I. Boszormenyi-Nagy und J. L. Framo. New York: Hoeber.

Wynne, L. C. (1969): On the Anguish, and Creative Passions, of Not Escaping Double Binds: A Reformulation. Vortrag beim Symposium über den Double Bind. Jahresversammlung der American Psychological Association am 2. September 1969, Washington D. C.

Wynne, L. C. (1972): Selection of the problems to be investigated in family interaction research. In: Family Interaction. A Dialogue between Family Researchers and Family Therapists. Herausgegeben von J. L. Framo. New York: Springer.

Wynne, L. C. und M. T. Singer (1963): Thought disorder and family relations of schizophrenics. A Research strategy. In: Arch. Gen. Psychiat. 9, S. 191–198. Deutsch: Denkstörung und Familienbeziehung bei Schizophrenen. Teil I: Eine Forschungsstrategie. Psyche 19, S. 82–95.

Wynne, L. C. und M. T. Singer (1963): Thought disorder and family relations of schizophrenics, II: A Classification of forms of thinking. In: Arch. Gen. Psychiat. 9, S. 199–206. Deutsch: Eine Klassifizierung von Denkformen. In: Psyche 19, S. 96–108.

Wynne, L. C., J. M. Ryckoff, J. Day und S. I. Hirsch (1958): Pseudomutuality in the family relations of schizophrenics. In: Psychiatry 21, S. 205–221.

Wynne, L. C., J. Day und J. M. Ryckoff (1959): Maintenance of stereotyped roles in the family of schizophrenics. In: Arch. Gen. Psychiat. 1, S. 109–115.

Zutt, J. (1957): Vom gelebten welthaften Leibe. Kongreß-Bericht zum zweiten Internationalen Kongreß für Psychiatrie, Band IV. Zürich 1957, S. 444 f.

Quellennachweis

Die Begegnung von Existentialismus und Psychotherapie. Englische Originalfassung: Existentialism meets Psychotherapy. In: Phil. Penom. Res. 24, 1963, S. 215–239. Deutsch: Die Begegnung von Existentialismus und Psychotherapie. In: Club Voltaire I. Herausgegeben von G. Szczesny. München 1964.

Bleulers Begriff der Schizophrenie. Englische Originalfassung: Bleuler's concept of schizophrenia. A confusing heritage. In: American Journal of Psychiatry 123, 1967, S. 996–1001.

Die Anpassung an die Realität der »stärkeren Persönlichkeit«. Englische Originalfassung: The adaptation to the »stronger« person's reality. In: Psychiatry 22, 1959, S. 143–152.

Hölderlins dichterisches Schaffen im Lichte seiner schizophrenen Psychose. In: Psyche 26, 1972, S. 530–548.

Die Objektbeziehungen im Lebenslauf eines schizophrenen Vierlings. Englische Originalfassung: The impact of relational vicissitudes on the life course of one schizophrenic quadruplet. In: Genetic factors in »schizophrenia«. Herausgegeben von A. R. Kaplan. Springfield/Ill.: Charles C. Thomas 1972, S. 451–463. Deutsch: Die Objektbeziehungen im Lebenslauf eines schizophrenen Vierlings. In: Psyche 27, 1973, S. 856–869.

Die Funktion innerer Objekte. Englische Originalfassung: The functions of inner objects. In: International Journal of Psycho-Analysis 51, 1970, S. 321–329. Deutsch: Die Funktion innerer Objekte. In: Psyche 25, 1971, S. 81–99.

Die Gestaltung und Übermittlung des Wahns in der Familie. In: Studium Generale 20, 1967, S. 693–700.

Wie sehen Eltern ihre sich von ihnen lösenden Kinder? Englische Originalfassung: Parental perceptions of separating children. In: Fam. Proc. 10, 1971, S. 411–427.

Gruppenphantasien und Familienmythen. Englische Originalfassung: Group fantasies and family myths. Some theoretical and practical aspects. In: Fam. Proc. 12, 1973, S. 111–125.

Psychoanalytische Ansätze zum Schizophrenieverständnis im Lichte eines Familienmodells. Englische Originalfassung: Psychoanalytic approaches to schizophrenia in the light of a family model. In: International Revue of Psycho-Analysis 1, 1974, S. 169–179. Deutsch: Psychoanalytische Ansätze zum Schizophrenieverständnis im Lichte eines Familienmodells. In: Psyche 28, 1974, S. 116–134.

Scham- und Schuldgefühl in der Familienbeziehung. Englische Originalfassung: Shame and guilt in family relations. Theoretical and clinical aspects. In: Arch. Gen. Psychiatr. 30, 1974, S. 381–389.

Familientherapie mit Adoleszenten im Lichte des Trennungsprozesses. In: Psyche 24, 1970, S. 756–767.

Die Gegenübertragung in der Familientherapie mit Adoleszenten. Englische Originalfassung: Countertransference in the family therapy with adolescents. In: The adolescent in group and family therapy. Herausgegeben von Max Sugar. New York: Brunner & Mazel 1975.

Auf dem Wege zu einer Mehrgenerationentherapie. Überarbeitete und verkürzte Übersetzung von: Family Theory. An Introduction. In: Operational Theories of Personality. Herausgegeben von A. Burton. New York: Brunner & Mazel 1974.

Register

Erich Fromm
Gesamtausgabe
in zehn Bänden

Herausgegeben
von Rainer Funk

Insgesamt 4924 Seiten
im Großformat
14,5 x 22,2 cm
dtv 59003

Das Werk
von Erich Fromm
im Taschenbuch für DM 198,– bei dtv

Erstmals liegt das Werk Erich Fromms in einer sorgfältig edierten und kommentierten Taschenbuchausgabe vor. Die wissenschaftlich zuverlässige Edition enthält die zwanzig Werke Fromms und über achtzig Aufsätze. Die durchdachte und einleuchtende thematische Zusammenstellung gibt dem Leser Gelegenheit, Fromms geistiges Umfeld, seine Auseinandersetzungen und alle Facetten seines Menschenbildes und seines Wirkens kennenzulernen. Das erschöpfende Sach- und Namensregister und die Anmerkungen des Herausgebers bieten wichtige Interpretations- und Verständnishilfen und einen wissenschaftlich einwandfreien Apparat.

»Vielleicht zählt er für künftige Interpreten dereinst zu den Wortführern jener dritten Kraft, die – wie die großen Humanisten am Ende der Glaubenskriege – durch ihre mutigen Ideen dazu beitragen können, daß wir insgesamt toleranter und hilfsbereiter, bedürfnisloser und friedfertiger werden.«

Ivo Frenzel

»Fromms Gesamtwerk mit der unentwegten Bemühung um die Entfaltung der produktiven Lebenskräfte des Menschen weist einen sicheren Weg in eine sinnvolle, humane Zukunft.«

Professor Alfons Auer

C.G. Jung – Taschenbuchausgabe

Herausgegeben von Lorenz Jung

C.G. Jung
Taschenbuchausgabe
in elf Bänden
Herausgegeben von
Lorenz Jung auf der
Grundlage der Ausgabe
»Gesammelte Werke«
dtv 59016

Auch einzeln
erhältlich:

Die Beziehungen
zwischen dem Ich
und dem Unbewußten
dtv 15061

Antwort auf Hiob
dtv 15062

Typologie
dtv 15063

Traum und
Traumdeutung
dtv 15064

Synchronizität,
Akausalität
und Okkultismus
dtv 15065

Archetypen
dtv 15066

Wirklichkeit
der Seele
dtv 15067

Psychologie
und Religion
dtv 15068

Psychologie
der Übertragung
dtv 15069

Seelenprobleme
der Gegenwart
dtv 15070

Wandlungen und
Symbole der Libido
dtv 15071

Außerdem im dtv:

Wörterbuch
Jungscher Psychologie
Von Andrew Samuels,
Bani Shorter
und Fred Plaut
dtv 15088

Helmut Barz/Verena
Kast/Franz Nager:
Heilung und Wandlung
C.G. Jung
und die Medizin
dtv 15089